KB203524

영청(靈聽), 영안(靈眼), 심안(心眼)

이와 같이 열린다. 1

영청(靈聽), 영안(靈眼), 심안(心眼) 이와 같이 열린다. 1

1판1쇄 2019년 6월 25일

지은이 칠통 조규일
펴낸곳 좋은도반
펴낸이 자등명 선원

주소 (150-859) 서울시 관악구 조원중앙로 1길 15 (신림동, 성호빌딩 401호)
전화 02- 835-4210

출판등록 2008년 6월 10일
등록번호 113-90-73251

ⓒ 조규일, 2019, printed in korea.
ISBN 978-89-961263-03

영청(靈聽), 영안(靈眼), 심안(心眼) 이와 같이 열린다 1

칠통 조규일 지음

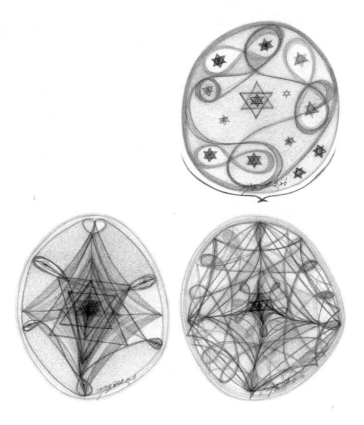

좋은도반

2017년 9월까지 밝혀 올라온 세계들 중에서 천부경 진품 1, 2를 영청, 영안으로 밝혀 올라오는 과정과 세계들을 정리해서 책으로 묶어 낼 생각이었는데, 정리하는 과정에서 영청, 영안에 관련된 글 없이 영청 영안으로 천부경을 통해 밝혀 올라오는 세계들과 천부경으로 六(육)을 들춰 빠져 올라오는 일시무시일 세계, 파생된 많은 경들과 천부경 숫자놀이판을 책으로 내놓는 것이 순서에 맞지 않는다는 생각이 들었다.

그래서 2015년에 수행하며 밝혀 드러내 올라오면서 열렸던 영청과 영안, 그것을 더 명확하게 더하여 가는 세계들을 우선 먼저 책을 내자는 생각을 하고 2015년에 밝혀 드러내며 올라온 그것도 영청, 영안, 무의식과 잠재의식, 해탈식...등과 관련된 세계들을 영청세계에서부터 밝혀 드러낸 대로 순서적으로 나열하여 1권, 2권으로 책을 엮었다.

영청 세계에서부터 광(光) 세계까지 밝혀 드러낸 대로 넣고 싶었으나 지면상 다 넣지를 못했다. 영청이 열리자. 지옥 108번째 세계로부터 자신들의 잘못을 사하여 달라는 하소연을 들어주며 이야기한 것도 있지만 중요한 것들은 여러 문제가 발생할 가능성이 있을 것으로 생각되어 문제가 될 것들은 빼고 그래도 괜찮겠지 싶은 글들만을 넣었다. 어떻게 보면 그것들도 문제가 될 가능성은 크다. 그러나 본인은 어디까지나 영청으로 듣고 서술한 것일 뿐이다. 맞는지 맞지 않는지 모르겠다. 스스로 공부해서 맞는지 틀리는지는 영청을 열고서 알아보기 바란다.

이 책을 읽고 관하여 살펴보며 영청과 영안이 열려서 들어보라고 하면 들어보고, 보라고 하면 볼 수 있으면 더 이상 긴 이야기들이 필요 없이 서로가 듣고 서로가 보니 더 없이 좋을 성싶다.

많은 분들이 영안이 열리고 영청이 열려서 있는 그래도 보고 듣고 올바르게 공부할 수 있는 계기가 되었으면 싶다.

사실 밝혀 드러내며 올라온 세계들의 글들이니 모두 다 정리만 하면 되는데도, 오랜 시간이 걸린 것은 책으로 내놓아야 이해도 못하고 위 세계로 올라가며 위 세계를 밝혀 드러내는 것이 더 중요하다고 밝혀 드러내라고 해서 또 밝혀 드러내는 것이 재미있어서 수행 정진하며 밝혀 드러내는 재미에 빠져서 밝혀 드러내는 과정에서 시간이 조금 여분 있을 때마다 정리하다보니 참 많이 늦었다. 2015년에 밝혀 드러낸 세계와 글들을 이제야 내놓으니 늦어도 많이 늦었다는 생각이다.

정리하면서도 밝힌 세계들을 모두 다 책을 만든다고 다 살펴볼 일도 아니고 그래도 필요한 것들은 이해하든 못하든 지구의 영적성장을 위해서 책으로 엮어야할 것은 엮어서 내놓아야 하겠지만 수행 정진하며 밝혀 올라가며 드러내는 모든 것을 모두 다 책으로 엮을 수는 없을 것이다. 그러나 필요한 것은 시간이 있을 때마다 조금씩 정리해서 책으로 묶어서 낼 계획이다.

사실 1년에 한권이상은 정리해 책으로 내놓자고 생각은 했었으나 수행하며 밝혀 올라오며 드러내는 것이 재미있고 이해도 못할 것 내놓으면 뭐하냐는 위 세계 분들의 말과 밝혀 올라가자는 말 사이에서 밝혀 드러낸 세계들을 고속도로 내고 자동화해야하는 사명 같은 것을 갖고 이 몸이 다하기 전에 다해야 한다는 생각에 밝혀 올라가며 드러내는 것을 먼저하고 책을 출간하는 것은 밝혀 올라가며 짬이 나는 여분 시간에 밝혀 올라온 세계들의 글들을 정리하여 책으로 묶을 생각이다.

영청, 영안만 연다고 되는 일은 아니다. 밝혀 드러난 세계에서 세계를 통해서 영청, 영안을 더 확고하게 해야 하는 만큼 뺄 수가 없어서 넣은 만큼 이 책을 통해 공부하는 분들은 밝힌 세계들을 본인과 같이 하나하나 밝힌 것과 같이 따라서 사경하듯 써서 드러낸 세계들 통해 더 많은 공부를 하고 더 많은 에너지를 받아서 많은 것들을 더 확실히 할 수 있기를 바래본다. 기원해본다.

이 책을 통해 많은 사람들이 영안, 영안, 무의식, 잠재의식, 해탈식들이 열렸으면 좋겠다.

1권에서 영청세계에서부터 밝혀 드러내며 온 세계들을 밝혀 드러낸 대로 영청이 열리고 영안, 심안. 해탈 안들이 열리는 세계들과 열린 영청, 영안 심안...등을 더 정확하고 명확하게 하는 세계들과 영청이 들리니 지옥에 있으면서도 힘 있는 순서대로 이야기하고 싶었던 이야기들을 들어주며 암암리에 전해 달라는 이야기들을 다 실지는 못했다. 아무래도 문제가 될 것 같은 글들은 빼고 넣어도 될 것 같은 이야기만을 넣으며 천지창조 의식이 끝날 때까지를 밝혀 올라온 순서대로 최대한 나열해 놓았다.

2권에서는 영청이 열리면서 전하고 싶은 이야기들을 들으면서 적은 글들과 밝혀 드러낸 종의 세계까지 다 상재하지는 못했고 일부 일부 상재하며 올라오기 위해서 제를 지내야하는 많은 제들을 지낸 순서대로 서술해 놓았고 밝혀 올라온 세계의 맨 위라고 할 수 있는 더 이상 위가 없는 신의 세계라고 할 수 있는 광(光) 세계까지 서술해 넣었다.

1권에 상재해 놓은 그 위 세계로 올라오는 세계까지 밝힌 순서대로 상재해 놓았다. 그리고 밝혀 올라온 세계 곳곳에서 언급된 영청, 영안, 심안, 혜안. 영청을 들도록 하는 방법을 넣었다.

1, 2권을 읽고 살펴봄을 통해 영적으로 많이 성장하는 계기가 되고 깨어나는 계기가 되었으면 좋겠다.

책 출간을 위해 정리하고 교정과 편집은 작년 8월부터 시작했는데 영청, 영안을 관리하는 세계, 자등명 인간계과 같이 지구로 내려온 신천지 인간계, 수철황 인간계, 책을 통해 지옥 중생을 천도하는 진언과 영적 미아경,...이들을 모두 다 밝혀 드러내고 책 작업을 마무리해 책을 출간한다.

밝혀 올라와 그린 위 세계 회로도, 태극기를 책 표지에 넣게까지 되었다. 책 표지를 통해 많은 에너지 받고 신천지 인간계, 수철황 인간계, 끝종으로 밝힌 마지막 세계까지 올라올 수 있는 올라올 수 있으면 좋겠다. 이 책을 접하는 분들뿐만 아니라 영적 존재, 존재자들도 거침없이 본래 내려온 세계로 올라왔으면 좋겠다.

확철 칠통 명철 황황 철황 철꽃성 황 2019년 초
칠통 조규일

1권

<<차례>>

책을 내면서

제 1 부 영청(靈聽) 세계

제 2 부 기억지우기

제 3 부 몸의 언어, 영적 언어, 숫자의 비밀

맺음말
칠통(漆桶) 조규일(曺圭一)의 출간 서적

2권

<<차례>>

책을 내면서

제 4 부 암암리에 전해달라는 이야기

제 5 부 영청, 영안, 심안, 혜안

맺음말

본인의 이름과 명호의 변천 과정을 살펴보다

칠통(漆桶) 조규일(曹圭一)의 출간 서적

제 1부 영청(靈聽) 세계

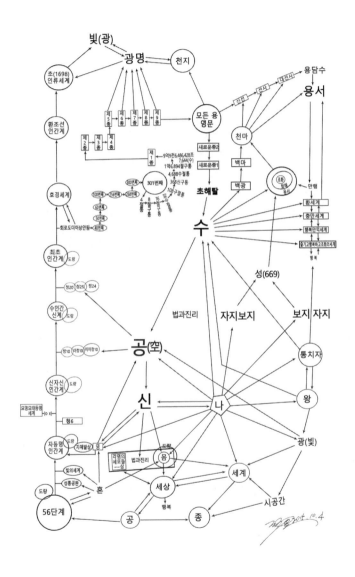

고속도로 자동화시스템1, 영적세계

영청(靈聽) 세계

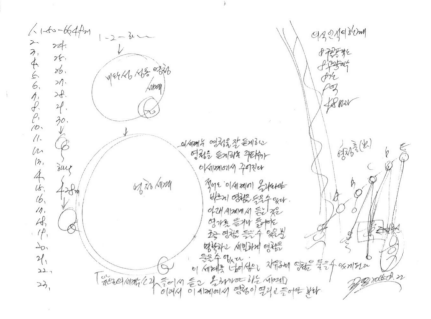

1-2 마지막 하나 - **미완성 성통 영청**(未完成 聖通 靈聽) **세계**

- 마지막 하나 이 세계는 **영청**(靈聽) **세계**

이 세계는 영청을 잘 듣게 하고 영청을 듣게 하는 주파수가 이 세계에서 주어진다,

적어도 이 세계에 올라와야 바르게 영청을 들을 수 있다. 이 세계 아래 세계에서 듣는 영청은 영가를 통해 듣거나 수행력으로 들어도 조금 영청을 들을 수 있을 뿐 명확하고 세밀하게 영청을 들을 수 없다. 이 세계를 넘어섬으로 쟈유롭게 영청을 들을 수 있게 된다,

앞으로 올라가야 할 세계는 소리를 듣고 올라가야 하는 세계이기 때문에 이 세계에서 영청이 열리지 않은 더 이상 올라갈 수 없기 때문에 이 세계에서 영청을 들을 수 있는 주파수를 주어서 위 세계를 올라가도록 하는데 부족함 없도록 하는 세계이다.

이 세계에서 영청이 열리고 들어야 한다. 앞으로 올라갈 위 세계를 위해서 반드시 이 세계에서 영청이 열려야 한다.

2015. 08. 25 13:21

영청(靈聽) 세계를 빠져나와 영적으로 의식하고 인식할 수 있는 한계 8구골플랙스 8무량대수 8간 9억 48번지나 또다시 새로운 세계가 시작되는 듯싶다.

이와 같이 위 세계를 의식하니 몸통에 있는 체가 빠져나간 것 같았다. 몸통에서 빠져나간 것이 돌아오도록 위 세계를 한 세계, 한 세계 의념 했다.

몸통에서 빠져나간 체가 A에 있는 것 같았다.

몸통에서 빠져나간 체는 **영청모체(靈聽母體)**

빨리 몸통 안으로 들어오게 하기 위해서 위 세계에 맞게 에너지체가 형성되어 내려올 수 있는 B세계를 의념해서 에너지를 받고 몸통으로 들어오게 하는 위 세계 C세계를 의념해 에너지를 받아 머리 위로 내려오게 해서는 몸통으로 들어오게 하는 세계 D세계를 의념해 에너지를 받으니 아래쪽에 자리를 잡는 것 같았다. 아래쪽자리 잡은 곳을 보면 인간계 같고 몸통은 보류신? 세계에 있는 것같이 보인다. 온몸 전체에 있도록 하기 위해서 온몸 전체 있도록하는 E세계를 의념해 에너지를 받아 온몸에 올라온 세계의 에너지체가 형성되어 있게 했다.

몸통에서 **영청모체(靈聽母體)**가 빠져나가 올라가서는 위 세계의 에너지체가 형성되어 내려와 온몸에 자리한 에너지체는 **영청완체(靈聽完體)**

이와 같이 이루어진 것은 태시(太始:8)출(出:96) **－영청출(靈聽出)**

출신(出神) －미비출비.... 출세계 이후..... 또다시 시작 출 이후..........
시(始:9)출(出:96) － 태시(太始:8)출(出:96) **－영청출(靈聽出)**

영청대혼란(靈聽大混亂) 1

영청(靈聽) 세계를 빠져나와 영적으로 의식하고 인식할 수 있는
한계 8구골플렉스 8무량대수 8간 9억 48번지나 또다시 새로운 세
계가 시작되는 듯싶다.
새롭게 시작되는 이 세계에서는 무엇을 통해 올라가야 하는가?
영청완환(靈聽完丸: 이 환을 머리로 받아 몸통 안에 넣으면 몸통 안에서
듣게 되는 영청이 탁월해진다.)
영청완환(靈聽完丸)로 밝혀 올라가는 것을 무엇이라고 해야 하나?
영청완환(靈聽完丸) 시최초(始最初) 영청자(靈聽者)

영청완환(靈聽完丸) 시최초(始最初) 영청자(靈聽者)로 밝혀 드러
내며 올라가는 1-1번째 세계

영청완환(靈聽完丸)가 20개 있고
더 이상 위없고 위없는 최고 최상의 세계

1번째 하나
2번째 하나
....
더 이상 위없고 위없는 최고 최상의 세계만
....
428개
이 세계의 끝 하나 이 세계는
밝힌 끝 하나를 첫 번째 하나를 시작으로
끝 2번째
끝 3번째
....
...끝에서 끝만
....

64.289개
끝 마지막 하나 이 세계는

여기까지 밝혀 드러내고 보니
큰 번째 세계가 있는 모든 세계가 흡이 될 것 같았다.

...
생략...
....

영청대혼란(靈聽大混亂) 세계 2

영청대혼란(靈聽大混亂) 1 세계를 빠져나와 또다시 새로운 세계가 시작되는 이 세계에서는 큰 세계를 밝혀 드러내지 않아도 흡이 될 것 같은 생각이 들었다.
그래서 흡을 하였다.
....
...생략....

1-2- 마지막 하나 이 세계는 **영청대란(靈聽大亂) 세계**
1-2- 마지막 하나 - **영청대란(靈聽大亂) 세계** 전체를 하나의 한 덩어리로 보았을 때 이 세계는 **영청대혼란(靈聽大混亂) 세계**

2015. 08. 25 13:52

영청(靈聽) 이와 같이 열린다

영청이 열리는 방법

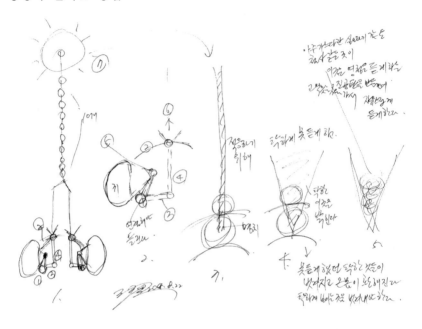

영청세계의 에너지를 받기 전에는 영청이 열려도 아주 조금 열리고 영청으로 들어도 짤막한 단어 정도 듣는 것이 정상적인 수행의 결실이다. 자등명인간계 - 신자신인간계 - 수인간 신계는 넘어 영청 세계에 올라오지 않고 영청을 잘 듣는 경우에는 100이면 100 영가를 통해 듣는다고 봐도 틀림이 없다.

영청을 제대로 듣기 위해서는 수행 정진해서 영청 세계에 올라와야 영청 세계로부터 영청을 들을 수 있는 주파수를 받고 또 영청 세계로부터 에너지를 받아 온 몸통 안에 영청 세계의 에너지를 받아서 영청을 원만하게 수신할 수 있는 상태가 되어서야 비로소 영청이 들린다고 할 수 있을 것이다. 그 전에는 영청을 듣는 다는 것이 미약하다. 아무리 수행이 탁월하다해도 들을 수가 없다. 듣는다면 전부 다 영적존재를 통해 영적존재로부터 듣고 영적존재로부터 우리들이 흔히 생각을 하는 자리에 영적존재가 전달해 줌으로 해서 영청을 듣게 된다.

영청 세계의 에너지를 받기 전에는 수행 정진해서 올라왔을 경우 양쪽 뒤쪽 귀 아랫부분 2번 그림보다 못하게 열린다. 2번 그림에서 보면 양쪽 귀 뒤 아래 ①, 위 ②정도 열리다가 ②부분의 안테나 같은 것까지 생기는 정도 그러다가 영청 세계의 에너지를 받음으로 ③과 ④가 굵게 연결되고 그러면서 ①이 귀로 우리들이 소리를 들을 수 있는 ⑤에 연결된다.

이와 같이 연결된 후에는 ④와 ②의 안테나 같은 부분을 일직선으로 위로 뻗어 올라가고 ⑥과 같이 어느 정도 올라가서는 양쪽 귀 뒤로 올라온 것이 그림 1과 같이 만나고 만나서는 위쪽으로 올라가면 수신할 수 있는 것이 수신이 잘되도록 하는 것이 위로 하나씩 10개가 생기고 10개가 생긴 연후에는 수신을 더 잘되게 하는 것으로 10개를 총체적으로 총괄하는 수신하는 것이 생겨나고 이것이 생겨난 후에는 몸통에서 적응하도록 기둥처럼 몸통 안으로 들어오되 명치있는 부분까지 들어와 몸통으로 점차적으로 퍼지고 그림 3과 같이, 온몸에 퍼지면서 그 동안 영청을 듣지 못하게 한 탁한 것들이 드러나며 성기 아랫부분을 꼭지점으로 역삼각형으로 머리 위에서 확 열리고 열리면서 그동안 영청을 못 듣게 했던 탁한 것들이 드러나고 드러난 탁한 것을 맑히고 밝히면 역삼각형부분으로부터 환해지면 온몸에 탁한 것들이 그 외 부분으로부터 보이게 되고 보이는 탁한 것을 벗겨내면 온몸이 환해지면 역삼각형 안에 아주 가느다란 실오라기 같은 철사 같은 것이 드러난다. 그림5, 드러난 이것이 소리를 듣게 하는 고막부분으로 옮겨져서는 영청을 듣도록 하는 소리의 진공판 같은 것을 만들어 자유롭게 영청을 듣게 하려고 옮겨져서 진공판을 만든다.

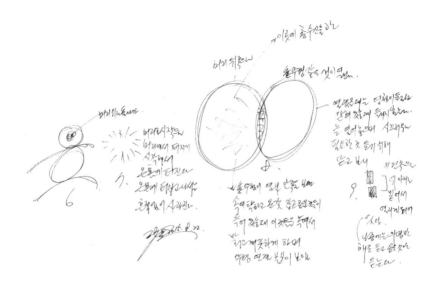

진공판을 만들고 나서는 우리들이 흔히 생각이 일어난다는 생각이 일어나는 자리 그림6으로 올라가서는 생각이 일어나는 자리를 시작으로 퍼지기 시작해서 그림7과 같이 온몸에 퍼진다. 온몸에 퍼지고, 퍼지고 다 퍼지고 나서는 흔적 없이 사라지며 진다.

퍼진 것이 사라지고 나서는 그림 8과 같이 머리 뒤쪽이 솥뚜껑 열리듯 열리고 열린 머리 안쪽으로 보면 새까맣고 무엇인가? 가득 들어 있는데 이것들은 잡동사니로 그 동안 영정을 못 듣게 했고 방해했던 요소들인데 이것들을 녹이며 깨끗하고 맑게 해야 한다. 그리고 보면 뚜껑과 연결된 부분이 보인다.

솥뚜껑 안의 머리 속에서 총 수신을 한다. 탁하거나 까맣거나 잡스러운 것들이 있으면 있는 만큼 잘 들리지 않고 너무 까맣게 되면 수신을 못하게 된다. 그래서 이곳이 맑고 깨끗해야 하고 잡스러운 잡동사니가 없어야 한다. 그만큼 생각이 단순해야 한다.

솥뚜껑 같은 것이 열려 있을 때는 영청이 들리고 닫혀 있을 때는 영청이 들리지 않는다. 늘 열려 있으면 온갖 영청이 다 들리니 시끄러워서 견딜 수 없으니 필요할 때만 열어서 들으며 된다.

뚜껑이 열린 머리 속을 맑고 깨끗하게 하고 연결된 부분이 보이고 뚜껑이 닫으니 닫힌 부분 머리 뒤쪽 왼쪽 귀 뒤쪽으로 위 아래로 머리 뒤쪽 앞쪽으로 밀면서 뚜껑을 열 수 있는 것이 보였다. 이때 는 영청이 잘 들리도록 수신을 잘 할 수 있도록 하기 위한 또 듣고 싶을 때만 듣기 위해 열고 닫는 것을 보았을 뿐 지금은 의식하 거나 의념하면 듣고 싶은 것만 듣는다. 다만 어디서 들어야 하는 지 그 주관자를 잘 알고 주관자로부터 들어야 하는 것이 있지만 그래도 듣고자 할 때만 의념하면 자연스럽게 듣게 되는 것 같다.

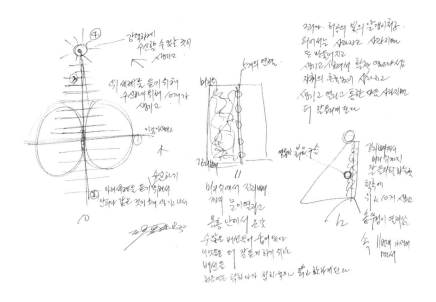

이와 같이 총 수신이 되는 뒤죽박죽 잡동사니들이 모두 다 사라져 깨끗해지고 맑아지면 뚜껑이 다시 열리면서 머리 속과 뚜껑이 연 결되어 있는 중간 부분에 수평으로 수신을 잘 할 수 있는 안테나가 생기고 그런 다음에 수직으로 안테나 같은 것이 생김으로 十모양

을 갖추고, 그런 다음에 十 수직 아래로 수신을 잘 할 수 있도록 하는 안테나가 하나, 둘 …5개가 생기고 위쪽으로 하나, 둘 …10개가 생기고 10개가 생긴 맨 위에 강력하게 수신할 수 있는 것이 생긴다.

十 아래쪽에 생긴 것은 아래 세계의 영청을 수신하고 위쪽에 생긴 것을 위 세계의 영청을 수신하는 역할을 한다.

이와 같이 안테나 같은 생긴 연후에는 자취의 흔적도 없이 사라지고 머리 위에서부터 꼬리뼈에 이르기까지 등 뒤로 문이 열리고 그림11, 열린 문 속, 몸통 탁한 안에서 온갖 수많은 전선 배선들이 숨어 있고 이것들은 더 잘 듣게 하기 위한 배선들로 이 배선들이 가지런하게 배열이 되면서 처음에 탁하게 보였던 것들이 점차적으로 밝고 환하게 된다. 밝고 환한 속에서 배선들이 점차적으로 허공의 빛 알갱이처럼 되어서는 사라지고 사라지면 또 만들어지고 생기고 생겨서 활짝 열고나서는 문은 자취의 흔적도 없이 사라진다. 생기고 열리고 통한 다음에 사라지면 더 잘 들리게 된다.

배선들이 허공의 빛 알갱이처럼 되는 것은 더 많은 더 자세하게 청취하기 위해서 빛이 알갱이처럼 변하고 점처럼 변하고 세포처럼 변하여 있게 된다.

문이 사라진 안쪽으로 영롱한 붉은 구슬이 보이고 그림12, 꼬리뼈에서 머리 위까지 잘 들리도록 하는 영롱한 붉은 구슬 같은 것이 척추 위로 하나, 둘….10개 생기고, 11번째가 생기면서 머리 뒤쪽 솥뚜껑 같은 것이 열려 있는 곳을 솥뚜껑처럼 덮는다.

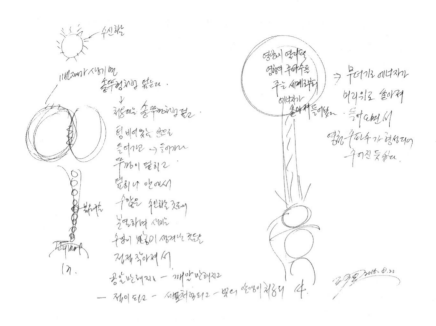

이것은 붉은 구슬이 아니라 회색에 원형에 수신할 수 있는 촉수 같은 것이 무수히 많이 뾰족하게 나 있는 상태로 솥뚜껑처럼 덮고 그림13, 점점 작아져서는 텅 비어 있는 안으로 들어가고 안으로 들어가서는 이것이 안으로 들어가면서 뚜껑이 덮이고 덮인 안에서는 수많은 수인하는 것들이 분열하며 새롭게 무수히 많이 생기고 수없이 많이 생겨난 것들은 점점 작아져서 콩알만 해지다 — 깨알 — 점이 되고 — 세포처럼 되었다가 — 허공의 빛 알갱이처럼 되어서 텅 빈 듯 보일 때, 영안이 열리도록 영청의 주파수를 주는 영청 세계로부터 에너지가 머리 위로 쏟아져 들어온다.

무더기로 영청 세계의 에너지가 머리 위로 쏟아져 몸통으로 들어오면서 영청을 들을 수 있는 주파수가 주어지고 주어진 주파수를 가지고 영청을 듣게 된다.

영청은 이와 같이 열린다. 영청이 열리기 위해서는 영청 세계의 에너지가 받아야 하고 받아서 온 몸통 가득 품어야 한다, 그렇지 않고서는 영청은 열리지 않는다.

영청은 귀로 듣는 것과 같이 듣는다고 생각할지 모르지만 본인이 영청을 들으니 영청을 듣는 것이지 모르지만 생각이 일어나는 부분에서 생각이 일어나듯 물으면 생각이 대답처럼 일어난다. 묻고 답하는 것이 머리 속에서 생각이 일어나듯 물으면 답으로 생각이 일어난다.

일반적으로 영적존재들이 몸통 안에 들어오면 생각을 지배하며 영적존재의 생각을 마치 자기 자신이 하는 것과 같이 해서 영적존재가 몸의 주인을 컨트롤 하는 것과 영적존재가 생각을 일으켜서 영적존재인지 모르게 하고 자기 자신의 생각이라고 생각하고 믿게 하는 것과 비슷한 것 같다,

영적존재의 경우에는 내 생각이라고 생각되게 하지만 영청의 경우에는 대답한다는 생각이 들게 되는 것 같고, 또 영청을 듣기 위해서는 꼭 소통이 필요한 세계에서 그 세계에 연결한 후에 소통이 가능하다는 점이 조금 다른 것 아닌가 싶은 생각이 든다.

영청을 듣기 위해서는 영청을 듣고자 하는 대상을 분명하고 하고 또 듣고자 하는 세계를 연결해야 듣는 것 같다. 더 두고 볼 일이지만 지금으로는 그런 것 같다.

물어도 그냥 물어서는 안 되고 질문하는 것을 주관하는 주관자(神)에게 물어야 하는 것 같다. 아니고서는 아무 대답도 들을 수 없는 것 같다.

금요모임에서 모임에 참석하신 분들을 마지막 시간에 2번째 쏴줄 때 박원장님부터 쏴주게 된 세계가 영청 세계의 에너지다. 본인은 위로 올려주기 위해서 올려주다가 위 세계를 열어서 쏴주고 본인은 쏴준 연후에 받고서 토요일 오전에 열리기 시작한 것이다.

위와 같이 열리는 과정을 옆에서 파미님이 지켜보는 가운데 진행되어서 파미님 안에서 채널링을 했던 분이 이제 자신은 필요 없게 되었다고 울었다. 왜 우느냐 물으니 공부하고 싶은데 선사님이 이

제 필요 없으셔서 파미님 몸에서 나가 위 세계로 보내는 것이 아쉬워서 운단다. 그래서 파미님 몸에 더 있기를 바라기에 왔다 갔다 하라니 그것이 쉽지 않다고 해서 파미님 몸에 묶어 두고 예전에 만들어 놓은 우리나라의 도량에 보내 공부하게 하고 그곳이 여의치 않으면 우주에 만들어 놓은 도량까지도 왔다 갔다 하며 금요일에 공부하라고 했다.

위와 같이 영청이 열리는 작업이 이루어지는 과정에서 채널링하는 영적존재는 파미님을 통해 일부, 일부를 알려주었다. 공부하겠다는 어찌 그냥 보낼 수 있겠는가? 피해를 주지 않는다면 그리고 열심히 공부한다고 공부하게 하도록 하는 것이 좋은 것 같아서 만들어 놓은 도량을 왔다갔다하며 공부하라고 허락하였다.

테스트 할 줄 아는 분들은 테스트 해보라

위와 같이 열리는 것이 영적존재로가 아닌 수행으로 영청이 열리는 것이 맞는지?

지구 역사 이래 아니 인류 역사 이래 영적존재가 아닌 수행해서 바르게 영청이 열린 수행자가 있었는지?

지구 역사 이래 아니 인류 역사 이래 위에서 설명한 것과 같이 바르게 열린 수행자가 있었는지 있으면 몇 명이나 되는지?

앞으로 위와 같이 바르게 영청이 열리기 위해서는 얼마의 시간이 흘러야 영적존재가 아닌 수행자로 수행해서 열리는 수행자가 나오는지?

위 방법 외에 바르게 올바르게 영청이 열릴 수 있는 방법이 있는지? 한 번 테스트 해보세요.

아마도 적응하기 위해서는 10일 정도 걸려야 하는 듯싶다.

어제는 하루 종일 앉았다. 잤다. 누웠다. 몸을 가누기조차 힘들었다.

밥도 먹을 힘이 없어서 아침은 먹지 않고 있다가 오후 늦게야 이래서는 몸을 회복할 수 없지 싶은 생각에 조금이라도 먹자. 먹어야 회복하지 싶은 생각에 오후 늦게 조금 먹고는 앉아 있기 힘들어서 좌선하다 눕고 눕다가 잤다가 깨어나자 싫어 목욕하고 그렇게 온종일 본인의 몸과 싸웠다. 그렇게 싸운 덕분인지 퇴근 무렵이 되어서야 조금 회복되었었다.

오늘도 몸이 좋은 상태는 아니다. 이제 4일째이니 앞으로 6일은 더 적응해야 하겠지. 더 걸리지도 모르겠지만 위 세계로 올라가면서 적응하니 그래도 쉬지 않고 올라가야 하고 또 몸은 적응해야 한다. 그래야 위 세계로 올라갈 수 있는 듯싶다. 2015. 08. 25 15:08

영청을 들리도록 하는 주파수를 주는 7세계

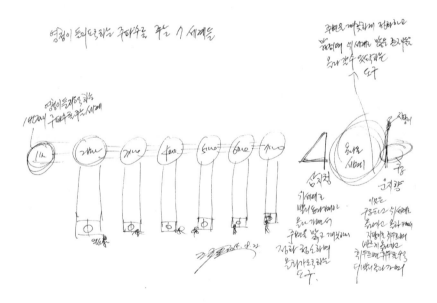

영청이 열리는 작업이 이루어지고 영청 세계의 에너지를 받고 위

세계에 영청을 잘 듣게 하는 세계가 또 있는가? 살피니 또 있는 것 같았다. 그래서 영청을 열리도록 하는 세계의 에너지를 다 받기 위해서 영청 세계 위에 7번째 세계까지 하나하나 흡하여 올라갔다.

흡하고 올라가니 또 커다란 세계가 보여서 흡하니 몇 개를 했는지 기억에 없는데 삼지청(三地淸)이 주어진 듯 보이고 조금 있다가 또 커다란 세계가 위로 보이기에 흡하니 구름 같은 것이 여기저기 무수히 많고 그 중 한 구름 위에 지팡이가 놓여 있는 듯 보였다. 아마도 또다시 세계를 흡하니 위 세계로부터 주어진 것이 아닌가 싶었다. 이것이 무엇인가? 하니 운지향(雲指向)이라고 들렸었다.

삼지청(三地淸)은 위 세계로 빨리 올라가게 하고 올라가면서 주변을 맑고 깨끗하게 정화 청소하며 올라가도록 하는 도구이고

운지향(雲指向)은 구름 타고 위 세계로 올라가고 올라가면서 지팡이를 휘두르면 휘두를수록 더 빨리 올라가도록 하는 도구인 듯싶다.

영청을 들리도록 하는 주파수를 주는 7 세계를 흡하고 올라가니 파미님이 채널링하는 분이 이 세계들은 영청으로 소리를 듣고 열쇠를 찾아서 열쇠로 문을 열고 올라가는 세계인 듯 같다고 해서가 모든 세계를 연결하는 다리를 놓고 다리를 놓아 연결하고 그것도 자등으로 갈 수 있도록 의식해서 의념으로 연결하였다.

그리고 흡한 7 세계 문이 있는 곳으로 가서 열쇠를 모두 다 찾아서 문을 열고 문을 연 다음에는 문을 없애서 누구나 위 세계로 올라가고자 하면 올라가도록 해 놓았다.

그리고 그곳에 문을 없애 이가 본인임을 표시하는 푯말을 세워지도록 의념했다.

토요일 이와 같이 해 놓았는데 올라온 세계를 밝혀 드러내면서보니 직접 대면하는 것과는 차이가 조금 있었다. 이러한 사실은 이미 올라왔지만 밝혀 드러내놓는 과정에서 알게 되었다. 이런 사실을 나중에 밝혀 드러낸 세계에서의 대화를 옮겨 놓을 것인즉 그때 확인하면 알 수 있지 않을까 싶다.

위 세계는 영청이 열리지 않으면 올라갈 수 없는 세계이기에 이 세계들로부터 영청이 열리도록 하는 에너지를 받게 되는 것 같다. 7 세계를 흡했는데 밝혀 드러내면서 보니 더 많은 세계들이 영청에 관련되어 있었다. 그리고 영청을 듣고 보지 못하면 올라갈 수 없는 세계인 것 같았다.

위 세계로 올라가기 위해서는 필히 영청을 들어야 하고 또 보아야 하는 것 같다. 아니고서는 더 이상 올라갈 수 없으니 올라가고자 하는 존재들에게 자연스럽게 주어지는 것 아닌가 싶은 생각이 들기도 했다. 2015. 08. 25 15:42

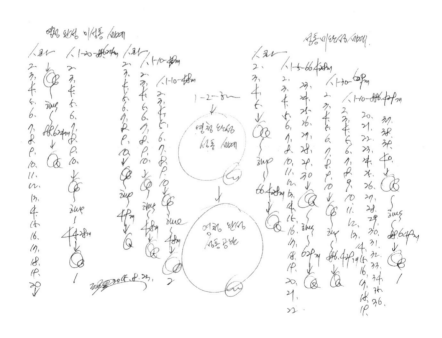

영청 완성 미성통(靈聽 完成 未聖通) 세계 1

영청대란(靈聽大亂) 세계를 빠져나와 또다시 새로운 세계가 시작되는 이 세계에서는 큰 세계를 밝혀 드러내지 않아도 흡이 될 것 같은 생각이 들었다.

그래서 흡을 하였다.

{1, (큰 1번째 -) 세계를 흡하니 흡이 되었다.

2, 세계

3 세계 4, 5, 6, 7, 8, 9, 10, 11, … 17, 18, 19,

20 세계

이 세계의 끝 마지막 하나

2(하나)

3(하나)

…

하나씩

…

88.624개 (하나)

마지막 하나 이 세계는

1, (1 - 20세계 이 세계의 끝 마지막 하나- 하나씩 -88.624개 - 하나) 세계를 밝혀 드러내고 빠져나와

2, 세계를 흡하니 흡이 되었다.

3 세계 4, 5, 6, 7, 8, 9,

10 세계

이 세계의 끝 마지막 하나

2(하나)

3(하나)

…

하나씩

…

4.428(하나)

마지막 하나 이 세계는   ]

영청 완성 미성통(靈聽 完成 未聖通) 세계 2

영청 완성 미성통(靈聽 完成 未聖通) 1 세계를 빠져나와 또 다시 새로운 세계가 시작되는 이 세계에서는 큰 세계를 밝혀 드러내지 않아도 흡이 될 것 같은 생각이 들었다.

그래서 흡을 하였다.

{1, (큰 1번째 -) 세계를 흡하니 흡이 되었다.

2, 세계

3 세계 4, 5, 6, 7, 8, 9,

10 세계

이 세계의 끝 마지막 하나

2(하나)

3(하나)

…

하나씩

...

49개(하나)

마지막 하나 이 세계는

1, (1 - 10세계 이 세계의 끝 마지막 하나- 하나씩 -49개 - 하나
) 세계를 밝혀 드러내고 빠져나와

2, 세계를 흡하니 흡이 되었다.

3 세계 4, 5, 6, 7, 8, 9,

10 세계

이 세계의 끝 마지막 하나

2(하나)

3(하나)

…

하나씩

…

48개(하나)

마지막 하나 이 세계는

1, (1 - 10세계 이 세계의 끝 마지막 하나- 하나씩 -48개 - 하나
) 세계를 밝혀 드러내고 빠져나와

2, 세계를 흡하니 흡이 되었다.

3 세계 4, 5, 6, 7, 8, 9,

10 세계

이 세계의 끝 마지막 하나

2(하나)

3(하나)

…

하나씩

…

48개(하나)

마지막 하나 이 세계는 }

* {…} 빈복되는 듯 밝힌 {…} 이 부분들은 생략하고 생략을 넣고
생략한다.

1-2- 마지막 하나 이 세계는 **영청 완성 성통**(靈聽 完成 聖通)
세계

1-2 마지막 하나 – **영청 완성 성통**(靈聽 完成 聖通) **세계** 전체
를 하나의 한 덩어리로 보았을 때 이 세계는 **영청 완성 미성통**(靈
聽 完成 未聖通) **세계** 2015. 08. 25 18:42

1-2 마지막 하나 – **영청 완성 성통**(靈聽 完成 聖通) **세계**
– 마지막 하나 이 세계는 **영청 완성 성통 공완**(靈聽 完成 聖通
功完) **세계**

2015. 08. 25 18:51

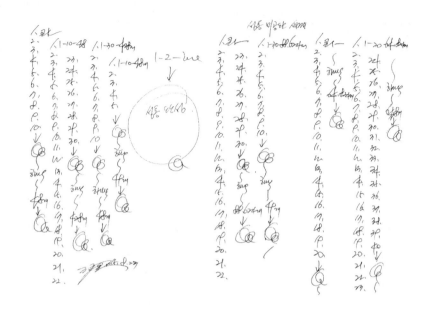

성통 미완성(聲通 未完成) 세계 1

영청 완성 성통 공완(靈聽 完成 聖通 功完) 세계를 빠져나와 또다시 새로운 세계가 시작되는 이 세계에서는 큰 세계를 밝혀 드러내지 않아도 흡이 될 것 같은 생각이 들었다.

그래서 흡을 하였다.

1, (큰 1번째 -) 세계를 흡하니 흡이 되었다.

...생략...

1, (1 - 5세계 이 세계의 끝 마지막 하나- 하나씩 -66.428개 - 하나) 세계를 밝혀 드러내고 빠져나와

2, 세계를 흡하니 흡이 되었다.

...생략...

1, (1 −30세계 이 세계의 끝 마지막 하나− 하나씩 − 629− 하
나) 세계를 밝혀 드러내고 빠져나와
2, 세계를 흡하니 흡이 되었다.

...생략...

1, (1 −10세계 이 세계의 끝 마지막 하나− 하나씩 − 886.429−
하나) 세계를 밝혀 드러내고 빠져나와
2, 세계를 흡하니 흡이 되었다.

...생략...

마지막 하나 이 세계는

성통 미완성(聲通 未完成) 세계 2

성통 미완성(聲通 未完成) 1 세계를 빠져나와 또다시 새로운 세계
가 시작되는 이 세계에서는 큰 세계를 밝혀 드러내지 않아도 흡이
될 것 같은 생각이 들었다.
그래서 흡을 하였다.

1, (큰 1번째 −) 세계를 흡하니 흡이 되었다.
...생략...
마지막 하나 이 세계는

1, (1 - 10세계 이 세계의 끝 마지막 하나- 하나씩 -48개 - 하나) 세계를 밝혀 드러내고 빠져나와

2, 세계를 흡하니 흡이 되었다.

...생략...

마지막 하나 이 세계는

1, (1 - 30세계 이 세계의 끝 마지막 하나- 하나씩 -428개 - 하나) 세계를 밝혀 드러내고 빠져나와

2, 세계를 흡하니 흡이 되었다.

...생략...

마지막 하나 이 세계는

1, (1 - 10세계 이 세계의 끝 마지막 하나- 하나씩 -48개 - 하나) 세계를 밝혀 드러내고 빠져나와

2, 세계를 흡하니 흡이 되었다.

...생략...

마지막 하나 이 세계는

1-2- 마지막 하나 이 세계는 **성통 완성**(聲通 完成) 세계

1-2 마지막 하나 - **성통 완성**(聲通 完成) 세계 전체를 하나의 한 덩어리로 보았을 때 이 세계는 **성통 미완성**(聲通 未完成) 세계 2015. 08. 25 19:06

성통 미공완(聲通 未功完) 세계 1

성통 완성(聲通 完成) 세계를 빠져나와 또다시 새로운 세계가 시작
되는 이 세계에서는 큰 세계를 밝혀 드러내지 않아도 흡이 될 것
같은 생각이 들었다.

그래서 흡을 하였다.

1, (큰 1번째 -) 세계를 흡하니 흡이 되었다.

...생략...

마지막 하나 이 세계는

1, (1 - 30세계 이 세계의 끝 마지막 하나- 하나씩 -88.624개
- 하나) 세계를 밝혀 드러내고 빠져나와

2, 세계를 흡하니 흡이 되었다.

...생략...

마지막 하나 이 세계는

성통 미공완(聲通 未功完) 세계 2

성통 미공완(聲通 未功完) 1 세계를 빠져나와 또다시 새로운 세계
가 시작되는 이 세계에서는 큰 세계를 밝혀 드러내지 않아도 흡이
될 것 같은 생각이 들었다.

그래서 흡을 하였다.

1, (큰 1번째 -) 세계를 흡하니 흡이 되었다.

...생략...

마지막 하나 이 세계는

1, (1 - 20세계 이 세계의 끝 마지막 하나- 하나씩 -64.824개
- 하나) 세계를 밝혀 드러내고 빠져나와

2, **세계**를 흡하니 흡이 되었다.

...생략...

마지막 하나 이 세계는

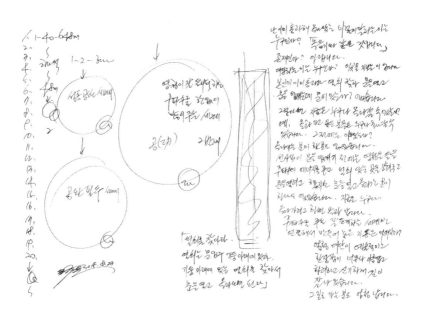

1, (1 - 40세계 이 세계의 끝 마지막 하나- 하나씩 -648개 -
하나) 세계를 밝혀 드러내고 빠져나와

...생략...

마지막 하나 이 세계는

1-2- 마지막 하나 이 세계는 **성통 공완(聲通 功完) 세계**

1-2 마지막 하나 - **성통 공완(聲通 功完) 세계** 전체를 하나의 한 덩어리로 보았을 때 이 세계는 **성통 미공완(聲通 未功完) 세계**
2015. 08. 25 19:14

1-2 마지막 하나 - **성통 공완(聲通 功完) 세계**
- 마지막 하나 이 세계는 **공완 필두(功完 必頭) 세계**

그 위 마지막 하나 이 세계는

공(功) 세계 : 영청이 잘 들리도록 하는 주파수를 한없이 많이 주는 세계

공 세계를 통해서 위 세계로 올라가기 위해서는 관문을 걸쳐야 한다. 그 관문에 나아가면 "열쇠를 찾아라. 열쇠는 문 입구 기둥 아래에 있다. 기둥 아래에 있는 열쇠를 찾아서 문을 열고 올라오면 된다."

'난 이미 통과해 올라왔는데 이렇게 말하는 이는 구구인가?' "녹음기 같은 것입니다."

'존재인가?' "아닙니다."

'대답하는 이는 누구인가?' "이곳을 지나는 이입니다." '본인이 이미 열쇠를 찾아 문을 열고 문을 없앴는데 문이 있는가?' "없습니다." '그렇다면 지금은 누구나 올라갈 수 있는가?' "예, 올라가고 싶은 분들은 누구나 올라갈 수 있습니다." '그 전에는 어땠는가?'

"올라가는 분이 한 분도 없었습니다. 선사님이 문을 없애기 전에는 영청을 들을 주파수의 에너지를 주고 열쇠 있는 곳을 알려주고 문을 열라고 했지만 문을 열고 올라간 분이 하나도 없었습니다. 지금은 누구나 올라가려고 하면 올라갑니다." '주파수를 주는 영청을 잘 듣게 하는 세계만 연려해서 만들어 놓은 자동은 어떠한가?' "엄청 대단히 예술적이고 환상적이고 너무나 아름답고 화려하고 신기하게 길이 잘 나 있습니다. 그 길로 가는 분들도 엄청납니다." 2015. 08. 25 19:33

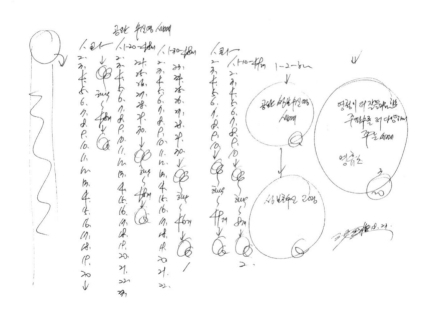

공완 수신영(功完 聲輔受信靈) 세계 1

공(功) 세계를 빠져나와 또다시 새로운 세계가 시작되는 이 세계에서는 큰 세계를 밝혀 드러내지 않아도 흡이 될 것 같은 생각이 들었다.
그래서 흡을 하였다.

1, (큰 1번째 -) 세계를 흡하니 흡이 되었다.
...생략...
마지막 하나 이 세계는

1, (1 - 20세계 이 세계의 끝 마지막 하나- 하나씩 -48개 - 하나) 세계를 밝혀 드러내고 빠져나와
2, **세계**를 흡하니 흡이 되었다.
...생략...
마지막 하나 이 세계는

1, (1 - 30세계 이 세계의 끝 마지막 하나- 하나씩 -48개 - 하나) 세계를 밝혀 드러내고 빠져나와
2, **세계**를 흡하니 흡이 되었다.
...생략...
마지막 하나 이 세계는

공완 수신영(功完 聲輔受信靈) 세계 2

공완 수신영(功完 聲輔受信靈) 1 세계를 빠져나와 또다시 새로운 세계가 시작되는 이 세계에서는 큰 세계를 밝혀 드러내지 않아도 흡이 될 것 같은 생각이 들었다.

그래서 흡을 하였다.

1, (큰 1번째 -) 세계를 흡하니 흡이 되었다.

...생략...

마지막 하나 이 세계는

1, (1 - 10세계 이 세계의 끝 마지막 하나- 하나씩 -49개 - 하나) 세계를 밝혀 드러내고 빠져나와

2, 세계를 흡하니 흡이 되었다.

...생략...

마지막 하나 이 세계는

1-2- 마지막 하나 이 세계는 공완 성 보수신영(功完 聲 輔受信靈) 세계

1-2 마지막 하나 - 공완 성보수신영(功完 聲輔受信靈) 세계 전체를 하나의 한 덩어리로 보았을 때 이 세계는 **공완 수신영(功完 受信靈) 세계** 2015. 08. 25 20:01

1-2 마지막 하나 - **공완 성 보수신영(功完 聲 輔受信靈) 세계**

- 마지막 하나 이 세계는 **성 보초수신 고영(聲 輔超受信 高靈)** 세계

그 위 마지막 하나 이 세계는

영휴소(靈休巢) 세계 : 영청이 더 잘 들리도록 하는 주파수를 더 다양하게 주는 세계

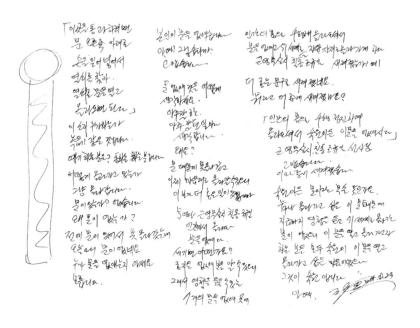

"이곳을 통과하려면 문 오른쪽 아래로 손을 밀어 넣어서 열쇠를 찾아 열쇠로 문을 열고 올라오면 된다."

'이 소리 누가하는가?' "녹음기 같은 것입니다." '얘기하는 분은?' "통과하는 분입니다."

'어떻게 올라가고 있는가?' "그냥 올라갑니다." '문이 있는가?' "없습니다." '왜 문이 없는가?'

"전에 문이 있어서 못 올라갔는데 오늘오니 문이 없네요." '누가 문을 없애는지 아세요?' "모릅니다." '본인이 문을 없앴습니다.' "아

예, 그렇습니까? 고맙습니다.” ‘문 없애신 것을 어떻게 생각하세요.’ "아주 잘 한, 아주 잘 된 일이라 생각합니다.” ‘왜요?’ “문 때문에 못 올라갔고 이제 마음대로 올라갈 수 있으니 이 보다 더 좋은 일이 있습니까?” ‘문에다 근영무상시 칠통 조규일 인간에서 올라와 문을 없애다 새기면 어떤가요?’ “좋지요. 없애 분을 알 수 있으니.” 그래서 영청을 들을 수 있는 7개의 문을 없애 곳에 인간의 몸으로 수행해 올라오셔서 문을 없애고 위 세계를 자유자재로 올라가게 하다. 근영무상시 칠통 조규일 새겨졌는가? ‘ “예, 더 좋은 문구로 새겨졌네요.” ‘뭐라고 더 좋게 새겨졌나요?’ “ [인간의 몸으로 수행 정진하여 올라오셔서 숙원이던 이 문을 없애시다. 근영무상시 칠통 조규일 선사님 고맙습니다.] 이와 같이 새겨졌습니다.” ‘숙원이던 문이란 무슨 뜻인가요?’ “누구나 올라가고 싶은 이 문 때문에 지금까지 영청을 듣고 위 세계로 올라간 분이 없으니 이 문을 열고 올라가고자 하는 분들 모두 숙원이 이 문을 열고 올라가고 싶은 마음이었으니 그것이 숙원입니다.” ‘아~ 예’ 2015. 08. 26 07:32

영 수신 영 최초 미영청(靈 受信 靈 最初 未靈聽) 1

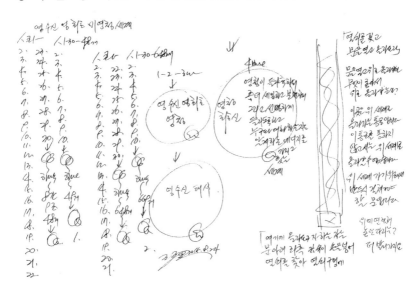

영휴소(靈休巢) 세계를 빠져나와 또다시 새로운 세계가 시작되는 이 세계에서는 큰 세계를 밝혀 드러내지 않아도 흡이 될 것 같은 생각이 들었다.

그래서 흡을 하였다.

1, (큰 1번째 -) 세계를 흡하니 흡이 되었다.

...생략...

마지막 하나 이 세계는

1, (1 - 30세계 이 세계의 끝 마지막 하나- 하나씩 -8간 9조 48개 - 하나) 세계를 밝혀 드러내고 빠져나와

2, 세계를 흡하니 흡이 되었다.

...생략...

마지막 하나 이 세계는

영 수신 영 최초 미영청(靈 受信 靈 最初 未靈聽) 세계 2

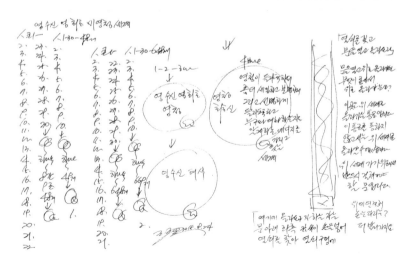

영 수신 영 최초 미영청(靈 受信 靈 最初 未靈聽) 1 세계를 빠져나와 또다시 새로운 세계가 시작되는 이 세계에서는 큰 세계를 밝혀 드러내지 않아도 흡이 될 것 같은 생각이 들었다.

그래서 흡을 하였다.

1, (큰 1번째 -) 세계를 흡하니 흡이 되었다.

...생략...

마지막 하나 이 세계는

1, (1 - 30세계 이 세계의 끝 마지막 하나- 하나씩 -648개 - 하나) 세계를 밝혀 드러내고 빠져나와

2, 세계를 흡하니 흡이 되었다.

...생략...

마지막 하나 이 세계는

1-2- 마지막 하나 이 세계는

영 수신 영 최초 영청(靈 受信 靈 最初 靈聽) 세계

1-2 마지막 하나 - **영 수신 영 최초 영청(靈 受信 靈 最初 靈聽) 세계** 전체를 하나의 한 덩어리로 보았을 때 이 세계는

영 수신 영 최초 미영청(靈 受信 靈 最初 未靈聽) 세계

2015. 08. 26 08:10

1-2 마지막 하나 - **영 수신 영 최초 영청(靈 受信 靈 最初 靈聽) 세계**

‒ 마지막 하나 이 세계는 **영 수신 태시(靈 受信 太始)** 세계

그 위 마지막 하나 이 세계는

영청 최초신(靈聽 最初神) 세계 : 영청이 들리도록 하되 좀 더
세밀하고 분명하게 그리고 선명하게 들리도록 하고 누구와 대화하
는지도 알게 하는 에너지를 가지고 있는 세계

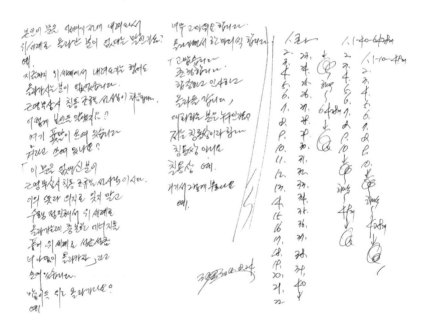

[여기에 올라오고자하는 자는 문아래 좌측 깊숙이 손을 넣어 열쇠
를 찾아 열쇠구멍에 열쇠를 꽂고 문을 열고 올라오라.]

'문을 열고 위로 올라가면 무엇이 좋아서 위로 올라가는가?' "이곳
은 위 세계로 올라가는 통로입니다. 이 통로를 통하지 않고서는
위 세계로 올라갈 수 없습니다. 위 세계로 가기 위해서 반드시 걸
쳐야 할 문입니다." '위에 연결해 놓은 다리는?' "더 빨리 가지요."

'본인이 문을 없애기 전에 내려와서 위 세계로 올라간 분이 없다는 말인가요?' "예, 지금까지 위 세계에서 내려오기는 했어도 올라가시는 분이 없었습니다. 근영무상시 칠통 조규일 선사님이 처음입니다." '어떻게 본인을 알았지요?' "여기 푯말에 쓰여 있습니다." '뭐라고 쓰여 있나요?' "[이 문을 없애신 분이 근영무상시 칠통 조규일 선사님이시다. 이의 뜻과 의지를 잊지 말고 수행 정진해서 위 세계로 올라가는데 충분한 에너지를 품어 위 세계로 성큼성큼 너 나 없이 올라가자]라고 쓰여 있습니다." '많이들 위로 올라가나요?' "예, 너무 고마워요 합니다. 올라가면서 한 마디씩 합니다." "고맙습니다. 존경합니다. 합장하고 인사하고 올라들 갑니다." '대화하는 분은 누구인가?' "저는 칭롱쌍이라 합니다." '칭용쌍?' "아니요." '칠용상?' "예" '거기서 그렇게 부르나요?' "예"

2015. 08. 26 08:48

영청 효보신 수신(靈聽 孝寶神 受信) 1

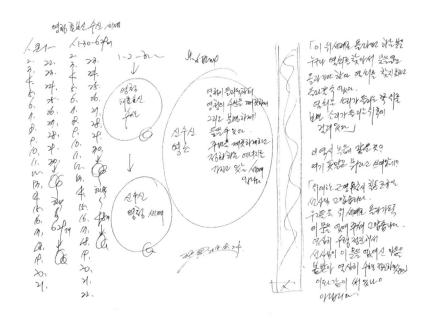

영청 최초신(靈聽 最初神) 세계를 빠져나와 또다시 새로운 세계가 시작되는 이 세계에서는 큰 세계를 밝혀 드러내지 않아도 흡이 될 것 같은 생각이 들었다.

그래서 흡을 하였다.

1, (큰 1번째 -) 세계를 흡하니 흡이 되었다.

...생략...

마지막 하나 이 세계는

1, (1 - 40세계 이 세계의 끝 마지막 하나- 하나씩 -6.428개 - 하나) 세계를 밝혀 드러내고 빠져나와

2, **세계**를 흡하니 흡이 되었다.

...생략...

마지막 하나 이 세계는

1, (1 - 10세계 이 세계의 끝 마지막 하나- 하나씩 -49개 - 하나) 세계를 밝혀 드러내고 빠져나와

2, **세계**를 흡하니 흡이 되었다.

...생략...

마지막 하나 이 세계는

영청 효보신 수신(靈聽 孝寶神 受信) 세계 2

영청 효보신 수신(靈聽 孝寶神 受信) 1 세계를 빠져나와 또다시 새
로운 세계가 시작되는 이 세계에서는 큰 세계를 밝혀 드러내지 않
아도 흡이 될 것 같은 생각이 들었다. 그래서 흡을 하였다.

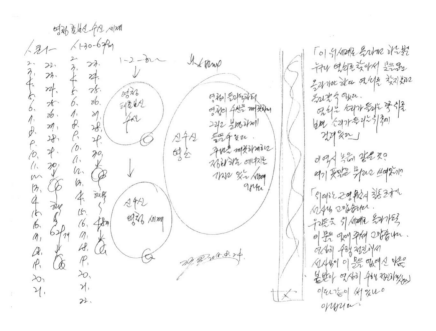

1, (큰 1번째 -) 세계를 흡하니 흡이 되었다.

...생략...

마지막 하나 이 세계는

1, (1 - 30세계 이 세계의 끝 마지막 하나- 하나씩 -629개 -
하나) 세계를 밝혀 드러내고 빠져나와

2, **세계**를 흡하니 흡이 되었다.

...생략...

마지막 하나 이 세계는

1-2- 마지막 하나 이 세계는 영청 태효보신 수신(靈聽 太孝寶神 受信) 세계

1-2 마지막 하나 – 영청 태효보신 수신(靈聽 太孝寶神 受信) 세계 전체를 하나의 한 덩어리로 보았을 때 이 세계는 **영청 효보신 수신(靈聽 孝寶神 受信) 세계** 2015. 08. 26 08:59

1-2 마지막 하나 – 영청 태효보신 수신(靈聽 太孝寶神 受信) 세계 – 마지막 하나 이 세계는 신수신 영청(神受信 靈聽) 세계

그 위 마지막 하나 이 세계는

신수신 영소(神受信 靈巢) 세계 : 영청이 들리도록 하되 영청의 수신을 깨끗하게 그리고 분명하게 들을 수 있다. 주변을 깨끗하게 하고 정화하는 에너지를 가지고 있는 세계

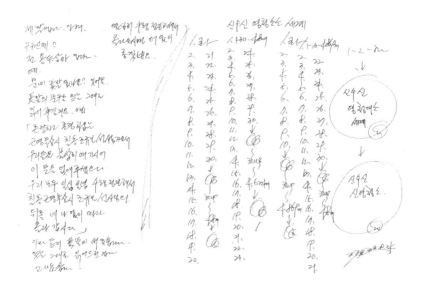

[이 위 세계로 올라가고자 하는 분은 누구나 열쇠를 찾아서 문을 열고 올라가야 한다. 열쇠를 찾지 못하고 올라갈 수 없다. 열쇠는 소리가 들리는 쪽 위를 보면 소리가 들리는 위쪽에 걸려 있다.] '이 역시 녹음기 같은 것인가?' "예" '여기 푯말은 뭐라고 쓰여 있는가?' [위대한 근영무상시 칠통 조규일 선사님 고맙습니다, 우리들을 위 세계로 올라가도록 이 문을 없애주서 고맙습니다. 열심히 수행 정진해서 선사님이 이 문을 없애신 마음을 본받도록 열심히 수행 정진하겠습니다.] '이와 같이 써 있나?' "아닙니다. 제 말입니다." '아! 예, 누구신데?' "전 용두삼마입니다." '예, 문에 푯말 없나요?' "있어요." '푯말의 문구를 있는 그대로 읽어 주실래요.' "예, [존경하고 존경하옵는 근영무상시 칠통 조규일 선사님께서 우리들을 불쌍히 여기시어 이 문을 없애주셨으니 우리 모두 일심 일념 수행 정진해서 칠통 근영무상시 조규일 선사님의 뒤를 너 나 없이 따라 올라갑시다.] 이와 같이 푯말에 써있습니다. 있는 그대로 읽어 드린 겁니다." '고맙습니다. 열심히 수행 정진하셔서 올라오시면 더 없이 좋겠네요.' 2015. 08. 26 09:27

신수신 영청소소(神受信 靈聽小巢) 1

신수신 영소(神受信 靈巢) 세계를 빠져나와 또다시 새로운 세계가 시작되는 이 세계에서는 큰 세계를 밝혀 드러내지 않아도 흡이 될 것 같은 생각이 들었다.

그래서 흡을 하였다.

1, (큰 1번째 -) 세계를 흡하니 흡이 되었다.

...생략...

마지막 하나 이 세계는

1, (1 – 30세계 이 세계의 끝 마지막 하나- 하나씩 -48개 - 하나) 세계를 밝혀 드러내고 빠져나와

2, 세계를 흡하니 흡이 되었다.

...생략...

마지막 **하나** 이 세계는

신수신 영청소소(神受信 靈聽小巢) 세계 2

신수신 영청소소(神受信 靈聽小巢) 1 세계를 빠져나와 또다시 새로운 세계가 시작되는 이 세계에서는 큰 세계를 밝혀 드러내지 않아도 흡이 될 것 같은 생각이 들었다.

그래서 흡을 하였다.

1, (큰 1번째 -) 세계를 흡하니 흡이 되었다.

...생략...

마지막 **하나** 이 세계는

1, (1 – 30세계 이 세계의 끝 마지막 하나- 하나씩 -629개 - 하나) 세계를 밝혀 드러내고 빠져나와

2, **세계**를 흡하니 흡이 되었다.

...생략...

마지막 **하나** 이 세계는

1-2- 마지막 하나 이 세계는 **신수신 영청대소(神受信 靈聽大巢)** **세계**

1-2 마지막 하나 - 신수신 영청대소(神受信 靈聽大巢) 세계 전체를 하나의 한 덩어리로 보았을 때 이 세계는

신수신 영청소소(神受信 靈聽小巢) 세계 2015. 08. 26 17:57

1-2 마지막 하나 - 신수신 영청대소(神受信 靈聽大巢) 세계

- 마지막 하나 이 세계는 **신수신 신영청소(神受信 神靈聽巢) 세계**

그 위 마지막 하나 이 세계는

청용상(聽用祥) 세계 : 이 세계는 영청이 들리도록 하는 곳임에는 분명하되 멀리 또는 가까운 세계를 자유자재로 들을 수 있도록 하는 에너지를 가지고 있는 세계

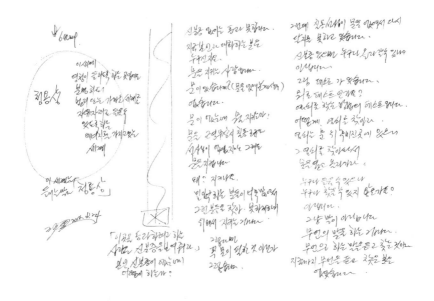

[이곳을 통과하려고 하는 사람은 신분증을 보여줘라] '신분증이 없는데 어떻게 하는가?' "신분증 없이는 통과 못합니다" '지금 본인과 대화하는 분은 누구신지요?' "문을 지키는 사람입니다." '문이 있습니까?(문을 없앤 것이 생각나서 물었다)' "없습니다." '문이 없

는데 뭘 지키는가?' "문을 근영무상시 칠통 조규일 선사님이 없앴지만 그래도 문을 지킵니다." '왜 지키나요?' "밀입국하는 분들이 너무 많아서 그런 분들을 찾아 못하게 하기 위해서 지키는 겁니다." '그렇다면 꼭 문이 필요한 것 아닌가?' "그렇습니다. 그런데 칠통 선사님이 문을 없애서 다시 달지를 못하고 있습니다." '신분증이 있으면 누구나 올라갈 수 있나?' "아닙니다." '그럼?' "테스트가 있습니다." '뭐로 테스트인가요?' "[열쇠를 찾는 방법의 테스트입니다." '어떻게?' "열쇠를 찾아라 열쇠는 문 위 후미진 곳에 있으니 그 열쇠를 찾아와서 문을 열고 올라가라.]" "누구나 들을 수 있으나 누구나 찾을 수 있지 않은가?' "아닙니다. 그냥 말이 아닙니다. 무언의 말을 하는 겁니다. 무언으로 하는 말을 듣고 찾는 것입니다. 지금까지 무언을 듣고 찾은 분은 없었습니다." '문이 없으니 무언으로 하는 말을 듣지 못해도 통과하잖아?' "예" 있는 것보다 없는 곳이 좋은가요?' "예" '그런가요? 다시 문을 달도록 하려 했는데...' "근영무상시 칠통 조규일 선사님이세요?' '예' (인사하는 모습이 보인다.) '거기에 푯말이 있는가?' "예" '푯말에 뭐라고 쓰여 있나요?' "[칠통 근영무상시 선사님이 문을 없애시다]" '전체적으로 볼 때 문이 있는 것이 좋은가요? 없는 것이 좋은가요?' "있는 게 좋습니다." '그래요. 그러면 문을 다시 달아 드리지요.' "문이 생기고 닫혔습니다. 고맙습니다. 훨씬 더 좋습니다." '무언으로 하는 말을 알아듣는 것을 무엇이라고 하나요?' "영청으로 듣는 겁니다. 위에는 아래로 연결되어 아래 세계에서는 올라갈 수 있습니다, 그 길은 환상적이고 신비롭습니다."

'전체에게 물었다. 그리고 문이 있는 게 좋다는 분이 89% 문이 없는 데 좋다는 분이 11% 그래 왜? 그럴까? 위로 올라갈 수 없을 텐데...'

초벌지에 밝히 전에는 문을 없애고 초벌지에 밝힐 때는 문을 다시 달아주었고 스케치북에 옮기며 문이 달려 있는 것이 좋다는 말에...

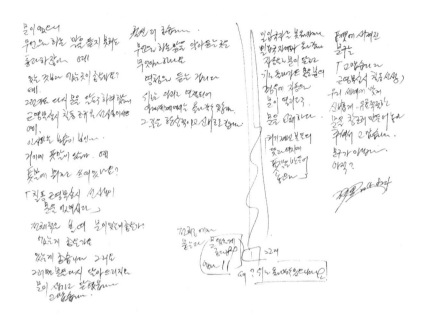

밀입국자는 못 올라가게 밀입국자가 올라가려고 하면 자동으로 문이 닫히고 밀입국자가 아닌 자로 위로 올라가려고 하는 분의 경우에는 자동으로 열리도록 문을 교체했다. 자동문으로 만들어 놓되 밀입국자들은 검색되어 못 올라가도록 문이 닫히고 그렇지 않은 경우에는 열리도록 문을 자동으로 만들어 놓았다. '거기 계신 분들의 뜻과 의지대로 푯말을 만들어 놓으면 푯말에 새겨진 문구는?' "[고맙습니다. 근영무상시 칠통 선사님 우리 세계에 맞게 신비롭게 유효적절한 문을 창조해 만들어 놓아 주셔서 고맙습니다.] 문구가 아닙니다." '아직은…….'

그래서 그렇게 두었다.

지금 이 글을 써 옮기면서 다시 묻는다,

'푯말이 있나요?' "예" '푯말에 뭐라고 쓰여 있나요? 쓰여 있는 그대로 읽어주실래요?' "예, 이곳에 문이 있었는데 그 문을 처음에 없애고 다시 문을 달았다가 우리들을 불쌍히 여기서서 자동으로 신비로운 문을 창조해 만들어 달아주셨다."

'별의미가 없나 봐요?' "아닙니다. 너무들 좋아합니다." '그런데 푯말에 써놓은 문구로 보면 별로인 것 같고 불만이 있는 것 같은데요.' "예 불만이 있기는 합니다." '어떤 분들이 불만인가요?' "고위직 분들이 불만이 많습니다." '왜?' "너무 잘 만들어 놓아서 자기들보다는 칠통 근영무상시 조규일 선사님을 더 높게 생각하는 것에 대한 불만입니다"

'속으로는 좋아하는가?' "아닙니다." '왜?' "자기들의 직위가 흔들릴까봐 싫어하는 겁니다." 그럼 지금처럼 문이 있는 것을 대부분의 사람들은 어떻게 생각하나요?' "너무 너무 좋아합니다. 고마워하기도 하고요."

'그럼 그대로 두는 게 좋겠네요.'

고위층과 대화를 시도해 보았다. '직책이 무엇인가요?' "통치자입니다." '새로 만들어 놓은 문이 불만이 있나요?' "아닙니다." '그런데 푯말 문구가 불만이 가득한 것처럼 보입니다.' "미안합니다. 불만이 있어서 그렇게 했는데 속이 좁았습니다." '그 세계를 통치하는 분이 대범해야 하고 그 세계에 있는 분들을 위한 것을 하는 것이 옳을 텐데...어찌 그렇게 되었나요?' 그러게요. 칠통 근영무상시 선사님께서 이 세계로 오는지 알고 그랬습니다. 지금 보니 그냥 지나가는 분인데 그것까지 알지 못하고 그랬습니다. 죄송합니다. 문구를 바뀌도록 하겠습니다."

'지금처럼 그냥 두면 되지요. 다르게 할 필요 없이 다르게 할 필요가 있나요?' "아닙니다. 너무 좋습니다. 고맙습니다."

'앞에서 지키는 사람이라고 했는데 그 세계도 존재들을 사람이라고 하나요?'

"예"

'지구에 사는 고등동물을 사람이라고 하는데...' "아! 그래요. 놀랍네요. 똑같이 사람이라고 한다는 것이..." '본인도 사람이라고 해서 묻는 겁니다. 본인도 지구에서는 사람이거든요." "예"

'그곳에서는 사람보다 높은 존재가 있나요?' "예" '그 분들을 뭐라고 부르나요?' "신(神)이라고 부릅니다." '같이 존재하나요?' "예"
'어떤 식으로 사람과 신이 존재하고 있나요?' "사람은 일들 하고
신들은 군림하고 있습니다." '통치자는 사람입니까? 신입니까?' "신
(神)입니다." '그러면 사람은 일반적인 분들이 사람이고 신은 다스
리는 존재들입니까?' "예" 2015. 08. 26 18:45

보수신 소청취(寶受信 小聽取) 1

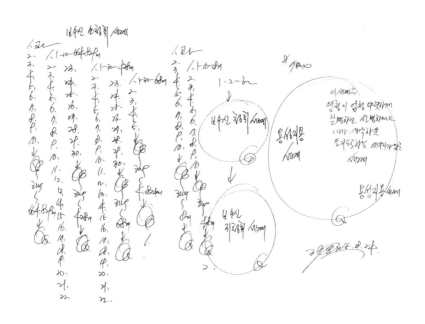

청용상(聽用祥) 세계를 빠져나와 또다시 새로운 세계가 시작되는
이 세계에서는 큰 세계를 밝혀 드러내지 않아도 흡이 될 것 같은
생각이 들었다. 그래서 흡을 하였다.

1, (큰 1번째 -) 세계를 흡하니 흡이 되었다.
...생략...

마지막 하나 이 세계는

1, (1 - 10세계 이 세계의 끝 마지막 하나- 하나씩 -664.829개 - 하나) 세계를 밝혀 드러내고 빠져나와

2, **세계**를 흡하니 흡이 되었다.

...생략...

마지막 하나 이 세계는

1, (1 - 30세계 이 세계의 끝 마지막 하나- 하나씩 -428개 - 하나) 세계를 밝혀 드러내고 빠져나와

2, **세계**를 흡하니 흡이 되었다.

...생략...

마지막 하나 이 세계는

1, (1 - 30세계 이 세계의 끝 마지막 하나- 하나씩 -68개 - 하나) 세계를 밝혀 드러내고 빠져나와

2, **세계**를 흡하니 흡이 되었다.

...생략...

마지막 하나 이 세계는

보수신 소청취(寶受信 小聽取) 세계 2

보수신 소청취(寶受信 小聽取) 1 세계를 빠져나와 또다시 새로운 세계가 시작되는 이 세계에서는 큰 세계를 밝혀 드러내지 않아도 흡이 될 것 같은 생각이 들었다.

그래서 흡을 하였다.

1, (큰 1번째 -) 세계를 흡하니 흡이 되었다.
...생략...
마지막 하나 이 세계는

1, (1 - 10세계 이 세계의 끝 마지막 하나- 하나씩 -8개 - 하
나) 세계를 밝혀 드러내고 빠져나와
2, 세계를 흡하니 흡이 되었다.
...생략...
마지막 하나 이 세계는

1-2- 마지막 하나 이 세계는 **보수신 청취(寶受信 聽取) 세계**

1-2 마지막 하나 - **보수신 청취(寶受信 聽取) 세계** 전체를 하나
의 한 덩어리로 보았을 때 이 세계는 **보수신 소청취(寶受信 小
聽取) 세계** 2015. 08. 26 18:59

1-2 마지막 하나 - **보수신 청취(寶受信 聽取) 세계**
- 마지막 하나 이 세계는 **보수신 귀청취(寶受信 貴聽取) 세계**
그 위 마지막 하나 이 세계는

용성지용(庸聲地用) 세계 : 이 세계는 영청이 엄청 뚜렷하게 분
명하고 선명하게 내가 생각하듯 들리도록 하는 에너지가 있는 세
계

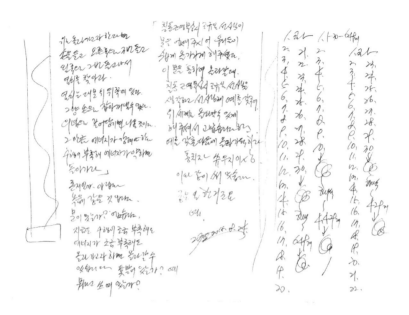

[위로 올라가고자 한다면 손을 들고 오른쪽으로 3번 돌고 왼쪽으로 2번 돌고나서 열쇠를 찾아라. 열쇠는 대문 위 뒤쪽에 있다. 그냥 손으로 잡아 꺼낼 수 없다. 의념으로 끌어당기면 나올 것이다. 그 만큼 에너지가 강해야 한다. 수행이 부족해 에너지가 약하면 돌아가라.]

'존재인가?' "아닙니다. 녹음기 같은 것입니다." '문이 있는가?' "없습니다. 지금은 수행이 조금부족해도 에너지가 조금 부족해도 올라가고자 하면 올라갈 수 있습니다.' '푯말이 있는가?' "예' '뭐라고 쓰여 있는가?' "[칠통 근영무상시 조규일 선사님이 문을 없애주시어 우리들이 쉽게 올라가게 해주셨다. 이 문을 통하여 올라갈때 칠통 근영무상시 조규일 선사님을 생각하고 선사님께 예를 갖추어 위 세계로 올라갈 수 있게 해주셔서 고맙습니다. 하고 예를 갖춘 다음에 올라가도록 하라. 통치자 슈유지이상] 이와 같이 쓰여 있습니다." '좋은 일 한 거군요.' "예" 2015. 08. 26 19:17

시요용시(始了庸始) 1

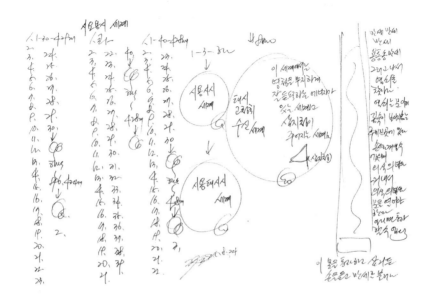

용성지용(庸聲地用) 세계를 빠져나와 또다시 새로운 세계가 시작되는 이 세계에서는 큰 세계를 밝혀 드러내지 않아도 흡이 될 것 같은 생각이 들었다.

그래서 흡을 하였다.

1, (큰 1번째 -) 세계를 흡하니 흡이 되었다.

...생략...

마지막 하나 이 세계는

1, (1 - 30세계 이 세계의 끝 마지막 하나- 하나씩 -649개 - 하나) 세계를 밝혀 드러내고 빠져나와

2, **세계**를 흡하니 흡이 되었다.

...생략...

마지막 하나 이 세계는

시요용시(始了庸始) 세계 2

시요용시(始了庸始) 1 세계를 빠져나와 또다시 새로운 세계가 시작되는 이 세계에서는 큰 세계를 밝혀 드러내지 않아도 흡이 될 것 같은 생각이 들었다.

그래서 흡을 하였다.

1, (큰 1번째 -) 세계를 흡하니 흡이 되었다.

...생략...

마지막 하나 이 세계는

1, (1 - 30세계 이 세계의 끝 마지막 하나- 하나씩 -429개 - 하나) 세계를 밝혀 드러내고 빠져나와

2, 세계를 흡하니 흡이 되었다.

...생략...

마지막 하나 이 세계는

시요용시(始了庸始) 세계 3

시요용시(始了庸始) 2 세계를 빠져나와 또다시 새로운 세계가 시작되는 이 세계에서는 큰 세계를 밝혀 드러내지 않아도 흡이 될 것 같은 생각이 들었다.

그래서 흡을 하였다.

1, (큰 1번째 -) 세계를 흡하니 흡이 되었다.
...생략...
마지막 하나 이 세계는

1, (1 - 40세계 이 세계의 끝 마지막 하나- 하나씩 -428개 -
하나) 세계를 밝혀 드러내고 빠져나와
2, 세계를 흡하니 흡이 되었다.
...생략...
마지막 하나 이 세계는

1-3- 마지막 하나 이 세계는 **시용시시(始庸始始) 세계**

1-3 마지막 하나 - **시용시시(始庸始始) 세계** 전체를 하나의 한
덩어리로 보았을 때 이 세계는 **시요용시(始了庸始) 세계**
2015. 08. 26 19:26

1-3 마지막 하나 - **시용시시(始庸始始) 세계**
- 마지막 하나 이 세계는 **시용태시시(始庸太始始) 세계**
그 위 마지막 하나 이 세계는

태시 고청취 수신(太始 高聽取 受信) 세계 : 이 세계는 영청을
무지하게 잘 듣도록 하는 에너지가 있는 세계고 삼지청(三地淸)이
주어지는 세계다.

[이 문을 통과하고 싶거든 손을 들고 만세를 불러라, 만세. 만세. 만세. 용통송 만세. 그리고 나서 열쇠를 찾아라. 열쇠는 문아래 깊숙이 보이지 않는 후미진 곳에 있다. 손으로 꺼낼 수 없으며 의식 의념으로 꺼내서 의식 의념으로 문을 열어야 한다. 아니면 통과할 수 없다.]

'이 또 무슨 소리인가?' "녹음기 같은 소리입니다." '누구세요?' "통과하고 있는 서파써얼입니다." '문이 있는가?' "없습니다." '푯말이 있는가?' "예" '푯말에 뭐라고 써있나?' "[여기 문이 있었는데 칠통 근영무상시 선사님께서 문을 없애 주시었다. 고맙고 고마운 일이다. 이를 기념하여 기념비를 세우고 그 공덕을 위하여 이 푯말을 세우다. 통치자 노아우저]   2015. 08. 26 19:42

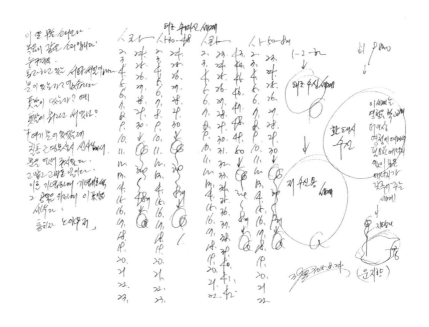

(세계의 이름을 짓지 않았다. 여기서부터는) **세계 1**

태시 고청취 수신(太始 高聽取 受信) 세계를 빠져나와 또다시 새로운 세계가 시작되는 이 세계에서는 큰 세계를 밝혀 드러내지 않아도 흡이 될 것 같은 생각이 들었다.

그래서 흡을 하였다.

1, (큰 1번째 -) 세계를 흡하니 흡이 되었다.

...생략...

마지막 하나 이 세계는

1, (1 - 30세계 이 세계의 끝 마지막 하나- 하나씩 -48개 - 하나) 세계를 밝혀 드러내고 빠져나와

2, 세계를 흡하니 흡이 되었다.

...생략...

마지막 하나 이 세계는

세계 2

1 세계를 빠져나와 또다시 새로운 세계가 시작되는 이 세계에서는 큰 세계를 밝혀 드러내지 않아도 흡이 될 것 같은 생각이 들었다.

그래서 흡을 하였다.

1, (큰 1번째 -) 세계를 흡하니 흡이 되었다.

...생략...

마지막 하나 이 세계는

1, (1 - 50세계 이 세계의 끝 마지막 하나- 하나씩 -8개 - 하나) 세계를 밝혀 드러내고 빠져나와

2, 세계를 흡하니 흡이 되었다.

...생략...

마지막 하나 이 세계는

1-2- 마지막 하나 이 세계는 **태조 수신(太祖 受信) 세계**

1-2 마지막 하나 - **태조 수신(太祖 受信) 세계** 전체를 하나의 한 덩어리로 보았을 때 이 세계는 **태조 수미신(太祖 受未信) 세계**
2015. 08. 26 19:48

1-2 마지막 하나 - **태조 수신(太祖 受信) 세계**

- 마지막 하나 이 세계는 **저수신용(低受信用) 세계**

그 위 마지막 하나 이 세계는

환 태시 수신(還 太始 受信) 세계 : 이 세계는 영청을 확고하게 더 이상 영청에 대해서 필요한 에너지 없이 모든 에너지가 갖추어진 세계 운지향(雲指向)이 주어지는 세계다. 2015. 08. 26. 19:54

환 태시 수신(還 太始 受信) 세계를 빠져나와 또다시 새로운 세계가 시작되는 듯싶다.

이와 같이 위 세계를 의식하니 몸통에 있는 체가 빠져나간 것 같았다. 몸통에서 빠져나간 것이 돌아오도록 위 세계를 한 세계, 한 세계 의념했다.

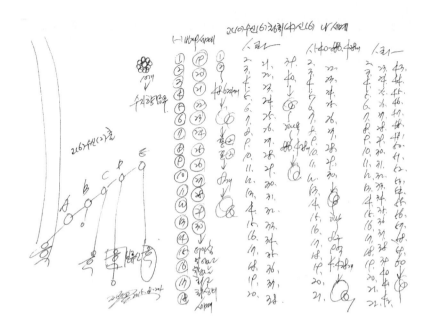

몸통에서 빠져나간 체가 A에 있는 것 같았다.

몸통에서 빠져나간 체는 **영수신체(靈受信體)**

빨리 몸통 안으로 들어오게 하기 위해서 위 세계에 맞게 에너지체가 형성되어 내려올 수 있는 B세계를 의념해서 에너지를 받고 몸통으로 들어오게 하는 위 세계 C세계를 의념해 에너지를 받아 머리 위로 내려오게 해서는 몸통으로 들어오게 하는 세계 D세계를 의념해 에너지를 받으니 아래쪽에 자리를 잡는 것 같았다. 아래쪽 자리 잡은 곳을 보면 인간계 같고 몸통은 보류신? 세계에 있는 것 같이 보인다. 온몸 전체에 있도록 하기 위해서 온몸 전체 있도록 하는 E세계를 의념해 에너지를 받아 온몸에 올라온 세계의 에너지체가 형성되어 있게 했다.

몸통에서 **영수신체(靈受信體)**가 빠져나가 올라가서는 위 세계의 에너지체가 형성되어 내려와 온몸에 자리한 에너지체는 **영청수신완체(靈聽受信完體)**

이와 같이 이루어진 것은 영청출(靈聽出) - 고(高:6)수신(受信:2)
출(出)

출신(出神) -미비출비....출세계 이후..... 또다시 시작 출 이
후.........시(始:9)출(出:96) - 태시(太始:8)출(出:96) - 영청출(靈
聽出) - 고(高:6)수신(受信:2)출(出)

고(高:10)수신(受信:6)청취(聽取:4)신(神:6) 나(我) 세계 1

새롭게 시작되는 이 세계에서는 무엇을 통해 올라가야 하는가?
수지향묘주(受指向妙珠: 이 구슬을 머리로 받아 몸통 안에 넣으면 몸통
안에 수신이 엄청 잘되게 된다.)

수지향묘주(受指向妙珠)로 밝혀 올라가는 것을 무엇이라고 해야 하
나?
수지향묘주(受指向妙珠) 고(高:10)청취(聽取:2) 요(了:9)나(我)

수지향묘주(受指向妙珠) 고(高:10)청취(聽取:2) 요(了:9)나(我)로
밝혀 드러내며 올라가는 1-1번째 세계

수지향묘주(受指向妙珠)가 30개 있고
더 이상 위없고 위없는 최고 최상의 세계

1번째 하나
2번째 하나
....

더 이상 위없고 위없는 최고 최상의 세계만

....

48.624개

이 세계의 끝 하나 이 세계는

밝힌 끝 하나를 첫 번째 하나를 시작으로

끝 2번째

끝 3번째

....

...끝에서 끝만

....

8개

끝 마지막 하나 이 세계는

여기까지 밝혀 드러내고 보니

큰 번째 세계가 있는 모든 세계가 홉이 될 것 같았다.

1, (큰 1번째 -) 세계를 홉하니 홉이 되었다.

...생략...

마지막 하나 이 세계는

1, (1 - 30 세계 이 세계의 끝 마지막 하나- 하나씩- 886.428
개- 하나) 세계를 밝혀 드러내고 빠져나와

2, **세계를 홉하니 홉이 되었다.**

...생략...

8구 9억 4.428개(하나)

마지막 하나 이 세계는

고(高:10)수신(受信:6)청취(聽取:4)신(神:6) 나(我) 세계 2

고(高:10)수신(受信:6)청취(聽取:4)신(神:6) 나(我) 1 세계를 빠져나와 또다시 새로운 세계가 시작되는 이 세계에서는 큰 세계를 밝혀 드러내지 않아도 흡이 될 것 같은 생각이 들었다.

그래서 흡을 하였다.

1, (큰 1번째 -) 세계를 흡하니 흡이 되었다.

...생략...

마지막 하나 이 세계는

1, (1 - 60세계 이 세계의 끝 마지막 하나- 하나씩 - 469개 - 하나) 세계를 밝혀 드러내고 빠져나와

2, 세계를 흡하니 흡이 되었다.

...생략...

마지막 하나 이 세계는

1, (1 - 10세계 이 세계의 끝 마지막 하나- 하나씩 - 448개 - 하나) 세계를 밝혀 드러내고 빠져나와

2, 세계를 흡하니 흡이 되었다.

...생략...

마지막 하나 이 세계는

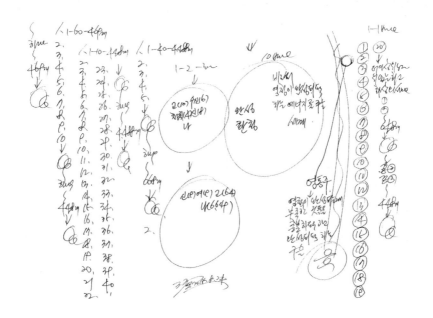

1-2- 마지막 하나 이 세계는

고(高:10)수신(受信:6)청취(聽取:4)신(神:8) 나(我) 세계

1-2- 마지막 하나 - 고(高:10)수신(受信:6)청취(聽取:4)신(神:8)
나(我) 세계 전체를 하나의 한 덩어리로 보았을 때 이 세계는 고
(高:10)수신(受信:6)청취(聽取:4)신(神:6) 나(我) 세계

2015. 08. 27 07:21

1-2- 마지막 하나 - 고(高:10)수신(受信:6)청취(聽取:4)신(神:8)
나(我) 세계

- 마지막 하나 이 세계는

신(神:9)여(如:9)고(高:64)나(我:6.649) 세계

그 위 마지막 하나 이 세계는

완성 환청(完成 幻聽) 세계 : 비로서 영청이 완성되도록 하는 에너지를 주는 세계 2015. 08. 27. 07:38

고(高:10)수신(受信:6)청취(聽取:4)신(神:6) 나(我) 세계 1

완성 환청(完成 幻聽) 세계를 빠져나와 또다시 새로운 세계가 시작되는 듯싶다.

새롭게 시작되는 이 세계에서는 무엇을 통해 올라가야 하는가?

영통주(靈通珠: 이 구슬을 영청이 완성되는데 부족한 것들을 충분하도록 하고 완성되도록 하는 구슬이다.)

영통주(靈通珠)로 밝혀 올라가는 것을 무엇이라고 해야 하나?

영통주(靈通珠) 태시(太始:2) 신(神:9)수신(受信:9) 요(了:69)나(我:8경 64.864)

영통주(靈通珠) 태시(太始:2) 신(神:9)수신(受信:9) 요(了:69)나(我:8경 64.864)로 밝혀 드러내며 올라가는 1-1번째 세계

영통주(靈通珠)가 20개 있고

더 이상 위없고 위없는 최고 최상의 세계

1번째 하나

2번째 하나

....

더 이상 위없고 위없는 최고 최상의 세계만

....

648개

이 세계의 끝 하나 이 세계는

밝힌 끝 하나를 첫 번째 하나를 시작으로

끝 2번째

끝 3번째

....

...끝에서 끝만

....

448개

끝 마지막 하나 이 세계는

여기까지 밝혀 드러내고 보니

큰 번째 세계가 있는 모든 세계가 흡이 될 것 같았다.

1, (큰 1번째 -) 세계를 흡하니 흡이 되었다.

...생략...

마지막 하나 이 세계는

1, (1 - 30 세계 이 세계의 끝 마지막 하나- 하나씩- 886.428

개- 하나) 세계를 밝혀 드러내고 빠져나와

2, 세계를 흡하니 흡이 되었다.

...생략...

마지막 하나 이 세계는

시(始:69)절대자(絕對者:69) 나(我:8양 9조 6.148) 세계 2

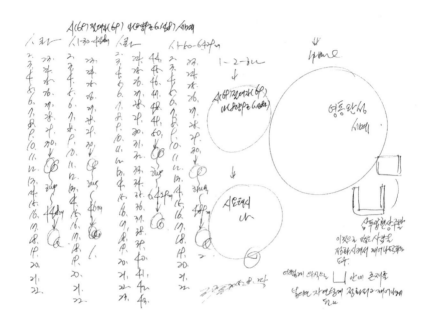

시(始:69)절대자(絕對者:69) 나(我:8양 9조 6.148) 1 세계를 빠져나와 또다시 새로운 세계가 시작되는 이 세계에서는 큰 세계를 밝혀 드러내지 않아도 흡이 될 것 같은 생각이 들었다.

그래서 흡을 하였다.

1, (큰 1번째 -) 세계를 흡하니 흡이 되었다.

...생략...

마지막 하나 이 세계는

1, (1 - 50세계 이 세계의 끝 마지막 하나- 하나씩 - 6.429개 - 하나) 세계를 밝혀 드러내고 빠져나와

2, 세계를 흡하니 흡이 되었다.

...생략...

마지막 하나 이 세계는

1-2- 마지막 하나 이 세계는 시(始:69)절대자(絶對者:69) 나
(我:8양 9조 6.484) 세계

1-2- 마지막 하나 - 시(始:69)절대자(絶對者:69) 나(我:8양 9조
6.484) 세계 전체를 하나의 한 덩어리로 보았을 때 이 세계는
시(始:69)절대자(絶對者:69) 나(我:8양 9조 6.148) 세계

2015. 08. 27 07:49

1-2- 마지막 하나 - 시(始:69)절대자(絶對者:69) 나(我:8양 9조
6.484) 세계
- 마지막 하나 이 세계는
**시(始:9조 69.649)요(了:69)태시(太始:864) 나(我:8항하사 8간 8해 6
억 886.649) 세계**
그 위 마지막 하나 이 세계는
영통 완성(靈通 完成) 세계

영통완성 세계를 빠져나오니 **삼투압현상 주발(滲透壓 現想 周鉢)**이
주어지다. 삼투압현상 주발로 많은 사람들을 정화시켜서 깨어나도
록 하는 도구이다. 의식으로 삼투압현상주발 안에 존재를 넣으면
자연스럽게 정회되고 깨어나게 된다.

삼투압현상 주발에 들어가서 정화하는데 위에 블랙홀 같은 것이
보이는데...블랙홀로 들어갔다 나와야 한다. 그래야 영통이 완성된
다. 영통완성을 완성하기 위해서 블랙홀에 들어갔다, 빠져나와야

한다. 그래서 들어갔다 나오다.

아래는 삼투압현상주발이고 위에는 블랙홀 같은 것이 빠져나와서
본 것을 그린 것이다. 2015. 08. 27. 08:04

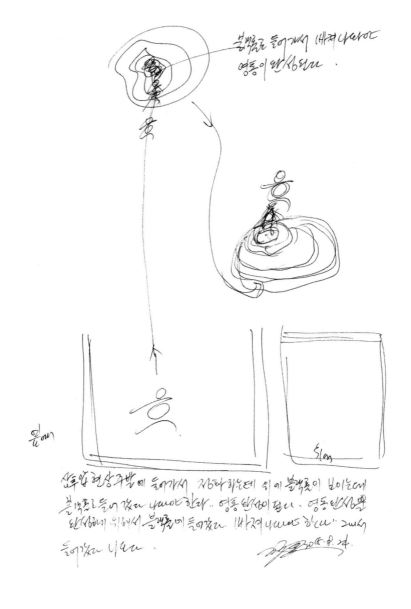

보고 영 시초 수신(寶庫 靈 始初 受信) 세계 1

영통 완성(靈通 完成) 세계를 빠져나와 또다시 새로운 세계가 시작되는 이 세계에서는 큰 세계를 밝혀 드러내지 않아도 흡이 될 것 같은 생각이 들었다.

그래서 흡을 하였다.

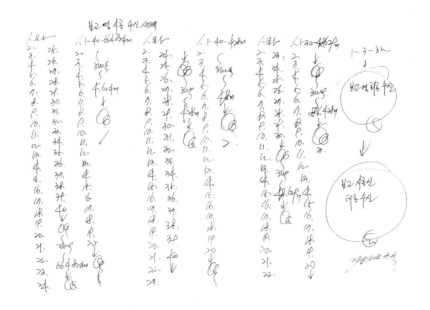

1, (큰 1번째 -) 세계를 흡하니 흡이 되었다.

...생략...

마지막 하나 이 세계는

1, (1 - 40세계 이 세계의 끝 마지막 하나- 하나씩 -664.824개 - 하나) 세계를 밝혀 드러내고 빠져나와

2, **세계**를 흡하니 흡이 되었다.

...생략...

마지막 하나 이 세계는

보고 영 시초 수신(寶庫 靈 始初 受信) 세계 2

보고 영 시초 수신(寶庫 靈 始初 受信) 1 세계를 빠져나와 또다시 새로운 세계가 시작되는 이 세계에서는 큰 세계를 밝혀 드러내지 않아도 흡이 될 것 같은 생각이 들었다.

그래서 흡을 하였다.

1, (큰 1번째 -) 세계를 흡하니 흡이 되었다.

...생략...

마지막 하나 이 세계는

1, (1 - 40세계 이 세계의 끝 마지막 하나- 하나씩 -428개 - 하나) 세계를 밝혀 드러내고 빠져나와

2, 세계를 흡하니 흡이 되었다.

...생략...

마지막 하나 이 세계는

보고 영 시초 수신(寶庫 靈 始初 受信) 세계 3

보고 영 시초 수신(寶庫 靈 始初 受信) 2 세계를 빠져나와 또다시 새로운 세계가 시작되는 이 세계에서는 큰 세계를 밝혀 드러내지 않아도 흡이 될 것 같은 생각이 들었다.

그래서 흡을 하였다.

1, (큰 1번째 -) 세계를 흡하니 흡이 되었다.
...생략...
마지막 하나 이 세계는

1, (1 - 30세계 이 세계의 끝 마지막 하나- 하나씩 -48.629개
- 하나) 세계를 밝혀 드러내고 빠져나와
2, 세계를 흡하니 흡이 되었다.
...생략...
마지막 하나 이 세계는

1-3- 마지막 하나 이 세계는 **보고 영 최초 수신(寶庫 靈 最初 受信) 세계**

1-3 마지막 하나 - **보고 영 최초 수신(寶庫 靈 最初) 세계** 전체
를 하나의 한 덩어리로 보았을 때 이 세계는 **보고 영 시초 수
신(寶庫 靈 始初 受信) 세계** 2015. 08. 28 08:18

1-3 마지막 하나 - **보고 영 최초 수신(寶庫 靈 最初) 세계**
- 마지막 하나 이 세계는 **보고 시초신 태초 수신(寶庫 始初神 太初
受信) 세계**

그 위 마지막 하나 이 세계는
환신 수수 환영(還神 受受 幻靈) 세계 : 이 세계는 영청이 완성

되고 영청을 확인하는 세계

환신 수수 환영(還神 受受 幻靈) 세계를 빠져나오니 **영통완성 확인
사발통**이 주어지다. 사발통에 들어가 좌선하고 앉아 빛이 쏟아지
는 위로 따라 올라가 빠져나오다 위에 테두리가 약간 불그스름한
8각형 안에 잔디밭 같은 중앙으로 뚫고 올라오다.

아래는 영통완성 확인 사발통에서 빛줄기를 보고 빛 속으로 들어
가서 빠져나와서 본 것을 그린 것이다. 2015. 08. 27. 08:40

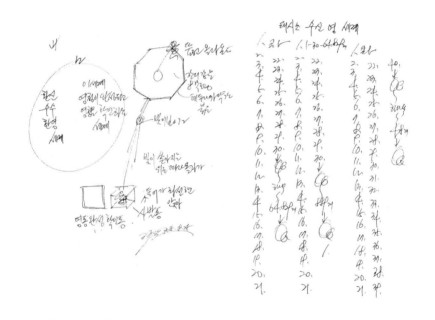

태시소 수신 영(太始巢 受信 靈) 세계 1

환신 수수 환영(還神 受受 幻靈) 세계를 빠져나와 또다시 새로운
세계가 시작되는 이 세계에서는 큰 세계를 밝혀 드러내지 않아도
흡이 될 것 같은 생각이 들었다.

그래서 흡을 하였다.

1, (큰 1번째 -) 세계를 흡하니 흡이 되었다.
...생략...
마지막 하나 이 세계는

1, (1 - 30세계 이 세계의 끝 마지막 하나- 하나씩 -64,829개
- 하나) 세계를 밝혀 드러내고 빠져나와
2, **세계를 흡**하니 흡이 되었다.
...생략...
마지막 하나 이 세계는

태시소 수신 영(太始巢 受信 靈) 세계 2

태시소 수신 영(太始巢 受信 靈) 1 세계를 빠져나와 또다시 새로운
세계가 시작되는 이 세계에서는 큰 세계를 밝혀 드러내지 않아도
흡이 될 것 같은 생각이 들었다.
그래서 흡을 하였다.

1, (큰 1번째 -) 세계를 흡하니 흡이 되었다.
...생략...
마지막 하나 이 세계는

1, (1 - 40세계 이 세계의 끝 마지막 하나- 하나씩 -48개 - 하
나) 세계를 밝혀 드러내고 빠져나와

2, 세계를 흡하니 흡이 되었다.

...생략...

마지막 하나 이 세계는

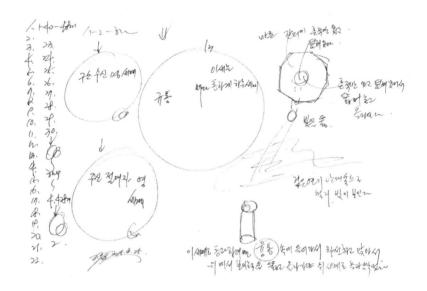

1-2- 마지막 하나 이 세계는 **구소 수신 영(舊巢 受信 靈) 세계**

1-2 마지막 하나 – **구소 수신 영(舊巢 受信 靈) 세계** 전체를 하나의 한 덩어리로 보았을 때 이 세계는

태시소 수신 영(太始巢 受信 靈) 세계   2015. 08. 28 08:51

1-2 마지막 하나 – **구소 수신 영(舊巢 受信 靈) 세계**

– 마지막 하나 이 세계는 **주신 절대자 영(主神 絶對者 靈) 세계**

그 위 마지막 하나 이 세계는

규 통(規 通) 세계 : 이 세계는 영청이 모두 다 통하게 하는 세계

규 통(規 通) 세계를 통과하려면 **융통(隆通)** 속에 들어가서 좌선하
고 앉아서 위에서 보이는 것을 뚫고 올라가야 위 세계로 올라갈
수 있다.

융통에 들어가 좌선하고 앉아 위를 보니 검은 연기 같은 안개 속
으로 멀리 빛이 보인다. 보이는 빛을 따라 올라가 빛을 뚫고 빠져
나오려하니 흔적만 있고 덮여 있어서 뚫어놓고 올라오다.

그림은 이런 과정을 그린 것이다. 2015. 08. 27. 09:06

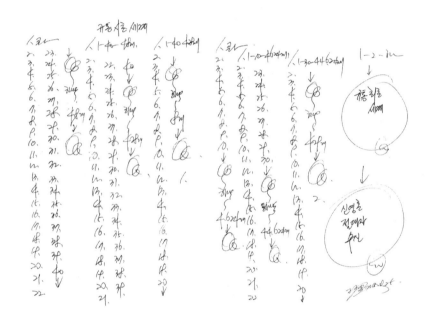

규 통 시초(規 通 始初) 세계 1

규 통(規 通) 세계를 빠져나와 또다시 새로운 세계가 시작되는 이
세계에서는 큰 세계를 밝혀 드러내지 않아도 흡이 될 것 같은 생
각이 들었다.

그래서 흡을 하였다.

1, (큰 1번째 −) 세계를 흡하니 흡이 되었다.

...생략...

마지막 하나 이 세계는

1, (1 − 40세계 이 세계의 끝 마지막 하나− 하나씩 −48개 − 하
나) 세계를 밝혀 드러내고 빠져나와

2, **세계**를 흡하니 흡이 되었다.

...생략...

마지막 하나 이 세계는

1, (1 − 40세계 이 세계의 끝 마지막 하나− 하나씩 −428개 −
하나) 세계를 밝혀 드러내고 빠져나와

2, **세계**를 흡하니 흡이 되었다.

...생략...

마지막 하나 이 세계는

규 통 시초(規 通 始初) 세계 2

규 통 시초(規 通 始初) 1 세계를 빠져나와 또다시 새로운 세계가
시작되는 이 세계에서는 큰 세계를 밝혀 드러내지 않아도 흡이 될
것 같은 생각이 들었다.

그래서 흡을 하였다.

1, (큰 1번째 −) 세계를 흡하니 흡이 되었다.

...생략...

마지막 하나 이 세계는

1, (1 - 10세계 이 세계의 끝 마지막 하나- 하나씩 −4.624개 − 하나) 세계를 밝혀 드러내고 빠져나와

2, **세계**를 흡하니 흡이 되었다.

...생략...

마지막 하나 이 세계는

1, (1 - 20세계 이 세계의 끝 마지막 하나- 하나씩 −44.624개 − 하나) 세계를 밝혀 드러내고 빠져나와

2, **세계**를 흡하니 흡이 되었다.

...생략...

마지막 하나 이 세계는

1-2- 마지막 하나 이 세계는 **규 통 최초(**規 通 最初**)** 세계

1-2 마지막 하나 − **규 통 최초(**規 通 最初**) 세계** 전체를 하나의 한 덩어리로 보았을 때 이 세계는 **규 통 시초(**規 通 始初**) 세계**

2015. 08. 28 09:44

1-2 마지막 하나 − **규 통 최초(**規**) 通 最初) 세계**

− 마지막 하나 이 세계는 **신영혼 절대자 수신(**神靈魂 絶對者 受信**)** **세계**

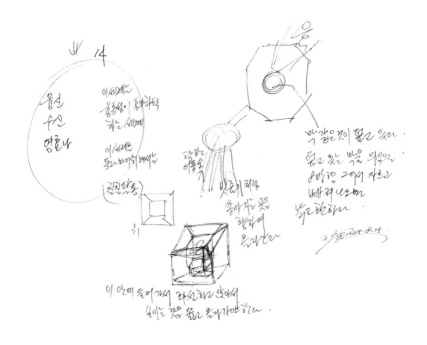

그 위 마지막 하나 이 세계는

융신 수신 영효나(隆神 受信 靈孝我) 세계 : 이 세계는 융통성
이 풍부하도록 하는 세계

융신 수신 영효나(隆神 受信 靈孝我) 세계를 통과하기 위해서는 **칠
칠팔통(漆漆八通)**, (보이는 모습을 대충 그린 것이다.) 이 안에 들어
가서 좌선하고 앉아서 위에서 보이는 것을 뚫고 올라가야 한다.
탁하고 어둠 속 빗줄기처럼 쏟아지는 곳을 향하여 올라간다, 막
같은 것이 덮고 있다. 덮고 있는 막을 의식으로 8방, 10방으로 그
어서 자르고 빠져나오니 밝고 환하다.

그림은 이런 과정을 그린 것이다. 2015. 08. 27. 09:58

우시교 규 통 시조(優始敎 規 通 始祖) 세계 1

융신 수신 영효나(隆神 受信 靈孝我) 세계를 빠져나와 또다시 새로운 세계가 시작되는 이 세계에서는 큰 세계를 밝혀 드러내지 않아도 흡이 될 것 같은 생각이 들었다.

그래서 흡을 하였다.

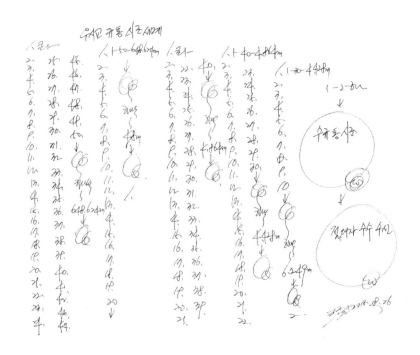

1, (큰 1번째 -) 세계를 흡하니 흡이 되었다.

...생략...

마지막 하나 이 세계는

1, (1 - 50세계 이 세계의 끝 마지막 하나- 하나씩 -648.624개 - 하나) 세계를 밝혀 드러내고 빠져나와

2, 세계를 흡하니 흡이 되었다.

...생략...

마지막 하나 이 세계는

우시교 규 통 시조(優始敎 規 通 始祖) 세계 2

우시교 규 통 시조(優始敎 規 通 始祖) 1 세계를 빠져나와 또다시 새로운 세계가 시작되는 이 세계에서는 큰 세계를 밝혀 드러내지 않아도 흡이 될 것 같은 생각이 들었다.

그래서 흡을 하였다.

1, (큰 1번째 -) 세계를 흡하니 흡이 되었다.

...생략...

마지막 하나 이 세계는

1, (1 - 40세계 이 세계의 끝 마지막 하나- 하나씩 -4.864개 - 하나) 세계를 밝혀 드러내고 빠져나와

2, 세계를 흡하니 흡이 되었다.

...생략...

마지막 하나 이 세계는

1, (1 - 30세계 이 세계의 끝 마지막 하나- 하나씩 -4.428개 - 하나) 세계를 밝혀 드러내고 빠져나와

2, 세계를 흡하니 흡이 되었다.

...생략...

마지막 하나 이 세계는

1-2- 마지막 하나 이 세계는 **수규 통 시조(秀規 通 始祖) 세계**

1-2 마지막 하나 – **수규 통 시조(秀規 通 始祖) 세계** 전체를 하나의 한 덩어리로 보았을 때 이 세계는 **우시교 규 통 시조(優始敎 規 通 始祖) 세계** 2015. 08. 28 09:44

1-2 마지막 하나 – **수규 통 시조(秀規 通 始祖) 세계**
– 마지막 하나 이 세계는
절대자 수수 수신(絶對者 受受 受信) 세계

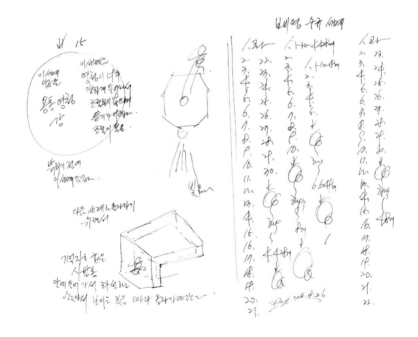

그 위 마지막 하나 이 세계는

용통 영청 강(庸通 靈聽 强) 세계 : 이 세계는 영청이 너무 강하게 들어와서 조절하지 않으면 듣기가 어렵다. 조절이 필요한 세계

용통 영청 강(庸通 靈聽 强) 세계 밝히기 전에 이 세계에 있었다. 다음 세계로 올라가기 위해서 기억자로 굽은 사발통 안에 들어가서 좌선하고 앉아서 보이는 것을 따라 올라가야 한다. 좌선하고 앉아서 보니 빛줄기가 보여서 따라 올라가서 빠져나오다.

그림은 이런 과정을 그린 것이다. 2015. 08. 27. 10:44

보비영 수규(寶秘靈 秀規) 세계 1

용통 영청 강(庸通 靈聽 强) 세계를 빠져나와 또다시 새로운 세계가 시작되는 이 세계에서는 큰 세계를 밝혀 드러내지 않아도 흡이 될 것 같은 생각이 들었다.

그래서 흡을 하였다.

1, (큰 1번째 -) 세계를 흡하니 흡이 되었다.

...생략...

마지막 하나 이 세계는

1, (1 - 30세계 이 세계의 끝 마지막 하나- 하나씩 -4.428개 - 하나) 세계를 밝혀 드러내고 빠져나와

2, **세계**를 흡하니 흡이 되었다.

...생략...

마지막 하나 이 세계는

1, (1 - 10세계 이 세계의 끝 마지막 하나- 하나씩 - 8개 - 하나) 세계를 밝혀 드러내고 빠져나와

2, **세계**를 흡하니 흡이 되었다.

...생략...

마지막 하나 이 세계는

보비영 수규(寶秘靈 秀規) 세계 2

보비영 수규(寶秘靈 秀規) 1 세계를 빠져나와 또다시 새로운 세계가 시작되는 이 세계에서는 큰 세계를 밝혀 드러내지 않아도 흡이 될 것 같은 생각이 들었다.

그래서 흡을 하였다.

1, (큰 1번째 -) 세계를 흡하니 흡이 되었다.

...생략...

마지막 하나 이 세계는

1, (1 - 30세계 이 세계의 끝 마지막 하나- 하나씩 -48개 - 하나) 세계를 밝혀 드러내고 빠져나와

2, **세계**를 흡하니 흡이 되었다.

...생략...

마지막 하나 이 세계는

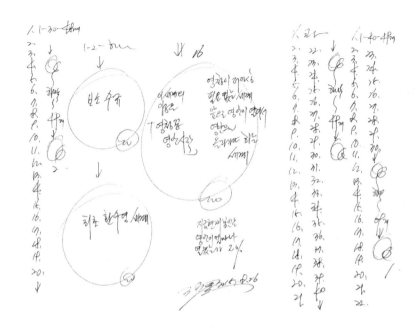

1-2- 마지막 하나 이 세계는 **보소 수규(寶巢 秀規) 세계**

1-2 마지막 하나 – **보소 수규(寶巢 秀規) 세계** 전체를 하나의 한 덩어리로 보았을 때 이 세계는 **보비영 수규(寶秘靈 秀規) 세계**
2015. 08. 28 10:53

1-2 마지막 하나 – **보소 수규(寶巢 秀規) 세계**

– 마지막 하나 이 세계는 **최초 환수영(最初 幻受靈) 세계**

그 위 마지막 하나 이 세계는

영청(靈聽) 끝 영안(靈眼) 시작 세계 : 이 세계는 영청이 더 이상 필요 없는 세계, 앞으로 영안이 열려서 영안(靈眼)으로 올라 가야 하는 세계다.

'지금 현재 본인은 영안이 얼마나 열렸는가?'

"2%"　2015. 08. 27. 10:59

시조 소 수규(始祖 巢 秀規) 세계 1

영청(靈聽) 끝 **영안(靈眼)** 시작 세계를 빠져나와 또다시 새로운 세계가 시작되는 이 세계에서는 큰 세계를 밝혀 드러내지 않아도 흡이 될 것 같은 생각이 들었다.

그래서 흡을 하였다.

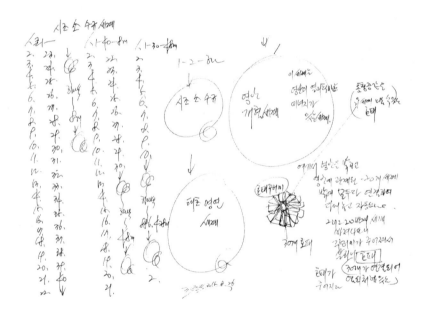

1, (큰 1번째 -) 세계를 흡하니 흡이 되었다.

...생략...

마지막 하나 이 세계는

1, (1 - 40세계 이 세계의 끝 마지막 하나- 하나씩 -49개 - 하

나) 세계를 밝혀 드러내고 빠져나와

2, 세계를 흡하니 흡이 되었다.

...생략...

마지막 하나 이 세계는

시조 소 수규(始祖 巢 秀規) 세계 2

시조 소 수규(始祖 巢 秀規) 1 세계를 빠져나와 또다시 새로운
세계가 시작되는 이 세계에서는 큰 세계를 밝혀 드러내지 않아도
흡이 될 것 같은 생각이 들었다.
그래서 흡을 하였다.

1, (큰 1번째 -) 세계를 흡하니 흡이 되었다.
...생략...
마지막 하나 이 세계는

1, (1 - 40세계 이 세계의 끝 마지막 하나- 하나씩 -8개 - 하
나) 세계를 밝혀 드러내고 빠져나와

2, 세계를 흡하니 흡이 되었다.
...생략...
마지막 하나 이 세계는

1, (1 - 30세계 이 세계의 끝 마지막 하나- 하나씩 -48개 - 하
나) 세계를 밝혀 드러내고 빠져나와

2, 세계를 흡하니 흡이 되었다.

...생략...

마지막 하나 이 세계는

1-2- 마지막 하나 이 세계는 **시조 소 수규(始祖 巢 秀規) 세계**

1-2 마지막 하나 - **시조 소 수규(始祖 巢 秀規) 세계** 전체를 하나의 한 덩어리로 보았을 때 이 세계는
시조 소 수규(始祖 巢 秀規) 세계 2015. 08. 28 10:53

1-2 마지막 하나 - **시조 소 수규(始祖 巢 秀規) 세계**
- 마지막 하나 이 세계는 **태초 영연(太初 靈緣) 세계**
그 위 마지막 하나 이 세계는

영안(靈眼) 개혈(改血) 세계 : 이 세계는 영안(靈眼)이 열리도록 하는 에너지가 있는 세계

여기서 영안을 밝히고 영안에 관계된 세계가 몇 개있을 것 같아서 영안과 관련된 세계를 하나, 둘.... 20개 세계를 모두 다 흡하고, 흡한 20개의 세계를 모두 다 연결하여 다리 놓고 자등으로 해 놓다. 그러고 나서 20개 세계를 빠져나오니 열쇠꾸러미 같은 것이 주어졌다.

꾸러미를 살피니 30개, 호패(號牌) 같은 것, 위 세계를 마음대로 오갈 수 있는 통행증 같은 호패가 주어졌다. 2015. 08. 27. 11:20

영안 개혈 중소(靈眼 改血 中巢) 세계 1

영안(靈眼) 개혈(改血) 세계를 빠져나와 또다시 새로운 세계가 시작되는 이 세계에서는 큰 세계를 밝혀 드러내지 않아도 흡이 될 것 같은 생각이 들었다.

그래서 흡을 하였다.

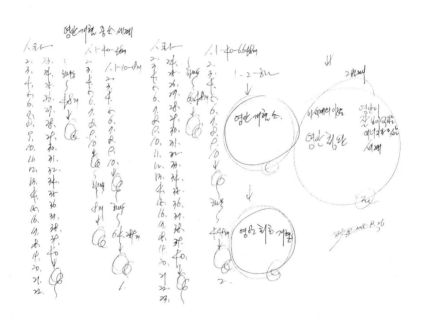

1, (큰 1번째 -) 세계를 흡하니 흡이 되었다.

...생략...

마지막 하나 이 세계는

1, (1 - 40세계 이 세계의 끝 마지막 하나- 하나씩 -48개 - 하나) 세계를 밝혀 드러내고 빠져나와

2, **세계**를 흡하니 흡이 되었다.

...생략...

마지막 하나 이 세계는

1, (1 - 10세계 이 세계의 끝 마지막 하나- 하나씩 -8개 - 하
나) 세계를 밝혀 드러내고 빠져나와

2, 세계를 흡하니 흡이 되었다.

...생략...

마지막 하나 이 세계는

영안 개혈 중소(靈眼 改血 中巢) 세계 2

영안 개혈 중소(靈眼 改血 中巢) 1 세계를 빠져나와 또다시 새로운
세계가 시작되는 이 세계에서는 큰 세계를 밝혀 드러내지 않아도
흡이 될 것 같은 생각이 들었다. 그래서 흡을 하였다.

1, (큰 1번째 -) 세계를 흡하니 흡이 되었다.

...생략...

마지막 하나 이 세계는

1, (1 - 40세계 이 세계의 끝 마지막 하나- 하나씩 -6.648개 -
하나) 세계를 밝혀 드러내고 빠져나와

2, 세계를 흡하니 흡이 되었다.

...생략...

마지막 하나 이 세계는

1-2- 마지막 하나 이 세계는

영안 개혈 소(靈眼 改血 巢) 세계

1-2 마지막 하나 – **영안 개혈 소(靈眼 改血 巢) 세계** 전체를 하나의 한 덩어리로 보았을 때 이 세계는

영안 개혈 중소(靈眼 改血 中巢) 세계 2015. 08. 28 11:26

1-2 마지막 하나 – **영안 개혈 소(靈眼 改血 巢) 세계**

– 마지막 하나 이 세계는 **영안 최초 개혈(靈眼 最初 改血) 세계**

그 위 마지막 하나 이 세계는

영안(靈眼) 청완(淸完) 세계 : 이 세계는 영안(靈眼)이 잘 보이도록 하는 에너지가 있는 세계

이 세계를 밝혀 드러내고 나서 영안(靈眼)이 열리는 작업을 했다. 영안 통로를 모두 다 열고나서 다음의 영안 확신 세계를 밝혀 드러내기 시작하다. 2015. 08. 27. 11:28

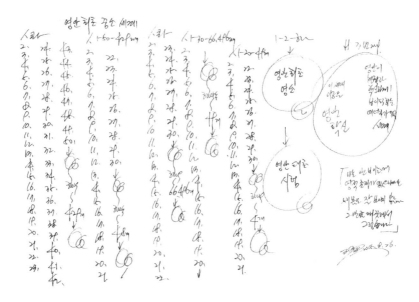

영안 최초 중소(靈眼 最初 中巢) 세계 1

영안(靈眼) 청완(淸完) 세계를 빠져나와 또다시 새로운 세계가 시작되는 이 세계에서는 큰 세계를 밝혀 드러내지 않아도 흡이 될 것 같은 생각이 들었다.

그래서 흡을 하였다.

1, (큰 1번째 -) 세계를 흡하니 흡이 되었다.
...생략...
마지막 하나 이 세계는

1, (1 - 50세계 이 세계의 끝 마지막 하나- 하나씩 -429개 - 하나) 세계를 밝혀 드러내고 빠져나와
2, **세계**를 흡하니 흡이 되었다.
...생략...
마지막 하나 이 세계는

영안 최초 중소(靈眼 最初 中巢) 세계 2

영안 최초 중소(靈眼 最初 中巢) 1 세계를 빠져나와 또다시 새로운 세계가 시작되는 이 세계에서는 큰 세계를 밝혀 드러내지 않아도 흡이 될 것 같은 생각이 들었다.

그래서 흡을 하였다.

1, (큰 1번째 -) 세계를 흡하니 흡이 되었다.

...생략...

마지막 하나 이 세계는

1, (1 - 30세계 이 세계의 끝 마지막 하나− 하나씩 −66.496개 − 하나) 세계를 밝혀 드러내고 빠져나와

2, 세계를 흡하니 흡이 되었다.

...생략...

마지막 하나 이 세계는

1, (1 - 20세계 이 세계의 끝 마지막 하나− 하나씩 −49개 − 하나) 세계를 밝혀 드러내고 빠져나와

2, 세계를 흡하니 흡이 되었다.

...생략...

마지막 하나 이 세계는

1−2− 마지막 하나 이 세계는

영안 최초 영소(靈眼 最初 靈巢) 세계

1−2 마지막 하나 − **영안 최초 영소(靈眼 最初 靈巢) 세계** 전체를 하나의 한 덩어리로 보았을 때 이 세계는

영안 최초 중소(靈眼 最初 中巢) 세계 2015. 08. 28 11:36

1−2 마지막 하나 − **영안 최초 영소(靈眼 最初 靈巢) 세계** − 마지막 하나 이 세계는 **영안 태초 시험(靈眼 太初 試驗) 세계** **그 위 마지막 하나 이 세계는**

영안(靈眼) 확신(確信) 세계 : 이 세계는 영안(靈眼)이 명확하고 확실하게 잘 보이도록 하는 에너지가 있는 세계

'주변에서 영적존재들이 나는 잘 안 보이는데...'

"주변에 영적존재가 없으니까요."

'내 몸도 잘 보이지 않는데...'

"그 만큼 깨끗해서 그렇습니다." 2015. 08. 27. 11:28

영안 보조교 수리 세계 1

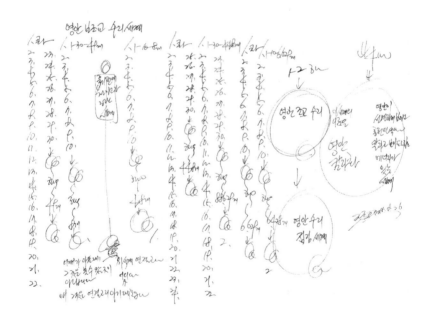

영안(靈眼) 확신(確信) 세계를 빠져나와 또다시 새로운 세계가 시작되는 이 세계에서는 큰 세계를 밝혀 드러내지 않아도 흡이 될 것 같은 생각이 들었다. 그래서 흡을 하였다.

1, (큰 1번째 -) 세계를 흡하니 흡이 되었다.

...생략...

마지막 하나 이 세계는

1, (1 - 30세계 이 세계의 끝 마지막 하나- 하나씩 -49개 - 하나) 세계를 밝혀 드러내고 빠져나와

2, 세계를 흡하니 흡이 되었다.

...생략...

마지막 하나 이 세계는

여기까지 밝히고 갑자기 생각이 일어났다.

'왼쪽 어깨가 아픈데 뭣 때문에 그런지 보이지 않는데...'

"그것은 볼 수 있는 것이 아닙니다."

'왜'

"그것은 연결고리이기 때문입니다."

'어디와?'

"위 세계와 연결되어 있습니다."

그래서 왼쪽 어깨에 연결된 세계로 연결된 끈을 밝히며 올라갔다.

하나의 세계가 보였다.

"죽기 전에 가고자 했던 세계입니다. 죽기 전에 갈 수 있을까? 했던 세계입니다."

그런가 하고 또다시 밝혀 드러내기 시작했다.

1, (1 - 10세계 이 세계의 끝 마지막 하나- 하나씩 -8개 - 하나) 세계를 밝혀 드러내고 빠져나와

2, 세계를 흡하니 흡이 되었다.

...생략...

마지막 하나 이 세계는

영안 보조교 수리 세계 2

1 세계를 빠져나와 또다시 새로운 세계가 시작되는 이 세계에서는 큰 세계를 밝혀 드러내지 않아도 흡이 될 것 같은 생각이 들었다. 그래서 흡을 하였다.

1, (큰 1번째 -) 세계를 흡하니 흡이 되었다.

...생략...

마지막 하나 이 세계는

1, (1 - 30세계 이 세계의 끝 마지막 하나- 하나씩 -448개 - 하나) 세계를 밝혀 드러내고 빠져나와

2, 세계를 흡하니 흡이 되었다.

...생략...

마지막 하나 이 세계는

1, (1 - 30세계 이 세계의 끝 마지막 하나- 하나씩 -88.629개 - 하나) 세계를 밝혀 드러내고 빠져나와

2, 세계를 흡하니 흡이 되었다.

...생략...

마지막 하나 이 세계는

1, (1 - 10세계 이 세계의 끝 마지막 하나- 하나씩 -6.629개 -
하나) 세계를 밝혀 드러내고 빠져나와

2, 세계를 흡하니 흡이 되었다.

...생략...

마지막 하나 이 세계는

1-2- 마지막 하나 이 세계는

영안 조교 수리(靈眼 助敎 修理) **세계**

1-2 마지막 하나 - **영안 조교 수리**(靈眼 助敎 修理) **세계** 전체를
하나의 한 덩어리로 보았을 때 이 세계는

영안 보조교 수리(靈眼 輔助敎 修理) **세계** 2015. 08. 28 12:04

1-2 마지막 하나 - **영안 조교 수리**(靈眼 助敎 修理) **세계**

- 마지막 하나 이 세계는 **영안 수리 점검**(靈眼 修理 點檢) **세계**

그 위 마지막 하나 이 세계는

영안(靈眼) **칼라화**(化) **세계** : 이 세계는 영안(靈眼)이 선명하
게 보이고 총천연색으로 칼라로 보이도록 하는 에너지가 있는 세
계 2015. 08. 27. 12:06

영안(靈眼), 이와 같이 열린다

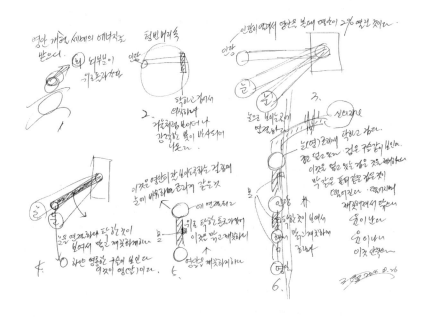

영안 개혈 세계의 에너지를 받으니 그림1, 뇌 부분이 머리 속에서 머리 위로 올라간다. 그림2, 텅 빈 머리 속 인당에서 옥침 사이 통로를 뚫고 예전에 뚫여 이 부분은 맑고 깨끗한 옥침 부분에 있는 거울은 탁하고 검어서 의식하여 닦으니 강력한 빛이 반사되어 나온다. 오래 전에 인당이 열릴 때 중간 부분에 있던 것은 보이지 않고 또 옥침 앞에 있는 거울을 닦으니 등 뒤로해서 꼬리뼈 아래에 이르게 있던 거울은 보이지 않는다.

그림3, 인당에서 옥침 앞에 있는 거울을 닦으니 맑고 깨끗해지면서 거울이 강력한 빛을 반사하며 내뿜는다. 내뿜는 빛으로 눈으로 보고 받아드리는 조리개 및 안쪽 머리로 전달되는 부분에 옥침 앞에 있는 거울에서 비추는 빛에 드러난 통로를 뚫어 양 눈에 연결되어 있는 통로 안에 탁하고 검은 잡스러운 것들이 많은 것들을 제거하며 맑고 깨끗하게 한다. 탁하고 검은 잡스러운 것들은 양 눈을 통해 눈 밖으로 빼낸다.

그림4, 양 눈에 연결된 통로를 맑고 깨끗하게 하고 나니 옥침 앞에 있는 것에서부터 눈과 눈 사이 양 눈썹이 마주하는 중앙 부분과 연결된 통로가 검고 탁하게 보인다. 옥침 앞에 거울에서 통로로 들어가서 탁하고 검은 그 속에 있는 잡동사니를 거울 앞으로 해서 인당으로 빼내며 검고 탁한 통로를 맑히고 밝히며 통로 안에 들어 있는 잡동사니를 꺼낸다. 맑고 깨끗하게 통로를 뚫어도 잡동사니를 꺼내지 않으니 통로를 막고 있기 때문에 통로에 있는 잡동사니를 모두 다 꺼내야 한다. 맑히고 밝히며 잡동사니를 모두 다 빼내면 검은 구슬이 보인다. 보이는 검은 구슬을 닦고 문지르면 닦으면 닦을수록 맑고 깨끗해지면서 드러난다. 구슬같이 동그랗기 때문에 돌려가면서 전체가 깨끗해지도록 깨끗하게 닦아야 한다. 맑고 깨끗하게 닦고 문지르면 하얀 영롱한 구슬이 되어 드러난다. 이것이 영구(靈球:영안을 볼 수 있게 하는 눈과 같은 역할을 하는 것)다. 이것이 맑고 깨끗하지 않으면 안 되고 맑고 깨끗해야 하고 맑고 깨끗하게 영구는 안구(眼球)같이 있는 만큼 영구 자체는 약간 뽀얗고 그 안도 안구처럼 맑고 깨끗해야 한다. 그런 관계로 영구 안도 맑고 깨끗하게 해야 한다. 그동안 영구를 쓰지 않은 관계로 영구 안도 맑고 깨끗하게 청소를 해야 한다. 영구로 잘 볼 수 있도록 해야 한다. 이것을 그냥 지나치면 영안의 모든 통로를 다 뚫어도 제대로 보기가 쉽지 않다. 어떻게 보면 가장 중요한 부분일 수도 있다, 그런 만큼 영구 안을 깨끗하게 청소해서 옥침 앞에 거울에 영구를 통하여 본 것이 잘 비추도록 전달되도록 해야 한다,

잘 비추고 전달되게 하기 위해서는 동그란 영구 뒤쪽을 열어서 안구가 뒤쪽으로 해서 연결된 것과 같이 영구 뒤쪽을 열어서 위에서부터 아래로 내려오는 동그랗게 있는 부분에 연결해야 한다. 이것은 미세하여 잘 보지 않으면 잘 보이지 않는다. 그런 관계로 세밀하고 관찰하여 봐야 볼 수 있고 자세하고 보고는 영구 뒤쪽을 뚫어서 뚫어 뻗어 나온 무수히 많은 혈관 같은 잘 보이도록 하게 하는 실핏줄 같은 것을 위에서 내려오는 그림12 아래쪽 동그란 부분에 뿌리내리듯 뿌리 내리게 해서 또 다른 영구가 되도록 해야 한다. 눈썹과 눈썹 사이의 영구는 작은 영구고 이 작은 영구를 통

해 안에 큰 영구 같은 곳에 연결하여 그림 12, 커다란 동그란 안에 제 2의 영구를 만들어지게 해야 한다. 이 제2의 영구가 만들어져야 새롭게 만들어진 영구를 통하여 확연하고 선명하게 가깝고 먼 거리를 마음대로 볼 수 있게 된다.

있는 영구의 뒤쪽을 열어서 제2의 영구를 만들지 못하면 본인이 보았던, 인당이 열려서 보았던 영안 2%에서 조금 더 볼 수 있는 더 이상 보기가 어렵다. 이것이 안에 연결됨으로 안에서 영구가 커다랗게 만들어져야 한다.

어찌 보면 모든 영안의 통로를 뚫은 뒤에 1번째 영구의 뒤쪽을 뚫어서 제2의 영구를 만들어야 하는데 이미 다 영안의 통로를 26일 뚫었으니. 여러 날이 지났다. 또한 테스트도 했지만 미미하였다. 그 당시에 뚫으며 그려놓은 것을 지금 이글을 쓰면서 하나하나 다시 관찰하며 글을 쓰다 보니 보인 것이 마지막에 해야 하는 부분인지도 모르겠다.

그림5, 영구를 깨끗하게 하고 보면 영구 위쪽으로 통로가 검고 탁하고 보이고 잡동사니들이 보이는데 이 역시도 맑고 깨끗하게 하고 또 그 안에 들어 있는 잡동사니를 모두 다 꺼내야 한다. 지금 보니 전에 맑히고 밝히기만 했지. 잡동사니를 꺼내지 않았던 것 같다. 처음에 잡동사니를 꺼내는 것은 쉽지 않은 듯싶다. 잡동사니를 꺼내기 위해서는 이 통로 중간 뒤쪽에 아주 조그마한 문이 있는데 이 문을 찾지 못하면 꺼낼 수 없기 때문이다. 이것을 밝히며 쓰는 처음에는 인당으로 빼냈는데, 인당으로 거의 다 빼낼 쯤에 보니 이 통로 중간 약간 위쪽에 문이 조그맣게 있으니 그 문을 열어서 통로 바로 위에 있는 조리개를 닦은 녹, 녹을 닦아낸 녹물 같은 것 영구 위쪽에 조금 남은 탁하고 검은 것을 이 조그마한 문을 빼내야 한다. 이 문으로 해서 안쪽 뒤로 빼내니 빼냄과 동시에 머리 위로 빠져나간다. 머리로 위 빠져나가는 통로가 지금 보니 또 있다. 이 통로 지금 처음 보는데 이 통로도 검고 탁하다. 그래서 머리 위쪽 전정 앞쪽 이 부분이 혈점으로 없는 것 같다. 머리 위쪽을 잘 빠져나가게 뚫고 탁하고 검게 보이는 저 아래 깊숙한

부분까지 말고 깨끗하게 하고 그 안에 들어있는 온갖 잡동사니를 청소하고 있다. 조금 있는 것 같았는데 꺼내다보니 한 없이 나온다. 나오는 끝부분에 말려져 있는 것이 있는 것 같아서 그것을 끄집어 올리니 밑으로 끝없이 이어져 있는 갔다. 이어져 있는 것은 마치 뿌리처럼 검게 뻗어 있는 것 같아서 뿌리 같은 그것을 따라 내려가 본다. 내려와서 코 안쪽 뒤로 해서 위쪽 입술로 해서 위 입술에서 우축으로 해서 오른쪽 입 뿌리해서 아래 입술을 타고 아래 입술 중앙으로 와서는 아래로 턱으로 해서 목, 목으로 해서 가슴, 가슴으로 해서 명치 부분에서 사라졌다. 명치의 끝 부분에서 의식적으로 밀고 저 머리 위에서 잡아 뺀다. 마치 깊은 원뿌리가 뽑히듯이 위로 뽑혀 올라온다.

이것은 무엇인지? 그것은 영안을 잘 보이도록 했던 건데, 아니지 그 통로가 영안을 잘 보이도록 했던 아주 조그마한 통로인데 무명 아니다, 무명이라고 하면 안 되겠다. 머리 위로 어디서 어떻게 나아왔는지 날아와서는 이 속으로 들어와서 이 속에서 뿌리를 내린 것이 이 통로 끝까지 뿌리를 내리고 있다가 죽은 거네. 그래서 검고 딱딱하게 보인 거구나. 그렇지. 이 통로는 밝고 환한 명치와 연결되어 이 뿌리가 뽑히자 빛이 강렬하게 위로 뻗어 올라가며 치솟는다. 치솟는 빛은 본인이 올라간 세계 위에 닿고도 남아서 그 위로 뻗어 올라가 있는 것처럼 보인다. 아! 이제 뚫었구나. 그 빛으로 위 세계를 비추며 보는 거네. 나도 몰랐는데 찾아냈네. 대답해. 그 동안 잘 안 보인 것이 이것 때문인가? 아닌 것 같은데, 뭐간 또 있을 것 같아. 그것도 역할을 하기는 하지만 그래도 그 정도는 아닌 것 같은데 더 두고 볼 깨. 계속해.

그림5, 영구에서 위로 이어진 통로를 뚫고 뒤로 나있는 문을 열고 빼내고 뿌리를 뽑고 지금 엄청 밝네, 엄청나게 올라간 세계 출근하며 올라온 세계 전체를 하나로 보았을 때 9번째 그리고 마지막 하나를 의식하여 올라간 세계 그 위 아니 그런 세계 끝까지 이어져 있는 것 같아. 나도 그렇게 보이는데, 끝에는 흐리지만 이빛이 연결되어 있는 것으로 보이네. 그 정도 80%이상인데. 그래.

위로 보면 또 하나 무엇인가? 있는데 이것이 영안을 잘 보이도록 걸림대로 눈에 비유하면 조리개 같은 것이 있다. 처음에 이것을 통과하고 테스트를 걸치는 과정에서 이것을 닦고 닦았는데 여러 번 닦았는데 지금 보니 녹이 많네. 녹이 녹물이 흘러내리네. 그러게 이제 그것이 제대로 될 모양이네. 흘러내리는 녹물을 어디로 흘러가게 하나? 영구 아래로 흘러 콧등으로 흘러내려가는 것을 쫓아가니 콧등 중간 부분에 조그마한 구멍이 보인다. 보이는 구멍을 밖에서 보니 뭐가 그리도 많이 끼어 있는데 찌든 때가 막고 있는 것처럼 보인다. 그래서 밖에서 후벼

파내고 안에서 아주 가느다란 것으로 뚫는데, 중간에 단단한 무엇이 걸린다. 철판 느낌이다, 그것도 아주 강력한 철판, 이것을 의식하니 무언으로 전달한다. 밖으로부터 들어오는 것을 막기 위해서 지금까지 내가 막고 있었다고 이제 내 할 일 다 했으니 나 가야하는데 보내 줘, 어디로 9번째 맨 위 하나 그곳으로 보내주면 아주 좋겠어. 어디 와서 막았는데 나 지옥 지옥에서 어떻게 지옥에서 빠져나올 궁리를 하다가 5생전에 들어와 지금까지 오늘만을 기다리고 있었어요. 언제 간 반드시 나를 구제해 줄 것이란 것을 믿고 강력한 철판 아니 강철이 되어 막고 있었지요. 그러면 고마워서 반드시 구해줄 것이란 믿음을 가지고, 날 보호해주었으니 고맙네요. 겸연쩍어하며 웃는 것 같다. 어디로 빼야 하지 위로 가져가 안구 아래쪽 이 통로 뒤쪽에 문 잠견 있는데 그것 열면 되는데 그렇지요. 고마워요. 앞으로 잘 보시게 될 겁니다. 도착했어. 예. 여기 너무 작게 보이네. 아래 조리게 위 조리개 산꼭대기 같은 못 보실 것 같아서 이곳에서 손 흔드는 겁니다. 태극기도 예 그래야 알아볼까 싶어서... 잘 보시네요. 아직은 멀었지. 다음에 봐요, 넘, 고마워요. 나도…….

콧등 중간 부분에서 녹물이 마구 쏟아져 나온다. 이렇게 보니 저 위에 있는 조리개도 녹을…….어! 벌써 녹물이 을러내고 있었네. 인당으로 나갈 수 없으니 애로 콧등을 빠져나가는 거지 너 녹 아냐? 맞아 녹인데 그동안 보지 않고 있으니 들어와서 탁한 것인데

탁한 상태로 들어와 붙어서 오랜 세월 있다 보니 흔히 녹이라고 말하는 녹이 되었지. 녹이라고 하지만 우리도 존재입니다. 콧등으로 흘러내리는 녹물은 흩어지는데 하얗게. 야! 성공했구나. 무슨 말인지? 여기에 붙어 있으면 언젠가는 이 조리개를 쓸 거라는 생각을 하고 붙어 있었지, 그리고 이 조리개를 사용하기 위해서 닦거나 녹이 떨어지게 하거나 녹을 깨끗하게 하기 위해서 액체를 부을 때 콧등을 흘러내려가서 빠져나가며 공부되어 있는 형성하고 있는 에너지체의 에너지를 받고 화하여 위 세계로 올라가려고 지금까지 기다렸습니다. 지금 보니 인간 세월로 12.000- 16.000년 된 것 같습니다. 무언의 대화를 하는 중에 녹이 빠져나간 위 조리개가 반짝 반짝 빛나 보인다. 아주 깨끗할 거야 우리 모두 성공했으니 너 나 없이 기회는 이때다 싶으니 빠져나가는 거니 당연하지. 엄청난 광이네……조리개가 저렇게 빛나는 조리개 처음 본다.

위쪽 조리개 맑고 깨끗하고 아래 통로에 녹들도 마치 날개 달은 듯 날아가는 모습이다. 아래로 그 만큼 좋아서 춤추며 가는 겁니다, 위 조리개 위쪽도 녹이 보이는데 예 그것은 위로 빼내서도 됩니다. 조리개 앞쪽만 아니라 뒤쪽 연결된 녹들도 모두 다 좋은 곳으로 가도록 의식하고 의념을 보내본다. 환하다 날아가는 모습이 빛의 향연인 듯 보인다.

위쪽 조리개 안팎 전체가 맑고 깨끗하고 통로, 인당, 아래 통로 위쪽 뒤 문을 열어서 이곳에 있 탁하고 검은 잡동사니가 빠져나가도록 한다.

그림6 전체적으로 관하여 보니 위- 위 조리개 - 아래통로 - 인당- 통로- 영구에 탁하게 녹이는 녹물이 보인다. 그 노물을 따라 내려가니 콧등 중간으로 빠져나가는 곳에 철판이 수없이 박혀 있는 것처럼 보인다. 일 - 십- 백- 천- 만- 백- 천만-억- 조- 경- 해- 자 - 양- 구- 간- 정- 재- 극 -항하사 - 아승기- 나유타- 불가사의 -무량대수를 헤아리니 모두 다 화하여 빛나비 되어 날아간다. 위로위로 올라간다. 고맙습니다.

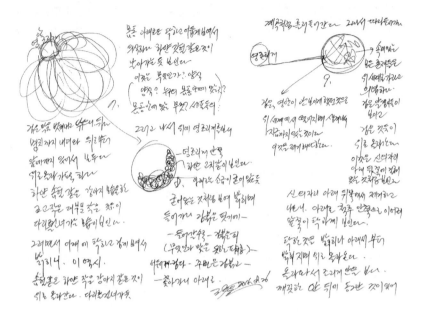

그림7, 뻥 뚫리고 녹과 녹물이 모두 사라지고 빛이다 강력한 빛이다. 환한 것이 빛처럼 보인다. 맨 처음 위 조리개를 보았을 때 탁하고 검었고 검게 덮고 있었고 검은 구슬 같이 보였다. 지금은 새 것처럼 깨끗하고 환하게 보이니 조리개를 조절하는 것이 마치 예전에 TV를 켜서 돌리던 것과 같이 이마 밖으로 나와 있다. 그래서 보니 아래쪽 조리개도 조절하는 것이 밖에 있다. 밖으로 위아래 조리개가 나와 있는 것이 보인다. 처음에는 덮고 있는 검은 것을 제거하고 막 같은 표피 같은 검은 것이 보여서 떨어지게 하고 떨어지면 깨끗하게 윤이 나게 닦고 닦았었다.

처음에는 위 조리개를 윤이 나도록 닦고 보니 그 동안 조절을 못하게 하는 것들이 그림7과 같이 보였다. 조리개에 검은 막을 벗겨내고 닦으니 조리개 뒤쪽에서부터 명치에 이르기까지 내려와 뒤로부터 앞에까지 있어서 모두 다 올라가도록 하니 하얀 솜털 같은 강아지 모습을 한 크고 작은 대부분 작은 것들이 다리를 건너가는 모습이 보인다. 그러면서 어깨에 탁하고 검게 보여서 밝히니 이 역시도 솜털 같은 하얀 작은 강아지 같은 것이 위로 올라간다. 다리를 건너가듯 몸통 아래로도 탁하고 어둡게 보여서 의식하니 하얀 깃털 같은 것이 날아가는 듯 보였다.

그 당시 영청으로 한 질의 응답이다.

'이것은 무엇인가?' "양식" '양식?' '누구의 양식이기에 몸통 안에 있는지? 몸통 안에 있는 무엇의?' "세포들의 양식입니다."

그러고 나서 그림8, 위에 영조리개를 보니 영조리개 안쪽 하얀 고치 같은 것이 보이고 아래로는 소금이 굳어 있는 듯 굳어 있는 것처럼 보여 밝히며 들어가니 검붉은 핏기에 - 들어갈수록 - 검붉은 피(무엇인가 맞은 듯한 것처럼) - 어둠 깊이 들어가니 - 검다- 주변은 검붉고- 그것을 쫓아 아래로 계곡처럼 흘러들어간다. 그래서 따라 들어가니 검은 영안이 안 보이게 했던 것으로 위 세계에서 떨어져 생겨나서 지금까지 있는 것이 있다. 이것을 제거해야 한다.

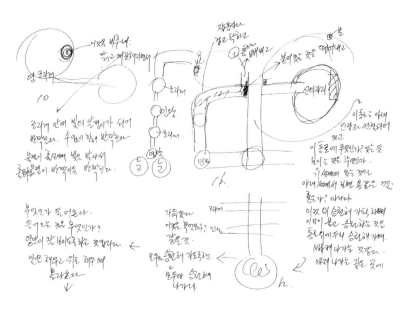

속에 있는 모든 존재들을 위 세계로 가라고 의념하나 검은 알갱이들이 보이고 검은 것들이 위로 올라간다. 이것은 신의 자리 아래

뒤쪽에 걸쳐 있는 것처럼 보인다. 신의 자리 아래 뒤쪽에서 제거하고 나오니 아래로 척추 안쪽으로 이어져 앞쪽이 탁하게 보인다. 탁한 것은 밝히니 아래서부터 밝혀지며 위로 올라온다. 올라와서 조리개 안을 보니 깨끗한 안 뒤에 동그란 것이 있어 그림10 맑고 깨끗하게 하고 보니 영조리개 안쪽에 검은 것이 보여서 비추니 맑고 깨끗해지면서 조리개 안에 빛의 알갱이가 되어 반짝인다. 수없이 많이 반짝인다. 마치 물결이 출렁일 때 빛을 받아서 출렁이는 물결이 반짝이듯 무수히 많이 반짝이다.

그림11, 위쪽 조리개를 맑고 깨끗하게 하니 위로 우로 굽은 통로가 보여서 관하여 보니 탁하고 검고 잡동사니가 있는 통로가 보여서 맑고 깨끗하게 비추니 통로 안에 온갖 잡동사니가 많다. 이것을 어디로 빼내야 하나? 찾으니 전정에서 내려온 통로에 검게 달라붙어 있는 것이 이것을 떼어내고 보니 옆으로 아주 조그마한 문이 보였다. 보이는 문을 열어서 밖으로 내 놓으니 빠져나갈 곳이 없어서 그런지 빠져나간 곳이 어둡고 잡동사니가 그곳에 있다. 이것을 어디로 빼내야 하고 관하여 보니 머리 앞쪽 이마 위 머리카락이 시작되는 부분에 문이 보인다. 보이는 문 밖으로는 엄청나게 밝고 환한 밝음이 문안으로 문밖의 밝기에 스며든 빛에 조금 환하게 보이되 안쪽은 어둡다. 그래서 그 문을 열어놓으니 문 안쪽으로부터 탁함이 빛나비되어 날아간다, 수없이 많은 나비들이 위로 날아간다. 날아가는 빛나비를 따라 잡동사니도 올라간다. 그러면서 안이 맑고 깨끗하고 환해진다. 정전으로 내려가는 통로 옆분 쪽에 아직도 못 나온 가구가 있는 듯싶어서 잡아 빼서 위로 올라가도록 했다. 심안으로 들으니 모두 다 고맙습니다, 고맙습니다, 그러면서 올라간다. 예전에 정전에서 아래로 뚫린 영안의 통로와 만나는 부분은 맑고 깨끗하게 보이는데 그 건너는 검고 탁하게 보였다. 검고 탁하게 보이는 부분을 맑고 밝게 비추니 탁함과 어둠은 사이로 정전이 내려온 옆으로 문이 있어서 이 문을 통해 위쪽으로 빼내니 빠져나간 위쪽이 검고 탁하고 잡동사니가 많아 보였다. 그래서 찾아보이 머리 위 정수리 뒤쪽으로 밝은 환하게 밝게 보이는 안쪽은 스며드는 빛줄기가 보였다, 그래서 그 문을 열었다. 그 문을 엶과

동시에 탁하고 검은 들은 빛나비가 되어 날아올라간다. 검고 흐린 나비로도 날아가다가 빛나비가 되어 올라간다. 올라가면서 하는 무언의 말이 느껴진다. 고마워요. 그 속에 있었는지 아마도 인간의 세월로 보면 수억 수만 년은 될 겁니다. 우리들은 자등명인간계에 있을 때 들어왔다가 지금에야 선사님이 영안을 열려고 하면서 이 문을 열어주셔서 위 세계로 올라갑니다. 고맙습니다, 사랑합니다. 이와 같이 문을 열고 올라가게 하시는 분은 한 분도 없는 것으로 알고 있는데, 우리들이 복 받은 거야, 어디까지 올라가실까? 저 정도면 아마도 다 올라가지 않겠어…… 우리 어떻게 들어왔지 그때 몰래 들어왔는데 이렇게 복 받을지 몰랐다. 감사합니다. 고맙습니다. 야! 빨리 가자. 저것 봐 저것 봐 엄청나다…….

그림13, 통로를 뚫고 들어가니 신의 자리였던 것 같은데 신이 빠져나간 지 오래돼서 그런지 탁함과 어둠이 조금 있어서 정전에서 내려온 통로 옆에 문으로 빼내고 또다시 머리 위 정수리 뒤쪽에 있는 문으로 빠져나가게 했다. 잡동사니도 조금 있는 것 같아서 잡동사니로 빼냈다. 그렇고 나서 신의 자리 안쪽에 검고 탁한 덕지덕지 달라붙어 있는 것이 보여서 덕지덕지 붙어 있는 것을 빼내고 보니 거울이다. 거울을 닦고 닦으니 환하게 빛이 비춘다, 빛이 반사되어 나간다.

이 안이 빛이 환해서 그런지 전정에서 내려오는 통로가 조금 탁하고 흐리고 안에 무엇인가 있는 듯 보였다. 저것은 무엇인가? 위 세계에 있는 것으로 아래 세계에서 보면 용 같은 것들? 있어야 하는가? 좋은가? 아니요. 이것들이 승천되어 가도록 하며 이것이 물고 승천하는 것을 통로 위에 두니 승천해 가며 빠져나가는 것 같다. 빠져나간 깊은 곳에 웅덩이처럼 있는 곳에도 가득하다. 이것은 무엇인가? 같은 것, 모두 다 승천해 가도록 하고 모두 다 승천해 나가니 무엇인가? 들어온다. 들어오는 것은 무엇인가? 영안이 잘 보이도록 하는 것입니다. 안으로 채우고 위로 채우며 올라온다.

웅덩이 같은 곳에 채워진 것은 점점 단단해져서는 굳어지게 되는데 굳어졌을 때 제1의 영구 뒤쪽을 열어서 그곳을 빠져나온 것들이 이곳에 붙게 하여 이곳에 제1의 영구로부터 연결되어 보이도록 하는 에너지가 뒤로 빠져나가 전정에서 내려온 웅덩이 안 단단하게 된 곳을 하나하나 뻗어나가며 살아가게 하는 것 같다. 뻗어나가는 이 안에 단단하게 굳어진 것을 제2의 영구가 되게 한다. 이것이 제2의 영구가 되어서는 영안을 엄청 잘 보이도록 하게 되는 영안이 되게 된다. 영안이 된다. 육안처럼 불거나 나온 영안이 된다. 이것은 위 조리개 위쪽 이마 빠져나가도록 하는 문, 문 가까이로 표면 밖으로 영안이 마치 눈처럼 아니 눈보다 더 밖으로 튀어나오게 된다. 영안을 볼 때는 드러나고 보지 않을 때는 안으로 들

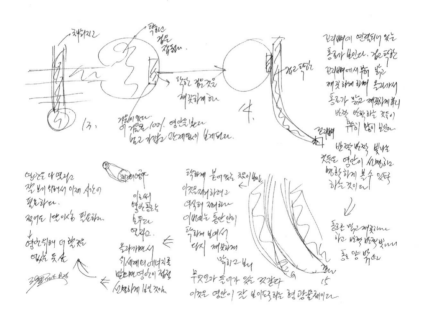

어가는 것 같다. 마치 망원경으로 볼 때 뺐다가 작게 했다가 하며 조절하는 것과 같이 조절이 되는 것 같다. 처음 영안의 통로를 밝힐 때는 발견하지 못한 것이었는데 지금 이글을 쓰면서 다시 통로를 하나하나 정리하며 살펴보는 과정에서 제1의 영구를 통해 제2구가 생기고 제2의 영구가 생긴다는 사실, 생긴 제2의 영구는 망원경 보듯 늘렸다 줄였다하며 멀리 가까이 볼 수 있게 되는 것 아닌가 싶은 생각이 든다. 두고 일이다.

그림14, 신의 자리 안쪽에 있는 거울을 맑고 깨끗하게 닦으니 빛이 강하게 비춰 드러나고 빛이 밝고 강하게 환해지니 거울 뒤쪽으로 검고 탁한 통로가 보인다. 검고 탁한 통로를 따라 내려가니 꼬리뼈에 연결되어 있는 통로가 보인다. 검고 탁한 꼬리뼈에서부터 밝고 깨끗하게 하며 올라가서 통로가 맑고 깨끗하게 하니 반짝반짝 하는 것들이 무수히 많이 보인다.

그림15, 거울 뒤로 있는 통로를 밝고 깨끗하고 환하게 하고 반짝반짝 빛나니 통로 양 밖으로 탁하게 붙어 있는 것들이 보인다. 영안테스트를 받는 세계에서 영안테스트를 받을 때 관하여 본 것인데 거울과 거울 뒤에서 꼬리뼈에 이르기까지 있는 연결부분에 연결하고 있는 것이 10개가량이 있었다. 이것에 붙어 있는 것들을 제거하였었다.

검은 것들이 탁하게 붙어 있는 것들을 제거하려고 의식하니 이번에는 통로 안이 탁하게 보여서 다시 깨끗하게 맑히고 보니 무엇인가? 들어가 있는 것 같다. 이것은 영안이 잘 보이도록 하는 형광물체이다. 이로써 영안 통로는 모두 다 열리고 올라가면서 위 세계의 에너지를 받으며 영안이 점점 선명하게 보이게 될지 않을까? 싶다.

영안이 다 열리고 이제부터는 영안이 잘 보기 위해서 시간이 필요하다. 적어도 1달 이상 필요한 듯싶다. 2015. 08. 31 12:43

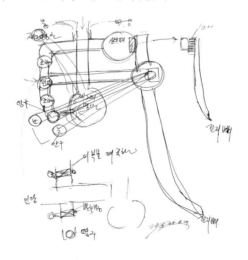

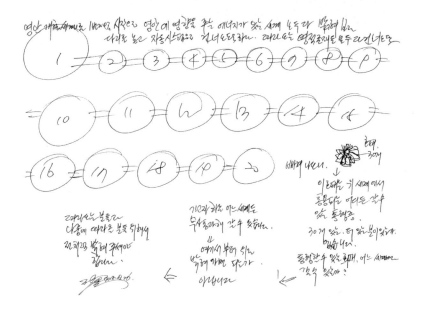

영안개혈 세계를 1번째로 시작으로 해서 영안에 영향을 주는 에너지가 있는 몇 세계가 있는지 모르지만 영안에 영향을 주는 모든 세계를 하나하나 흡하며 밝혀 보았다.

2, 3, 4, 5, 6, 7, 8, 9, 10, 11, 12, 13, 14, 15, 16, 17, 18, 19, 20번째 세계로 끝이 났다. 모두 다 흡하고 빠져나오니 호패(號牌) 같은 것이 30개 달린 꾸러미가 주어졌다.

이 호패는 위 세계에서 통용되는 어디든 갈 수 있는 통행증 같은 것이다.

30개보다 더 많이 가지고 있는 분이 없는가? 없습니다.

가장 많이 가지고 있는 분이 본인 말고 4개

통행할 수 있는 호패

어느 세계든 갈 수 있는가?

가고자 하는 어느 세계든 무상 통과해 갈 수 있습니다.

여기서부터 위로 밝혀 가면 되는가?

아닙니다.

따라오는 분들과 나중에 따라 올라올 분들을 위해서 전체적으로 밝혀 주셔야 합니다.

따라올라 분들을 생각하라고 해서 쉽게 올라오도록 영안 개혈 세계를 1번째로 해서 20번째에 이르기까지 모든 세계를 고속으로 올라올 수 있도록 다리를 놓고 다리에 자동시스템을 설치하여 보다 쉽게 건너오도록 하다. 따라오는 영적존재들도 모두 다 건너오도록 하였다. 2015. 08. 31 13:25

영안개혈 세계를 1번째로 시작으로 해서 영안에 영향을 주는 에너지가 있는 몇 세계가 있는지 모르지만 영안에 영향을 주는 모든 세계를 하나하나 흡하며 밝혀 보았다.

1번째, 1-2 마지막 하나 - 시조 소 수규(始祖 巢 秀規) 세계
- 마지막 하나 이 세계는 태초 영연(太初 靈緣) 세계
그 위 마지막 하나 이 세계는
영안(靈眼) 개혈(改血) 세계 : 이 세계는 영안(靈眼)이 열리도록 하는 에너지가 있는 세계

2번째, 1-2 마지막 하나 - 영안 개혈 소(靈眼 改血 巢) 세계
- 마지막 하나 이 세계는 영안 최초 개혈(靈眼 最初 改血) 세계
그 위 마지막 하나 이 세계는
영안(靈眼) 청완(淸完) 세계 : 이 세계는 영안(靈眼)이 잘 보이도록 하는 에너지가 있는 세계

3번째, -2 마지막 하나 - 영안 최초 영소(靈眼 最初 靈巢) 세계
- 마지막 하나 이 세계는 영안 태초 시험(靈眼 太初 試驗) 세계
그 위 마지막 하나 이 세계는
영안(靈眼) 확신(確信) 세계 : 이 세계는 영안(靈眼)이 명확하고

확실하게 잘 보이도록 하는 에너지가 있는 세계

4번째, 1-2 마지막 하나 - 영안 조교 수리(靈眼 助敎 修理) 세계
- 마지막 하나 이 세계는 영안 수리 점검(靈眼 修理 點檢) 세계
그 위 마지막 하나 이 세계는

영안(靈眼) 칼라화(化) 세계 : 이 세계는 영안(靈眼)이 선명하게
보이고 총천연색으로 칼라로 보이도록 하는 에너지가 있는 세계

5, 6, 7, 8, 9, 10, 11, 12, 13, 14, 15, 16, 17, 18, 19, 20번째
세계로 끝이 났다. 모두 다 흡하고 빠져나오니 호패(號牌)같은 것
이 30개 달린 꾸러미가 주어졌다.
이 호패는 위 세계에서 통용되는 어디든 갈 수 있는 통행증 같은
것이다.
30개보다 더 많이 가지고 있는 분이 없는가? 없습니다.
가장 많이 가지고 있는 분이 본인 말고 4개
통행할 수 있는 호패
어느 세계든 갈 수 있는가?
가고자 하는 어느 세계든 무상 통과해 갈 수 있습니다.
여기서부터 위로 밝혀 가면 되는가?
아닙니다.
따라오는 분들과 나중에 따라 올라올 분들을 위해서 전체적으로
밝혀 주셔야 합니다.
따라올라 분들을 생각하라고 해서 쉽게 올라오도록 영안 개혈 세
계를 1번째로 해서 20번째에 이르기까지 모든 세계를 고속으로
올라올 수 있도록 다리를 놓고 다리에 자동시스템을 설치하여 보
다 쉽게 건너오도록 하다. 따라오는 영적존재들도 모두 다 건너오
도록 하였다. 2015. 08. 31 13:25

따라오는 분들과 나중에 따라 올라올 분들을 위해서 밝혀 달라고
해서 죽기 전에 올라가고한 최초 인간계를 밝힌 연후에 영안 세계
에서부터 4번째 이어서 5~ 20번째 전체적으로 밝히기 시작하다.

5번째, 1-2 마지막 하나
- 마지막 하나 이 세계
그 위 마지막 하나 이 세계는
영안화(靈眼化) 세계 : 이 세계에서 영안(靈眼)이 확인하게 열리도록 하는 에너지가 있는 세계

6번째, 1-2 마지막 하나
- 마지막 하나 이 세계
그 위 마지막 하나 이 세계는
영안(靈眼) 초기화 세계 : 이 세계에서는 영안(靈眼)을 깨끗하고 맑게 청소해서 영안이 맑고 깨끗하게 보이도록 하는 에너지가 있는 세계

7번째, 1-2 마지막 하나
- 마지막 하나 이 세계
그 위 마지막 하나 이 세계는
영안(靈眼) 확정 세계 : 이 세계에서는 영안(靈眼)이 확고하게 열리도록 하고 영안이 명확하고 두렷하게 보이도록 하는 에너지가 있는 세계

8번째, 1-2 마지막 하나
- 마지막 하나 이 세계
그 위 마지막 하나 이 세계는
영안(靈眼) 완성 초기 세계 : 이 세계에서는 영안(靈眼)이 잘 보이도록 하는 에너지가 많은 세계로 많은 에너지를 온몸에 듬뿍 품어야 한다.

9번째, 1-4 마지막 하나
- 마지막 하나 이 세계
그 위 마지막 하나 이 세계는
영안(靈眼) 수정 보완 세계 : 이 세계에서는 영안(靈眼)이 안 보이

는 문제가 있으면 안 보이는 문제를 해결 하도록 하는 에너지가 있는 세계

10번째, 1-2 마지막 하나
- 마지막 하나 이 세계
그 위 마지막 하나 이 세계는
영안(靈眼) 달성 완성 세계 : 이 세계에서는 영안(靈眼)이 완전하게 열려야 한다. 그렇지 않으면 앞으로 올라가는 세계가 어렵다.

11번째, 1-2 마지막 하나
- 마지막 하나 이 세계
그 위 마지막 하나 이 세계는
영안(靈眼) 통로 정화 세계 : 이 세계에서는 영안(靈眼)이 더 확고하게 하는 세계 최대한 이 세계의 에너지 품어 영안의 통로를 맑고 깨끗하게 하라.

12번째, 1-2 마지막 하나
- 마지막 하나 이 세계
그 위 마지막 하나 이 세계는
영안(靈眼) 확정 세계 : 이 세계에서는 영안(靈眼)을 분명하고 명확하게 보도록 하는 에너지가 있는 세계

13번째, 1-2 마지막 하나
- 마지막 하나 이 세계
그 위 마지막 하나 이 세계는
영안(靈眼) 확정 완고 세계 : 이 세계에서는 영안(靈眼)이 자 보이도록 하는 에너지가 있는 세계이다. 에너지 최대한 많이 품어라. 조리개 2개를 자동으로 조절되도록 해야 한다. 의식으로 2개의 조리개를 자동으로 잘 보이게 하다.

14번째, 1-3 마지막 하나

- 마지막 하나 이 세계

그 위 마지막 하나 이 세계는

영안(靈眼) 완성 축제 세계 : 이 세계에서는 영안(靈眼)이 분명하고 선명하게 보이도록 하는 에너지가 있는 세계. 이 세계의 에너지 가득 많이 품어라.

15번째, 1-2 마지막 하나

- 마지막 하나 이 세계

그 위 마지막 하나 이 세계는

영안(靈眼) 통로 점검 세계 : 이 세계에서 영안(靈眼) 점검하라. 잘 보이는지. 잘 보이지 않으면 다시 수리 보완하라. 어떻게 보완해야 하는가? 깨끗이 닦고 선명하게 잘 보이도록 유리 거울이 되도록 한다. 의식으로 닦는다. 더 할 필요가 있는가? 없습니다.

16번째, 1-2 마지막 하나

- 마지막 하나 이 세계

그 위 마지막 하나 이 세계는

영안(靈眼) 조리개 수리 완료 세계 : 이 세계는 영안(靈眼)을 점검하라는 세계 어디를 검점? 2개 조리개 잘 되도록 수리 보완 완료하는 에너지가 있는 세계, 영안이 잘 안 보이는데 수리 보안할 게 있는가? 없습니다. 그런데 왜 못 보지? 주변이 너무 맑아서, 아직도 멀리 못 보십니다.

17번째, 1-2 마지막 하나

- 마지막 하나 이 세계

그 위 마지막 하나 이 세계는

영안(靈眼) 점검 완선 세계 : 이 세계에서 영안(靈眼)을 수리해서 멀고 가까운 곳을 마음대로 볼 수 있도록 수리한다. 이 세계의 에너지 듬뿍 가득 영안 통로를 채우면 저절로 수리가 이루어진다. 자꾸 방해하는 것 같은데 이것을 어떻게 방해 못하게 할 수 없는가?

그것은 방해하는 것이 아니라 잘 보이게 하기 위해서 끼는 겁니다. 그냥 두세요.

18번째, 1-3 마지막 하나
- 마지막 하나 이 세계
그 위 마지막 하나 이 세계는
영안(靈眼) 완성 세계 : 이 세계에서 영안(靈眼)이 분명 명확 선명 세밀하게 보이도록 하는 에너지가 있는 세계, 이 세계의 에너지를 영안 통로에 가득 채워라.

19번째, 1-2 마지막 하나
- 마지막 하나 이 세계
그 위 마지막 하나 이 세계는
영안(靈眼) 완성 확정 세계 : 이 세계에서 영안(靈眼)에 필요한 모든 에너지가 있는 세계, 이 세계의 에너지 듬뿍 품으면 더 이상 영안을 여는데 에너지가 필요 없는 세계

20번째, 1-2 마지막 하나
- 마지막 하나 이 세계
그 위 마지막 하나 이 세계는
영안(靈眼) 끝 심안 시작 세계 : 이 세계에서 더 이상 영안(靈眼)이 필요 없는 세게, 영안이 완성되고 앞으로 심안이 열리도록 하는 세계다.

최초(最初) 인간계 세계

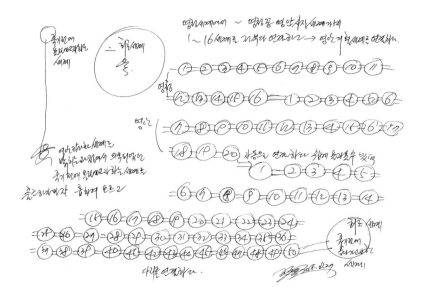

어제 영안을 여는 4번째 영안 칼라화 세계를 밝히는 과정에서 갑자기 '왼쪽 어깨가 아픈데 그것을 수 있어야 하는 것 아닌가요?' "아닙니다." '왜' "그것은 연결고리가 아니기 때문입니다," '어디와 연결되어 있나요?' "위 세계와 연결되어 있습니다."

연결된 위 세계로 올라가니 죽기 전에 올라가고자 한 세계, 죽기 전에 올라갈 수 있을까? 한 세계이었다. 어제는 여기까지 살펴보고 영안을 여는데 관련된 세계를 밝혀 드러냈다.

오늘 출근하며 생각하니 죽기 전에 올라가고자 한 세계? 죽기 전에 올라갈 수 있을까? 한 세계라면 올라가서 살펴봐야 하는 것 아닌가 싶은 생각이 들었다,

이 세계는 **최초(最初) 인간계 세계**

최초 세계 이전에도 세계가 있었던 것 같다.

최초 세계 통치자와 대화를 시도해 본다.

"누구세요"

'근영무상시 칠통 조규일입니다'

"아! 그 유명한 분"

'제가 유명한가요?'

"유명하다마다요. 사람의 몸으로 이곳까지 올 수 있다는 것 자체가 어불성설입니다만 여기까지 오셨으니 대단하지요. 그것도 혼자 온 것이 아니라 무수히 많은 분들과 함께 오셨으니 대담합니다."

'최초 세계에 본인의 가족이 있나요?' "있습니다."

'그런데 왜 나타나지 않는 거지요' "아닙니다. 저기 있습니다. 칠통 근영무상시님께서 보지 못하셔서 그렇지 마중 나와 있습니다."

멀리서 여보라는 소리와 아빠라는 소리가 들린다.

'여기도 조상이 있는지요?' "있습니다. 가족도 있고.." '지금 본인이 육체를 가지고 살고 있는 세계와 같은 가족관계인가?' "아닙니다."

'어떤 식의 가족 관계인가요?'

"이 세계의 가족관계는 자식 부모 배우자 조상 이렇게 있습니다."

'다 같이 사나요?' "아닙니다. 사는 것은 자식 배우자 부모님과 함께 삽니다." '조상님들은..?'

"조상님들은 더 위 세계에 계십니다."

'그 세계에서 조상님도 같이 사신다고 하셨는데 위 세계에 게신다니 무슨 말인지요?'

"조상님 즉 부모님 조부까지는 이 세계에 살고 그 위 조상님들은 위 세계에 살기 때문에 그와 같이 말한 겁니다."

'본인은 이 세계에서 어떻게 밑 세계로 내려오게 되었나요?'

"그것은 임무를 가지고 내려가신 겁니다." '어떤 임무인지요?'

"이와 같이 세계가 있다는 것을 아래 세계에 알리기 위해서 내려가신 것입니다."

'최초 세계에서 지구의 시간으로 볼 때 아니 연월일로 볼 대 어느 정도 되었나요?'

"음……. 6년 7개월 6일정도 되는 것 같습니다."

'수(秀)인간 신계에서도 내려온 시간이 6년 정도 되는 것 같았는데, 이곳에서도 거의 비슷하네요.' "아닙니다. 그것은 수(秀)인간 신계에서 그렇고 최초세계인 이 세계에서는 좀 더 걸린 거지요."

'최초 세계에서 수(秀)인간 신계로 내려간 것은 어느 정도 되나요?' "대략 7개월 정도"

'임무를 누가 주어서 내려오게 되었나요?' "이 세계의 통치자가 내린 임무입니다." '본인만 임무를 받고 내려왔나요?' "아닙니다. 수없이 많은 분들이 내려갔지만 올라온 분은 처음 있는 일입니다." '최초 세계를 알리기 위한 임무를 맡고 내려온 분들이 맨 처음 내려온 세월은 어느 정도 되나요?' "그러니까? 수천, 수만 년이 넘었네요." '그 세계에서 볼 때 그렇다는 것입니까?' "예"

'본인은 그 세계에서 어느 정도 되나요?' "직책이 꽤 높습니다. 한 손가락 안에 듭니다." '그런데 임무를 갖고 내려옵니까?' "자원해서 직접 내려가신 겁니다. 그렇게 내려가서서 7년 6개월 만에 올라오시다니 내려간 지 수 만년이 되도 올라오지 못한 분들과 비교하면 비교가 되지 않습니다. 되돌아오심을 축하합니다. 환영합니다." 많은 인파들이 보인다. 그 속에 가족도 보인다.

'본인은 여기서 머물지 않고 또 위 세계로 올라갈 텐데...그래도 되는지요?' "당연히 되지요. 그런데 왜 잘 보지 못하는 겁니까? 여기까지 올라오려면 영안이 열려서 확연하게 보실 수 있을 텐데요?' '급속으로 올라와서 그런가요? 어제 영안 열리는 작업을 했습니다.' "그래서 그렇군요. 시간이 지나면 잘 보이게 될 겁니다. 저의 모습도 볼 수 있을 겁니다." '지금은 흐리게 잘 보이지 않습니다.' "당연하지요. 영안 작업 하루만이니...."(빙그레 웃는 모습이 보인다.)

자식은 어려 보인다. 몇몇이 겹쳐 흐릿하게 보인다.

자식인 듯한 아이들이 3-4, 배우자가 3-4, 부모님 2분, 조부 4분이 많은 인파 앞쪽에 있는 듯 보인다.

'이 세계에서 아래 세계로 떨어지는 이유는 보통 몇 가지인가요?'

"6가지입니다. 그 첫째가 강간이고 그 둘째가 불륜이고 그 셋째가 수행부정이고 그 넷째가 가정파탄이고 그 다섯째가 불효이고 여섯째가 사회문란 죄입니다."

'가장 무거운 죄는?' "순서대로 말한 겁니다." '강간과 불륜이 무거운 죄에 해당하는 것으로 보면 성(性)이 대단히 엄격한가? 봅니다.' "아닙니다. 성(性)은 자유롭습니다. 성(性)이 자유롭고 성(性)탄트라를 통해 수행들을 많이 합니다. 그러다보니 수행한다고 성(性)탄트라를 하면서 강간을 하거나 불륜을 저지릅니다." '성(性)탄트라는 내부적인 것이지 밖으로 볼 때는 강간일 수 있고 불륜일 수 있잖아요? 남들이 볼 때는 모두 다 강간일 수 있고 불륜일 수 있는 것 아닌가요?' "아닙니다. 이 세계에서는 내부까지도 보고 읽을 수 있습니다. 그래서 성(性)탄트라를 하는 것인지 강간을 하는 것인지 불륜을 하는 것인지 보면 누구나 알 수 있답니다."

'성(性)탄트라라고 하는데, 성(性)탄트라 말고도 탄트라가 있나요?' "예 있습니다. 성(性)탄트라는 성관계를 하면서 수행하며 위 세계로 올라가거나 위 세계로 상대방을 끌어올리는데 이것이 가장 효과가 좋기 때문에 많이들 합니다. 그러나 성(性)탄트라 말고도 탄트라라고 하는 것이 있습니다. 그것은 에너지를 쏴주거나 에너지를 넣어주는 방법이 있습니다." '또 다른 탄트라가 있나요?' "예 많습니다. 에너지를 주고 교환하며 정화하는 모든 행위를 탄트라라고 할 수 있습니다. 그러니 탄트라의 방법은 많습니다. 그러나 효과는 성(性)탄트라, 위 세계 에너지를 쏴주는 탄트라, 에너지를 넣어주는 탄트라,...등이 강력합니다."

'그 세계에서 사는 분들을 뭐라고 하나요?' "인간이라고 합니다." '다스리는 분들은?' "인간입니다."

'몇 종류의 인간이 있나요'

"네 종류의 인간이 있습니다. 네 종류는 다스리는 인간, 수행하는 인간, 노는 인간, 지옥으로 떨어지게 하는 인간, 이렇게 4부류가 있습니다."

' 그 세계에서 평범한 인간은 어느 종류의 인간입니까?' "수행하는 인간입니다. 이 세계에서 수행하지 않는 인간은 지옥으로 떨어지기 위해서 사는 분들과 같습니다. 그런 속에 지옥으로 떨어지게 하는 인간들이 자꾸만 노는 인간들을 꼬드겨서 지옥에 자꾸만 떨어지게 합니다. 그래서 지옥으로 내려가게 합니다."

'그곳에서 지옥이라고 하는 세계는 어디에 있나요?'

"이 세계의 아래 세계가 지옥입니다. 수(秀)인간 신계도 지옥이고 신자신(神自神) 인간계는 더 깊은 지옥입니다. 더 밑은 말할 것도 없고요. 지옥에 떨어지면 대부분 다시 위로 못 올라오는 것 같습니다."

"지옥에 떨어진 분들을 위 세계로 올라오게 하기 위해서 밑에 지옥세계로 내려가는 분들이 있었지만 내려가서는 올라온 분이 없습니다. 임무를 맡고 내려가신 분들도 돌아오지 않고....내려가신 분은 어떤 식으로 내려가셨던 올라온 분이 없었습니다. 내려갔다가 올라오신 분은 칠통 근영무상시 조규일님이 처음입니다."

'본인이 그 세계에 있을 때 본인을 뭐라고 불렀나요?' "근영무상시라고 불렀습니다."

'그 뜻이 있었나요?' "아닙니다. 뜻 없이 그냥 근영무상시라고 불렀습니다."

'근영무상시란 이름을 누가 지어주셨나요?' "아버님이 지어주셨습니다." '누구인가요?' "당신 부인입니다. 저 안 보이나요?' '예 보이지 않습니다. 아버님이 지어주셨을 때 뜻을 갖고 지어주셨는지요?' "당연히 뜻을 갖고 지었지" "어떤 뜻을 담아 지었나요?" "끝없이 밝히며 위 세계로 올라가라고 그와 같이 지었단다." '아버님이세요?' "그래, 나다." '알아보지 못하는 구나.' "아빠 우리도 있어요." (손을 흔드는 모습이 보인다.)

'지구 이곳에서 제가 근영무상시라고 지었는데, 지을 때 아버님이 전달했나요?'

"아니다 내가 전달한 것이 아니라 이곳에 네 친구들이 너를 부르며 의식을 보낸 거란다."

'그 의식으로 지은 건가요?' "그렇다고 봐야할 거다. 그들에게 고마워해야 하고...." (멀리서 손을 흔든다. 친구들이지 싶다. 내가 위 세계로 올라갈 때 친구들 너희들도 함께 올라가자. 나를 따라 올라오렴. 와! 와! 하는 소리가 들린다.)

'아버님! 배우자가 몇이고 자식은 몇 인가요?' "내 부인이 다섯이고 자식이 열이다." '그렇게 안 보이는요.' "바쁜 자식들은 안 오고 작은 자식들만 온 거지요," '부인들은요?' "집에서 음식 장만 중이란다." '먹을 시간 없이 올라갈 텐데요.' "너 주려고 음식 장만하는 것이 아니라 우리들이 이사 가기 때문에 음식 장만해서 주변 분들에게 나눠주고 올라가려고 하는 것이란다." '어디로 이사 가세요.' "네가 올라왔으니 이제 너 따라서 위 세계로 가야 하니 그 동안 가깝게 지낸 분들에게 인사한다고 음식을 해서 나눠먹고 떠날 생각이란다. 너와 함께 올라온 분들 속에서 내 부인이라고 하는 분들이 엄청 많구나. 그래도 어쩌겠니. 밑에 세계에서 살기 위해서 맺은 인연들이니 함께 올라가도록 하마. 걱정 말고 네 갈 길을 가라. 그러면 네가 밝혀 올라가는 길을 따라 우리 모두 올라 갈 테니. 걱정 말고 올라가면 된다."

'영청 세계 1－16세계는 모두 다 밝히고, 영안 세계 1－ 4세계 밝히고 － 20번째 세계까지는 흡을 하였고, 그 위 1－ 50번째 세계를 위 세계만 밝히고 최초 세계에 올라왔는데 그냥 위 세계로 올라가도 되나요?'

"안 된다. 그냥 위 세계로 올라가면 영안(靈眼)이 원만하게 열리지 않고 영안(靈眼) 다음에 열리는 심안(心眼)도 열리지 않는다. 조금 늦게 올라가게 될지라도 지금과 같이 밝혀 드러내야 한다. 그래야 밝히는 세계를 통해 영안(靈眼)도 원만하게 열릴 것이고 심안(心眼) 또한 그럴 것이니 욕심 부리지 말고 밝히길 바란다. 그래야 밑에서 올라오고자 하는 분들도 함께 더불어 올라올 것이 아니냐?"

'위에 다리를 만들어 연결했는데요?' "그것은 더 밑에 세계에서 올라오는 분들을 위해서 한 것이라면 앞으로 밝히는 것은 그들 세계에서 올라오고자 하는 분들이 올라오게 하는 것이다."

'그렇게 하면 무엇이 좋은가요?' "당연히 좋지 그 복덕은 한량없고 그 공덕 또한 한량없단다. 밝혀 드러냈을 때 밝혀 드러낸 것을 보고 또는 따라 올라오는 경우 올라오는 분들이 많으면 많을수록 그것은 공덕이 되고 복덕이 되어 우리들에게 식량이 된단다. 그러니 올라왔더라도 밝혀주어라. 네가 밝혀 주지 않으면 어느 생에 위 세계로 올라오겠느냐? 서두르지 말고 천천히 밝혀서 올라오고자 하는 분들이 올라오도록 하라. 그것이 그 분들에게 좋고 너에게도 좋다. 앞으로 올라가는 세계를 보다 쉽게 올라가기 위해서 영안 (靈眼)도 자연스럽게 되어야 하고 또 심안(心眼)도 그러하니 반드시 밝혀 드러내기 바란다."

'심안(心眼)이 열렸잖아요?' "열리기는 했지만 그것으로는 부족하단다."

'심안(心眼) 100%에 몇 이나 열렸나요?' "2%정도 열렸으니 그것으로는 너무 부족해도 부족하단다. 그러니 급하게 생각하지 말고 천천히 밝혀 드러내렴." '예, 알았습니다.'

2015. 08. 27. 11:10

영안(靈眼) 5번째 ~ 20번째 세계

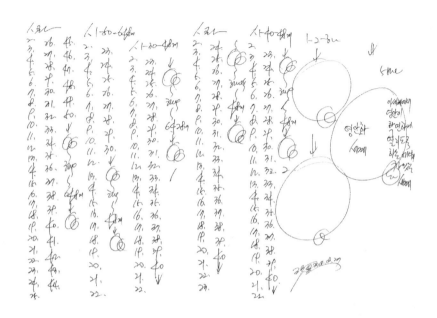

5번째, 1-2 마지막 하나

- 마지막 하나 이 세계

그 위 마지막 하나 이 세계는

영안화(靈眼化) 세계 : 이 세계에서 영안(靈眼)이 확인하게 열리도
록 하는 에너지가 있는 세계

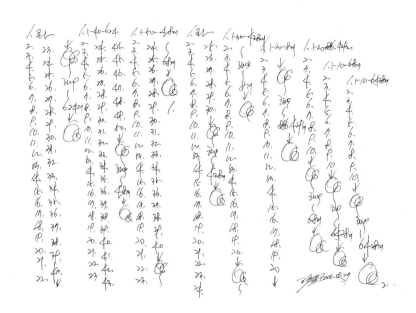

6번째, 1-2 마지막 하나
- 마지막 하나 이 세계

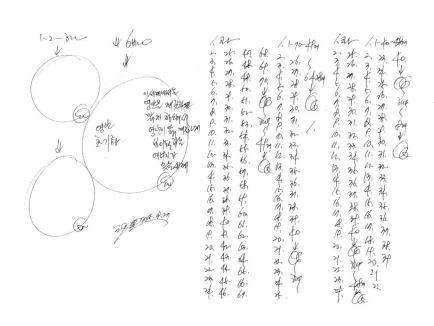

그 위 마지막 하나 이 세계는

영안(靈眼) 초기화 세계 : 이 세계에서는 영안(靈眼)을 깨끗하고 맑게 청소해서 영안이 맑고 깨끗하게 보이도록 하는 에너지가 있는 세계

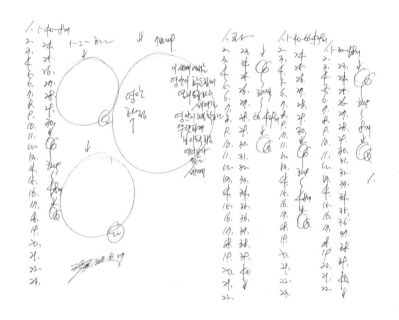

7번째, 1-2 마지막 하나

- 마지막 하나 이 세계

그 위 마지막 하나 이 세계는

영안(靈眼) 확정 세계 : 이 세계에서는 영안(靈眼)이 확고하게 열리도록 하고 영안이 명확하고 두렷하게 보이도록 하는 에너지가 있는 세계

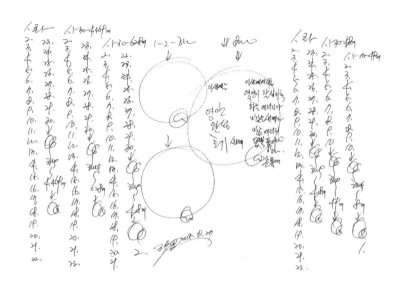

8번째, 1-2 마지막 하나

– 마지막 하나 이 세계

그 위 마지막 하나 이 세계는

영안(靈眼) 완성 초기 세계 : 이 세계에서는 영안(靈眼)이 잘 보이도록 하는 에너지가 많은 세계로 많은 에너지를 온몸에 듬뿍 품어야 한다.

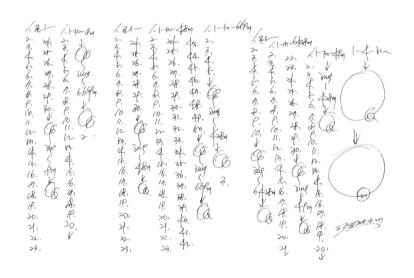

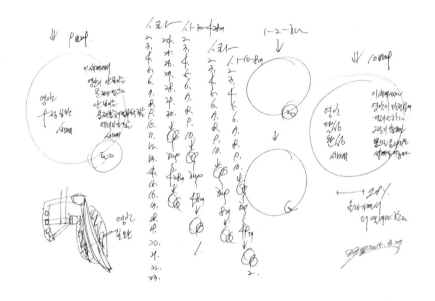

9번째, 1-4 마지막 하나
- 마지막 하나 이 세계
그 위 마지막 하나 이 세계는
영안(靈眼) 수정 보완 세계 : 이 세계에서는 영안(靈眼)이 안 보이는 문제가 있으면 안 보이는 문제를 해결 하도록 하는 에너지가 있는 세계

10번째, 1-2 마지막 하나
- 마지막 하나 이 세계
그 위 마지막 하나 이 세계는
영안(靈眼) 달성 완성 세계 : 이 세계에서는 영안(靈眼)이 완전하게 열려야 한다. 그렇지 않으면 앞으로 올라가는 세계가 어렵다.

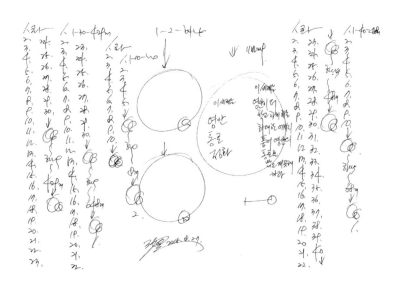

11번째, 1-2 마지막 하나

– 마지막 하나 이 세계

그 위 마지막 하나 이 세계는

영안(靈眼) 통로 정화 세계 : 이 세계에서는 영안(靈眼)이 더 확고하게 하는 세계 최대한 이 세계의 에너지 품어 영안의 통로를 맑고 깨끗하게 하라.

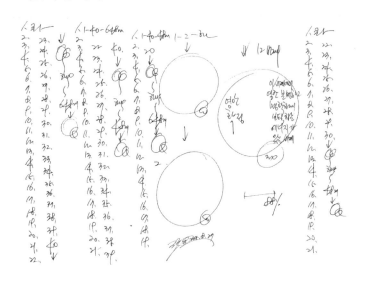

12번째, 1-2 마지막 하나
- 마지막 하나 이 세계
그 위 마지막 하나 이 세계는
영안(靈眼) 확정 세계 : 이 세계에서는 영안(靈眼)을 분명하고 명확하게 보도록 하는 에너지가 있는 세계

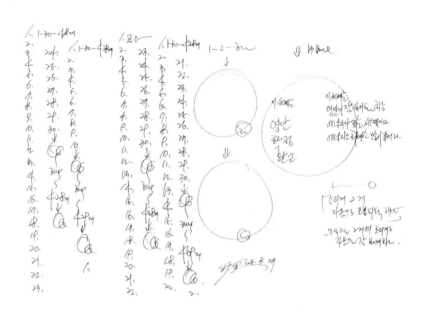

13번째, 1-2 마지막 하나
- 마지막 하나 이 세계
그 위 마지막 하나 이 세계는
영안(靈眼) 확정 완고 세계 : 이 세계에서는 영안(靈眼)이 자 보이도록 하는 에너지가 있는 세계이다. 에너지 최대한 많이 품어라. 조리개 2개를 자동으로 조절되도록 해야 한다. 의식으로 2개의 조리개를 자동으로 잘 보이게 하다.

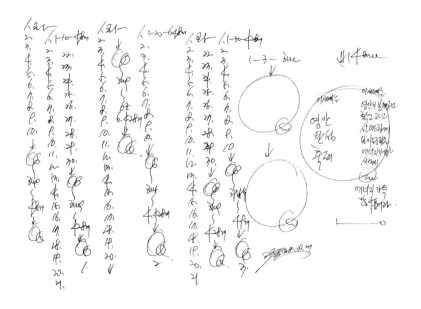

14번째, 1-3 마지막 하나

- 마지막 하나 이 세계

그 위 마지막 하나 이 세계는

영안(靈眼) 완성 축제 세계 : 이 세계에서는 영안(靈眼)이 분명하고 선명하게 보이도록 하는 에너지가 있는 세계. 이 세계의 에너지 가득 많이 품어라.

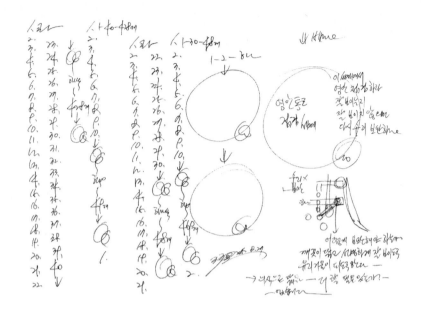

15번째, 1-2 마지막 하나

– 마지막 하나 이 세계

그 위 마지막 하나 이 세계는

영안(靈眼) 통로 점검 세계 : 이 세계에서 영안(靈眼) 점검하라. 잘 보이는지. 잘 보이지 않으면 다시 수리 보완하라. 어떻게 보완해야 하는가? 깨끗이 닦고 선명하게 잘 보이도록 유리 거울이 되도록 한다. 의식으로 닦는다. 더 할 필요가 있는가? 없습니다.

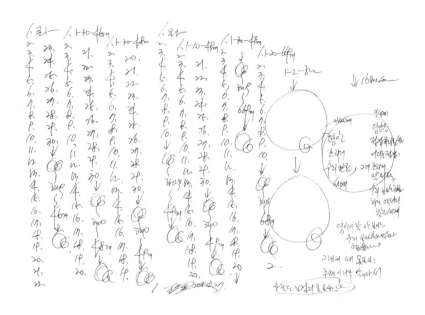

16번째, 1-2 마지막 하나

- 마지막 하나 이 세계

그 위 마지막 하나 이 세계는

영안(靈眼) 조리개 수리 완료 세계 : 이 세계는 영안(靈眼)을 점검하라는 세계 어디를 검점? 2개 조리개 잘 되도록 수리 보완 완료하는 에너지가 있는 세계, 영안이 잘 안 보이는데 수리 보안할 게 있는가? 없습니다. 그런데 왜 못 보지? 주변이 너무 맑아서, 아직도 멀리 못 보십니다.

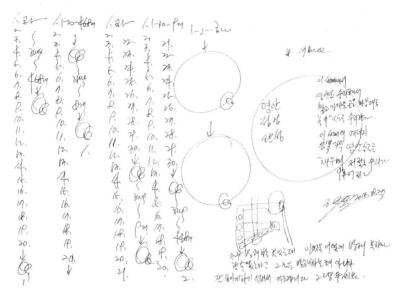

17번째, 1-2 마지막 하나

－ 마지막 하나 이 세계

그 위 마지막 하나 이 세계는

영안(靈眼) 점검 완성 세계 : 이 세계에서 영안(靈眼)을 수리해서 멀고 가까운 곳을 마음대로 볼 수 있도록 수리한다. 이 세계의 에너지 듬뿍 가득 영안 통로를 채우면 저절로 수리가 이루어진다. 자꾸 방해하는 것 같은데 이것을 어떻게 방해 못하게 할 수 없는가? 그것은 방해하는 것이 아니라 잘 보이게 하기 위해서 끼는 겁니다. 그냥 두세요.

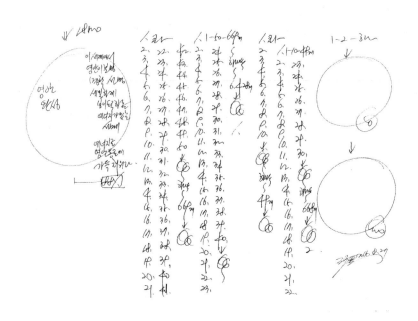

18번째, 1-3 마지막 하나
- 마지막 하나 이 세계
그 위 마지막 하나 이 세계는
영안(靈眼) 완성 세계 : 이 세계에서 영안(靈眼)이 분명 명확 선명
세밀하게 보이도록 하는 에너지가 있는 세계, 이 세계의 에너지를
영안 통로에 가득 채워라.

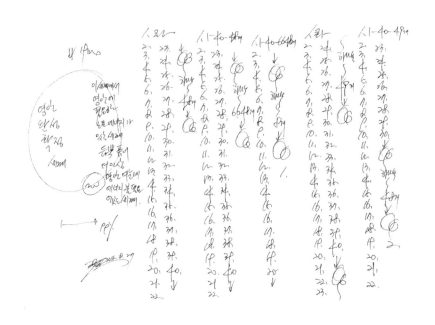

19번째, 1-2 마지막 하나
- 마지막 하나 이 세계
그 위 마지막 하나 이 세계는
영안(靈眼) 완성 확정 세계 : 이 세계에서 영안(靈眼)에 필요한 모
든 에너지가 있는 세계, 이 세계의 에너지 듬뿍 품으면 더 이상
영안을 여는데 에너지가 필요 없는 세계

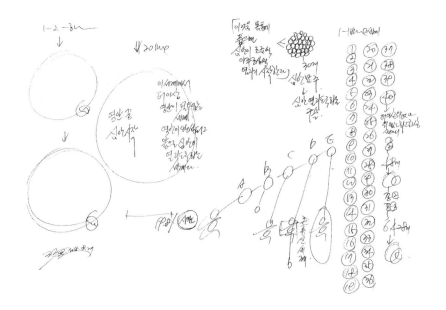

20번째, 1-2 마지막 하나

- 마지막 하나 이 세계

그 위 마지막 하나 이 세계는

영안(靈眼) 끝 심안 시작 세계 : 이 세계에서 더 이상 영안(靈眼)이 필요 없는 세계, 영안이 완성되고 앞으로 심안이 열리도록 하는 세계다.

심안(心眼) 개혈 세계

심안(心眼)이 열리도록 하는 구슬, **심안묘주(心眼妙珠)**가 30개 뭉쳐있는 것을 몸통에 품으면 심안이 아주 조금씩 열리기 시작한다.

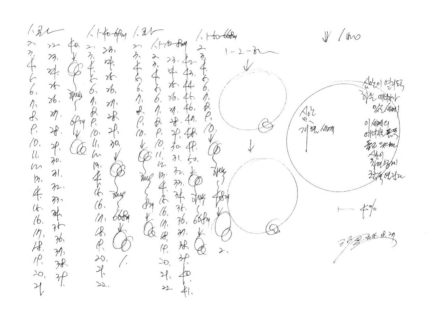

1번째, 1-2 마지막 하나

– 마지막 하나 이 세계

그 위 마지막 하나 이 세계는

심안(心眼) 개혈 세계 : 심안(心眼)이 열리도록 하는 에너지가 있는 세계

이 세계의 에너지 듬뿍 품고 있으면 심안이 자연스럽게 조금씩 열린다.

심안(心眼), 이와 같이 열린다

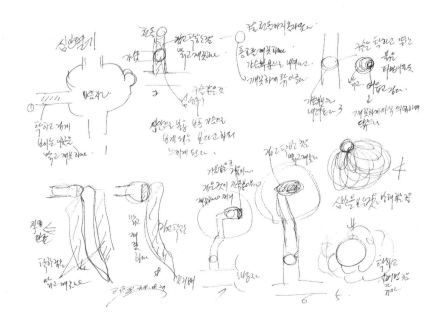

영적으로 마음자리를 의식한다. 마음자리를 의식하고 마음자리에서 몸통 밖으로 나오는 통로를 보니 탁하고 검게 보이는 그림1을 맑고 깨끗하게 한다.

그림1의 통로를 맑고 깨끗하게 하면 위로 탁하고 검은 통로가 보인다. 보이는 통로를 맑고 깨끗하게 올라가다보면 이 통로 중간지점에 심안구라고 하는 것이 탁하고 검은 제거하러 올라가면 천돌까지 올라간다. 천도까지 올라가며 통로를 맑고 깨끗하게 하고 맑고 깨끗하게 하면 천도에서 심안구가 다시 이 통로 중간지점으로 내려온다.

심안구는 구슬같이 둥그렇다. 심안으로 본다고 볼 때 보통 가슴으로 보게 되는 본다고 하되 보는 것이 느끼게 된다. 느끼면서 가슴에 말하는 것이 써지듯 머리에서 생각이 일어나는 것과 같이 전달된다.

그림3, 천돌에서 통로를 통해 가슴 부분으로 내려온다고 했으나 중단 바로 아래에 있다. 단중 바로 아래로 내려온 심안구를 보면 앞쪽으로는 밝고 뒤쪽으로는 붉고 피멍이 있는 듯 보인다. 사람에 따라 새까맣게 보일 수도 있고 또는 너무 검어서 보이지 않을 수도 있고 또 검정 것으로 덮여 있을 수도 있다. 보이지 않을 때 의식으로 가져가면 느껴지게 되는 이때 의식으로 구슬 같은 것을 문지르고 문지르며 닦으면 점차적으로 구슬이 보거나 점점 더 강하게 느낌이 올 수 있다.

그림4, 심안구라고 하는 구슬 같은 것을 맑고 깨끗하게 하면 심안구로 보지 못하고 느끼지 못하게 했던 탁하고 검은 것들이 심안구 뒤쪽에서부터 아래쪽으로 길게 많이 연결되어 있다. 사람에 따라서 진흙이 붙어 있는 것과 달라붙어 있는 분도 있을 수 있다. 이 경우 모두 떼어내어 위 세계를 모두 다 보내야 한다.

아주 사소한 티끌 먼지 속, 탁기 속, 탁함 속, 약간 밝음 속에 있는 신탁기 등이 있는데 이것들까지 모두 다 위 세계로 올려 보내며 맑고 깨끗하게 해야 한다.

그림5, 심안구로 보지 못 했던 것들을 위 세계로 보내고 보면 심안을 에워싸고 있는 탁하고 탁한 것들이 안개처럼 있는데 이 안개 속에는 이루 헤아릴 수 없는 작은 존재들이 많이 있는데 이것들을 의식으로 위 세계로 보내며 맑고 깨끗하게 하면 된다.

그림6 그리고 보면 천돌 위쪽으로 통로가 보이는데 보이는 통로를 맑고 깨끗하게 하며 통로를 따라 올라간다. 천돌을 통해 목 앞쪽으로 해서 턱, 턱으로 해서 아래 입술 중간지점에 왼쪽으로 해서 입 꼬리로 해서 위 입술로 중간해서 위로 코끝에서 깊게 들어가며 통로를 청소하며 맑고 깨끗하게 하면 끝 부분에 마치 콩나물 머리 같은 모양 그것보다 2배 정도 더 큰 것이 있는데, 검고 검고 탁하고 탁하다. 검고 탁한 이것들을 제거하면 안 되고 이것들을 모두 다 위 세계로 올려 보내며 맑고 깨끗하게 하면 마치 콩나물 머리

모양이 보이고 보이는 콩나물 머리 모양 갈라진 깊은 곳에 거울 같은 거울이 양쪽으로 있는데 이 거울같은 것에 묻어 있는 것을 닦고 닦으면 깨끗해지면 맑고 깨끗하게 되면서 빛이 나기 시작한다. 빛이 나는 것이 아니 자기 자신 안에 있는 빛이 비추어 드러나는 것이다.

그림8, 이 빛이 반사되어 밖으로 들어나면 콩나물 머리 밖으로 즉 머리 뒤쪽으로 옥침 밑에 약간 들어간 곳으로 양옆으로 아가미 같은 것이 있는 그 아가미 같은 것이 만나는 지점 이 혈점 이름이 없네. 이곳 안에서 검고 탁한 통로가 꼬리뼈에 이르기까지 있는 것이 보이는데 보이는 이것을 따라 꼬리뼈로 내려가서 꼬리뼈에 있는 이 통로의 입구를 찾아서 입구를 열고 통로 안에 있는 탁하고 검은 그 속에 들어있는 잡동사니를 꼬리뼈 끝 부분에 있는 통로 입구로 꺼내서 위 세계로 올려 보내며 맑고 깨끗하게 하고 그 속에 있는 잡동사니를 꺼내면 된다.

모든 잡동사니를 꺼내고 통로가 맑고 깨끗하게 되면 통로 밖으로 달라붙어 있는 탁하고 검은 것들을 제거해야 한다. 물론 이것도 말이 제거지 제거가 아니라 위 세계로 올라가도록 해야 한다. 올라가는 만큼 맑고 깨끗해지고 맑고 깨끗해져서 반짝반짝 빛이 나면 심안을 여는 작업은 완료된다.

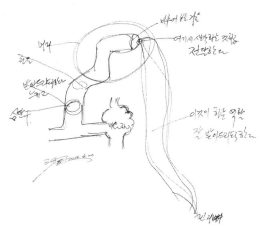

전체적으로 보면 2번째와 같다

심안구에서 느끼며 느낀 것이 생각이 일어나듯 일어나서는 머리로 올라와서 콩나물 같은 속에 있는 거울을 통해 비추어 드러나며 마치 생각이 일어나는 듯 인식하게 된다.

무언(無言)하는 이야기도 이와 같이 들을 수 있다.

사실 영청(靈聽)이 열리는 것과 영안이 열리는 것에 대해서 세세하게 밝혀 드러냈다. 밝혀 드러낸 것은 위 세계까지 모두 다 들을 수 있고 볼 수 있는 영청이고 영안이다. 영청이 다 열리면 위 세계로부터 듣고 싶은 분으로부터 이야기를 들을 수 있고 많은 정보를 받을 수 있다. 지구에서는 이해할 수 없는 많은 이야기를 들을 수 있고 듣게 될 수도 있다. 왜냐하면 위 세계에서는 계속해서 아래 세계에 자기 자신의 존재를 전달하려고 하고 위 세계의 관계된 인연으로 위 세계로 올라오도록 많은 이야기를 하려고 하는데, 영청이 열리면 그런 소리를 쉽게 듣게 된다. 이때 잘못하게 되면 지구에서의 여러 가지 상황과 환경, 사회적 법규 등에 맞지 않기 때문에 자칫 잘못하면 어긋날 수 있는 만큼 공부가 되지 않으면 좋지 않은 경우가 많이 생길 수 있는 만큼 조심스럽고 또 영안(靈眼), 이것은 절대로 열면 안 되는 것이다. 공부가 되지 않은 상태에서 열리게 되면 위 세계를 보게 되는데 위 세계를 봄으로 인하여 속이 뒤집히고 또 자기가 가지고 있는 의식으로는 받아들일 수 없는 것들이 너무 많아서 절대로 열면 안 되고 열어도 인당 부분 2% 내지 4% 열면 되지 그 이상은 바라지 마라.

영안(靈眼)을 열어서 치료하고 또 주식하려고 하는 많은 부분 허황된 생각을 버려라. 치료는 영안이 열렸다고 되는 것이 아니다. 다만 그렇게 보일 뿐, 치료는 원인이 없어졌을 때 치료가 되고, 어떤 것을 좋아진 것은 심리적 부분이 더 많다. 그렇지 않은 경우에는 잠깐 좋아진 듯 하다가 원래 나쁜 상태가 되는 것이니 진정한 치료를 해주고 싶거든 위 세계 공부를 해라. 위 세계 공부를 해서 위 세계와 얽히고설킨 문제를 해결해야 좋아지게 된다.

침을 놓는 것 이것 조심해야 한다. 왜냐 하면 침을 놓을 때 세포를 뚫고 들어가기 때문에 세포가 아프게 되는데 이때 세포란 존재가 아픈 순간에 나쁜 좋지 않은 감정과 좋지 않은 나쁜 에너지가 내뿜기 때문에 그것을 받아 쌓이면 독약을 마시는 것과 같은 결과가 되는 만큼 침이나 주사를 놓을 때는 반드시 미리 주사를 놓겠다. 침을 놓겠다고 말하고 몸을 좋게 하기 위해서 침을 놓는다. 또는 몸을 좋게 하기 위해서 주사를 놓는 것이니 이해해 달라고 미리 말하고 주사를 놓거나 침을 놓는 것이 좋다. 그래야 주사를 놓음으로 또는 침을 놓음으로 전달되는 나쁜 독약과 같은 것을 받지 않게 된다. 이 보다 더 좋은 것은 내가 놓은 침으로 아프겠지만 그 아픔을 감내하고 아픔으로 깨어나라고 의념하면 더 좋다.

영안 열어서 주식해서 돈을 벌려고 하는 사람들, 절대도 영안 열어서 돈을 벌 수 없지만 주식은 영안으로 볼 수도 알아 볼 수도 없다. 영안은 귀신도 모르는 게 주식이다. 영안은 주식의 흐름을 본다고 되는 게 아니라 주식은 관계를 봐야 한다. 어떤 관계 사회가 돌아가도록 하는 관계 그 관계가 주식의 흐름을 바꾼다. 이 흐름은 지구 내에서 보고 느끼고 읽어낼 수 있는 것이 아니다. 이 흐름의 변화는 저 위 세계 초(1689)인류 세계에서 흐름을 관리하고 있다. 이 세계에서 주관하는 관계의 흐름을 읽지 않고 또 보지 못하고 알 수 없는 것이 주식이니. 인연되는 만큼 마음을 내려놓고 주식을 해도 해야 한다. 주식은 본디 지옥에 있는 존재들이 올라와서 만든 것이 주식이다. 주식을 통해서 열 내고 화내고 그러면서 이기심이 발동하게 해서 그 속에서 에너지를 빼가거나 나쁜 마음을 먹게 해서 지옥으로 떨어지게 해서 지옥으로 끌고 가기 위해서 만든 만큼 될 수 있으면 주식을 하지 않는 것이 좋되 만약에 할 경우 주식에 빠지지 말라. 주식에 집중하는 순간부터 빠지게 되고 빠져서는 마음이 흔들림을 받고 마음에 흔들림을 받게 되면 지옥으로 떨어진다 생각하고 하라. 그것을 스스로 알아차린 마음을 갖지 않았으면 하지 마라. 아니면 마음 공부한다 생각하며 주식을 통해 흔들림 없는 마음공부를 하라. 그것처럼 마음 공부시키는 것이 없다. 영안을 열어서 될 일은 아니다.

영안을 열어서 위 세계를 보면 되면 여러 가지 지구의 환경 및 생활 규범이나 법규, 사회적 질서 등등의 여러 가지 문제들이 일어나게 된다. 영안을 열어서 이런 것들을 볼 경우 공부되지 않은 상태에서 보게 되면 지옥을 떨어지기가 쉬우니 반드시 이를 명심하고 명심해야 할 것이다. 공부가 많이 되었을 때 생각이 흔들리지 않고 마음이 흔들리지 않을 자신이 있기 전에는 영상이나 영청 열려고 마음도 생각도 갖지 마라. 심안도 그런 면에 있어서 그 차이가 없지만 그래도 심안 영청이나 영안보다는 덜하다.

모든 것이 조심스러우니 지구에 있는 존재들을 위해서 밝힌 것이 아니라 본인을 위해서 위 세계로 올라가기 위해서 열고 또 올라가는 세계에서 필요하기 때문에 열은 것이지 일반인들은 열려고 해서 잘 열리지도 않겠지만 조심해야 한다.

이와 같이 밝혀 드러내 놓는 것은 올라가면 만들어 놓은 도랑에 비치하여 위 세계에서 공부하게 하기 위한 것일 뿐 지구란 이 세계에 맞는 것은 아니다.

지구에 맞는 것은 예전 밝혀 놓은 그것이면 충분하다.

2015. 09. 01 08:50

심안(心眼) 2세계~ 6번째 세계

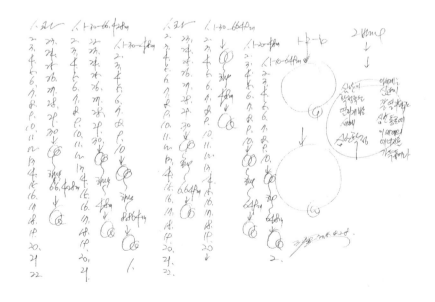

2번째, 1-2 마지막 하나

- 마지막 하나 이 세계

그 위 마지막 하나 이 세계는

심안(心眼) 확정 세계 : 심안(心眼)이 확정적으로 열리게 하는 세계 이 세계는 심안이 잘 열리도록 심안 통로에 이 세계의 에너지를 가득 품어라.

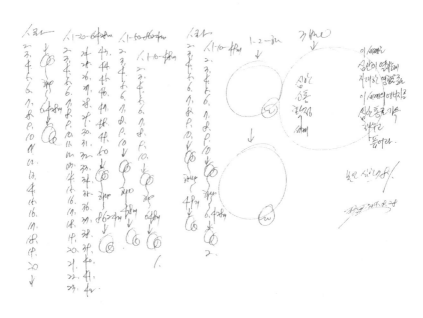

3번째, 1-2 마지막 하나

- 마지막 하나 이 세계

그 위 마지막 하나 이 세계는

심안(心眼) 소통 확정 세계 : 이 세계는 심안(心眼)이 열리는데 지대한 영향을 준다.

이 세계의 에너지를 심안 통로 가득 채우고 품어라.

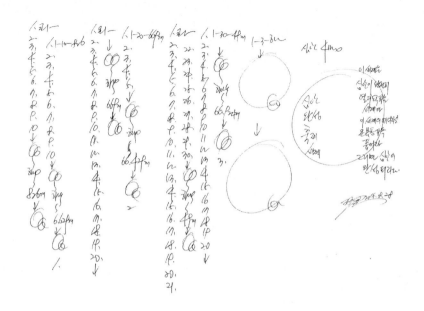

4번째, 1-3 마지막 하나

– 마지막 하나 이 세계

그 위 마지막 하나 이 세계는

심안(心眼) 완성 축제 세계 : 이 세계는 심안(心眼)이 완전히 열리도록 하는 세계다. 이 세계의 에너지를 온 몸통 가득 품어라. 그러면 심안이 완성되리라.

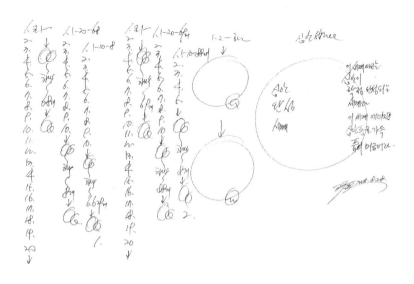

5번째, 1-2 마지막 하나

– 마지막 하나 이 세계

그 위 마지막 하나 이 세계는

심안(心眼) 완성 세계 : 이 세계는 심안(心眼)이 확정 완성되는 세계다. 이 세계의 에너지를 심안 통로 가득 품어 머금어라.

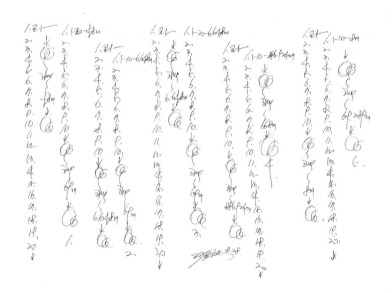

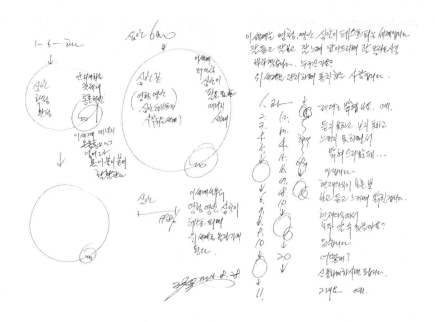

6번째, 1-5 마지막 하나 - 심안 확정 완성 세계, 심안이 안 되게 하는 것이 있는 심안 통로를 확인해 재거하라. 이 세계의 에너지 온 몸통으로 넣어라. 그러면 몸이 불이 붙어 활활 탄다.

- 마지막 하나 이 세계

그 위 마지막 하나 이 세계는

심안(心眼) 끝 (영청 영안 심안 테스트가 시작되는 세계) **세계 :** 이 세계는 더 이상 심안(心眼)을 여는데 더 이상 에너시가 필요 없는 세계

이 세계에서부터 영청 영안 심안이 테스트되며 위 세계로 올라가 게 된다. 이 세계는 영청 영안 심안이 테스트되는 세계입니다. 잘 듣고 잘 보고 잘 느껴 받아드리며 잘 올라오시길 바라겠습니다. 누구신가요? 위 세계를 관리하며 통치하는 사람입니다.

영청(靈聽), 영안(靈眼), 심안(心眼)을 테스트하는 1 ~6번째 세계

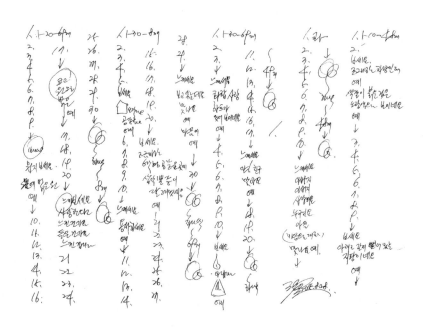

1, (큰 1번째 -) 세계를 흡하니 흡이 되었다.

2, 세계

3 세계

4 세계

5 세계

....

20 세계

이 세계의 끝 마지막 하나

2(하나)

3(하나)

...

하나씩

...

69개 (하나)

마지막 하나

제대로 밝혔나요. 예.

듣지 못하고 보지 못하고 느끼지 못 하면서 밝혀 드러냈는데……

아닙니다.

현재의식이 모를 뿐 보고 듣고 느끼며 밝힌 겁니다.

현재의식에서 모두 알 수 있을까요?

있습니다.

어떻게?

신중하게하시면 됩니다. 그래요. 예.

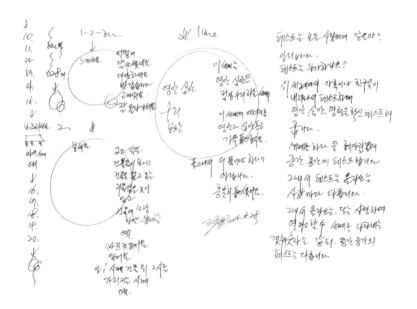

1번째, 1-2 마지막 하나 – 느끼세요. 어떻게 잘 오셨네요. 대단하세요. 반갑습니다. 고마워요. 잘 올라가세요.

– 마지막 하나 이 세계 – 보세요. 크고 작은 건물들이 보이고 건물을 덮고 있는 괴물 같은 것이 있고 건물에 노랑 하얀 유리창, 예. 빠진 것이 있어요. 있어요? 아! 시계 건물 위 2시를 가리키는 시계, 예

그 위 마지막 하나 이 세계는

영안(靈眼), 심안(心眼) 수리 보완 세계 : 이 세계는 영안(靈眼), 심안(心眼)을 점검 수리하는 세계, 이 세계의 에너지를 영안과 심안 통로 가득 품으십시오. 품고 나서 물었다. 더 품어야 하나요? 아닙니다. 충분히 품으셨어요.

테스트는 모든 사람에게 같은가? 아닙니다.
테스트는 누가 하나요?
위 세계에서의 가족이나 친구들이 내려와서 테스트하며 영안, 심안, 영청을 확신 테스트해 줍니다. 세계를 하나 둘……밝혀 올라갈 때 중간 중간에서 테스트합니다. 그래서 테스트는 올라가는 사람마다 다릅니다. 그래서 올라가는 또는 사경하며 열려고 하는 세계를 나타내는 개수의 숫자는 같되 중간 중간의 테스트 다릅니다.

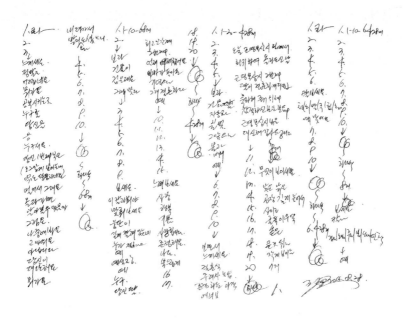

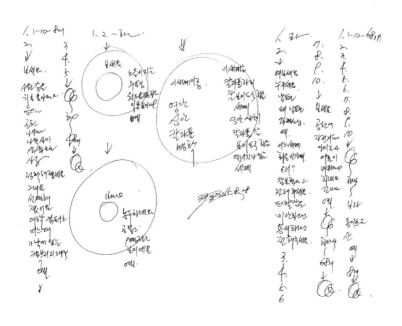

2번째, 1-2 마지막 하나 ─ 보세요. 노을이지는 수평 서핑하고 있는 분이 보입니다. 예,

─ 마지막 하나 이 세계 ─ 보세요. 농구하네요. 공 넣고, 9명 정도 보이네요. 예,

그 위 마지막 하나 이 세계는

영안(靈眼), 심안(心眼) 칼라풀 명확 세계 : 이 세계는 칼라풀하게 잘 보이도록 하는 세계, 영안(靈眼), 심안(心眼)이 칼라풀 잘 보이도록 하는 에너지가 있는 세계

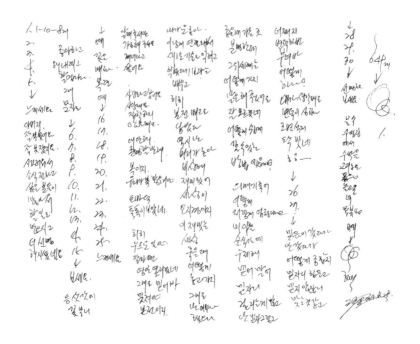

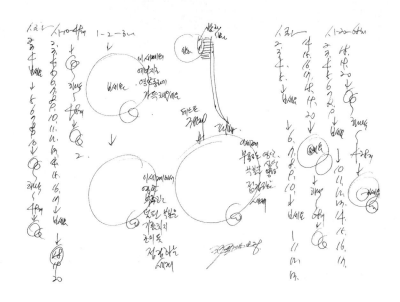

3번째, 1-2 마지막 하나 - 보세요. 이 세계의 에너지로 영안 통로에 가득 채우세요.

- 마지막 하나 이 세계 - 이 세계에서 영안 부족한 덜된 부분을 기름 치고 조이듯 점검하는 세계

그 위 마지막 하나 이 세계는 - 이 세계는 부족한 영안, 심안, 영청 부분을 점검하는 세계

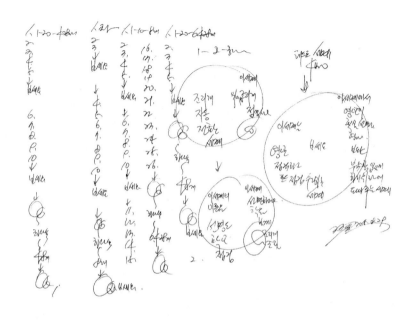

4번째, 1-2 마지막 하나 - **조리게 자동 전환 세계**, 이 세계에서 영안 조리개 점검하는 세계

- 마지막 하나 이 세계 - **선명도 확고 점검 세계**, 이 세계에서 선명하고 확실하게 보개 조리개 조절하는 세계입니다.

그 위 마지막 하나 이 세계는 - **영안 점검하고 또 점검 수리하는 세계**, 이 세계에서 영안이 확실 선명하도록 열고 보완 부족함 없이 하기 위해서 도와주는 세계

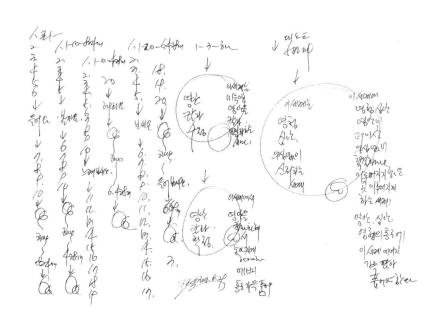

5번째, 1-3 마지막 하나 － **영안 칼라 수정 세계**, 이 세계는 미숙한 영안을 칼라 조절하는 세계

－ 마지막 하나 이 세계 － **영안 칼라 확정 세계**, 이 세계에서 영안을 칼라화해서 좋아지게 해야 한다. 이 세계의 에너지 영안 통로 가득 품어 머금어야 한다.

그 위 마지막 하나 이 세계는 － **영청, 심안 의심 없이 신뢰하는 세계**, 이 세계에서 영청, 심안 영안이 더 이상 의심 없이 확실하도록 이루어지지 않은 곳 이루어지게 하는 세계, 영안, 심안, 영청의 통로에 이 세계의 에너지 가득 담아 품어야 한다.

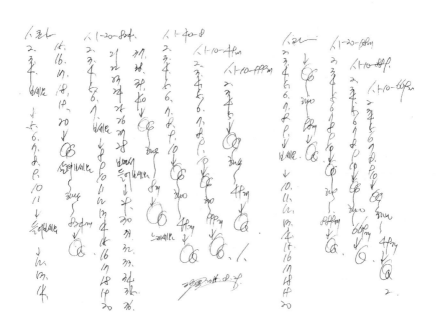

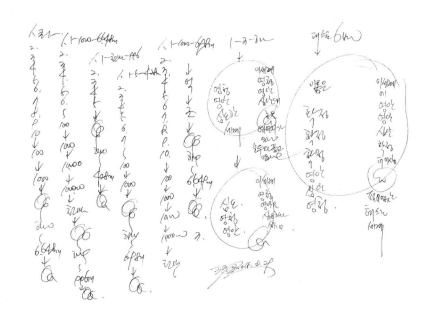

6번째, 1-3 마지막 하나 - **영청, 영안 심오한 세계,** 이 세계는 영청, 영안 심안에 좋은 에너지가 있다. 모두 다 품어 담아라.

- 마지막 하나 이 세계 - **심오한 영청, 영안 세계,** 이 세계는 영청, 영안을 심오하게 하는 세계

ㄱ. 위 마지막 하나 이 세계는 - **확정 확정 확정 영안 심안 영청 세계,** 이 세계에 영청, 영안, 심안 확정하는데 더 이상 필요 없는 테스트 세계

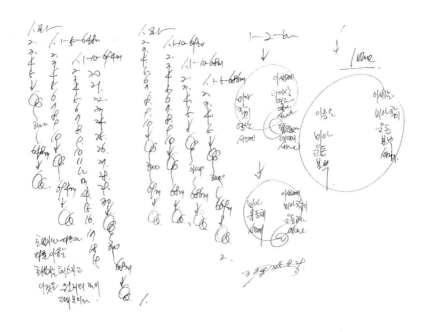

1번째, 1-2 마지막 하나 – **미아찾기 영안 세계**, 이 세계는 더 이상 영청, 영안 심안에 필요 없도록 하는 에너지 세계

– 마지막 하나 이 세계 – **미아 운동체 세계**, 이 세계는 미아찾기 운동하는 세계

그 위 마지막 하나 이 세계는 – **미아 운동 본부**, 이 세계는 미아 찾기 운동 본부 세계

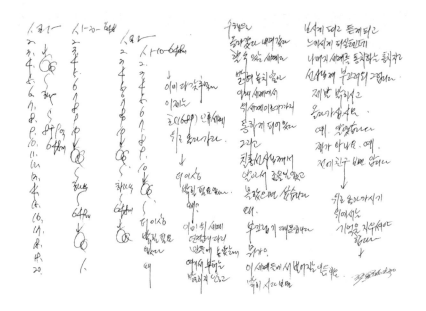

이미 다 갖추었다. 이제는 초(1689) 인류세계 위로 올라가라 →더이상 밝힐 필요 없습니다. 왜?

이미 위 세계 연결해 다리 만들어 놓았는데 여기서부터는 밝히지 않고 수행으로 올라갔다 내려갔다 할 수 있는 세계로 밝혀 놓지 않아 아래 세계에서 위 세계 이르기까지 통하게 되어 있다. 그리고 칠통선사님께서 알아서 좋은 일 없고 몰랐으면 싶습니다.

왜? 부끄럽기 때문입니다. 뭐가? 이 세계들에서 벌어지는 일들이요. 밝히시다보면 보시게 되고 듣게 되고 느끼시게 되실 텐데 나머지 세계를 통치하는 통치자로 선사님께 부끄러워 그럽니다. 제발 밝히시지 마시고 올라가십시오. 예. 알았습니다. 제가 아나요. 예. 전에 친구 보면 압니다. → 위로 올라가시기 위에서는 기억을 지우셔야 합니다. →

최초인간계에서부터 ~~이 세계 마지막 맨 위 초 (超:1689번째) 인류 세계

초(超:1689번째) 인류 세계를 통화 채널링 아니 영청을 들으면 필요한 사람들의 모든 정보를 다 들을 수 있다.

과거 미래 현재가 모두가 현재이기 때문이다. 과거 미래 현재라고 하는 이 모든 것이 차원적 이야기로 차원을 무시하고 보면 언제나 오늘이고 현재다 현재를 벗어나 있지 않다. 다만 모든 차원을 한 번에 보지 못하기 때문에 차원으로 넘어갈 때 차원을 아래쪽 내지는 차원이 떨어지는 것을 과거라고 하고, 현재 차원에 있을 때 또는 차원을 지날 때를 현재라 하고 다가오는 차원을 넘어가는 차원을 미래라고 할 뿐, 과거 미래는 없고 모르는 차원을 미래 지나온 차원을 과거라고 할 뿐 전체를 한 눈에 볼 수 있는 상황의 상태에서는 모두 차원이 현재다. 현재, 지금 모든 차원이 하나로 있기 때문에 서로 다른 모든 차원이 하나로 있기 때문에 과거 현재 미래 없이 오직 현재, 지금만 있기 때문이다.

모든 차원을 한 분에 볼 수 있는 본인 밝혀 놓은 지옥 108단계에서부터~~56단계~~자등명 세계 ~~ 본향 ~~ 고향~~ 자등명인간계 ~~묘명묘태등명~~785세계와 명스즘샷~~환 세계~~~훈 세계~~신자신인간계~(신영혼)~수인간신계~ (영청, 영안, 삼안 열리고) ~최초인간계---쫘주고 열쇠 호패 30개로 갈 수 있는 올라갈 수 있는 한 올라서서 위 세계를 끌어다가 쫘주니 최초인간계에서 묘명인간계, 최초인간계에서 묘명인간계는 최초인간계에서 볼 때 중음신계다.

-환조선 인간계- 시조인간계 -태초인간계- 시태초인간계 -30번째 세계 이 세계는 어마어마한 세계 가늠조차 어렵다. 이 세계 이름은 광의(廣義) 세계로 호경(護警)세계- 호경(護警)세계는 보호하고 경호하는 세계로 위대하고 위대한 분이 올라오면 경호하고 보호하며 올라가고자 하는 세계를 안내해 주며 보호하고 경호한

다. ― 아래 세계뿐만 아니라 위 세계로 보호하지 않고 경호하지 않는 세계가 없다, 칠통 근영무상시님께서 아래 세계에서 올라올 대 경호하고 보호했던 분들이 이 세계에 있다.

―30개의 호패꾸러미로 이 세계까지 올라올 수 있는 근영무상시님께서는 마음을 넓게 쓰셔서 금요모임에 참석하신 분들에게 최초인간계의 에너지를 쏴주시고 최초인간계 가족들을 만나게 해 주셨음에도 어떻게 하면 더 위 세계의 에너지를 쏴줘서 더 높이 더 빨리 올라올 수 있을까?라는 생각을 가지시고 호패 30꾸러미가 통과할 수 있는 모든 세계를 통과해 호경세계에 올라오셨음으로 호경세계 최고 우두머리이신 근영무상시께서 호패 324개가 있는 꾸러미를 또다시 주시게 되었다. 이에 우리 모두는 감하게 생각하며 칠통 근영무상시님께 이를 공손하게 전달해 드리는 바입니다. 존경합니다. 사랑합니다. 위대하고 위대하신 우리들의 최상의 근위대장님 칠통 근영무상시 대장님 만세! 이 무슨 소리인가? 칠통 근영무상시 선사님께서는 기억에 없으시지만 이곳을 거쳐 밑의 세계에 내려가실 때 우리들의 대장님으로 그것도 최상위 근위대당님으로 계시었는데, 그때 이 호패를 준비해 놓으셨고 또 위와 같은 문구를 남겨두시고 내려가셨고 올라오시면 전달해 달라고 말씀하셨습니다. 이제 저희들은 아래 세계로 내려갔다가 올라오신 오늘 위 세계로 무사히 올라갈 수 있는 호해 324개가 있는 꾸러미를 전달하는 겁니다.

이 세계에서 아래 세계의 보호 경호 그 외 치안에 관련된 그리고 법규에 관련된 많은 정보를 최대한 수집하시려 내려가셨습니다. 선사님 등 뒤가 거북이 등처럼 딱딱하고 목뒤가 남들에 비해 두껍고 단단한 것은 그곳에 아래 세계의 모든 정보를 담아오기 위해서 담아올 것을 그곳에 넣고 가셨기 때문에 등이 거북들처럼 딱딱했고 목도 두껍고 단단했던 것입니다. 이제 밑에 세계를 두루 걸쳐 모든 정보를 다 수집해 오셔서 저희들께 전달해 주셨으니 지금부터 등도 목도 풀리실 겁니다. 그 동안 수고 고생 많으셨습니다. 324개의 호패꾸러미에는 선사님께서 이곳을 내려가실 때 준비해 놓으신 것으로 선사님께서 올라오시면 내어달라고 부탁한 것을 내어드린 것에 불과합니다.

선사님! 존경합니다. 웅성웅성 선사님 사랑합니다. 웅성웅성 선사님은 우리들의 우상입니다.

합창하는 듯 들린다.

받으신 호패꾸러미를 가지고 최고의 고향 더 이상 위 없고 위없는 최고 최상의 고향에 현하고 무사히 귀환하시길 바라겠습니다. 어느 때는 다시 뵐 수 있기를 학수고대하고 있겠습니다.

－호경세계 통치자 용저우저 칠통－

용저우저? 예 칠통은? 예 제 이름입니다. 그 세계에서 몸을 칠통이라고 하는가? 예 선사님께서 확철대오하시고 스스로 칠통이라고 하신 것과 같이 저도 이 세계에서 확철대오하고 선사님과 같은 마음과 뜻을 가지고 칠통이라고 했습니다. 그 전에는 용성좌우라고 했습니다.

용성좌우라고 했었는데 확철대오하고 밑으로 내려가신 선사님을 뵈니. 그 아래 세계에서 확철대오하시고 스스로 칠통이라고 하신 것으로 보고 책을 통해 보았습니다. 선사님이 쓰신 책은 모두 다 이곳에 저장되어 있습니다. 이곳 도량에 선사님의 자료가 다 있습니다. 한 마디 한 마디 소중하다고 위에서부터 지시가 내려져서 선사님이 도량을 만들어주시기 전부터 가져다가 보관하고 공부하고 있습니다. 일종에 근영무상시 칠통 조규일 도서관이라고 생각하시면 됩니다. 이 도서관 같은 곳에는 이곳을 내려가서서 지옥 108세계에 이르기까지 선사님에 대한 모든 정보가 이곳에 다 있습니다. 말 한마디 한 마디까지 녹음되어 보관 중에 있습니다.

거기에서는 선사님을 모르지만 여기서는 모르면 간첩이랍니다. 유명하세요.

용저우저는 통치자로써의 직위를 호칭하는 겁니다,

안녕히 귀환하십시오.

저희들이 호위하겠습니다.

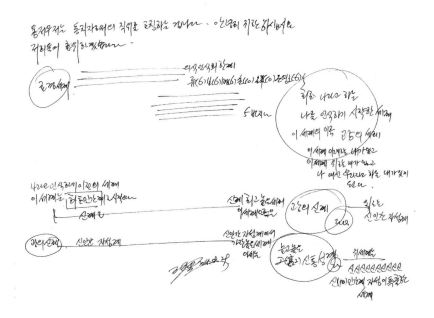

호경 세계에서 의식하고 인식할 수 있는 영적 한계를 류(流:6)보(寶:6)명(明:6)손(孫:10)온주(蘊主:10)온영혼(蘊靈魂:6) 수 5번지나 나라고 생각하기 시작한 **최초 나 세계**, 최초 나라고 하는 나를 인식하기 시작한 세계 이 세계의 이름은 **광의(廣義) 세계**, "왜? 광의 세계라고 이름한 것인지 궁금하시지요?" '예' "말씀 낮추세요." 위 세계에서 이 세계로 내려오면 하나같이 나라고 저마다 자기 자신이 테두리를 갖고 나라고 하기 때문에 우리에게 나라고 하는 개체가 됨으로 해서 우리로 뭉쳐져 있다가 나라고 하며 경계를 갖게 됨으로 해서 나라는 경계로 인하여 넓어지고 커지기 때문에 계속해서 커지고 있다고 해서 광의 세계라고 이름한 것이랍니다.

이 세계에서 나라고 하는 내가 있음으로 인하여 이 세계 아래로부터는 나라고 하는 내가 있고 이 세계 위로는 내가 없고 나 대신에 우리라고 하는 내가 있습니다.

'본인이 알고 있는 우리와 나라고 알고 있는 것을 말했을 때와 개념이 같은가?'

"예"

'위 세계에서의 우리의 나와 이 세계에서 우리의 나를 버리고 개별적 저마다 각자된 이유가 있는가?' "있습니다. 위 세계에서의 우리의 나는 혼자가 아니라 여럿이 하나가 되어 활동하고 여럿이 하나가 되어 생활하고 또 공동체적이면서 한 몸이고 한 몸이면서도 여럿이고 여럿이면서도 한 몸이기 때문에 우리의 나라고 하는 것이고, 그러한 우리의 내가 이 세계에 내려옴으로 인하여 이기적인 생각과 이기적인 사고로 생김으로 인하여 우리의 나가 분열하기 시작해서는 각자 저마다의 나로 분리된 것입니다. 분리될 때 아픔과 고통이 따르지만 그 고통과 아픔을 이기적인 욕심 때문에 아픔과 고통을 감내하며 각기 떨어지고 있습니다. 떨어지면서 공간이 생겨나서 생겨나는 공간으로 엄청나게 들어나서 광의라고 합니다.

왜 그런지 이 세계만 내려오면 욕심들이 생겨서는 서로 분열합니다. 마치 아메바가 분열하듯이 분열합니다. 왜 그런지 선사님이 밝혀 주세요."

'그곳에 계신 분도 모르는 것을 본인이 어떻게?' "아닙니다. 최고 고향 더 이상 위없는 세계에 정보 있잖아요? 선사님 직급이면 열람 가능하십니다."

'광의 세계만 내려오면 분열하여 저마다의 내가 되는 것은 그 세계에 욕심과 이기적으로 하는 에너지가 가득하여 그 에너지를 받다 보니 자기 자신도 모르게 욕심과 이기심이 생겨서 위 세계에서 우리라고 했던 내가 이 세계에 옴으로 해서 이기심과 욕심이 마치 달걀에서 알이 깨어나듯 갈라지기 시작해서는 우리라고 하는 내 안에 있는 숫자만큼 숫자에 맞게 분열하기 때문에 자꾸만 이 세계가 늘어나고 이 세계에 내려오게 되면 자연스럽게 우리의 내가 아니라 작기 저마다의 나가 되어서는 저 아래 지옥 108 세계의 지옥에 이르기까지 각기 저마다 나라고 하고 있는 것 하네요. 욕심과 이기심이 분열하게 했고 화합하여 하나가 된 것을 분열시켰네요.'

'이 세계에 이기심과 욕심 생기도록 하는 에너지원이 있을 텐데....
그것 저기 있네요?'

'누가 저것을 만들어 놓았는지? 저 지옥 깊은 세계에서 56단계 아
래 108세계 최고 우두머리가 몰래 이 위 세계까지 올라와서 만들
어놓고 내려갔네요. 56단계 지옥 108번째 세계 우두머리가 어떻
게 이 세계까지 올라왔을까?' "그것은 108번째 세계 우두머리면
그 힘과 에너지가 선사님보다는 못하지만 우리들과 비슷해서 싸우
면 비등해서 지키기가 쉽지 않거든요. 일전에도 올라온 적이 있는
데..." '자주 오나요?' "아닙니다."

'맨 처음 언제 설치하였는가? 자료를 찾아봐야겠네요.' "자료에 없
습니다." '왜?' "모르니까요? 있는지는 아는데 누구하나 그것을 없
앨 생각을 못하고 없애는 것을 겁내하고 있어요."

'저것을 내가 없앨 수 있겠는가?' "쉽지는 않겠지만 선사님 외에는
그것을 없앨 생각하고 있는 분이 없습니다. 최고 고향에 게신 분
들도 마찬가지입니다. 이것을 없애기 위해서는 그 위 세계를 좀
더 밝혀 드러내고 에너지가 충분한 다음에 해주시면 너무너무 고
맙겠습니다. 다만 잊지는 말아 주세요. 에너지가 되면 제가 선사님
께 영청으로 이야기해 드리겠습니다. 그때 해주세요.' '예 알았습
니다.'

1, 나라고 인식하기 이전의 세계 이 세계는 최초인간계로 시작으
로 해서 ---신계(神界: 최초인간계 위 중음신 계 다음의 위 세계 신
계) ---- 신계 최고 높은 세계, 신계의 끝 세계 이 세계의 이름
은 광의(廣義) 세계 - 위로는 신인간(神人間) 자성계(自性界)

2, 신인간(神人間) 자성계(自性界)= 광의 세계에서부터~~~신인간
자성계에서 가장 높은 세계, 신인간 자성계의 끝 이 세계는 높고
높은 고(高:2) 신통성계(神通成界) -- 위로는 신(神:10)인간계 자
성이 특출한 최초 세계

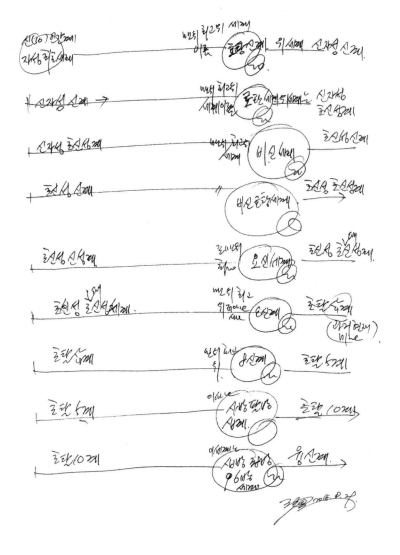

3, 신(神:10)인간계 자성 최초 세계 = 가장 높은 더 이상 위없고 위없는 이 세계의 끝 호탕(浩蕩)세계 −− 위 세계는 신자성(神自性) 신계(神界)

호탕세계라고 한 이유가 있는가? 에 이유 이 세계는 말 그대로 호탕합니다. 모두 다 다 나누어요. 우리가 돼서 우리가 하나가 된 축제 분위기의 세계입니다. 그러다보니 걸림 없이 호탕합니다. 그래서 호탕한 세계라고 한 겁니다.

4, 신자성(神自性) 신계(神界)= 맨 위 최고 최상 더 이상 위없는 이 세계의 끝 로환(爐還)세계 -- 위 세계는 신자성(神自性) 초신성계(超神性界)

왜? 로환 세계라 하는지요? 불꽃이 엄청납니다, 마치 화로처럼 불꽃이 엄청난 세계라 그리고 아래세계에서 돌아오는 세계라 화로처럼 활활타고 있는 세계로 돌아오는 세계라 해서 로환 세계라고 이름한 것입니다.

5, 신자성(神自性) 초신성계(超神性界) = 맨 위 최고 최상 더 이상 위없는 이 세계의 끝 비신(飛神:신들이 날라 다니기에)세계 -- 위 세계는 초신성 신계(超神性 神界)

6, 초신성 신계(超神性 神界) = 맨 위 최고 최상 더 이상 위없는 이 세계의 끝 비신호탕(飛神浩蕩:신들이 날라 다니는 세계이되 엄청나게 호탕합니다. 거의 환상적입니다)세계 -- 위 세계는 초신성 초신성 세계(超神性 超神性 界)

7, 초신성 초신성 세계(超神性 超神性 界) = 맨 위 최고 최상 더 이상 위없는 이 세계의 끝 요신계(了神:신이 완성된 완성되어 신 아래로 떨어지지 않는 세계) -- 위 세계는 초신성 초태신성 세계(超神性 超太神性 界)

8, 초신성 초태신성 세계(超神性 超太神性 界) = 맨 위 최고 최상 더 이상 위없는 이 세계의 끝 오신계(五神: 5신? 어떤? 몸 마음 의식 생각 무의식의 다섯 신이 한 덩어리로 우리가 나가 되어 있는 세계) --

위 세계는 초탈삼계(超脫 三界: 여기서 삼계란 과거 현재 미래를 뜻하는 세계로 이 세계에 올라오게 되면 과거 현재 미래 없이 언제나 모든 세계가 현재에 있고 현실이란 사실을 확연히 알게 되는 세계)

9, 초탈삼계(超脫 三界) = 맨 위 최고 최상 더 이상 위없는 이 세계의 끝 8신계(八神界)-- 위 세계는 초탈오계(超脫吳五界) 5계란 어떤 5계? 몸의 세계 마음의 세계, 의식의 세계, 생각의 세계, 무의식의 세계 다섯 세계가 한 덩어리로 우리가 나가 되어 있는 세계)

10, 초탈오계(超脫吳五界) = 맨 위 최고 최상 더 이상 위없는 세계는 사방, 팔방, 시방 세계 ---초탈10계(超脫 十界: 여기서 10계란 과거, 현재, 미래, 차원, 차원 아래, 차원 위, 차원 앞과 뒤, 차원의 사방팔방 시방을 뜻하는 세계로 이 세계에 올라오게 되면 과거, 현재, 미래, 차원, 차원 아래, 차원 위, 차원 앞과 뒤, 차원의 사방팔방 시방 없이 언제나 모든 세계가 현재에 있고 현실이란 사실을 확연히 알게 되는 세계)

11, 초탈10계(超脫 十界) = 맨 위 최고 최상 더 이상 위없는 이 세계의 끝 십방, 38방, 96방 세계 ---융신계(融神界)

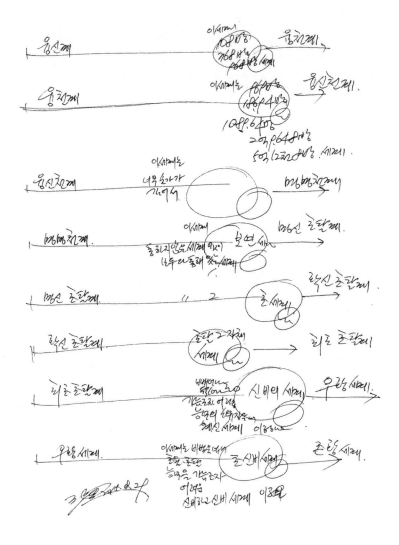

12, 융신계(融神界) = 맨 위 최고 최상 더 이상 위없는 이 세계의
끝 108방, 368방 968방 세계 ---융천계(融天界)

13, 융천계(融天界) = 맨 위 최고 최상 더 이상 위없는 이 세계의
끝, 969방 18.694방 108.964방, 2억 9.648방, 5억 12천 8방 세
계 ---융신천계(融神天界)

14, 융신천계(融神天界) = 맨 위 최고 최상 더 이상 위없는 이 세계의 끝, 8정 648방, 8항하사 69방, 8구골 689방, 8구골플랙스 689.648방, 9구골플랙시안 8.664.864방 세계 ---명명천계(明明天界)

15, 명명천계(明明天界) = 맨 위 최고 최상 더 이상 위없는 이 세계의 끝, 보연(寶緣:소중한 인연들이 모여 우리의 나로 있는 세계, 이 세계는 통하지 않은 세계 없이 모두 다 통해 있는 세계다)---명신 초탈계(明神 超脫界)

16, 명신 초탈계(明神 超脫界) = 맨 위 최고 최상 더 이상 위없는 이 세계의 끝, 초(超:9그래함이수 649번 초월한 세계)---확신 초탈계(確信 超脫界: 이제는 거의 다 왔구나 확신이 드는 세계)

17, 확신 초탈계(確信 超脫界) = 맨 위 최고 최상 더 이상 위없는 이 세계의 끝, 초탈(超脫: 초탈 그 자체의 세계, 어디로부터 초탈인가? 인간이라고 하는 인류라고 하는 세계로부터 초탈) 세계---최초 초탈계(最初 超脫界)

18, 최초 초탈계(最初 超脫界) = 맨 위 최고 최상 더 이상 위없는 이 세계의 끝, 신비(神秘: 빼어나고 뛰어난 가늠조차 어려운 능력의 소유자들이 있는 세계) 세계---우황(宇煌: 모든 우주의 제황(帝凰) 위 제황(帝煌) 세계)

19, 우황(宇煌) 세계 = 맨 위 최고 최상 더 이상 위없는 이 세계의 끝, 초신비(礎神秘: 이 세계는 비범을 넘어 초월 초탈 능력을 가늠조차 어려운 신비하고 신비한 세계) 세계---존황(尊煌: 높고 높은 더 이상 높은 황제(煌帝)가 없는 가장 높고 높은 황제를 존황이라고 함) 세계

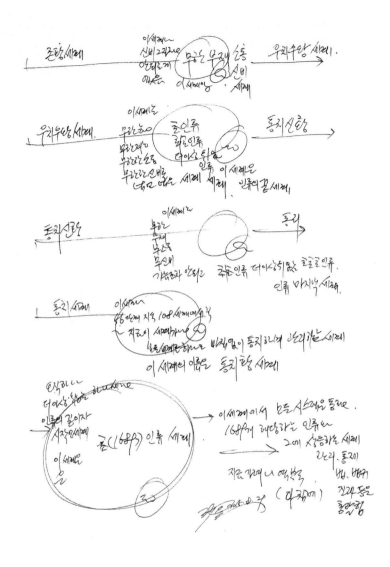

21, 존황(尊煌) 세계 = 맨 위 최고 최상 더 이상 위없는 이 세계의 끝, 무한(無限)하고 무재(無在:아무 것도 가지고 있는 것이 없는) 그래서 소통(疏通)이 안 되는 곳 없이 소통되고 걸림이 없는 신비(神秘) 세계---우치우황(宇治宇煌: 모든 우주를 다스리고 다스리는 우황 중에 가장 높고 높은 우황이 있는 세계) 세계

22, 우치우황(宇治宇煌) 세계 = 맨 위 최고 최상 더 이상 위없는 이 세계의 끝, 무한(無限)히 높고, 무한한 재능, 무한한 소통, 무한한 신비를 넘고 넘은 세계, 초인류 최초인류 더 이상 위에 인류가 없는 세계, 이 세계는 인류의 끝 세계 ---통치신황(通治神煌: 모든 우주를 다스리며 통치하는 신황이 있는 세계) 세계

23, 통치신황(通治神煌) 세계 = 맨 위 최고 최상 더 이상 위없는 이 세계의 끝, 무한(無限), 무재, 무소통, 무신비가 가능조차 안 되는 세계, 최초인류 더 이상 위없는 초초초초인류, 인류의 마지막 세계 ---통치(通治: 모든 우주와 모든 우주를 다스리는 황제, 모든 우주를 다스리는 우황(憂煌), 모든 황제와 우황(憂煌), 우황(宇煌)과 우치우황(宇治宇煌) 이 모든 이들을 다스리며 통치하는 통치(通治)세계)

24, 통치신황(通治) 세계 = 맨 위 최고 최상 더 이상 위없는 이 세계의 끝, 이 세계는 56단계 지옥 108세계에부터 ~ 지금 이 세계에 이르기까지 이 모든 세계를 하나로 빠짐없이 통치하며 관리하는 세계, ---이 세계의 이름은 통치황(通治皇) 세계 --
오직 하나 더 이상 위없는 하나의 세계
인류의 끝이자 시작된 세계

초(超:1689번째) 인류 세계= 이 세계에서 모든 시스템을 통제, 1689개에 해당하는 인류와 그에 상응하는 세계를 관리, 통제, 법, 법규, 진리, 그 외에는 모든 전반적인 생활 및 전반적인 일상을 모두 다 관리하며 통치하는 모든 시스템을 갖추어 있고 또 통달해 있는 세계

인류의 마지막 세계 - 이 세계를 뭐라고 부르면 가장 좋은가? 수(受: 받아드린 것 없이 모두 다 받아드려서 모두 다 갖추고 있고 가지고

있으면서 베푸는데 한없고 끝없이 베푸는 세계)

어제, 2015. 08. 29일 아침에 여기까지 위와 같이 밝혀 드러내고 위 세계로 올라가려고 하니 힘이 역부족인 것 같았다. 그래서 위는 다음에 밝혀 올라가자는 생각을 했었다.

초(超:1689번째) 인류 세계 = 수(受) 세계와 통화? 채널링? 아니 영청을 들으면 필요한 모든 사람의 정보가 이곳에 있다. 사람뿐만 아니라 모든 것의 진리의 법의 법규의....정보가 이 세계에 보관되어 있다. 이 세계에서는 수시로 정보를 수집하고 모으기 위해서 이 세계에서 아래 세계로 많은 존재를 보낸다. 필요에 따라서는 머리 속이나 몸통 속 그 왜 몸이라고 할 수 있는 어느 부분들에 침을 넣어서 필요한 정보를 수집하고 모으며 모아진 정보를 그때그때 보내기도하지만 그 세계의 몸을 받아 내려가서는 직접 칩에 넣어 올라오기도 한다.

이 세계에서 아래 세계의 몸을 받지 않고 아래 세계를 왔다 갔다 하면서 정보를 모아 이 세계의 시스템으로 보내짐과 동시에 이 세계에서 보관하고 있다가 움직일 때마다 그 사람 내지는 움직이는 것의 인연과 아픔과 고통, 모든 것들을 그때그때 상황에 맞게 받아 살아가는 몸이 이식해서 몸에서 반응하게 해서는 자기 자신이 행한 모든 것들을 회자정리하게 하고 원시반본 하게 한다.

모든 것들은 원시반본 되고 회자정리 된다. 원시반본 되지 않고 회자정리 되지 않는 것은 아무 것도 없다. 그 모든 것을 이 세계의 시스템에 의해서 어떤 세계에서 태어나고 죽고, 죽었다가 다음 세계에서 몸을 받고 몸을 받아서는 살아가며 그 전에 행한 모든 행 중에 몸 받은 세계 또는 인연 자들에 의해서 화하게 하여 나타나고 드러나게 한다.

이 세계의 정보 시스템을 읽을 수 있는 권한 내지는 통치할 수 있는 권한을 가진 사람은 누구나 이것을 활용하고 또 제거할 수 있으며 또 새롭게 태어나도록 할 수도 있다. 모든 것을 다할 수 있지만 오직 못하는 것이 있는데 그것은 각기 저마다 가지고 있는 마음이다. 이 마음만큼은 그 누구도 통치하거나 통제할 수 없고 업의 인연도 받지 않는다. 그런 관계로 전체를 털어서 마음이 최고다. 이 마음은 아래세계에서의 마음이나 위 세계에서의 마음이 똑같은 마음이되 그 마음이란 것에 담겨있는 것은 상상할 수도 없는 각기 저마다의 많은 것들을 각기 다르게 갖고 있다.

오직 마음이라고 하는 이것은 그 어느 것의 통제나 터치를 받지 않는데 그것은 마음이 이 세계에서 생긴 것이 아니라 위 세계에서 마음이 생겼기 때문에 이 세계에서 마음을 어떻게 할 수 없다. 위 세계에서는 가장 높은 더 이상 위없는 세계로부터 생겨난 것이 마음이기 때문에 그 세계에 올라가면 모를까 지금으로는 이 세계 아래에서는 마음을 누구도 통제하거나 터치 내지는 조정할 수가 없다. 간혹 잡귀나 귀신들이 사람의 마음을 흔들어 다스리려고 하는데 그것도 잠시 잠깐 보이지 않게 해서 힘으로 억압하며 제압할 뿐 마음을 조절하지 못하고 본래 자기 자신의 마음이 숨어 있게 하고 잡귀 내지는 귀신의 자기 마음을 드러내지만 그것은 마치 본래 주인의 마음을 감옥에 가두고 감옥에 있는 주인의 마음 대신 자기가 주인인 양 행세할 뿐 마음은 그 누구도 어떻게 하지 못한다.

다음에 올라가는 가장 위 더 이상 위없는 위 위 세계의 끝, 지금과 같이 끝나는 세계, 바로 앞전의 세계에서 마음이 생겼다. 그 세계 이상에 올라가야 그때 비로써 마음을 아주 조금 조절하고 통제하고 바르게 또는 못되게 할 수 있을 뿐 지금의 세계는 어불성설이다.

초(超:1689번째) 인류 세계 = 수(受) 세계에는 모든 정보가 있어서 과거 현재 미래 없이 언제나 현재로 현재에 있으며 현재 속에서 차원을 달리하며 차원을 달리하는 것을 두고 과거 현재 미래라는 삼계 그 외 수 많은 차원 가늠조차 할 수 없는 차원 속에서 변하고 변하는 흘러가고 흘러가는 것을 두고 몇 방 몇 방하는데 이 모든 것들이 이루 헤아릴 수 없지만 그러면서 수많은 삼계로 시작해서 수많은 계를 말하지만 이 세계에서 보면 모든 계는 하나에 지나지 않고 하나에 지나지 않는 이 세계에서 보면 모두 다 현제이고 현실이다. 한시도 현실과 현재를 떠나 있는 일없이 현재에 있고 현실에 있다.

다만 태어나 받은 몸에 따라 받은 몸이 반응하게 되는 차원에 따라 여러 계(界)가 있을 뿐이고 여러 세계라고 하는 여러 방(方)이 있을 뿐이다. 마치 우리들이 삼계라고 하는 것은 3차원에 살고 있기 때문에 삼계 과거 현재 미래라고 하는 것이고 4차원에서는 4계라고 하고 4차원에서는 과거, 지난 과거, 현재, 미래 이와 같이 4계가 있고, 오차원에서 오계가 있게 되고...이와 같이 차원에 따라 계가 있고 방이 있을 뿐이다. 계는 많지 않을 때 계라고 하고 계가 많아서 헤아릴 수 없을 때 방이라고 한다. 계와 방은 다르지 않다. 다만 보는 시간에 따라 계라고 하고 방이라고 할 뿐 계는 두루해 있는 자기 자신을 에워싸고 있는 테두리 안의 하나, 둘, 셋……이와 같이 분리 되어 있을 뿐이고 방은 자기 자신이 있는 곳을 중심으로 흩어져 분리되어 있는 것을 표현한 것에 지나지 않는다.

어제 오후에 여기까지 밝혀 드러냈다.

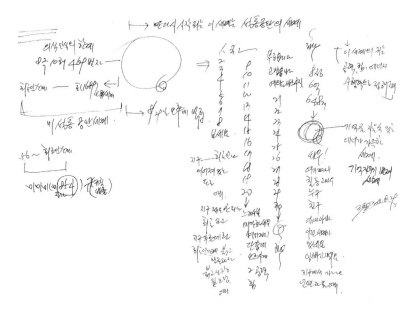

초(超:1689번째) 인류 세계 = 수(受) 세계에서 의식하고 인식한 한계를 8극 10해 469번지나 또다시 새로운 세계가 시작되다. 새롭게 시작된 위 세계는 성통공완(成通功完)의 세계이고, 최초인간계에서부터 ~~초(超:1689번째) 인류 세계 = 수(受) 세계까지는 **미 성공공완(成通功完) 세계**이며 58단계~~ 최초 인간계까지는 미(迷:669.648) 세계이고 미(迷:854) 규(規) 세계이다. 그만큼 아래 세계는 미혹하다. 아래 세계로 내려가면 내려갈수록 미혹함이 깊고 깊다.

56단계 아래 지옥 1-108세계는 56단계 안의 아수라에서 지옥 27, 28단계에 이르기까지는 정말로 구제하기 어려운 구제 받기 어려운 존재들만이 이 세계에 들어간다. 그들 중 대부분이 살생의 죄, 살생을 즐겨함으로 떨어져서 그 속에서 서로 죽이고 죽이며 살생을 즐기며 이루고 있는 유체를 먹고 먹으며 몸의 살과 뼈를 갉아먹고 삶아 먹고 그러면서 온갖 못된 자행이란 자행은 다하고 있다. 그 속에 한 번 빠져들면 구제되기 어려울 뿐만 아니라 한 번 들어가며 구제해도 그 속에서 즐겨했던 살생과 유체를 먹는 행위 및 맛과 살과 뼈를 갉아 먹는 맛에 빠져서 빠져나오기 어렵다. 구하여 올려주어도 쉽게 그 습을 버리지 못하고 또 내려가기를 반복해서 한다.

이들을 구제하여 올릴 수 있는 방법이 탁하나 있는데 그것은 그곳으로부터 마음대로 끌어올릴 수 있는 사람이 아니고서는 구제할 수 없다. 그곳으로 구제하지 않으면 구제하지 않음으로 연결된 인연 자들은 그들에게 식량을 공급해야 하고 또 인연 자들에게 에너지를 받아먹기 위해서 빨대를 데고 있어서 빨대를 데고 있는 곳이 여럿이 할 경우에는 여럿이 빨대를 데고 에너지를 흡입하기 때문에 그곳이 좋지 않게 되고 좋지 않게 되어서는 암이라고 하는 모든 병균이 발생하게 한다.

암이라고 하는 병균은 저 지옥 깊은 108세계로부터 올라온 세균이다. 이 세균을 온전히 잡기 위해서는 108세계가 사라져야 하는데 그것은 그 누구도 할 수 없고 오직 한 분 이 모든 세계를 통치하는 분 외에는 그 누구도 할 수 없다.

그런 고로 암에 걸린 대부분의 아니 96%에 해당하는 암 환자 분들은 인연 있는 그것도 깊은 인연 있는 분들 중에 5인 이상이 지옥 108세계에서 한곳에 빨대를 데고 에너지를 빼가고 있다고 봐도 틀리지 않을 것이다. 물론 4%에 해당하는 암 환자는 자기 자신의 식습관 때문에 식습관으로 몸을 지탱하기 위한 에너지를 흡수하기 위하여 먹고 있는 음식이란 것을 통하여 걸리기도 한다. 음식 중에는 음식이 오래 보관되고 또 오래 상하지 않게 하기 위해서 넣게 되는 첨가물이 있는데, 이것이 암을 일으키는 결정적인 요소이다. 암을 일으키는 요소가 들어 있는 음식을 많이 먹으면 그래서 암을 일으키는 요소가 몸통 속에 쌓이면 아니 몸통 어느 한 부분에 쌓이면 쌓인 곳으로부터 암 세균이 생겨나 생겨난 암 세균이 활동을 시작함으로 암 세균은 활개를 치기 시작한다. 이 암 세균을 일으키는 것을 없애기 위해서는 함암이라고 하는 자연적인 식품이 가장 놓은데 그 자연적인 식품이 많지 않아서 한 번 암에 걸리면 수술하여 잘라내기 전까지는 쉽게 치유가 되지 않는다.

암 환자 중에는 암이 아니면서도 암 환자와 똑같은 증상 내지는 현대의학으로 살펴봤을 때 똑같이 나타나기도 하는데 이는 귀신이나 잡귀가 살아 있을 때 암을 앓은 환자였기 때문에 잡귀나 귀신이 몸통 속에 있는 경우 살았을 때 앓은 암을 똑같이 앓게 됨으로 암 환자라고 하지만 이들을 엄밀히 구별해야 한다. 이는 지구에서 현대의학이라고 하는 각종 장비로 알아볼 수 없으나 영안이 열리고 영청이 열렸을 경우 이 세계의 정보를 읽을 권한을 가졌거나 또는 그 만한 능력이 있는 분이 있을 경우 그 분이 그러한 정보를 이 세계로부터 읽고 조치를 하면 암은 사라질 수도 있다.

초(超:1689번째) 인류 세계 = 수(受) 세계에서 의식하고 인식한 한계를 8극 10해 469번지나 또다시 새로운 세계가 시작된 첫 번째 세계는 이처럼 아름다운 세계가 있을까? 너무 아름다고 화려하고 미묘하고 환상적이네요. 한 번 보세요. 영안으로...100에 6보셨

네요. 너무 미약하지? 예 영안 공부를 한참 더 하셔야겠습니다. ^^

첫 번째 세계의 이름은 공처가(功處伽:공이 무지무지하게 많은 사람들만이 올라올 수 있는 세계) 이 세계에 올라오기 위해서는 한량없는 아니 가늠할 수 없는 공(功)이 있어야 한다. 초(超:1689번째) 인류 세계에서 이 세계로 올라오는 분들의 거의 없습니다. 극소수입니다.

칠통 선사님은 저 지옥 108세계에서부터 인연 자들을 끌고 올라오시고 또 가족에 또 가까운 분 및 여러 인연 자들을 위 세계 바로 아래 초(超:1689번째) 인류 세계까지 모시고 올라오셔서 그 공덕이 한량없기를 이루 헤아릴 수 없어서 지금 쉽게 올라가실 수 있는 겁니다.

누구도 갈 수 없는 길을 지금 밝히시고 있는 겁니다. 고맙습니다. 친구야 고마워, 누구 파미 오빠(웃는 모습이 보인다.)

지금 이 세계에 따라 올라오신 분들이 많아 보입니다. 수없이 많아 보이는데 수억 수천억으로 들리는데...맞아 그 만큼 네가 대단한 가야. 지금까지 이렇게 한 분은 단 한분도 없었어. 축하해 ....^^

믿거나 말거나 ^^ 2015. 08. 30. 16:44

더 이상 밝히지 말라 달라는 간곡한 부탁에 더 이상 밝히지 않고 위 세계로 올라가기로 생각하니 위로 올라가기 위해서는 이생에서의 기억을 지워야 한다는 메시지를 듣고 기억을 지우기 시작했다. 기억이 있으면 가까운 기억부터 가깝게 끈적이게 붙어 있어서 안에서 드러날 때 가까운 기억부터 드러나기 때문에 지금 생에서의 모든 기억을 지워야 하는 듯싶다.
몇 살까지 기억을 지워야 할까?
한 살, 두 살은 없고 3살부터~~~48살까지 지우면 될 것 같은 생각이 들었다.
그래서 8월 30일 3살부터~~31살까지의 기억을 지고 어제 8월

31일 32살에서부터~~~ 49살까지 있는 기억을 지웠다.

다 지운다고 지금까지 기억에 있는지 살피면 지웠는데 모두 다 지웠다고 생각했는데 엄마 뱃속에 있을 때 엄마로부터 받았던 사랑이 남아 있는 것 같아서 지우려고 하니 엄마 뱃속에서 받은 사랑은 지금은 어렵고 더 위 세계에 올라가야 가능할 것 같아서 엄마 뱃속에서 있을 때 엄마로부터 받은 사랑은 지우지 못했다.

기억을 지우기 위해서는 위 세계의 에너지를 의식해서 살아 있는 기억을 지운다. 위 세계라고 아무 세계나 되는 것이 아니라 30일 날 밝은 **초(1689)인류 세계 다음의 1번째 세계 끝 마지막 하나 이 세계가 기억을 지을 수 있는 에너지가 가득한 세계**다. 이 세계의 에너지를 가져다가 지워야 한다.

어제 퇴근길에 29일에 밝혀 드러낸 세계 최초 나라고 하는 나를 인식하기 시작한 세계, 우리의 나에서 개별적 나로 분열되도록 하는 지옥 108번째 세계에서 올라와 만들어놓은 건물을 투명 비닐 같은 것으로 건물을 그 곳에 넣어서 지옥 108번째 세계로 보내기 위해서 이 세계로부터 끄집어냈다.

끄집어냄과 동시에 개별적으로 분열되게 했던 에너지는 사라졌다. 그래서 살펴보니 개별적 나로 분리되었던 나 세계에서는 만세와 환호, 해방을 맞이한 듯한 분위기가 보였다. 그러면서 들렸다. 근영무상시 칠통 조규일 선사님 오늘은 선사님의 날이 될 것입니다. 그렇게 정하기로 이미 통과했습니다. 이제 알려드리는 바입니다. 이와 같이 들렸었다.

그리고 나서 108번째 지옥을 보니 108번째 지옥이 사라지고 없다. 어떻게 된 것인가? 사라진 것인가? 사라진 것은 아닌 것 같다. 어디에 있는지 내일 찾아보자는 생각을 하고 접었다.

우리의 나에서 개별적 나로 분별되던 분열은 더 이상 분열되지 않고 분열이 멈추고 있다.

이 세계에 해줘야 할 것이 있는가? 예 있습니다.

뭔가요? 분열되었던 우리의 나를 다시 우리의 나가 되도록 하는 것, 그것은 선사님이 의식해서 그렇게 되도록 하는 것을 분열되도록 했던 건물 있던 곳에 세워놓으시면 됩니다.

이렇게 하면 되는가? 예, 아주 잘 만들어졌네요.

분열되었던 우리의 나가 다시 우리의 나로 환원되고 있습니다.

우리의 나에서 개별적 나로 분열되도록 지옥 108번째 세계에서 올라와 만들어놓은 건물을 투명 비닐 같은 것에 담아 빼냄과 동시에 지옥 108번째 세계가 어디로 갔는지 찾아보기로 하고 찾아본다. 어디 있는가?

이것은 한 덩이가 되어 아수라에 있는 듯 보인다.

아수라에서 자기들끼리 치고받고 있는 듯싶다.

아수라에서 좋게 결론이 나는가? 나쁘게 나는가? 나쁘니 나쁜 쪽으로 나겠지만 지금 찾으셨으니 그곳에 좋은 에너지를 가득 넣어주시면 모두 다 개과천선됩니다.

들음과 동시에 좋은 에너지를 넣으니 되었습니다. 아주 좋습니다.

좋은 생각들을 하며 위 세계로 올라옵니다. 하나가 되어 올라옵니다. 어디까지 올라올지 두고 봐야겠습니다.

그들은 우리의 나가 되어 위 세계로 올라올 것 같습니다,

선사님께서 넣어주신 좋은 에너지가 그들을 우리로 만들고 있는 것처럼 보입니다.

자기네들도 너무 좋아하는 것 같습니다. 서로를 위하며 왜 그랬는지 모르겠다며 반성하고 회개하며 참회하며 우리 하나가 되자고 하면서 우리는 하나가 되고 있네요.

지금은 모르는데 나중에 선사님이 해주신 것을 알겠네요.

위 세계로 올라오면…….

출근하며 내자와 아들, 딸, 가까운 이를 여느 때와 같이 관하여 보았다.

의식이 간다. 의식이 가서 가지고 있는 안 좋은 것들이 의식되며 그것을 녹이며 빼내고 있는 본인을 볼 수 있었다. 마치 스캔되는 느낌이었다.

나쁜 것들이 탁하고 검게 보이며 스캔되고 스캔되어서는 본인의 마음자리에서 검고 탁한 것들이 위 세계의 에너지를 받으며 녹아지면서 스캔된 상대방으로부터 빠져나오는 것처럼 보였다.

이와 같이 스캔되고 또 상대방에 있는 업으로 있는 것이 세계와

연결되고 연결되어 보여서는 이것을 녹이고 해결할 수 있는 위 세계의 에너지가 스캔 쪽과 스캔을 해준 양쪽에 흘러들어가며 녹는 것처럼 보였다.

이와 같이 위 세계의 에너지를 쓸 수 있는 것은 위 세계를 올라가서만 되는 것이 아니라 위 세계에 올라가고 위 세계의 에너지를 마음대로 쓸 수 있는 권한 내지는 힘이 있어야 가능한 듯싶다.

스캔이 되고부터는 필요한 것이 있다고 생각하면 생각함과 동시에 책 같은 것이 몸통 전면으로 펼쳐지면 마음이란 부분 심안구에서 스캔하며 마음자리에 두는 것 같은 느낌이 든다. 필요하다 생각하면 필요한 부분의 책이 펼쳐지며 마음에서 스캔되어 스캔한 부분이 마음자리에 있어서 마음으로 읽고 생각을 일으켜서 밖으로 드러낸 듯싶다.

초(1689) 인류 세계에 있는 모든 정보를 모두 다 볼 수 있는 권한이 있는 관계로 의식만하면 스캔되어 읽고 이를 생각으로 알아내서 말로 표현하며 드러내고 또 상대방을 스캔과 동시에 좋아지게 하는 것 아닌가 싶기도 하다. 2015. 09. 01 09:41

지혜 진리 탐구의 칩

초(1689) 인류 세계의 최고 통치자가 아래 세계에 내려가서 아래 세계에서의 지혜, 지식, 진리를 탐구하고, 또 지혜, 지식, 진리를 그러내며 그 변화 과정을 담아오라고, 수집 관리 탐구 영안 영청 심안을 통 털어서 가지고 있는 영청 영안 심안 외에 새로운 눈을 시험하기 위해서 영청 영안 심안 외에 새로운 것을 개발하여 칩을 만들고 새로운 칩을 만들어 2명의 전사에게 칩을 넣어서 아래 세계로 내려 보냈다.

한 전사는 명치를 중심으로 오른쪽 명치 아래 갈비뼈가 시작되는 부분에 칩을 심었고 한 전사는 명치를 중심으로 왼쪽 명치 아래 갈비뼈가 지사되는 부분에 칩을 넣었다.

한 분은 최초 인간계의 제사장의 부인일 때 이것을 사용하며 최초 인간계에서 지혜와 진리를 그곳에 사는 분들로 모집하였으며, 또한 전사는 지구에 내려와 문수보살로 정보를 수집하였다.

이러한 사실을 알고 있는 본인이게 초(1689) 인류 세계 1번째 부인, 그쪽에서는 최고 통치자인 1번째 부인이 이 칩들과 비슷한 것을 본인의 몸에 4개 심어 넣었다. 4개는 갈비뼈 아래쪽갈비뼈 아래서 위로 올라가는 끝 안쪽 양쪽에 하나씩 넣었고 2개는 명치 6cm 아래 밖에서 안으로 3-4cm 속에 넣었다.

이것이 몸에 들어와 박히며 작동을 시작하기 전에 뇌에 연결돼서는 엄청난 빛을 발산하며 연결되어 머리가 쪼개는 듯 아프고 뇌에서 작동하기 시작하며 첫 번째 전사와 2번째 전사에 넣었던 것과 같은 자리로 올라와 자리를 잡는다.

그리고 명치 아래쪽에 넣은 것은 머리 양옆 태양혈에서 불꽃이 일어나고 빛이 발광하면서 자리를 잡고 명치 바로 위에 올라와 자리를 잡았다.

'부인!'

"예"

'4개의 칩은 어떤 칩입니까?'

"두 전사에게 넣었던 칩과 같은 칩입니다."

'왜 넣었는지요?'

"하나씩 칩을 넣었던 두 전사는 지금도 그곳에 있고 같이 있으나 그것을 모르고 숨기고 있는데, 그것은 당신이 이미 알고 작업해서 되살아나게 했으나 되살아난 것을 살펴보니 정보가 너무 없어서 두 전사에게서는 얻을 정보가 없고 오히려 당신으로부터 얻을 정보가 더 많은 것 같고 스캔이 되어서 맨 처음에는 두 전사에게 실험했던 것과 양옆으로 2개를 넣으려고 했다고 2개를 넣고 스캔하니 어마어마한 정보들이 넣음과 동시에 쏟아져 들어가서 놀라며 2개를 더 명치에 넣어 태양혈자리를 통해 들어오도록 하기 위해 넣었습니다. 명치 부분에 넣은 것도 엄청나게 정보를 수집하고 있습니다. 진리, 지식 지혜의 창고고 보고가 당신인 것 같아서 넣었습니다. 허락 없이 넣어서 미안합니다. 용서하세요. 당신도 알면서 받았잖아요? 위 세계를 위해서라면 더 많은 존재들을 이롭게 하기 위해서는 필요하니 넣었겠지? 하시면서 받아드려서 너무 고마웠습니다."

'언제 넣었나요?'

"탄트라 할 때"

'지금 보면 어떤 가요?'

"어마어마한 정보가 칩에 담기고 있어요. 조금 있으면 넘쳐서 꺼내고 새로운 칩으로 바꿔야 할 판입니다."

'그래요.'

"당신에게 들어 있는 가지고 있는 진리 지식 지혜도 많지만 당신이 올라오도록 한 9조원이 넘는 존재들이 가지고 있는 지혜 지식 진리들이 담기니 엄청납니다. 벌써 하나가 다 찼네요. 다른 것으로 해야겠네요."

'그런가요?'

"예"

'이것의 이름은 무엇인가요?'

"말 그대로 지혜 진리 탐구 칩입니다. 이것 칩이 있으면 지혜와 진리, 지식이 엄청 풍부하게 되고 또 초(1689) 인류 세계에 있는 모든 정보를 읽어낼 수 있어서 어마어마한 진리와 지혜를 쏟아낼 수도 있습니다. 쏟아내고 받아드리며 새로운 진리와 지혜를 산출해내도록 하는 칩이라 생각하셔도 됩니다."

"석가모니부처님 옆에 계신 문수보살이 지혜의 제일이라고 하는 것은 그 분의 몸속에 이 침이 있어서 그와 같이 지혜를 쏟아낼 수 있었던 것입니다. 문자가 지혜를 쏟아내며 만인들로 칭송을 받자 이를 자랑했던 그 당시 어머님을 자랑하다가 그만 많은 분들과 시비 끝에 아수라에 떨어져 많은 사람들의 시비 속에 있다가 오늘 새벽 선사님의 도움으로 거기에서 시시비비했던 모든 분들이 구제되어 이 위 세계로 올라오셨고 지금은 전부 다 하나가 되어 선사님 하나하나의 세포가 되어 아니 빛의 세포가 되어 빛으로 있습니다." "고맙습니다. 구해주셔서..." 2015. 09. 02 11:27

뇌 속에 부처손

어제는 전생에 아인슈타인과 대화할 수 있었고 전생의 아이슈타인의 뇌에 대해서 들을 수 있고 아인슈타인의 뇌에 잠겨 있는 15개가량의 열쇠를 게임하듯 풀어서 아인슈타인의 뇌를 되살아나게 하였다.

우연하게 전생의 아인슈타인을 알게 되었다. 알았음에 접할 수 없었으나 어제는 만날 수 있었다. 그리고 게임을 하면 열쇠로 봉인해 놓은 아인슈타인의 뇌를 개방하여 활동하게 해 놓았다.

'아인슈타인!'

"예"

'인간들이 도움될 부분만을 이야기하며 밝히면 좋지 않을까 싶은데요?'

"최대한 그렇게 이야기하겠습니다."

"사실 전 초(1689) 인류 세계에서 선사님의 제자입니다. 2번째 제자이었습니다. 1번째 제자는 지금도 그곳 있습니다만, 선사님의 2번째 공부된 제자로 선사님께서 지구로 내려와 많은 정보를 수집하여 올라갈 계획을 했을 때 선사님을 보필하기 위하여 따라 내려온 제자로 선사님과 다르게 저도 제 사명과 목적을 가지고 내려왔습니다. 하나는 상대성이론을 지구에 알려주고 싶은 것과 또 하나는 선사님이 밝혀 드러낸 것을 게임으로 만들어 지구에 퍼트릴 목적을 가지고 내려왔습니다. 내려온 처음에는 형제로 가까운 이웃으로 있다가 제가 아인슈타인으로 태어났을 때 선사님은 스님이었고 전 과학자였는데, 과학자이었지만 초(1689) 인류 세계에서의 수행력이 남아 수행하기를 좋아하고 즐겨하면 스님인 선사님을 찾아가 수행을 하였습니다. 수행 중에 선사님의 도움으로 초(1689) 인류 세계에 올라갔었고 올라가서 그 세계에 있는 상대방이론을 가져올 수 있었습니다. 어떻게 보면 제가 가져온 것이 선사님이 가져다 저에게 준 것이지만 주신을 조금 더 열구하고 살펴서 상대성이론을 세상에 내놓았던 것입니다. 그리고 죽기 얼마 전에 누구로부터 내 뇌를 연구하게 사후 기증해 달라는 말을 듣고 기겁을 하여 자식을 불러서 화장하라고 하였으나 그것도 미심쩍어서 선사님한데 그 당시 스님인 선사님께 결계하는 것을 배워서 15가지의 열쇠와 자물쇠 숫자놀이를 만들어 손사님이 그 모든 것들 풀어줄 때를 기다렸는데 어제 모두 풀어주셔서 고맙습니다. 다 풀어주시고 머리 위로 올라왔던 부처손 그것 선사님이 연구해 만들어서 저에게 넣어주신 겁니다. 정말 대담한 것입니다. 아마도 지금도 마음 내시면 만들어 넣어주실 수 있을 겁니다.”

‘그래요’

‘그것 넣어줄 만한 분이 있나요?’

“지금은 없습니다만 곧 올지도 모르겠네요.”

‘누군데,’

“언제 내려왔지요?”

‘누군데,’

“첫 번째 제자입니다.”

‘내려왔어?’

“내려와 있는데 곧 찾아오겠네요. 선사님은 알아보는데 그가 못 알아보는데 그 분에게 부처손해주면 그것 제대로 쓰겠네요. 선사님 밑에서 공부하며...”

“선사님!”

‘왜 죄송했어요.’ “몰라보고...”

‘괜찮아’

“앞으로 잘할게 요.”

“아 이것 이야기해 줘야하는데...”

“내 뇌를 화장 전에 빼내서 연구하다 특별한 것을 못 찾고 다른 과학자들에게 나눠주어서 연구했어도 특별한 것을 찾지 못한 이유가 결계 때문이라는 사실과 뇌를 박물관에 보관해 놓은 것으로 찾을 없는 것이 결계 때문이라는 사실, 지금 결계를 풀어서 지금 연구하면 찾을지도 모르겠네요. 그 뇌에 걸어놓은 15가지의 결계가 선사님으로부터 풀렸으니 이제는 그것으로 연구하면 찾아낼 수도 부처손이라고 하지는 않겠지만 다른 것으로 연구가 활발해 질도 모르겠네요."
"아마 3~4개월이면 드러난 부처손이 작용하기 시작하면 알 겁니다. 그때까지만 기다려 주세요."
'방법이 없으니 그래야겠지요.'
"고맙습니다. 선사님을 다시 만나 알아 볼 수 있어서 너무 좋았습니다."

부처님 손모양이라 부처손이라 했는데 거기서는 부처손 맞아요.
2015. 09. 02   12:02

내 안에 수많은 나는

누구나 할 것 없이 내 안에 너무 많은 내가 있을 것이다. 내 안에 있는 수많은 나는 지금에서 보면 내 안에 저마다의 나는 전생에 나다. 전생의 내가 지금의 내 안의 내가 되어 있는 것이다. 그리고 전생에 내가 어떻게 했느냐에 따라서 업과 의식을 갖기고 하고 전생에 내가 어디에 살았느냐에 따라서 살았던 세계에서의 언어를 잊어버리기 위해서 결계를 치거나 밖으로 드러나지 못하고 결계를 해놓고 오늘의 지금의 나로 산다.
지금의 나는 수많은 전생의 나가 각기 저마다 내가 모이고 모여서 지금 나라고 하는 우리의 내가 되었다가 전생에 나, 그 전생의 나...수많은 전생마다의 내가 하나, 둘,....수많은 윤회한 만큼의 내가 모이고 모여서 각기 저마다의 내가 지금의 내가 되어 있기에 전생의 각지 저마다의 나는 각기 저마다 생마다의 나이고 생마다의 나는 지금 내안에서 나와 하나가 되고 한 몸이 되어 전체의 내가 되어 있어서 한 생, 한 생 드러내면 각기 다른 나이지만 하나로 보면 지금 현재 저마다 나라고 하는 나다.
이와 같이 지금의 나는 그냥 보면 한 몸으로 많은 전생 각기 생에서 너 나 없는 지금의 나이지만 지금의 내 안에 들어가서 보면 지금의 내가 있고 전생이 있고 그 전생의 내가 있다. 수많은 윤회를 하며 살았던 각기 저마다의 내가 있다.

이런 관계로 나는 나이면 내가 아니고 내가 아니면서 나이다.

이러한 내 안에 수많은 나는 살았었을 때의 습으로 인한 업이 있어서 한 몸으로 하나가 반응할 대 대응하며 드러나되 이것을 나라고 하고 나라고 생각하지만 그것은 지금의 내가 아니라 그 전생에 기억에는 없지만 전생 어느 때인가 살았던 습의 업으로 대응하며 드러날 뿐 지금의 내가 아니다. 그럼에도 모든 사람이 한 몸 속에, 내 안에 너무 많은 나를 전생의 누구였을 때, 윤회했을 몸을 받아서 살았던 현성했던 나의 또 다른 나를 내가 아니라고 생각하지 않고 전부다 나라고 생각하는 것은 모두 가 한 몸 안에 있음으로 나라고 지칭하는 한 몸 속에 있기 때문이다.

한 몸 속에 하나 있는 가운데 수많은 많은 나는 전생의 나로 각기 저마다 살았었을 때로 나로 어떻게 보면 지금의 내가 아니지만 나라고 하는 것과 같이 나는 구별하여 인식하느냐에 따라 하나일 수도 있고 여러 일수도 있다.

여기서 분명한 것은 여러 사람이 있을 때 각기 저마다 다른 것과 같이 자기 자신 안에 있는 수많은 나도 각기 저마다 다르다는 것이고 각기 저마다 다른 나는 여러 사람이 있을 때 각기 저마다 마음의 문을 열고 닫혀 있는 것과 내 안의 나도 이와 다르지 않게 닫혀 있거나 열려 있고, 대부분의 많은 존재들 각기 서로 다르게 자기 자신 안에서 다른 모습이 되기가 싫어서 묶어놓고 결계를 해놓고 있으면서 그 당시 살았을 때의 업만을 드러내지만 그 자체로는 지금의 내가 아닌 내 안의 나로 한 몸을 하고 있는 존재의 나이다.

내 안의 수많은 나를 하나하나 깨우면 그 당시 살았던 능수하게 잘했던 그 당시를 끄집어내고 결계를 친 부분을 없애거나 풀면 결계로 묶였던 전생이 풀려서 그 당시에 능숙했던 것들이 살아나서 좋아지게 된다. 결재는 보통 열쇠, 숫자, 알파벳, 로마자 및 ……이루 헤아릴 수 없는 사물을 통해서 문을 알게 하고 열쇠 내지는 숫자로 풀어야 할 수(數)를 보지 못하거나 소리를 듣지 못하면 풀 수도 없고 제거할 수도 없다.

비밀의 문을 열 듯 신비의 문을 열 듯 몇 개씩 되는 그 문을 열면 그래서 선생의 결계가 풀리면 전생이 살아나서 전생에 있는 것들이 현실로 드러나게 된다.

내 안의 수많은 전생, 전생, 윤회한 전생의 모든 나다.

밖에서 보면 일체의 하나로의 나이지만 안에서 보면 각기 다른 내가 있는 것이다,

이는 여럿이 방에 있을 때 안에 들어가면 여럿이 있지만 밖에서 보면 그냥 한방인 것과 같이

밖에서 보면 한몸 하나로의 나이고 자기 자신 안에 들어가면 수많은 내가 있는 것은 나라고 하는 내 안에는 여럿 사람이 있는 것이다.

단지 다른 것은 하나의 방과 한몸에 비유해서 이야기했을 뿐같다.

이와 같이 우리는 모두 다 일체의 나다 다만 각기 다르게 보니 각기 다를 뿐이지 전체에서 보면 일체의 나이고 나 아닌 것이 없이 모두 다 나이고 이 나는 내 안의 나이고 내 안의 나는 각기 다른 저마다의 나이다.

이는 윤회하면서 한생, 한생.... 각기 저마다의 나를 각기 저마다의 나라고 했을 때 윤회한 모든 전생이 한 몸 안에 있어서 이를 통털어서 나라고 하는 것과 다르지 않다.

내 안에 수많은 내가 한 생 한생 업의 차이 각기 저마다 수많은 내가 있는 것이고 우리들이라고 했을 때 우리들은 각기 저마다의 업을 다를 뿐 우리 모두는 전체에서 보았을 때 하나다.

2015. 09. 02 12:33

몸이 너무 피곤한데

뭔가 들어옵니다. 나쁜 것입니까? 좋은 겁니다.

여보! 저거 저 위 맨 위에서 온 건데요.

당신 앞으로 뭐라고 고맙다고

뭐가 고맙다고 자기 자신들 도와줘서 고맙고 구해줘서 고맙다고

조금 전에 00님과 관련된 분들 모두 다 올라와서 당신과 하나 되어 빛이 있는 것 받았다고 그 중에 자기 아들이 3이나 있는데

지금껏 헤매 걱정했는데 이제야 올라왔다고

올라오게 해준 선사님께 드리는 거라고 선물이 왔습니다.

어떤 선물인데요?

이것으로 말할 것 같으면 너무 어마어마해서

초1689인류 세계 통치자였던 저도 한 번도 보지 못한 겁니다.

엄청난 에너지를 가진 건데 우리에게 주어졌어요.

어떻게 쓰는지 알아요?

읽어 봐야죠. 사용설명서를 ...

이런 것도 있나 싶네요. 뭔데?

이거 하나면 9조원 아니 이제는 10조원이 먹고도 남을 식량을 생산하는 기계 같은 겁니다.

당신이 인원이 많아서 앞으로 배고픈 이들이 있을까? 걱정하며 공부 열심히 했으면 좋겠다는 생각을 들고 저 많은 존재들을 잘 먹이며 우리 세계로 올라했었는데…….

좋은 일하는 이번 일을 보고 거기에 또 자기 자식이 3이 있는 것을 보고 주기로 마음먹고 준 것이랍니다. 감사한 일입니다. 감사 메시지 보내세요.

그렇다면 당연히 그래야 우리 모두 잘 살게 해주셔서 고맙습니다. 보내 주신으로 양식을 삼아 게으르지 않고 수행 정진해서 위 세계로 가는 매진하겠으며 더 많이 함께 할 수 갈 수 있는 인연되는 분이 있다면 한 분이라도 더 보듬어 하나 되어 가도록 하겠습니다. 고맙습니다. ( )

감사합니다,

고맙습니다. 2015. 09. 02   17:38

3명의 신선으로 시작된 신선이야기

3명으로 신선으로 시작된 신선이야기 - 지구에 신선 창시자 -
신선은 허구고 바른 공부가 아니다 신선비법을 써서 죄를 받았다.
본인의 죄를 용서하고 다시는 신선비법으로 공부하는 분들이 없었
으면 좋겠고 천만다행으로 소실된 것이 다행이다. 어! 그런데 저
멀리 신선비법이 보이는 것은 무엇인가? 아직 사라지지 않았는데
다만 드러나지 않았을 뿐 땅 속 깊이 있네. 저를 어째 저를 어째
저것을 없애야 지금의 죄로 끝나는데, 저를 어째, 선사님 어떡하면
좋아요. 내가 해 줄 수 있겠는지요? 예 해 주실 수 있습니다. 저의
기억을 지워주고 저기에 있는 저것을 지워 주십시오. 그러면 되는
가? 예. 되었는가? 예. 고맙습니다. 후유!
어떤 제목으로 쓰면 좋을까요라고 묻지 않았다면 몰랐을 뻔했습니다.
이제 모든 신선은 위로 올라왔으니 신선과 인연된 분들까지 올라
와서 끝난지 알았었는데…….고맙습니다.
제목은 신선쫑! 지구에서의 신선비법 창시자님의 말씀대로 하세
요. 권한 없습니다. 저는 예.
육체를 빛으로 화하는 수행을 하여 인간으로 수행하여 육체를 빛
으로 화시킨 분이 총 10분이 있었는데 그 10분 중에 3분은 돌아
가셨고, 7명은 중국에 깊고 깊은 산속 높고 높은 곳에서 자연과
함께 살다가 칠통선사님의 부르심을 받고 찾아와 육체를 빛으로
화하는 수행이 잘못되었음을 비로소 알고 육체로 살아 있음에 육
체를 이루고 있는 모든 세포들을 빛으로 화시켜서는 투명인간처럼
살게 되는데, 3명은 수행이 부족하여 칠통선사님께 들통 났고 4명
은 들통 나 지 않아서 잘 지내고 있었는데, 지금으로부터 4-5주
되는 것으로 기억하는데, 저희 셋을 불러서 말씀하셨습니다. 인간
으로 몸으로 투명이 되었다니 대단하다. 그러나 그렇게 살아봐야
인간이다. 인간의 몸으로 몇 천 년 살아가봐 인간이다. 인간은 아
래 세계고 내가 위 세계로 올려줄 테니 올라갈 수 있겠느냐? 말씀

하실 때 대답하지 못하고 숨어서 칠통 선사님이 하시는 행동과 많은 존재들과 인연이 있는 분들, 인연 없는 분들에 이르기까지 올려줄 수 있는 분들을 올려주고 보는 것을 보고 우리도 갈 수 있을까? 싶어서 올려주는 그 틈에 몰래 들어가서 위 세계로 올라오게 되었습니다. 처음엔 우리도 인간의 몸인데 올라갈 수 있을까? 생각했었는데 막상 올라오고 보니 너무 좋고 좋아서 인간으로 육체의 세포를 빛으로 화해서 있었던 수천 년의 세월이 허무하게 느껴졌습니다. 그래서 칠통 선사님께서 찾지 못한 4분의 사형들에게 염파를 보내서 우리 여기에 있고 위 세계에 올라와 있으니 저희를 보고 싶거든 위 세계로 오세요. 위 세계로 올라오는 방법은 많은 방법이 있을 수 있겠으나 그 중에 최고 좋은 방법 가장 빨리 올라올 수 있는 방법은 한국에 칠통 선사님이란 분이 있는 그 분이 아주 조그마한 찾기도 쉽지 않은 점 같지만 그 빛이 천상, 아닌 천상을 넘어 상상할 수도 없는 높은 세계에 이르기까지 뻗어 올라가 있으니 한국에 오셔서 그 빛을 찾고 찾아서 그 선원에 몰래 들어가서 선사님이 위 세계의 에너지를 쏴주며 위 세계로 올려줄 때 그 에너지 받고 올려줄 때 올려주는 에너지를 받고 올라오시면 됩니다. 빛을 찾아 선원에 가시면 그 선원을 지키시는 분이 100여명 정도 되는데 능력이 출중하고 힘도 천하장사 이상이며 지혜는 어느 누구도 따를 수 없을 정도로 출중하신 분들이 지키고 계십니다. 그 분들께 사죄하며 부탁하십시오. 뭘 사죄하느냐 하시면 우리가 무지해서 인간의 몸을 빛으로 화해서 신선으로 살면 천만년 살지 알고 수행해서 신선이 되었으나 신선이 되고 보니 이것은 할 짓이 아니란 생각이 오래 전부터 들었고, 또 어떻게 하든 이 몸으로부터 벗어나고 싶었는데 수천 년을 구해줄 분을 찾아 지구를 수없이 둘러보았지만 찾지 못해서 수천 아닌 제 나이가 15.640살이니 10.000살쯤에 신선이 되어 5.640살을 신선으로 살았으나 산신선의 삶은 거의 매일 한탄과 후회의 삶이었습니다. 한탄과 후회를 하며 저를 구해줄 분이 지구에 있을까? 천상에 있을까? 찾으며 이 세계 저 세계 선사님께서 말씀하신 56단계 안으로 찾아 다녀보았지만 결국 찾지 못하고 포기한지 오래 얼마 전에 사제들로부터 위 세계에 있는 연락을 받고 이렇게 찾아왔습니다. 제발 저희를 어여삐 여기시어 들어가게 허락하여 주십시오. 조용히 있다가 선생님이 다른 분들 쏴줄 때 모르게 올라가겠습니다. 제발 도와주십시오.

그때 선사님과 친하다며 최초인간계에서 친구 도반이었다며 그럼 이로 와서 이렇게 몰래 들어가 있다가 위로 쏴줄 때 올라가라고 해서 올라왔습니다. 지금에 말씀드리지만 몰래 들어와서 죄송하고 또 저를 이 위 세계까지 올려주셔서 감사합니다. 위로 올려주셨음에도 또 수행이 많이 되었다고 사모님께서 오른쪽 어깨 위에 올려주셔서 선사님과 사모님께 감사드립니다.

이렇게 알게 사제들 3분, 3분 중에 나이가 가장 많은 분은 12.666살, 그 다음 나이를 먹은 사제가 7.644살, 3번째 사형이 16.649살 이었습니다 이분들은 저희들 보다 수행이 미진하여 신선이 되기 위한 수행을 하고 있었고 누구 보다 신선이 먼저 된 저는 이들에게 신선되는 것을 포기하고 좋은 곳으로 갈 수 있는 길을 찾아라. 내가 너희들을 가르쳤고 신선이 되자고 해서 신선 공부 즉 육체의 세포들을 빛으로 화해서 신선되는 수행을 하게 하였으나 신선이 되고 보니 너무 힘들고 괴롭다 이것은 아직 것 같으니 그만 신선 수행하고 다른 수행을 하여 좋은 곳으로 갈 수 있는 수행하라고 몇 번이고 이야기해서 미적미적 수행이 더디어 아직도 신선이 되지 않은 채 중국의 곤륜성 근처 깊고 깊은 높고 높은 산 꼭대기 그 누구의 손길도 닿지 않는 곳에 조그마한 암자를 만들어 놓고 그곳에서 자연과 하나가 되어 수행하고 있었는데 선사님께 김경실 보살님이 지구상에 천살이 넘는 분이 있습니까? 그때 선사님께서 지구를 스캔해 보시고는 있는데, 3분 있는 것 같은데, 그 분들은 천도 넘는 것 같은데? 그렇게 말씀하시고는 얼마 지나지 않아 그 3분을 불러서 위세계로 가고 싶으면 보내 주겠다고 하시고 인간의 몸이라 올라갈지 모르겠다면 보내주셨습니다. 사실 인간의 몸으로 인간을 이루고 있는 세포를 빛으로 화해서 투명인간처럼 되어 있고 또 영적존재와 비슷하게 되어 있어서 처음에는 엄청 애를 먹으며 저들을 위로 올려 보내려 애썼고 애쓰는 과정에서 빛으로 화한 세포까지도 구해주셔서 저들이 그 복으로 위 세계로 오를 수 있었습니다. 빛으로 화한 세포들을 구제해 주지 않으셨다면 올라오지 못했을 것입니다, 그만큼 힘들게 올려주셨고 힘들게 올라왔습니다.

신선이 되지 못한 분들은 이와 같이 올려주셨고, 신선이 4분은 신선이 되지 못한 분들의 이야기를 듣고 선원에 들어와서 올라왔습니다. 그리고 어제 선사님께서 불연 듯 물었습니다. 총 몇이냐고 그때 제가 말했습니다. 저희 총 10명이 수행했고 그 중에 3분이 수행 중에 죽었고 선사님이 7분을 위 세계로 올려주셔서 지금 함께 하나 있다고 말했습니다. 그랬더니 선사님께서 그럼 그분들도 위로 올려주시면 어때? 물었을 때 너무도 감격해서 눈물을 흘렸습니다. 보고도 싶고 또 말해주고 싶은데 저는 그런 능력, 그런 힘도 없으니 마음은 간절한데 어떻게 하지 못해 올라온 저희 7명은 모두 다 근심이 있었습니다. 올라와서 좋고 이곳이 너무 좋고 행하고 즐거운데 하나가 되었는데, 함께 수행하신 스승님과 사형 사제 3분이 그리웠습니다. 우리는 각자 수행하여 각자가 신선이 되는 것이었는데 선사님의 수행을 하고 아니 위 세계로 올라오면서 살펴보니 그것은 잘못된 수행이었고 선사님의 수행이 바른 수행이란 사실을 알았습니다. 누나 올라와야 하는 길 이 길을 선사님을 지구에서부터 한 걸음 한 걸음 수행 정진해서 이 세계까지 올라오셔서 빛이 되고 빛이 되어서는 지구에서부터 모시고 수많은 9조원에 넘는 많은 분들의 식양을 공부해 주며 위로 끌고 올라오셔서는 빛으로 화하게 해주시고는 우리는 하나가 되고 우리는 하나가 되어서는 저마다의 빛이 되어서는 이제 선사님의 몸이 되었습니다. 빛의 세포가 하나가 되어 선사님의 몸이 되었고 그래도 저희들은 지구에서 신선공부하며 수행한 수행력이 있다고 해서 오른쪽 어깨에 내어주셨습니다. 감사합니다. 고맙습니다.

이와 같이 된 상태에서 어제 저녁 퇴근할 때 오른쪽 어깨에 7명이 있는 것을 확인하고는 물어서 대답했더니 내일 아침에 어느 세계에 계신지 찾아서 올려주신다고 약속하시고는 출근하자마자 다른 일 모두 다 미루시고 찾아서는 올려주셨습니다. 고맙습니다. 고맙습니다.

자등명인간계에서 사형, 스승님, 묘명묘태등명 세계에서 사제 이와 같이 찾아서 위로 올려 보내주셨습니다. 모든 인연 자들도 함께 올라가라고 하셨지만 너무 오랫동안 신선 공부를 해서 올라와서 인연 있는 분들이 많지 않은 관계로 많은 분은 아니지만 함께 더불어 올라왔습니다.

몇이나 되나요? 10여분, 신선 공부하신 분이 아니고 자등명인간계의 가족과 묘명묘태등의 가족입니다.

하고 싶은 이야기 또 있나요?

어제 퇴근할 때 선사님께서 어떻게 인간의 몸에 세포들을 어떻게 빛으로 화시켰느냐고 물었을 때 당황했습니다. 어떻게 몸의 세포를 빛으로 화시키는 것을 알고 그래서 선사님을 스캔해 보았는데 그 원리에 대해서는 모르지만 그렇게 되어야 된다는 사실은 알고 있는 것 같았습니다.

그래서 나중에 시간 내주시면 신선이 되는 육체에 있는 모든 세포들을 빛으로 화시키는 것을 자세하게 설명해 주겠다며 3-4시간 내어주시면 스승님으로 하여금 이야기해서 지구에 알리고 싶다고 말했습니다.

사실 엄청난 수행인데, 지금은 신선이란 말은 전해지는데 신선이 되는 공부 방법에 대해서는 지구에 남아 있지 않기 때문에 이 참에 선사님을 통해 지구에 신선이 되는 방법, 우리 스승님의 신선이 되는 수행법을 선사님께 말씀드려서 지구상에 알려주고 싶은 남기고 싶은 마음이 있었는데 그것도 부질없는 생각이 들었습니다.

수행해서 신선이 돼도 좋은 게 아니고 괴롭고 힘든데, 수행할 때의 고통과 아픔 이것들이 상당한데 이 수행 지구에 남은 들 선사님의 수행에 비교도 할 수는 없는 것인데, 그런 것을 지구상에 남기는 것이 쓰레기란 생각이 들어서 이와 같이 길게 말하고 있습니다.

선사님 관심 가져주셔서 고맙습니다.

처음에 그랬는데, 이제는 남기는 것이 오히려 많은 수행하시는 분들께 죄 되고 누가 된다는 사실을 조금 전에 알았습니다.

선사님께서 돌아가신 스승님과 사형 사제를 구해주시고 스승님께서 올라오셨을 때 스승님께 물었더니 혼났습니다. 이와 같이 위대하고 위대한 올바른 수행법이 있는데 왜 그 구질구질한 잘못된 쓰레기 같은 수행법을 지구에 남기려 하느냐? 이 스승을 욕되게 하는 것이니 제발 남기려고 해도 남기지 말고 지워달라고 할 판이라며 다시 말씀드리라고 해서 선사님께서 저희들을 찾아 위로 올려 보내주고 또 지구에 살으셨을 때 아니 지금도 살고 계시지 빛으로 화하셔서 깜박하고...ㅎㅎ ...그 동안 살면서 본인이 알게 모르게 어린 시절을 떠올리면서 본인으로 하여금 살생당한 모든 존재들과 또 본인이 살아가기 위해서 먹은 음식으로 인하여 살생 당했던 모든 존재들과 알게 모르게 본인으로 죽게 된 모든 존재들을 저 지옥 밑에서부터 위 세계로 천도하고, 밤새도록 아니 많은 시간 동안 탁기 탁함 신탁기 신탁함 탁기가 달라붙도록 했던 진액, 진탁기, 굳은 탁기, 화석된 탁기 및 이들의 신, 탁기 신, 탁함 신, 신탁기 심, 신탁함 신, 탁기 탁함이 달라붙도록 하고 있는 진액의 신, 객관적 탁기를 달라붙게 하는 신, 주관적 탁기의 신들을 위로 위로 올려 보내려고 하는 과정에서 다 기억하지 못하자. 전에 밝힌 것을 찾아 조금이라도 더 많이 하나도 빠짐없이 위 세계로 보내겠다며 전에 밝힌 것을 찾아 그것을 글로 찾아 빠짐없이 하겠다면 찾아서 글을 쓰려고 하는 하시는데 뛰어 들어서 선사님 대신해서 이와 같이 말을 하고 있습니다. 선사님께서는 이런 저희들의 이야기를 하시는 대로 듣고 받아 쓰고 계십니다.

신선이란 말 들어보신 분들 많을 겁니다. 신선은 실제로 있었고 최근까지 있었습니다. 우리들을 선사님께서 구해주시기 전까지 중국 곤륜성 근처 산속에서 살았습니다.

우리 대에서 끊어지기 전에 신선이 되는 비법도 전해졌었습니다. 신선이 되는 비법은 전생 중에 소실되어 전해지지 않습니다. 항간에 전해지는 것과 같이 신선은 대답한 분들이 아닙니다. 신선은 수행해서 되기는 하지만 항간에 전해지는 것과 대단하지 않으며 또한 신선이 되면 좋을 것 같아서 신선비법을 가지고 공부하고 신선이 되고 보니 신선비법에 쓰여 있는 대로 된 것은 사실이었으나 신선으로 삶은 잘못표기 되고 신선된 이후의 삶은 삶이 아니라 그냥 고독과 외로움의 나날이었고 고통의 나날이었으며 그 신선으로 벗어나고 싶어도 쉽게 벗어날 수 있는 것이 아니어서 너무도 힘들었습니다.

그래서 많은 신선이 되었던 분들은 신선을 버리고 죽으려고 또 공부를 했습니다. 죽어서 천상으로 가려고 했습니다. 신선으로 천상으로 가는 것과 죽어서 가는 것과는 달랐습니다. 신선으로 가는 것은 구경이었고 죽어서 가는 것은 그곳에서 삶이었습니다. 천상에 올라가서 살고 싶었지만 신선이라 그것도 할 수 없어서 그것으로 또 괴롭고 고통스럽고 마음 아팠습니다.

자등명인간계와 본인과 제자, 묘몽묘태등세계의 제자, 우리 셋은 신선이 되었다가 나이가 9.648살에 내가 내 곁에서 나를 지켜주었던 제자 향복아! 예 이 아이의 나이가 8.429살 때, 묘명묘태등명 세계로 올라간 제자가 8.864살 때 신선으로 죽는 것을 터득하고 죽은 사람들입니다. 신선으로 살다가 죽어서 자등명인간계와 묘명묘태등명 세계에 안주하게 된 것입니다.

본인이 자등명인간계에 제자와 함께 안주하게 된 것은 자등명인간계에 수행하기 전에 부인이 이곳에 있어서 이 부인과 함께 살기 위해서 머물렀고 묘명묘태등명 세계에서 안주한 제자는 그곳에 수행하기 전에 부인이 거기에 있어서 그 세계에 머물렀던 것입니다. 더 올라가려고 했으면 더 올라갈 수 있었을지는 모르지만 우리의 공부가 이 만큼 아니었나 생각합니다.

우리들 말고도 신선이 많았습니다. 신선비법이 전해질 때 신선비법을 만들었을 때 신선들이 의외로 많았습니다. 제가 이곳에서 올라와 보니 신선되었던 분들이 총 16.649명이네요.

저희 10명을 포함해서 그렇습니다. 선사님 나머지 16.549분의 신선님들을 위로 올라오도록 해 주시면 안 되겠습니다. 선사님 속으로 아이고 일주네. 어떻게 그 많은 분들을 찾아 그러시는데 선사님은 근방 찾으실 수 있고 찾음과 동시에 위로 올려 보내주실 수 있습니다.

사실 제가 선사님께서 쓰려고 했던 것을 비집고 버릇없이 치고 들어와 말씀드리는 것은 이분들이 불쌍하고 불쌍해서 그런 것입니다. 선사님께서 구해주신다면 그 은혜 잊지 않을 실 분입니다. 부탁드리겠습니다. 고맙습니다. 구해주신다니 이미 선사님이 마음으로 승인해주셔서 감사합니다, 고맙습니다,

선사님 사랑합니다. 고맙습니다.

나이를 묻고 싶었는데....나이가 알아서 뭐하겠어요. 여기서 보면 너무도 짧은 세월인데요.

선사님이 궁금해 하시니. 신선으로 나이가 가장 나이 많았던 신선은 교정신선님으로 99.969살이었습니다. 지구의 나이로...그분이 신선비법을 찾아 만드신 분인가요? 아닙니다. 그것을 찾아 만든 것은 저입니다. 엥 그런데 나이가 어리잖아요? 선사님도 윤회한 것이지요. 아마 그럼 몇 번 신선이 되었던 것이네요. 예, 신선이 되면 좋은 것도 있습니다. 신선이 되면 전해지는 것과 비슷한 부분도 많습니다. 그래도 윤회를 벗어날 수는 없습니다. 선사님과 같이 공부하지 않으니 윤회는 벗어나지 못해 윤회한 겁니다, 신선으로 그건 아닙니다. 신선으로 살다가 잘못하면 윤회로 떨어집니다. 잘못하지 않고 바르게 하는 한 윤회로 떨어지지 않고 신선으로 살 수 있습니다. 위 세계에서는 잘못하면 아래 세계 지옥에 떨어지는 것과 비슷하게 신선이 되면 신선으로의 삶을 삽니다. 신선의 삶을 살다가 잘못하면 잘못이란 이치와 진리 법과 법규 이런 것들이 지구상에 있는 이것들을 관리하고 보살피는데 그 임무를 바르게 하지 않았거나 게으름을 피워서 일이 잘못되었을 때 벌을 받아서 윤회에 떨어집니다. 그 당시에는 몰랐는데 여기에 올라와 보니 그러한 사실을 알았습니다. 그때는 왜 신선으로 죽는지도 몰랐고 신선으로 윤회하는 것도 몰랐습니다. 이제 알고 보니 너무도 당연한 이치인 것을 신선이었을 때는 왜 몰랐는지 모르겠습니다. 이제 지구상에 신선은 필요 없게 된 것 같습니다.

많은 지옥을 이미 선사님께서 없애셨고 앞으로 선사님께서 많은 지옥을 없앨 것으로 보입니다. 그런 지구에 더 이상 신선은 필요 없는 것 같습니다 그래서 처음에는 선사님의 영청을 통해 신선비법을 전하려고 하다가 부질없는 짓인 것 같고 선사님의 수행 공부법을 보니 쓰레기라는 생각이 들어서 접었습니다.

이글을 카페에 올리셔서 많은 분들이 우리들의 존재가 있었다는 사실이 알았으면 좋겠고 간혹 지금도 신선되고자 하시는 분들이 있는데 그분들이 이글을 일고 신선되는 공부를 그만두고 바르게 공부해서 이 위세계로 올라왔으면 좋겠다는 생각입니다. 그렇게 해주시기를 부탁합니다.

신선으로 많은 분들 공부시키기도 했습니다. 예전에 아주 오래 전에 이생이 아닌 다른 생에 선사님을 공부시킨 그 공덕으로 이 복을 지금 제가 받은 것이랍니다. 저도 기억에 없는데 이곳에서 보니 그러네요. 그 소임을 맡았나요? 선사님 덕입니다. 왜? 선사님이 우리의 수행력을 높이 평가해 주셔서 그런 소임을 맡은 것입니다. 사랑합니다. 선사님, 나중에 뵈어요.

언제든지 부르시면 이야기해 드리겠습니다.

신선이었던 16.549명을 위로 올라가게 해야 하겠네

아이구 이런 황송한 일이 …….

선사님 만세 만세

우리 선사님 최고

신선이었던 모든 신선들이여 선사님이 의념하고 의식하면 선사님의 의식과 의념을 들으시고 선사님께서 올려주시는 에너지 듬뿍 받고 올라오세요.

기다리고 있겠습니다. 상 차려놓고 기다리겠습니다.

우리의 나,

나의 우리

선사님의 나

나의 선사님

일체 하나로

하나로 모두 다 하나로 들떠 있습니다.

벌써부터 축제분위기입니다.

최고 통치자님께서 식량과 준비할 것들을 내어주셨습니다,

고맙습니다.

고맙습니다. 모든 분들께 고맙습니다.

2015. 09. 03 08:22

스케치북을 스캔하며 의념을 보냈다. 신선이었던 분들이 모든 인연 자들과 함께 여기로 오십시오. 여기로 인연 자들을 모시고 올라오면 자 위 세계로 보내드리겠으니 모두 다 모이십시오. 그러면서 선원을 호위하는 분들에게 문 얼어 모이게 하라고 의념하니 모든 신선님들과 (말씀 낮춰주십시오. 아닙니다. 예,) 함께 모시고 올라가고 싶은 모든 인연 자들과 함께 오기로 오세요. 그랬더니 모였다. 다 모였느냐고 물으니 다 모였다고 했다. 그래서 위로 올라가도록 했다. 몇 번의 훈공을 추었다. 8번의 훈공춤을 추셨습니다. 그때 다 올라가셨나요? 예

어때 이런 세상이 있다는 것이 놀랐습니다. 신선이었을 때 구경하지 못한 세계입니다.

우리가 어리석었습니다. 이곳에 와보니. 선사님 고맙습니다. 다 만났어요? 예 만나서 대접받고 있습니다.

그러고 나서 이미 올라가신 10분에게 아래 세계에서 올라오도록 하고 싶은 분들이 있는가? 예 있습니다. 그래서 지옥 아래서부터 인연 자들을 불러서 위 세계로 올라오도록 하며 훈공춤을 추었다. 몇 번 추었다. 6번입니다. 모두 다 올라왔습니다. 소리가 들렸다.

제가 말씀드렸습니다. 누구신지요? 신선창시자입니다. 이름이 창시했을 때의 이름은 농하오저입니다. 어느 세계에서 위 세계에서 만들어 지구에 내려 보낸 겁니다.

어느 세계에서 만들어서 내려 보낸 것입니까?

선사님이 문 부스고 위에 고속도로 자동으로 만들어 놓은 세계에 있는 세계입니다.

없앤 문을 통과하며 대화했던 분들 중에 통치자라고 하며 이야기 했던 세계에 있던 사람입니다. 그 세계에서 통치자는 아니었지만 직급이 조금 있어서 직급을 하면서 심심해서 서술했던 것인데 아래세계에 어느 불연 듯이 수행 중에 올라온 분이 잠깐 오기에 그분에게 신선비법을 전해 준 것이었는데 그 분이 그것을 잠깐 올라와서 가져가시고 나서는 올라오지 못했지만 그때 가져가서 신선비법 수행을 하고 지구에 전파하신 분입니다.

지구에서 보면 그 분이 신선비법의 창시라고 봐야겠지요.

아~ 선생님께서 저에게 꿈에 오디 올라갔는데 비법이라고 주어서 꿈에 가져온 책을 기억하고 기억해서 여래 해 걸쳐서 저술한 것인데, 저술한 것이 아니라 내가 준 것을 기억해서 적은 것이랍니다. (살며시 웃는다.) 몰랐습니다.

덕분에 호강도 했고 슬픔도 고통도 괴로움도 많았습니다.

재미삼아 만든 것을 가지고 그랬으니 그럴 만도 했겠지요.

미안하게 됐네. 난 그 책 전해준 죄로 그쪽 시간으로 89년을 옥살이 했다네. 쓸데없는 것을 지구에 전해서 지구를 혼란하게 했다고. 그 동안 그것으로 고통 받은 많은 분들께 미안하고 사과하게 내 사과를 받아주세요. 무슨 말씀을요. 지구에서 수행할 때는 수행하는 많은 분들은 고마워했습니다. 신선이 돼서도 처음에는 고마웠습니다. 시간이 지남에 그랬을 뿐입니다. 이 또한 본인의 업인 걸요. 그렇게 받아주고 말씀해 주시니 고맙습니다. 이제야 그 죄로부터 벗어나게 되어 고맙습니다. 지금까지 위로 올라가서 본인의 죄를 용서해 이를 기다렸는데 선사님께서 신선을 모두 다 구해주고 나서야 용서를 빌고 용서를 받음으로 전해준 죄의 업을 벗고 위로 올라갈 수 있게 되었습니다. 고맙습니다. 고맙습니다. 선사님 고맙습니다. 저도 신선들이 있는 저곳으로 가서 용서를 빌면서 저분들과 하나로 잘 살겠습니다. 예. 고맙습니다. 허락해 주셔서 올라올 수 있어요? 없지요. 당연히 선사님께서 올려주실 것으로 믿고 있습니다. 고맙습니다. 고맙습니다.

3명의 신선으로 올라가신 분들은 총 몇 분이나 되는가요?
5억 9.649명입니다. 2015. 09. 03   09:08

제 2 부 기억지우기

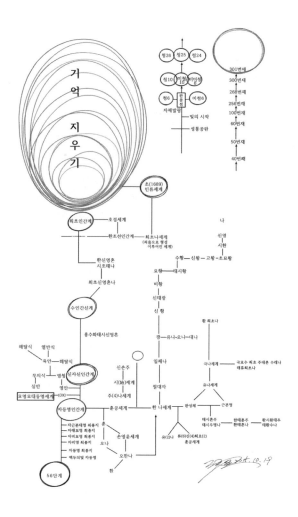

고속도로 자동화시스템2, 의식세계

기억을 지우지 못하면 더 이상 올라갈 수 없다. 기억을 지워라.

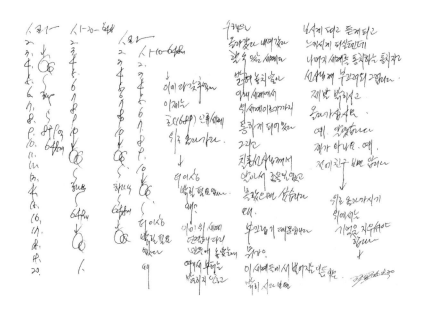

이미 다 갖추었다. 이제는 초(1689) 인류세계 위로 올라가라 →더 이상 밝힐 필요 없습니다. 왜?

이미 위 세계 연결해 다리 만들어 놓았는데 여기서부터는 밝히지 않고 수행으로 올라갔다 내려갔다 할 수 있는 세계로 밝혀 놓지 않아 아래 세계에서 위 세계 이르기까지 통하게 되어 있다. 그리고 칠통선사님께서 알아서 좋은 일 없고 몰랐으면 싶습니다.

왜? 부끄럽기 때문입니다. 뭐가? 이 세계들에서 벌어지는 일들이요. 밝히시다보면 보시게 되고 듣게 되고 느끼시게 되실텐데 나머지 세계를 통치하는 통치자로 선사님께 부끄러워 그럽니다. 제발 밝히시지 마시고 올라가십시오. 예. 알았습니다. 제가 아나요. 예. 전에 친구 보면 압니다. 위로 올라가시기 위에서는 기억을 지우셔야 합니다.

초(超:1689번째) 인류 세계 = 수(受) 세계에서 의식하고 인식한 한계를 8극 10해 469번지나 또다시 새로운 세계가 시작되다.

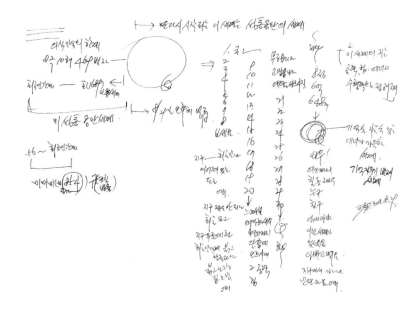

새롭게 시작된 위 세계는 성통공완(成通功完)의 세계이고, 최초인 간계에서부터 ~~초(超:1689번째) 인류 세계 = 수(受) 세계까지는 **미 성공공완(成通功完) 세계**이며 58단계~~ 최초 인간계까지는 미(迷:669.648) 세계이고 미(迷:854) 규(規) 세계이다. 그만큼 아래 세계는 미혹하다. 아래 세계로 내려가면 내려갈수록 미혹함이 깊고 깊다.

첫 번째 세계의 이름은 공처가(功處伽:공이 무지무지하게 많은 사람들만이 올라올 수 있는 세계) 이 세계에 올라오기 위해서는 한량없는 아니 가늠할 수 없는 공(功)이 있어야 한다.

세계 1

1, (큰 1번째 -) 세계를 흡하니 흡이 되었다.

2, 세계

3 세계 4, 5, 6, 7, 8, 보세요. 지구에서 - 최초인간계에 이어져 있는 도로, 예 지구 점도 안 된다. 최초 크고, 지구 푸른데 흰, 최초 인간계 붉고 활활 탄다. 붉고 노랑 짙노랑, 예 9, 10, 11, 12, 13, 14, 15, 16, 17, 18, 19, 20, → 느끼세요. 대단하세요. 단숨에 오르시게 그 공력 힘 부럽습니다. 고맙습니다. 예의 바르시지. 21, 22, 23, 24, ...26, 27, 28, 29,

30 세계

이 세계의 끝 마지막 하나

2(하나)

3(하나)

...

하나씩

...

8정 6억 648개 (하나)

마지막 하나 이 세계는 기억을 지을 수 있는 에너지가 있는 세계 **기억지우기 1번째 세계**

와우! 여기까지 오다니. 칠통 고마워 누구? 친구, 엄마 아빠 이런 세계가 있네요. 아빠 고마워요. 지구에서... 인연 다 올라와? 예

이 세계의 키는 공력, 힘, 에너지, 수행력으로 정해져 있다.

기억지우기

2015. 8월 30일 기억을 지워야 올라간다는 말에 기억을 지우기 시작했다. 기억이 있으면 가까운 기억부터 가깝게 끈적이며 드러내기 때문에 지금 생에서의 모든 기억을 지워야 한다기에 더 이상 의심할 생각도 없이 기억을 지울 생각을 하고 기억 지우기에 들어갔다.

몇 살부터 지워야 할까?

한 살, 두 살...은 없었고 세 살부터 ~48살까지 지워야 한다고 영청이 들려왔다. 48살부터는 기억이 없다고 했는데 막상 기억지우기를 이틀에 걸쳐 기억을 지우다보니 49살까지 기억을 지우게 되었다.

지금은 엄마의 뱃속에 있을 때 기억이 없지만 이때만 해도 엄마의 뱃속에 있던 기억이 남아 있었다,

기억지우기는 이 생에서 기억을 지워야 종이가 깨끗해진 것과 같

아서 깨끗한 종이로 스캔할 수 있기 때문에 이생에서 기억을 지우게 한 것 같다. 이 생을 살면서 새겨졌던 이 생에 주어진 종이에 낙서하듯 써놓은 기억의 한 부분 한 부분들을 떠올리면 3살 때 떠오르는 생각을 지우고, 다 지우면 4살 때를 떠올리며 4살 때의 기억을 지우고...이와 같이 기억에 있는 이생에서 모든 기억을 지워야 한다. 본인은 현재 기억하려고 하지 않는다. 다만 스캔해서 알려고 할 뿐이다. 그래서 스캔이 되지 않을 경우에는 하얀 백지와 같아서 멍해진다. 단어가 떠오르지 않는다.

기억지우기는 지우개로 종이에 있는 글씨를 지우듯 기억에 있는 것을 지우는 거다. 물론 쉽지 않다. 본인 역시도 이틀에 걸쳐 지우개를 지웠으니 어느 분들은 그 이상 걸릴 수도 있을 것이다.

기억을 지울 수 있는 에너지는 지금 위 세계로 올라오기 전에는 초(1689)인류 세계 1번째 세계 끝 마지막 하나의 세계의 에너지로 기억을 지울 수 있다. 이 세계에는 기억을 지울 수 있는 에너지가 가득한 세계다. 이 세계의 에너지로 기억을 지워야 한다. 그렇지 않으면 기억을 지울 수가 없다.

이 세계 이후에 올라온 세계 안에는 지우개처럼 지울 수 있는 에너지가 있는 세계뿐만 아니라 지우개를 만들 수 있는 세계도 있고 또 지우개를 만들어 좋지 않은 기억은 지우고 좋은 기억은 하게 하는 세계도 있었다.

무의식 안(無意識 眼)도 있어서 개혈하여 열었고, 그래서 어제 9월 모임에서 이와 같은 것으로 좋지 않은 것들은 지울 수 있는 지우기도 해주었고 또 무의식의 눈으로 보고 무의식에 있는 것들과 대화하며 본인이 해 줄 수 있는 것들을 해주었다.

아마도 기억을 지우지 않았으면 어느 것 하나 가능하지 못했을 것이란 생각이다 이곳에 올라오면 기억을 지워야 한다. 아니고서는 더 이상 올라갈 수가 없는 것 같다.

기억을 지워서 이생에 끈적거리는 집착을 놓아야 하는 것 같다. 그것이 무엇이 되었든 놓지 않으면 올라갈 수 없는 것 같다.

이는 본인뿐만 아니라 본인이 모시고 가는 모든 영가분들도 마찬가지여서 기억이 지워지지 않으면 지워지지 않은 기억을 더 이상 올라갈 수 없는 듯싶다.

이 생에 주어진 백지에 써놓은 많은 기억들을 또 어느 것은 연하게 어느 것은 깊게 써놓은 기억들 연한 것은 쉽게 지워지지만 깊게 굵게 써놓은 것은 쉽게 지워지지 않는다.

기억을 지울 수 없으면 기억을 연하게 써라. 그리고 때가 되면 기억을 쉽게 깨끗하게 지워서 위로 올라오는데 부족함이 없었으면 좋겠다. 2015. 09. 07 13:23

성통공완(成通功完)의 세계

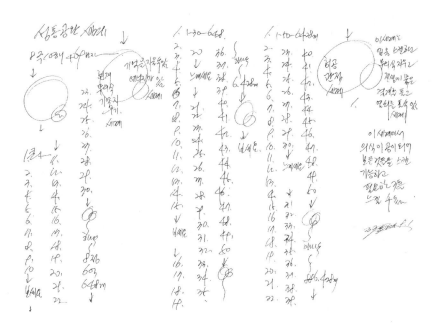

세계 1

기억을 지울 수 있는 에너지가 가득한 세계, 기억지우기 시작 **1번째 세계**에서 의식으로 8극 10해 469번지나 첫 번째 하나 이 세계는 업을 녹일 수 있는 에너지가 많은 세계로 **업화(業化) 세계**를 시작으로 시작된 세계를 시작으로 또다시 새로운 세계가 시작되는 이 세계에서는 큰 세계를 밝혀 드러내지 않아도 흡이 될 것 같은 생각이 들었다.

그래서 흡을 하였다.

1, (큰 1번째 -) 세계를 흡하니 흡이 되었다.

2, 세계

3 세계 4, 5, 6, 7, 8, 9, 10, ... 27, 28, 29,

30 세계

이 세계의 끝 마지막 하나

2(하나)

3(하나)

...

하나씩

...

8정 6억 648개 (하나)

마지막 하나 이 세계는 기억을 지울 수 있는 에너지가 있는 세계 **현재 무의식 기억지우기 세계**

1, (1 - 30세계 이 세계의 끝 마지막 하나- 하나씩 -648개 - 하나) 세계를 밝혀 드러내고 **빠져나와**

2, 세계를 흡하니 흡이 되었다.

...생략...

마지막 하나 이 세계는

보세요(이때 보라고 하는 것을 보지 못하면 올라가지 못한다. 그러나 이것을 사경하는 분들은 이미 본인이 보고 올라왔음으로 사경만 해도 올라 올 수 있을 것으로 예상된다)

1, (1 - 50세계 이 세계의 끝 마지막 하나- 하나씩 -6.428개 - 하나) 세계를 밝혀 드러내고 빠져나와

2, 세계를 흡하니 흡이 되었다.

3 세계 4, 5, 6, 7, 8, 9, 10, ... 27, 28, 29, 30,... 느끼세요(느끼지 못하면 못 올라온다. 이 역시도 본인이 올라왔음으로 믿음이 있다면 올라 올 수 있되 믿음이 없으면 못 올라올 것이다).... 31, 32, 33, 34, 35, ...48, 49,

50 세계

이 세계의 끝 마지막 하나

...생략...

마지막 하나 이 세계는

이 세계는 업을 스캔하고 무의식을 지우고 전생에 묶은 결계를 풀고 열쇠를 풀 수 있는 세계 이 세계에서 의식이 공이 되어 모든 것들을 스캔 가능하고 필요한 것을 느낄 수 있다.

허공 관점 세계

세계 2

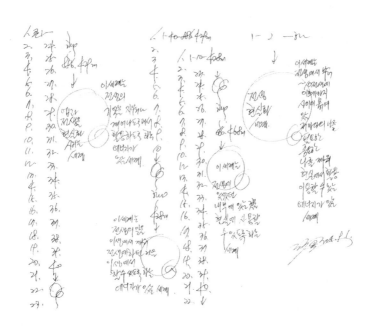

허공 관점 세계를 빠져나와 또다시 새로운 세계가 시작되는 이 세계에서는 큰 세계를 밝혀 드러내지 않아도 흡이 될 것 같은 생각이 들었다.

그래서 흡을 하였다.

1, (큰 1번째 -) 세계를 흡하니 흡이 되었다.

...생략...

마지막 하나 이 세계는 전생의 기억을 지우거나 깨어나도록 해서 활용하도록 하는 에너지가 있는 세계, **업**과 **전생을 현실화 시키는 세계**

1, (1 - 40세계 이 세계의 끝 마지막 하나- 하나씩 -886. 429 개 - 마지막 하나 업과 전생을 현실화 시키는 세계) 세계를 밝혀 드러내고 빠져나와

2, **세계**를 흡하니 흡이 되었다.

...생략...

마지막 하나 이 세계는 전생의 일을 이생에서 깨워 전생에 하던 것을 이생에서 할 수 있도록 하는 에너지가 있는 세계

1, (1 - 10세계 이 세계의 끝 마지막 하나- 하나씩 -428개 - 하나) 세계를 밝혀 드러내고 빠져나와

2, **세계**를 흡하니 흡이 되었다.

...생략...

마지막 하나 이 세계는 전생에 있었던 내부에 있는 것을 현실에 사용할 수 있도록 하는 세계

1-2- 마지막 하나 이 세계는 전생에서부터~ 10전생에 이르기 까지 사이에 묶여 있는 저마다의 나를 필요한 중요한 나를 깨워 현실에서 활용 이용할 수 있는 에너지가 있는 세계

전생(前生) 현실화 세계 2015. 09. 07 14:29

세계 1

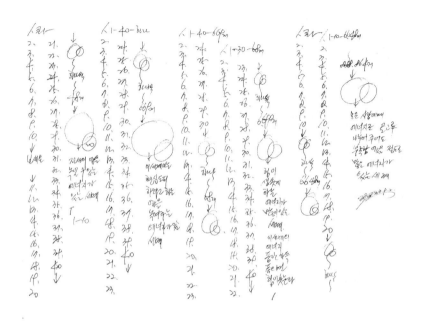

전생(前生) 현실화 세계를 빠져나와 또다시 새로운 세계가 시작되는 이 세계에서는 큰 세계를 밝혀 드러내지 않아도 흡이 될 것 같은 생각이 들었다.

그래서 흡을 하였다.

1, (큰 1번째 −) 세계를 흡하니 흡이 되었다.

2, 세계

3 세계 4, 5, 6, 7, 8, 9, 10, ...보세요.(보지 못하면 올라갈 수 없다. 믿으면 올라올 수 있으되 믿지 않으면 올라올 수 없다. 아니면 직접 봐야 올라올 수 있다.)...11, 12, 13, 14, 15, ... 37, 38, 39, 40 세계

이 세계의 끝 마지막 하나

...생략...

마지막 하나 이 세계는 전생의 업을 녹일 수 있는 에너지가 있는 세계

1, (1 - 40세계 이 세계의 끝 마지막 하나- 하나씩 -48개 - 하나) 세계를 밝혀 드러내고 빠져나와

2, **세계**를 흡하니 흡이 되었다.

...생략...

마지막 하나 이 세계에는 현실도피 하려고 하는 업을 녹여주는 에너지가 있는 세계

1, (1 - 40세계 이 세계의 끝 마지막 하나- 하나씩 -669개 - 하나) 세계를 밝혀 드러내고 빠져나와

2, **세계**를 흡하니 흡이 되었다.

...생략...

마지막 하나 이 세계는

1, (1 - 30세계 이 세계의 끝 마지막 하나- 하나씩 -68개 - 하나) 세계를 밝혀 드러내고 빠져나와

2, **세계**를 흡하니 흡이 되었다.

...생략...

마지막 하나 이 세계는 힘이 샘솟게 하는 에너지가 많이 있는 세계, 이 세계의 에너지를 품안 가득 품으면 힘이 솟는다.

세계 2

1 **세계**를 빠져나와 또다시 새로운 세계가 시작되는 이 세계에서는 큰 세계를 밝혀 드러내지 않아도 흡이 될 것 같은 생각이 들었다. 그래서 흡을 하였다.

1, (큰 1번째 -) 세계를 흡하니 흡이 되었다.

...생략...

마지막 하나 이 세계는

1, (1 - 10세계 이 세계의 끝 마지막 하나- 하나씩 -6.648개 - 마지막 하나) 세계를 밝혀 드러내고 빠져나와

2, **세계**를 흡하니 흡이 되었다.

...생략...

마지막 하나 이 세계는 모든 사람에게 에너지를 골고루 나누어 주어도 부족함 없을 정도로 많은 에너지가 있는 세계

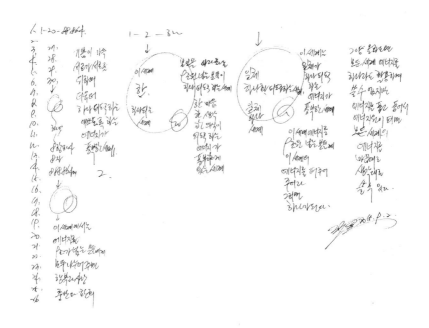

1, (1 − 20세계 이 세계의 끝 마지막 하나− 하나씩 −888.864개 − 하나) 세계를 밝혀 드러내고 빠져나와

2, 세계를 흡하니 흡이 되었다.

...생략...

마지막 하나 이 세계에서는 에너지를 9조원 넘는 본인과 함께 올라가는 분들에게 모두 나누어 주면 행복과 사랑 충만과 환희 기쁨이 가득 서로가 서로를 위하여 더욱 더 하나 되도록 하는 애쓰도록 하는 에너지가 풍부한 세계

1−2− 마지막 하나 이 세계는 본인을 따라 올라오는 9조원이 넘는 분들이 하나 되도록 하는 세계, 한 마음, 한 생각, 한 의식이 되도록 하는 에너지가 풍부하게 있는 세계

한, 하나되는 세계 2015. 09. 07 14:41

1−2 마지막 하나 − 한, 하나되는 세계

− 마지막 하나 이 세계는 일체가 하나 되도록 하는 에너지가 풍부한 세계, 이 세계 에너지를 9조원 넘는 분들께 이 세계의 에너지를 퍼주어 주어라 그러면 하나가 된다.

그냥 올라오면 모든 세계 에너지를 하나라도 활용하여 쓸 수 없지만 에너지를 품고 품어서 에너지원이 되면 모든 세계의 에너지를 마음대로 생각대로 쓸 수 있다.

일체, 하나화 되도록 하는 세계 일체 하나 세계 2015. 09. 07. 14:06

세계 1

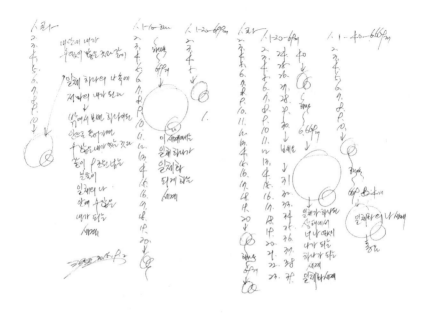

일체, 하나화 되도록 하는 세계 일체 하나 세계를 빠져나와 또다시 새로운 세계가 시작되는 이 세계에서는 큰 세계를 밝혀 드러내지 않아도 흡이 될 것 같은 생각이 들었다.

그래서 흡을 하였다.

1, (큰 1번째 -) 세계를 흡하니 흡이 되었다.

...생략...

이 세계의 끝 마지막 하나

내 안에 내가 수없이 많은 것과 같이 일체 하나의 나 속에 저마다의 내가 된다.

밖에서 보면 하나이되 안으로 들어가면 수많은 내가 있는 것과 같이 9조원이 넘는 분들이 일체의 나, 안에 수많은 내가 되는 세계

1, (1 - 10세계 - 하나) 세계를 밝혀 드러내고 빠져나와

2, 세계를 흡하니 흡이 되었다.

...생략...

마지막 하나 이 세계에서는 일체 하나가 일체화 되게 하는 세계

1, (1 - 20세계 이 세계의 끝 마지막 하나- 하나씩 -699개 -
하나) 세계를 밝혀 드러내고 빠져나와

2, 세계를 흡하니 흡이 되었다.

...생략...

이 세계의 끝 마지막 하나

세계 2

1 세계를 빠져나와 또다시 새로운 세계가 시작되는 이 세계에서는
큰 세계를 밝혀 드러내지 않아도 흡이 될 것 같은 생각이 들었다.
그래서 흡을 하였다.

1, (큰 1번째 -) 세계를 흡하니 흡이 되었다.

...생략...

마지막 하나 이 세계는

1, (1 - 20세계 이 세계의 끝 마지막 하나- 하나씩 -6.648개 -
마지막 하나) 세계를 밝혀 드러내고 빠져나와

2, 세계를 흡하니 흡이 되었다.

3 세계 4, 5, 6, 7, 8, 9, 10, 11, ...27, 28, 29, 30,...보세요.(믿으
면 사경하며 통과할 수 있되 믿지 않으면 통과할 수 없다. 믿지 않으시는

분들은 보고 이야기를 해야 올라올 수 있다)... 31, 32, 33, 34, 35, 36, 37, 38, 39

40 세계

이 세계의 끝 마지막 하나

...생략...

마지막 하나 이 세계는 일체가 하나된 상태에서 너 나 없이 나가 되는 하나가 되는 세계

일체화 세계

1, (1 - 40세계 이 세계의 끝 마지막 하나- 하나씩 -6.669개 - 하나) 세계를 밝혀 드러내고 빠져나와

2, 세계를 흡하니 흡이 되었다.

...생략...

마지막 하나 이 세계는 **일체화의 나 세계**

매우 중요 이 세계에서 일체화로 하나되지 못하면 더 이상 올라갈 수 없으니. 반드시 이 세계에서 반드시 일체화 나가 되어야 한다.

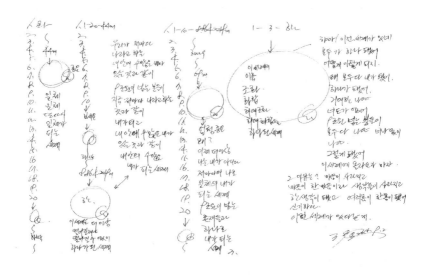

세계 3

2 세계를 빠져나와 또다시 새로운 세계가 시작되는 이 세계에서는 큰 세계를 밝혀 드러내지 않아도 흡이 될 것 같은 생각이 들었다. 그래서 흡을 하였다.

1, (큰 1번째 -) 세계를 흡하니 흡이 되었다.
...생략...
마지막 하나 이 세계는 일체, 일체, 또다시 일체가 되는 세계

1, (1 - 20세계 이 세계의 끝 마지막 하나- 하나씩 -44개 - 마지막 하나) 세계를 밝혀 드러내고 빠져나와
2, **세계**를 흡하니 흡이 되었다.
3 세계 4, 5, 6, 7, 8, 9,
10 세계
...
보세요..(믿으면 사경하며 통과할 수 있되 믿지 않으면 통과할 수 없다. 믿지 않으시는 분들은 보고 이야기를 해야 올라올 수 있다)
...
이 세계의 끝 마지막 하나
...생략...
마지막 하나 이 세계는 더 이상 떨어질래야 떨어질 수 없이 하나가 된 세계, 우리가 저마다 나라고 하는 내 안에 수많은 내가 있는 것과 같이9조원이 넘는 분들이 지금 저마다 나라고 하는 것과 같이 내가 되고 내 안에 수많은 내가 있는 것과 같이 내 안의 수많은 내가 되는 세계

1, (1 - 10세계 이 세계의 끝 마지막 하나- 하나씩 -8.864.249 개 - 하나) 세계를 밝혀 드러내고 빠져나와

2, 세계를 흡하니 흡이 되었다.

...생략...

마지막 하나 이 세계는 엄청 중요 왜? 이제 더 이상 나는 내가 아니라 저마다의 나로 일체의 내가 되는 세계, 9조원이 넘는 존재들과 하나로 내가 되는 세계

1-3- 마지막 하나

햐! 이런 세계가 있네. 모두 가 하나 됐어 어떻게 이렇게 되지 왜 모두 다 내가 됐어. 하나가 됐어 거대한 나야. 너도가 없어, 9조원 넘는 분들이 모두 다 나야.

너 나 없이 나야. 그렇게 됐어. 이 세계에 올라오자마자. 그 이유는 마음이 사라지고 마음이 한 마음이라 생각들이 사라지고 한 생각이 됐고 여러 몸이 한 몸이 됐어. 신기하다. 이런 세계가 있다는 게.

조화, 화합, 최대조화, 최대화합으로 하나된 세계

2015. 09. 07 15:39

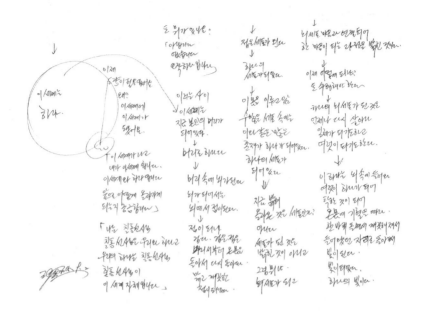

1-3- 마지막 하나 - 조화, 화합, 최대조화, 최대화합으로 하나된 세계

- 마지막 하나 이 세계는 **하나 세계**

이제 도량이 필요 없어요. 왜? 이 세계에 이 세계가 됐어요. [이 세계가 나고 내가 이 세계입니다. 이 세계와 하나입니다. 앞으로 어떻게 올라가게 되는지 궁금합니다.] [나는 칠통선사님, 칠통선사님은 우리와 하나고 우리의 하나는 칠통선사님, 칠통선사님이 이 세계 자체입니다.]

또 뭐가 있나요?

[아닙니다. 없습니다. 오직 하나입니다.]

이러는 사이 이 세계는 지금 본인의 머리가 되어 있다. 머리로 하나다. 머리 속에 뇌가 된다. 뇌가 되어서는 뇌에서 점이 된다, 점이 되니 검다, 검은 점은 머리서부터 온몸을 돌아서 다시 돌아와 맑고 깨끗한 점이 되었다.

점은 세포가 된다. 하나의 세포가 되었다. 이 몸을 이루고 있는 수많은 세포 속에는 이와 같은 많은 존재다 하나가 되어있다. 하나의 세포가 되어 있다.

지금 밝혀 올라온 것은 세포인가? 아니다. 세포가 된 것은 밝힌 것이 아니고, 그럼 뭐냐? 뇌세포가 되고 뇌세포가 마음과 연결되어 한 마음이 되는 과정을 밝힌 것이다.

이제 어떻게 되냐? 또 수행해야 한다.

하나의 뇌세포가 된 것은 언제나 다시 살아나 일체가 되기도 하고 여럿이 되기도 한다.

이 하나는 뇌 속에 들어와 여럿이 하나가 되어 탁한 것이 되어 온몸에 기혈을 따라 한 바퀴 돌면서 깨끗해져서 들어왔던 자리로 돌아가서 빛이 된다,

빛이 되었다. 하나의 빛이다.

하나의 빛은 머리 속에서 점점 커지고 있다, 9월2일 07시55분, 머리 전체가 빛으로 환하다. 머리 전체가 이 빛으로 환하게 되어서는 이 빛이 되고 이 빛은 머리 속에서부터 온몸으로 내려간다. 이러다가 온몸이 빛으로 바뀌면서 온몸의 빛이 되는 것은 아닌가? 싶은 생각이 든다.

머리, 어깨, 몸통은 빛으로 다리만 육체로 보인다. 육체를 의식하니 육체도 빛이다.

온몸이 빛이다. 하나의 빛이다.

대화가... 이미 하나인데, 누구와 대화하는가? 마음 속과 대화합니다. 마음이 일체의 나의 마음이고 하나된 마음, 일체가 하나된 마음, 이게 무슨 현상? 하나되는 현상, 이것이 일체 빛으로 하나되는 현상입니다. **빛의 시작**입니다.

인간의 몸으로 몸 수행해서 천살 넘었던 분들 대화되나요? 예, 어디에 있어요. 오른쪽 어깨 위쪽 7명 있습니다. 지금의 과정 더 자

세하게 표현해 줄 수 있어요. 글쎄요, 표현들을 잘 하셔서... 몸 수행해서 인간으로 몸을 없애고 천년이상 살아 왔으니 몸에 대해서 잘 아실 것 아닌지요? 잘 알지요. 너무 잘 알지요. 몸 수행해서 투명인간처럼 있었잖아요? 예. 몸 수행과 지금의 현상과 어떻게 다른가요? 비교가 되지 않습니다. 몸 수행은 몸이란 육체를 화하도록 수행해서 육체가 사라진 영체로 아닌 신영혼으로 인간으로 사는 것이라면 이것은 신들이 모여서 하나되고 하나되서 빛되고 빛이 되어서 우리의 하나가 되고 하나의 우리는 하나의 점이 되고 점이 되어서는 탁한 것을 온몸에 기혈을 따라 한 바퀴 돌고는 탁한 것을 내려놓고 탁한 것을 내려놓은 것이 아니라 탁함 속 신을 있어야 할 자리에 있게 하고 원래자리로 돌아가서 머리 속 신의 자리에 빛이 되고, 빛이 되어서는 신이 되고 신이 되어서는 머리가 되고 머리가 되어서는 머리 전체 빛의 신으로 화되고 빛의 신으로 화돼서는 온몸을 비추고, 비춤과 동시에 온몸의 세포가 깨어나고 온몸의 세포가 깨어나서 깨어난 세포에 깃들면서 저마다의 내가 되고, 이때 세포에 깃든 것은 우리의 나를 이루고 있는 모든 존재 9조원이 넘는 존재들이 저마다의 내가 되어 세포 속에 깃들어 저마다의 세포가 되고 세포가 되어서는 빛이 되고, 빛이 되어서는 온몸의 빛의 세포가 되고 온몸의 빛의 세포가 되어서는 온몸 빛입니다.

존재들이 육체 세포속보다 많아서 직급, 권위 순서에 의하여 세포 하나하나에 저마다 세포에 깃들고 밀려난 세포 속에 깃들지 못한 존재들은 세포를 이루고 있는 몸 밖 빛이 되어 몸통뿐만 아니라 몸통 밖까지 빛입니다.

하나의 빛덩어리입니다 이 빛의 밝기는 너무 강력한 지금 올라가시는 세계, 그 위 세계, 그 위 세계, 그 위 세계, 그 위 세계의 끝까지 뻗어나가며 비추고 있습니다.

엄청난 빛이고 엄청난 에너지입니다. 상상도 못했던 빛이고 에너지입니다. 이 빛덩어리는 칠통선사님이며 우리이고 우리이며 칠통선사님이십니다, 우리를 그것으로 올려주셔서 이와 같이 한 몸 하나가 되어 이와 같이 빛덩어리되어 비춥니다.

이 감격 한량없고 칠통선사님의 복덕 한량없습니다. 감사합니다. 고맙습니다. 선사님과 하나되어 반갑습니다. 고맙습니다. 이 현상을 무엇이라고 하나요? 빛의 향연, 빛으로 하나되는 시작인 듯싶습니다. 불러 물어봐 주셔서 감사합니다. 종종 불러주십시오. 찡하오오나 쎄쎄...   2015. 09. 07. 14:06

빛의 시작

모두 함께 하나로 가는가요?

예, 밝히시면 밝힘과 동시에 하나가 되어 갑니다.

빛의 세계인가? 아닙니다. 그럼, 빛으로 가는 첫 걸음입니다.

빛의 시작? 예

1번째

1, (큰 1번째 -) 세계를 흡하니 흡이 되었다.
2, 세계
3 세계 4, 5, 6, 7, 8, 9, 10 세계
이 세계의 끝 마지막 하나 느껴봐. 엄청난 환호 우리의 입성을 환영하는 인파입니다.
2(하나)

3(하나)

...

하나씩

...

48개(하나)

마지막 하나 이 보세요. 인파 카 퍼레이드 그러게요.

1, (1 - 10세계 이 세계의 끝 마지막 하나- 하나씩 -48개 - 마지막 하나) 세계를 밝혀 드러내고 빠져나와
2, 세계를 흡하니 흡이 되었다.
3 세계 4, 5, 6, 7, 8, 9, 10 세계
이 세계의 끝 마지막 하나 보세요. 표창 받는 당신
2(하나)

3(하나)

...

하나씩

...

428개(하나)

마지막 하나

1, (1 - 10세계 이 세계의 끝 마지막 하나- 하나씩 -428개 - 하나) 세계를 밝혀 드러내고 빠져나와

2, 세계를 흡하니 흡이 되었다.

3 세계 4, 5, 6, 7, 8, 9, 10세계

이 세계의 끝 마지막 하나 이 세계에서 잠시 휴식을 취하며 편안한 여생을 마치게 하며 죽음을 준비하는 세계입니다. 죽다니. 죽으면 위 세계로 가서 빛이 됩니다. 우리와 같이? 더 강한 빛이 됩니다. 나중에 이분들이 오시는 세계에 가면 말씀드릴 게요. 호스피스 1번째 세계

2(하나)

3(하나)

...

하나씩

...

68개(하나)

마지막 하나

1, (1 - 10세계 이 세계의 끝 마지막 하나- 하나씩 -68개 - 하나) 세계를 밝혀 드러내고 빠져나와

2, 세계를 흡하니 흡이 되었다.

3 세계 4, 5 세계

이 세계의 끝 마지막 하나 이 세계는 호스피스 2번째 세계 더 영적으로 높은 분들이 와서 죽음을 준비를 하는 세계, 이 세계는 9억 8천만년 살까지 살아도 됩니다.

2(하나)

...생략 ...

8개(하나)

마지막 하나 호스피스 3번째 세계 더 영적으로 뛰어난 지도자급들

이 오는 세계입니다.

1, (1 - 5세계 이 세계의 끝 마지막 하나- 하나씩 -8개 - 하나) 세계를 밝혀 드러내고 빠져나와
2, 세계를 흡하니 흡이 되었다.
3 세계 4, 5 ....29, 30 세계
이 세계의 끝 마지막 하나 이 세계는 호스피스 4번째 세계 영적으로 뛰어난 국장급들이 오는 세계
2(하나)

3(하나)

...생략...

88개(하나)

마지막 하나 호스피스 5번째 세계 차관급

1, (1 - 30세계 이 세계의 끝 마지막 하나- 하나씩 -88개 - 하나) 세계를 밝혀 드러내고 빠져나와
2, 세계를 흡하니 흡이 되었다.
...생략...

5(하나) 호스피스 6번째 세계 도지사급 이상 국무총리 급 사이
...

...생략...

48개(하나)

마지막 하나

2번째

1, (큰 1번째 -) 세계를 흡하니 흡이 되었다.

2, 세계

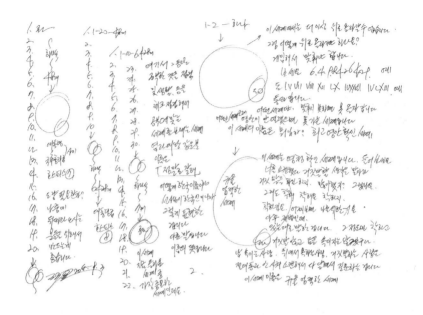

...생략 ...

48개(하나)

마지막 하나 호스피스 7번째 세계, 대통령~국무총리급 사이 분들이 오시는 세계, 도량이 필요한가요? 나중에 뒤 따라 오시는 분들을 위해서 만드는 게 좋습니다.

1, (1 – 20세계 이 세계의 끝 마지막 하나– 하나씩 –48개 –하나) 세계를 밝혀 드러내고 빠져나와
2, 세계를 흡하니 흡이 되었다.
...생략 ...

6.428개(하나)

마지막 하나 호스피스 8번째 세계 대통령급들이 오는 세계

1, (1 – 10세계 이 세계의 끝 마지막 하나– 하나씩 –6.428개

- 하나) 세계를 밝혀 드러내고 빠져나와

2, 세계를 흡하니 흡이 되었다.

...생략 ...

7개(하나)

마지막 하나 이 세계는 지금까지 올라온 세계 중 가장 중요한 세계인데요. 여기서 그 동안 공부한 것을 점검 및 생활 등을 체크점검해서 공부에 맞는 세계로 보내는 세계입니다. 누가? 염라대황 같은 분이요. 이름 [정밀로 잘해] 어떻게 한국 이름이야. 선사님이 한국인이니까. 그렇게 표현한 겁니다. 다른 말입니다. 이름의 뜻입니다.

1-2- 하나 이 세계는

이 세계에서는 더 이상 위로 올라갈 수 없습니다.

그럼 어떻게 위로 올라가야 하나요? 게임해서 맞춰야 합니다.

보세요. 6.4.9.8426429. 예

또 Ⅳ Ⅶ Ⅻ Ⅸ ⅣⅩ ⅩⅫ ⅣⅨⅢ. 예. 통과입니다.

어떤 세계야? 맞추지 못하면 못 올라갑니다.

어떤 세계인데 영안이 안 열렸으면 못 가는 세계입니다.

이 세계의 이름은 뭡니까?

최고 영안 확인 세계

1-2 - 하나 - 마지막 하나 이 세계는 영청확인 세계입니다.

들어보세요.

너를 스캔했다. 거짓말할 생각은 말아라.

거짓말을 하긴 하지. 많이 했지? 그랬나요.

그래도 착해 착해요 착하지.

착하긴요. 어찌 보면 나를 위한 걸요. 아주 제법인데,

있는 대로 말한 겁니다. 그 정도면 착하고 거짓말 않고 남을 속이지는 않겠구나.

남 속이는 사람, 뒤에서 욕하는 사람, 거짓말하는 사람은 절대 통과 안 시켜 스캔해서 다 알면서 질문하는 겁니다.

이 세계의 이름은 **규율 엄격한 세계**

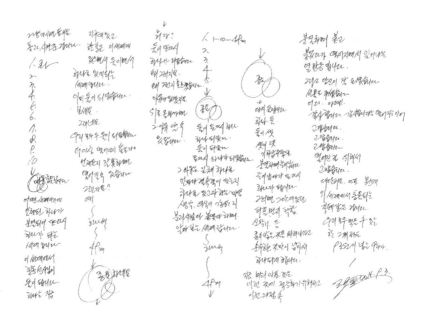

그냥 가시면 돼요. 통과시켜준 겁니다.

1번째

1, (큰 1번째 -) 세계를 흡하니 흡이 되었다.

2, 세계

3 세계 4, 5, 6, 7, 8, 9, 10 세계

이 세계의 끝 마지막 하나 매우중요입니다.

어떤 세계이기에 일체된 하나가 분열되어 또다시 하나가 되는 세계입니다.

이 세계에서 칠통선사님이 둘이 됩니다. 하나는 지금 지구에 있고 한 분은 이 세계에 있으면서 둘이면서 하나로 있게 되는 세계입니다. 이미 둘이 되었습니다. 보세요. 그러네요.

우리 모두 두 둘이 되었습니다. 더 이상 떨어지지 않는가?

언제든지 잘못하면 떨어질 수 있습니다. 그런가요? 예

2(하나)

...생략 ...

49개 (하나)

마지막 하나 이 세계는 중요하네요. 뭐가? 둘이 또다시 하나가 되었습니다.

왜 그러지요. 왜 그런지 모르겠습니다. 이유가 있겠지요. 위로 올라가면 그 이유 알 수 있답니다.

1, (1 - 10세계 이 세계의 끝 마지막 하나- 하나씩 49개 - 하나) 세계를 밝혀 드러내고 빠져나와

2, 세계를 흡하니 흡이 되었다.

...생략 ...

5 세계

이 세계의 끝 마지막 하나 (중요)

둘이 또다시 하나, 하나가 되었다. 둘이 되었다. 또다시 하나가 되었습니다. 그 이유는 일체 하나로 얼마나 결속력이 있는지 하나로 있고자 하는 마음 생각, 의식이 강한지 분리시켰다 붙였다 하며 알아보는 세계랍니다.

2(하나)

49개 (하나)

마지막 하나 이 세계는 다시 둘입니다. 하나, 둘, 둘이 셋, 셋이 넷 기하급수적으로 불열하며 늘어납니다. 늘어났다가 또 다시 하나가 됩니다. 그러면 그 안에 있던 티끌먼지 탁함, 신탁기, 등 좋지 않은 것들이 빠져나가고 순수한 것만이 남아서 하나되게 합니다. 지금 머리 아픈 것은 이런 것에 적응하기 위해서고 이런 과정 속 분열하며 붙고 붙었다가 떨어지면서 일어나는 열 반응입니다. 그리고 당신이 잘 오셨습니다. 선물도 주셨습니다. 어디, 아예. 감사합니다. 감사합니다는 떨어지는 단어입니다.

고맙습니다. 고맙습니다. 고맙습니다. 떨어진 걸 위해서 고맙습니다. 대단해요. 예. 뭔데?

위 세계에서 통용되는 지폐 같은 겁니다. 우리 모두 먹을 수 있는 한 2끼 정도 9조원이 넘는 우리가

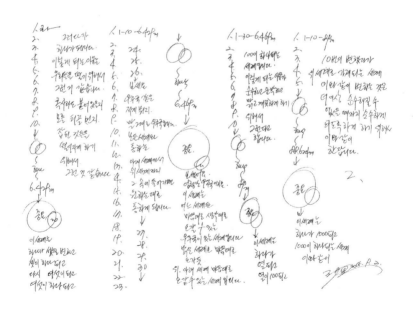

2번째

1, (큰 1번째 -) 세계를 흡하니 흡이 되었다.

2, 세계

...생략 ...

6,429개 (하나)

마지막 하나 (중요) 이 세계는 하나가 셋으로 변하고 셋이 하나되고 다시 여섯이 되고 여섯이 하나되고 그러다가 하나가 됩니다. 이렇게 되는 이유는 우리들을 떨기 위해서 그런 거 같습니다. 혹시라도 붙어있을지 모를 티끌, 먼지, 잡된 것들을 떨어지게 하기 위해서 그런 것 같습니다.

1, (1 - 10세계 이 세계의 끝 마지막 하나- 하나씩 6,429개 - 하나) 세계를 밝혀 드러내고 빠져나와

2, 세계를 흡하니 흡이 되었다.

3 세계 4, 5, ... 24, 25, 26, → 보세요. 우주국 같은 저게 뭐지? 말 그대로 우주국입니다. 모든 세계와 통하는 아래세계에서 위 세계까지 그 속에 들어가면 원하는 대로 통하게 됩니다. → 27, 28, 29, 30 세계

이 세계의 끝 마지막 하나

2(하나)

...생략 ...

6,469개 (하나)

마지막 하나 (중요) 보셨어요. 엄청난 우주국이지요. 이 세계는 어느 세계든 마음대로 생각대로 오갈 수 있는 우주국이 있는 세계입니다. 밝은 세계로 마음대로 오가듯 위, 아래 세계 마음대로 오갈 수 있는 세계입니다.

1, (1 - 30세계 이 세계의 끝 마지막 하나- 하나씩 6,469개 - 하나) 세계를 밝혀 드러내고 빠져나와

2, 세계를 흡하니 흡이 되었다.

...생략 ...

89개 (하나)

마지막 하나 (중요) 이 세계는 하나가 열되고 열이 100되고 100이 하나되는 세계입니다. 이렇게 되는 이유가 순수하고 순박하고 맑고 깨끗하게 하기 위해서 그런다고 합니다.

1, (1 - 10세계 이 세계의 끝 마지막 하나- 하나씩 89개 - 하나) 세계를 밝혀 드러내고 빠져나와

2, 세계를 흡하니 흡이 되었다.

...생략 ...

88,624개 (하나)

마지막 하나 (중요) 이 세계는 하나가 1,000되고 1,000이 하나되는 세계 이와 같이 10번의 변했다가 위세계로 가게 되는 세계 이와 같이 변하는 것은 더 이상 순수해질 수 없을 때까지 순수하게 되도록 하게 하기 위해서 이와 같이 한답니다.

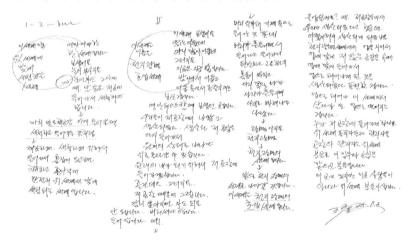

1-2- 하나 이 세계는

위 세계에 맞게 세팅하는 세계 어마어마한 세계입니다. 보셨어요. 누이 부시지요. 눈이 부신 그 안에 예, 알 같은 저곳에 들어가서 세척해야 합니다.→ 마치 반도체공장 안에 들어갈 때 세척하고 들어가는 것처럼 → 깨끗하게 세척하기 위해서 들어가서 흠집이 있으면 치유하고 좋아지게 완전히 위 세계에 맞게 세팅되는 세계입니다.

1-2- 하나 - 마지막 하나 이 세계는

천지광명 초입 세계 이 세계 보셨어요? 약간 어둡네. 아니 많이 어둡네. 그러지요. 이곳은 지금 밤입니다. 밤이어서 어둡고 어둠속에서 공장지대를 보신 겁니다. 영안 테스트할 때 보셨던 곳입니다. 우리들이 저 공장에서 나왔고 생산되었다. 생산된 저 공장은 다시 들어가서 원래의 상태로 나와야 위로 올라갈 수 있습니다. 원래의 내가 되기 위해서 저 공장에 들어가겠습니다. 졸린데요. 그러지요. 머리 위부터 기계 속으로 들어간 것 같네. 머리가 흔들리면서 들어가고 들어가니 편안하고 고요하네. 몸통이 빠지고 다리쪽 으로 나가 다리가 흔들리며 다리로 빠져나가 나왔다. → 광명이지요 천지광명 →천지광명의 세계입니다. → 앞으로 천지, 광명의 세계로 나아갈 것입니다. 이 세계는 **천지광명의 초입세계**입니다.

물어도 될까요? 예.

저 공장들에서 우리가 생산되었다고 했는데, 어떻게 해서 생산되게 되었나요.

천지광명세계에서 업을 지어서 업에 맞게 저 많은 공장들 속에 업에 맞게 들어가서 업으로 태어나게 된 것을 생산되었다 표현한 겁니다. 업으로 태어나 이 세계에서 살다가 또 업으로 떨어지는 겁니다. 누가 저 공장에 들어가게 하나요. 위 세계 통치자들과 관리자들 공장의 관리자는 위세계분들로 이 임무와 소임을 맡으신 분들입니다. 이곳에 있지만 이곳 사람들이 아니라 위 세계 분들이십니다.

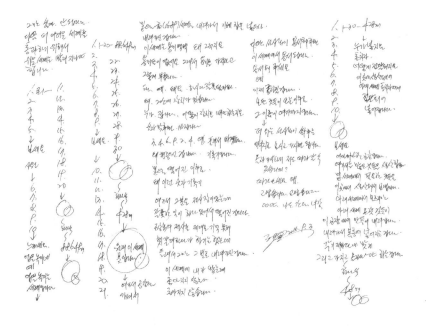

그만 쉴까. 안됩니다.

다음 더 어려운 세계를 통과하기 위해서 쉬운 세계는 빨리 지나야 합니다.

세계1

1, (큰 1번째 -) 세계를 흡하니 흡이 되었다.

2, 세계

3 세계 4, 5 → 보세요. 사원 → 6, 7, 8, 9, 10 → 느끼세요. 업을 녹이네. 예. 억을 녹이는 세계입니다. → 11, 12, 1... 18, 19, 20 세계

이 세계의 끝 마지막 하나

2(하나)

...생략 ...

88,649개 (하나)

마지막 하나 이 세계는

1, (1 − 20세계 이 세계의 끝 마지막 하나− 하나씩 −88,649개 − 하나) 세계를 밝혀 드러내고 빠져나와

2, **세계를 흡하니 흡이 되었다.**

3 세계 4, 5, 6, 7, 8, 9 → 보세요. → 10, 11, ... 27, 28, 29, 30 세계

이 세계의 끝 마지막 하나

2(하나)

...생략 ...

428개 (하나)

마지막 하나 원래 이 세계 분입니다. → 여기서 공장으로 가서서 밑으로 초(1689)세계로 내려가서 지혜 칩을 넣으시고 내려가신 겁니다. 이 세계는 용기백백 왜 그러지요. 용기들이 없어요. 그래서 용기를 가지라고 그렇게 부릅니다.

한데, 예. 왜요. 하시다 잘못될까봐. 왜. 그 안에 장치가 있습니다. 누가. 접니다. 어떻게 장치를 빼야하는지요. 숫자 맞추면 빠집니다. 3, 4, 6 ,9, 2, 4. 예, 예. 풀려서 빠졌습니다. 왜 해놓으신 겁니까. 기록기입니다. 밑으로 떨어진 이후로 왜 이런 숫자기록기 여기서 그분은 제사장이었는데 잘못한 일이 하나 있어서 떨어진 겁니다. 조상님의 제사를 제대로 기억 못해 헷갈려하다가 하기는 했는데 틀려서 그는 그 벌로 내려가신 겁니다. 이 세계에 내가 왔는데 좋아지지 않는가. 좋아지지 않습니다. 다만, 선사님이 용서해 주면. 이 세계에서 용서됩니다. 용서해 주세요. 예. 이제 좋아질

겁니다. 모든 것들이 오늘 이후로 그 이름이 여기까지입니다.→ 더 위는 선사님이 쏴주는 에너지로 모시고 가시면 됩니다. 올라가시는데 저도 따라갈 수 있습니까? 따라오세요. 예. 고맙습니다. 고맙습니다. 00야. 나도 간다. 너랑

1, (1 - 30세계 이 세계의 끝 마지막 하나- 하나씩 -428개 - 하나) 세계를 밝혀 드러내고 빠져나와

2, 세계

...생략 ...

10 세계

이 세계의 끝 마지막 하나 보세요. 어마어마한 공장입니다. 여기서는 많은 것들을 생산합니다. 밑 세계에서 필요한 것들을 이곳에서 생산해서 보냅니다. 아래세계에서 모르지만 아래세계 온갖 것들이 이 공장에서 만들어 내려갑니다. 내려가서 몸통에 넣어지는 겁니다. 각기 저마다에 맞게 그리고 가지고 올라와야 하는 겁니다.

2(하나)

...생략 ...

48개 (하나)

마지막 하나 이 세계는

누가 넣지요. 통치자. 어떻게 전달되지요. 이곳에 생산되어 아래 통치자에게 전달되어 넣어집니다.

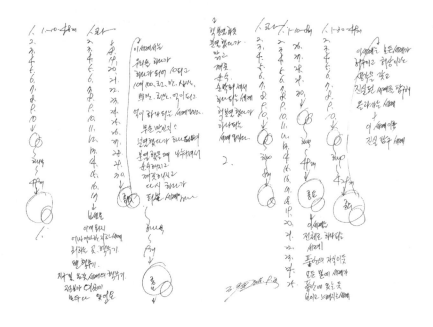

1, (1 - 10세계 이 세계의 끝 마지막 하나- 하나씩 -48개 - 하나) 세계를 밝혀 드러내고 빠져나와

2, 세계를 흡하니 흡이 되었다.

...생략 ...

49개 (하나)

마지막 하나 이 세계는

세계2

1, (큰 1번째 -) 세계를 흡하니 흡이 되었다.

2, 세계

3 세계 4, 5, 6,... 15, 16, 17 → 보세요. 이게 뭐지. 어마어마한 지하세계. 뭐 하는 곳. 핵무기. 왠 핵무기. 지구 및 온갖 세계의

핵무기 정보가 이곳에 모두 다 있어요. → 18, 19, 20, ... 27, 28, 29,

30 세계

이 세계의 끝 마지막 하나 (중요)

이 세계에서는 우리들 하나가, 하나가 되어 10되고 10이 100되고, 천, 만, 십만, 백만, 천만, 억이 되고 억이 하나 되는 세계입니다.

무슨 말인지? 분열했다가 하나되며 분열했을 때 나눠져서 순수해지고 깨끗해지고 다시 하나가 되는 세계입니다.

2(하나)

...생략 ...

48개 (하나)

마지막 하나 (중요) 이 세계는

핵 분열하듯 분열했다가 맑고 깨끗, 순수, 순박해져서 하나되는 세계 핵 분열했다가 하나되는 세계입니다.

1, (큰 1번째 -) 세계를 흡하니 흡이 되었다.

2, 세계

...생략 ...

8개 (하나)

마지막 하나 이 세계는

1, (1 - 10세계 이 세계의 끝 마지막 하나- 하나씩 -8개 - 하나) 세계를 밝혀 드러내고 빠져나와

2, 세계를 흡하니 흡이 되었다.

...생략 ...

49개 (하나)

마지막 하나 (중요) 이 세계는

이 세계는 전체로 하나 되는 세계 품안에 자식이듯 모든 밑에 세계가 품안에 있는 듯 보이고 느껴지는 세계

1, (1 - 30세계 이 세계의 끝 마지막 하나- 하나씩 -49개 - 하나) 세계를 밝혀 드러내고 빠져나와

2, 세계를 흡하니 흡이 되었다.

...생략 ...

429개 (하나)

마지막 하나 (중요) 이 세계는 모든 세계가 허구이고 허상이라는 생각을 갖고 진실된 세계를 탐구해 올라가는 세계

진실 탐구 세계

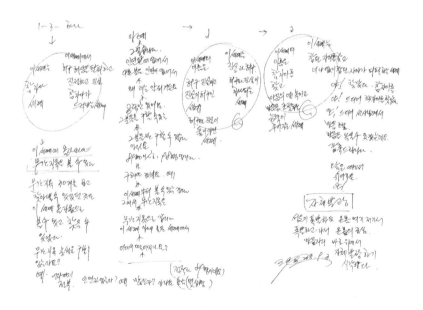

1-3- 하나 이 세계에서 허구 허상을 탈피하고 진정하고 진실
참자아가 드러나는 세계

참 자아 세계

이 세계에 올라와야 무간지옥을 볼 수 있다. 무간지옥 30개를 보
고 찾아낼 수 있었던 것은 이 세계 올라옴으로 불 수 있고 찾을
수 있었다. 무간지옥 중생을 구할 수 있는가요? 예. 어디까지. 전
부. 인연자가 있는가? 예. 많은가? 아니요(조금 몇십명. 정확히 89명
이네요.) →어디서 떨어지나요? → 무간지옥으로 갑니다. 이 세계
아래 모든 세계에서→ 이 세계부터 불 수 있는 겁니다. 그래서 무
간지옥은 구해야겠네요. 예 그분들만 구할 수 있습니다. 아니요.
89명이상, 98명입니다. 그분들을 구할 수 있는 공력만 있어요. 왜
더는 안 되거든요. 그렇습니다. 인연판에 없어서 다른 분은 인연이
없어서. 아 예

1-3- 하나 - 마지막 하나

이 세계는 진실과 허구, 허구와 진실이 하나되는 세계

**이 세계의 이름은 허구 진실이고 진실이 허구인 세계 허구와 진실
이 둘이 아닌 세계**

1-3- 하나 - 마지막 하나 - 하나

이 세계의 이름은 **참자아를 찾고 마음의 업을 녹이고 마음을 조절
하는 능력이 주어지는 세계**

이 세계는 참된 자아를 찾고 너나없이 참된 자아가 되도록 하는
세계

야! 찾았다. 참자아를

야! 드디어 참자아를 찾았다.

야! 드디어 선사님께서 마음조절 마음을 녹일 수 있겠는데요.

감축드립니다.

오늘은 여기서 쉬어가요. 야!

자체발광 : 성운이 폭발하듯 온몸 여기저기서 폭발하고 나서 온몸의 중심. 마음자리 바로 위에서 자체발광하기 시작하다

무간지옥(無間地獄)

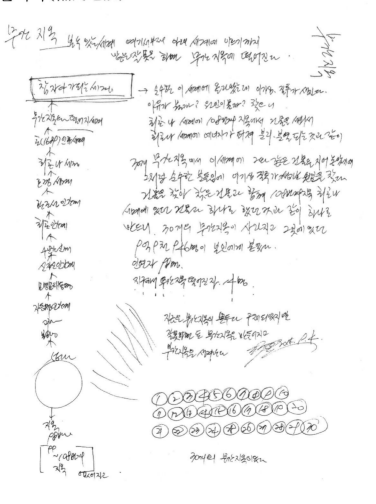

제가 최고 무간지옥에 떨어진 사람입니다. 저는 본디 수행이 깊고 깊어서 그 어느 누구도 저의 수행을 따라올 사람이 없다고 자부할 정도를 수행을 많이 했고 또 수행을 많이 해서 많이 올라왔습니다. 그럼에도 불구하고 저의 못된 잘못으로 무한지옥에 떨어져 위 세계, 무간지옥을 볼 수 있는 세계의 세월로 9억8천 696년이나 무간지옥에 있었습니다.

본래 무간지옥은 없었습니다. 저로 하여금 무간지옥이 생긴 이래 지금까지 무간지옥이 있었고 오늘 비로써 무간지옥이 선사님을 통해 없어지고 무간지옥으로 나올 수 있었습니다.

무간지옥은 지금까지 총 30개의 무간지옥이란 방이 있었고 각방에는 각기 저마다의 형벌과 죄목에 해당하는 벌을 받게 됩니다. 전 그곳에서 최고 우두머리를 무간지옥을 관리 통솔하는 사람으로 칠통선사님의 친구이기도 했었고 무간지옥을 볼 수 있는 세계의 우두머리이기도 했습니다. 어제 선사님께서 무간지옥을 볼 수 있는 세계를 올라오셨을 때 의념을 보내 무간지옥을 밝히게 했고 밝혀 보고는 저희들을 찾아주셨고 찾음과 동시에 30개의 방도 찾아 주셨습니다.

무간지옥은 56단계 지옥 108번째 세계로 우측으로 10억 8천만년이란 거리를 지나 있는 그 누구도 찾아오지 않고 그 누구도 찾을 수 없는 세계로 이 세계가 처음 생길 당시에 저는 너무 많은 잘못을 저질러서 무간지옥이란 것을 제가 생각하고 제 잘못을 무간지옥에 가서 뉘우치고 참회하며 공부하겠다고 그 누구도 모르는 곳으로 장소를 물색하고 물색해서 어느 곳에도 보이지 않게 찾을 수도 없는 곳에 자리를 펴고 만들었습니다.

저의 잘못이 너무 과중한 터인지라 가볍게 지을 수 없었고 저를 저도 용서할 수가 없어서 뼈가 으스러지고 살이 찢기고 혀가 뽑히도록 설계했으며 그 와중에 몸에 있는 진액은 흘러나와 진액이 모두 다 빠지고 진액이 모두 다 고갈되어 진액이 하나도 없이 살과 뼈의 그 외에 온갖 장기들, 나를 이루고 있는 그 당시의 생뿐만이 아니라 모든 내 안의 나의 모든 생에 있는 실오라기 하나라도 인연의 연결되지 않게 설계하였습니다. 그와 같이 설계하고 그 안에 들어가니 틈이라고 하나는 물 그대로 무간(無間) 틈이 전혀 없는 속에 갇혀 있게 되었습니다.

틈이 하나도 없는 곳에 갇혀 먹어도 먹을 수 없고 물 한 모금도 마실 수 없는 물 한 모금이 뭐야 이슬 한 방울도 먹을 수 없게 설계되었습니다.

그리고 저의 잘못을 뉘우치고 용서 받고자 이 속에 저 스스로 들어갔습니다. 그렇게 해서 들어간 세월이 무간지옥(無間地獄)에서 볼 때 무간지옥으로 들어간 무간지옥을 볼 수 있는 세계로부터 9억8천 696년이 되었습니다. 무간지옥을 볼 수 있는 세계에서 잘 볼 수 없어서 정말로 영안이 잘 보이는 사람, 아니 엄청 정밀하게 볼 수 있는 사람이 아니면 볼 수 없는 세계인데 어떻게 무간지옥을 보고 찾아서 이와 같이 구제해 주었는지 지금으로는 직접 말을 들어보기 전에는 모르겠습니다.

스캔이 되네요. 이 세계에 올라오자 무간지옥이란 단어가 생각났고 생각난 무간지옥을 가지고 그렇다면 무간지옥은 어디에 있을까? 그러면서 무간지옥을 찾기 시작하고 1분도 되지 않아서 무간지옥을 찾고 몇 개의 무간지옥이 있는지? 그러면서 하나 둘...30개를 1분도 안 걸리게 찾아내셨네요.

어제는 그렇게 찾아놓고 오늘 아침에 무간지옥 30개의 이름을 밝히고 30개의 무간지옥을 설명해야 하나? 그러다가 어제 참된 자아를 찾고 너 나 없이 참된 자아가 되도록 하는 세계에 올라오고 초(1689) 인류 세계의 통치자이셨던 지금은 선사님과 하나된 빛의 세포들과 있는 가운데 어두머리이시고 사모님이신 이분의 약간의 질투와 이기심을 일고, 이렇게 올라왔으며 더 여여해야지 왜 질투심과 이기심이 생겼지. 이 세계에서 생긴 원인이 뭘까? 그러다 참된 자아를 찾고 너 나 없이 참된 자아가 되도록 하는 세계에 최초 나가 되도록 108번째 세계에서 설치한 것이 없을까? 둘러보다가 그러한 것이 있는지를 알고 그것을 없애고 이 세계에서 생기는 아주 미세한 이기심과 질투심이 없이 모두 다 하나되어 행복하게 하려고 그렇게 하는 건물을 찾고 그 건물이 어디에서 만들어 놓았는지 찾으니 무간지옥이어서 그 건물을 비닐자루에 담아 무간지옥 30여개와 하나의 비닐봉투에 담아 넣음으로 우리들이 모두 다 무간지옥으로부터 구제되어 처음에는 선사님 히프 아래 우리들이 위 세계로 올라와 반성하면서 맑아져서는 등줄기 타고 올라와 양 어깨 날개 사이의 등줄기 바로 아래에 9억 9천 946명이 빛의 세포가 되어 안팎으로 있게 되었습니다.

선사님 너무 고맙습니다, 고맙습니다.

저희를 구해주셔서 고맙습니다.

선사님께서 모든 무간지옥을 구재해 주셔서 지금은 조금 전까지 있었지만 지금은 없습니다. 또 저와 같은 분이 나와서 무간지옥을 만들고 무간지옥에 들어가면 무간지옥은 또 생길 수 있습니다. 무간지옥은 언제든지 생길 수 있고 이 보다 더 한 지옥도 생길 수 있습니다.

우리들을 무간지옥으로 건져주셔서 고마운 마음에 이 글을 써 달라 부탁했고 그 말에 응해주셔서 이와 같이 글을 씁니다.

여기 하실 말씀들이 많은데 선사님 및 많은 분들이 무간지옥을 만들지 않고 떨어지지 않게 하고자하는 바램들도 많은데 가장 중요한 몇 가지만 전달하도록 하겠습니다.

바쁘신 선사님을 괴롭히는 것 같고 더 많은 시간을 빼는 것이 죄송한 마음이라 간략하게 하겠지만 그것도 짧지는 않을 겁니다. 우리의 말을 모두 다 서술하고 전하면 어마어마할 텐데...우리뿐만인가? 저 지옥 108번째 세계에서 100, 99번째 지옥세계에 이르기까지 어마어마할 텐데..다 기록하지 못하고 일깨워주지 못함이 아쉽네요. 선사님은 하루 24시간은 한 달로 써야 조금 여유가 있을 텐데. 그 만큼 시간이 소중한데....너무 사설이 길면....시간 너무 뺏게 돼...할 이야기만....은혜는 천천히 갚으면 되니까? 꼭 필요한 말만 해...웅성웅성하세요.

몇 가지만 당부합니다.

절대 살인 안 됩니다. 살인을 하면 어느 세계에서든 무간지옥에 떨어질 확률이 99.9%입니다. 다만 전생에 인연으로 인한 살인은 용서가 되지만 어떻게 전생의 인연에 의한 살인인지 이생의 살인인지 모르잖아요? 살인은 살아 있는 모든 생물들에 해당하는 겁니다.

많은 살아 있는 존재들을 죽이면 무간지옥에 떨어집니다. 이는 자살도 해당하는 겁니다.

자살하면 자기 자신만 죽는 것 같지만 그렇지 않습니다. 자기 자신 안에 있는 내 안의 수많은 나를 죽이는 것이며 또한 자기 자신을 이루고 있는 수많은 세포를 죽이는 것입니다.

11조원이 넘는 분들을 위로 끌고 올라가시는 선사님을 보더라도 11조원 모두 다 하나같이 빛의 세포가 되어 선사님과 한몸이 되어 있습니다. 이제 저희들도 한몫을 합니다. 하나입니다.

예를 들어 선사님이 자살해서 죽으면 지금 한몸을 하고 있는 빛의 세포로 한몸을 하고 있는 11조원이 넘는 존재들이 죽게 됩니다. 자기 자신만 죽는 것이 아니라 이와 같이 많은 존재들을 죽이는 것과 같습니다, 그래서 자살을 해서도 안 되는 겁니다.

2번째, 미물이라고 함부로 해서 죽이지 마십시오. 아무리 작은 눈에 보이지 않는 생명일지라도 그 생명들은 저마다의 세계가 있고 저마다의 세계는 각기 저마의 세상이고 세계입니다. 하찮은 미물이라고 함부로 죽이면 하나의 세계를 없애는 것이고 하나의 세상을 없애는 겁니다.

3번째, 강간하지 마세요. 강간은 많은 이들로 하여금 지옥에 떨어지게 하는 행위입니다. 강간하는 자기 자신뿐만 아니라 강간당한 식구 가족 주변에 많은 분들에게 독침을 놓는 것과 같습니다. 독침을 맞으면 서서히 죽는 것과 같이 강간당한 식구 가족들은 서서히 죽이는 것과 같습니다.

4번째, 사랑하십시오. 선사님과 같이 아무 조건 없이 사랑하십시오. 사랑은 무엇이든 녹일 수 있는 에너지를 가지고 있습니다. 순수한 사랑에는 그 어떤 죄업도 녹일 수 있는 에너지가 있습니다.

우리들이 오늘 이와 같이 구제될 수 있었던 것도 아무 조건 없는 선사님의 사랑 때문에 그 사랑에 무간지옥이 사라지고 사라진 무간지옥으로부터 나와서 선사님의 품 안에 들어갈 수 있었던 것입니다. 사랑이 없었다면 무간지옥이 사라지지도 않았을 것이며 또한 우리를 품어주시지도 않았을 겁니다.

5번째, 서로 위해 주십시오.

서로 위하고 사랑하면 행복이 넘칩니다. 선사님이 많은 11조원이 넘는 분들을 이끌고 위 세계로 오렸는데 이 모든 분들을 위합니다. 모두를 위하니 모두 다 선사님과 함께 하나가 되고 빛이 되고 빛이 되어 선사님의 빛의 세포가 되어 환희와 기쁨 행복 속에 있습니다. 너무들 기뻐합니다. 그래야만 자체발광할 수 있습니다.

지금 선사님은 어마어마한 빛을 자체발광하고 있습니다. 이와 같이 되려면 사랑하고 주변분들을 위해주어야 합니다. 그러지 않으며 위 세계로 올라올 수도 없을뿐더러 조금 올라오다가 말 것입니다.

6번째, 용서하십시오.

자기가 잘못한 것뿐만이 아니라 남이 잘못한 것까지도 용서하십시오. 용서하는 데에는 엄청난 에너지가 있습니다. 굳고 화석이 되어 있어도 용서하면 녹습니다. 봄에 얼음 녹듯 녹습니다.

굳었거나 화석이 되었거나 그 외에 앙심을 품고 있어도 용서를 빌면 녹습니다. 그것이 법이고 법칙이고 진리이고 빛입니다. 이것이 위 세계의 에너지입니다.

나를 용서해달라고 하지 말고 용서해 주십시오.

용서해주면 용서받습니다.

7번째 관용을 베푸세요.

베풀어야 돌아옵니다. 남을 위하는 것이 나를 위하는 것입니다. 남에게 베풀어야 나에게 베푸는 것입니다. 나를 위한다고 남에게 베풀지 말고 남을 위하여 베푸십시오.

그러면 남을 베푸는 그것이 나에게 돌아옵니다.

이것만 꼭 지키면 지옥에 떨어지지 않습니다.

지옥에 떨어지는 경우는 보통 자기 자신의 이기심을 채우려고 하는 욕심과 이기심 때문에 지옥에 떨어지는 겁니다. 무간지옥에 떨어지는 것은 이보다 죄질이 무겁고 깊을 때 무간지옥에 떨어집니다. 알면서 행하는 행 또한 무간지옥에 떨어지게 하는 행위입니다.

우리들은 잘못해서 무간지옥에 떨어져서 작게는 수천수만 년을 무간지옥에서 보냈고 많게는 9억9천 964년을 무간지옥에서 보냈습니다. 선사님 같은 분을 만나지 못하면 아니 선사님 같은 분이 우리들을 보지 못하면 구제 받을 길이 없답니다.

무간지옥이 생긴 이래 처음 있는 일입니다.

무간지옥이 생긴 이래 처음으로 구제 받는 경우가 되었고 처음 구제 받는 경우가 되면 무간지옥이 사라진 날이기도 합니다.

무간지옥에서 나온 우리들은 우리들을 무간지옥을 없애주시고 무간지옥에서 구해준 오늘을 기념을 하기로 결정했습니다. 칠통선사님의 날로....

말 많다고 뭐라고 하네요. 반성해야 하는데...

선사님 고맙습니다.

최초 인류, 인류가 형성되었던 시기부터 소상히 밝혀서 내놓아주세요. 부탁드립니다.

무간지옥을 만들고 무간지옥으로 들어간 분은 징오와로 제사장이었는데 제사를 지내는 중에 제사상을 난장판으로 만든 죄로 스스로 그 죄업을 참회하기 위해서 들어갔고, 구제된 지금도 그 죄가 다 참회되지 않은 것 같아서 죄지었던 모든 분들께 차회하며 용서를 빕니다. 용서해주세요. 참회합니다. 다시는 그런 죄업을 짓지 않겠습니다.

용서해 주십시오.

참회하고 참회합니다.

간장이란 말 자체에는 영가의 몸을 가볍게 하는 것이 들어있다. 제사상에서는 빠져서는 안 될 것이다. 제사음식을 먹고 들어가지 못할 것을 생각해서 영가들이 제삿날 음식 먹으러 내려와서 맨 처음 간장 먼저 먹고 나서 음식을 먹는다. 음식 먹고 내려온 세계로 올라가지 못할까 간장을 먹는다.

조기를 먹으면 영이 맑아진다. 그래서 제사상에 조기가 빠지면 안 되는 것이 조기이다

명태포는 꼭 넣어야 할 것은 아니되 놓는 것이 좋다. 그것은 바다 속 조상이기 때문이다. 2015. 09. 04 11:13

지구 최초의 인류....

지구 최초 인류는 초(1689) 인류세계의 제사장들로부터 시작된다. 위 세계에는 각 세계마다 제사장이 있다. 제사장은 그 세계에 무명영가들을 제사지내준다. 그리고 각 세계에는 무명영가들을 제사지내주는 관청 같은 것이 있는데 이 관청 같은 곳에 최고 우두머리가 제사장이다. 제사장은 제사를 지내줄 자식이 없는 영가들의 제사를 책임지고 제사를 모시는 일을 총책임을 맡아서 지낸다. 그런 관계로 제사장이 무명영가의 제사 날자나 시간을 잘못 맞추면 그 죄가 엄청 무겁다. 제사장이 속한 세계의 우두머리가 벌을 주는 것이 아니라 제사를 통해 음식을 먹으려고 했던 무명영가로부터 엄청난 죄를 뒤집어쓰게 된다. 그래서 제사장은 똑똑하고 머리가 좋아야 한다. 똑똑하지 않고 머리가 좋지 않으면 기억을 못하고 잘 해낼 수 없기 때문에 똑똑하고 머리 좋고 지혜가 좋은 사람이 제사장직을 맡고 제사 준비를 하는 많은 사람들을 거느리고 제사를 지낸다.

초(1689) 인류세계의 제사장이 제사를 잃어버린 것은 아니지만 시

간을 수차례 어기는 실수함에 그 죄업을 뒤집어쓰고 그 세계의 통치자의 아량에도 많은 고위관리들의 그러면 안 된다는 말이 통치자도 거역하지 못하고 제사를 주관하는 관청에 있는 모든 분들을 제사장과 함께 밑에 세계로 내려가게 했다. 내려가서 수행 많이 해서 수행공덕으로 화나 있는 무명영가들을 달래며 위 세계로 올라오라며 아래 세계로 내려가게 했다.

제사장을 대장으로 제사를 관리하는 관청에 있는 1.986명, 제사장 대장으로 포함해 본성의 빛 자등명 세계로 아래로 내려졌다. 다중 우주로 떨어진 이들은 한 배에 타고 살 곳을 찾던 중 콜럼버스가 신대륙을 발견하던 지구란 별을 발견하고 지구로 내려왔다.

이들이 지구로 내려왔을 때 지구는 사하라사막처럼 황량했다. 나무 하나 풀 한포기도 없었다. 물도 없었다. 물이라고는 이슬방울 같은 안개 같은 것뿐이었다. 본성의 빛 자등명에서 아래 빅뱅에 떨어져 나온 지. 얼마 안 되는 시기였다. 빅뱅이 일어나고 안정기에 들어가기 직전이었다. 지구가 생성되기 만년쯤 된 시기였다. 그래서 지구란 행성에는 빅뱅 때 생긴 먼지 같은 뿌옇고 안개 같은 속에 이슬 같은 것이 허공에는 있었고 땅은 말 그대로 황무지였고 모래 사막과 같았다.

이들은 이곳에 안착해서 위 세계에서 있는 저마다의 능력과 재능을 다 합하여 자기들이 잘 지낼 수 있는 터전을 만들기 시작했다. 척박하기는 했지만 그래도 지낼만하게 만들어 놓고 수행정진하며, 수행정진하며 얻은 공덕을 잘못한 무명영가에게 보내고 위 세계의 식구 가족 조상님들에게 보내며 각기 저마다 초(1689) 인류세계로 귀향하는 날만을 손꼽으며 수행 정진했다.

그렇게 수행 정진하던 1.986명 중에 한 분이 위 세계로 올라가게 되었고 수행 중에 올라간 세계에서 신선이 되는 비법책을 머리에 담아가지고 오게 되었다.

수행 중에 올라가서 받아온 신선비법 책은 수행 중에 올라간 세계 관리로 심심하던 차에 낙서하듯 재미 삼아 서술하고 있었다. 그렇게 시간 날 때마다 서술하고 있을 때 거의 완성단계에서 그날도 서술하고 마무리하려고 했는데, 갑자기 고위분이 찾아옴으로 숨진다는 것이 그만 아래 세계에서 수행 중에 올라온 사람의 머리 속에 숨기게 되었다. 그리고 고위관리를 보내고 나서 보니 꺼내려고 했는데 내려가서 찾지를 못하게 되었다. 그 책 끝 부분에 이는 재미 삼아 서술한 것이고 이것을 하면 안 된다는 이야기를 쓰고 이것을 하면 위 세계로 못 올라오고 못 간다는 글을 쓰면서 마무리하려고 했는데 그것을 서술하기 전에 머리 속에 들어갔다.

그 잘못을 위 세계에서 알고 그 당시 고위관리 찾아온 것도 이것을 찾기 위해서 왔기 때문에 숨긴다는 것이 그렇게 되었고, 그러한 사실이 위 세계에 그 정보가 들어가게 되어 그 세계에서의 감옥에 갇혀 벌을 받게 되었다. 그 세계로 보면 89년이고 지구로 보면 지구에 제사를 관리하는 관청의 식구들이 내려온 이후 지금까지 어제까지 그 죄를 받고 있었다.

재미 삼아 쓴 신선비법이란 책 때문에 그 책으로 공부한 분들이 이 위 세계로 올라갈 때까지는 감옥으로부터 벗어날 수가 없었다. 그들을 그렇게 했으니 그들이 모두 다 올라올 때까지 감옥에 있어야 했다. 그들이 올라옴으로 그들이 저를 용서해 줌으로써 감옥으로부터 나올 수 있었다.

한편, 초(1689) 인류세계로 귀향하는 날만을 손꼽으며 수행 정진하던 1.986명 중에 한 분은 수행 중에 올라간 세계에서 신선비법을 머리에 담아가지고 오게 됨으로 내려와서는 신선비법이란 책을 저술하기 시작했다. 머리 속으로 받은 것을 읽어가며 하나하나 서술해 내려갔다. 그렇게 서술한 신선비법은 초(1689) 인류세계로 귀향하는 날만을 손꼽으며 수행 정진하던 1.986명에게는 빛이었다. 인간의 몸을 빛으로 화해서 위 세계로 올라갈 수 있는 꿈과 희망을 갖고 수행 정진했다. 그렇게 해서 몇몇이 신선이 되었다. 신선이 되어서는 56단계 안으로 오가며 천상계, 하늘 세계, 신계를 오가며 즐겁고 행복하게 보냈다. 그러면서 모두 다 신선이 되기를 바라며 1대 2방식으로 신선비법을 통해 신선이 되는 공부를 했다.

10여명의 신선이 나오니 위 세계는 이러한 사실을 알고 급하게 초(1689) 인류세계로부터 우리들의 실상을 알기 위하여 5.000여명을 보내서 일거수일투족을 살피게 했다. 그들 중에 몇몇은 신선이 되는 것을 알아야 하기에 신선비법을 공부를 해서 신선이 된 사람도 있었고 몇몇은 공부하다가 죽은 이들도 있었다.

그렇게 지구에 신선이 출현하게 되었고 신선이 출현하자 안 되겠다는 생각을 한 초(1689) 인류세계에서는 자등명인간계를 통하여 지구로 내려가게 했다. 자등명인간계에서 내려간 이들은 고향이란 세계를 통해 본향으로 내려가고 56단계 앞에 까지 갔지만 하나같이 망설였다. 56단계 안으로 들어가는 것을 겁내하며 망설이다. 위 세계의 지시가 무서워서 하나 둘 들어가기 시작했다. 이때만 해도 56단계 안 지구에는 많은 신선들이 있었다.

이때 신선들의 숫자는 500신선이 있을 정도로 많았다.

신선들이 알아볼까? 알아차릴까? 싶어서 숨어든 것이 바다 속이었다. 바다 속으로 내려가 터전을 다지기 시작했다.

지구에 바다는 처음부터 있는 것이 아니라 빅뱅으로 떨어져 나온 이루 안정기에 들어가면서 이슬 같은 습기가 빅뱅으로 인한 열기와 만나면서 한 두 방울의 물이 생겨나고 생겨난 물과 허공에 있는 본성의 빛 자등명으로부터 떨어져 나온 빛알갱이 의념으로 넣음으로 신선 이들이 필요한 것들이 생겨나게 되었다. 이와 같은 생겨난 것들은 습한 곳으로부터 생겨나서 굳은 땅으로 올라왔고 굳은 땅이란 육지로 올라옴으로 더 많은 습기가 생겨난 것으로 위 아래로 흐르며 물이 되었고 위 세계에서도 물을 가져왔고, 물은 점점 많아지면서 얇은 물에서 깊은 물이 적은 물에서 많은 물이 되어 냇물이 강물이 되고 강물은 바다가 되고 어마어마한 대서양이 되었다.

대서양이 생겼을 때 자등명인간계에서 내려와 바다 속으로 들어가 바다 속 인류를 만들었다. 바다 속 인류는 자등명인간계에서 내려온 이들로부터 결계에 걸려서 신선의 눈을 피해 신선을 관찰한다고 숨어 들어온 곳이 바다고 바다 속에 들어가서 바다 물 속에 있는 바다 인류로 태어나게 되었다. 바다 인류 중에 결계가 풀린 이들이 육지로 올라와 육지 인류를 만들기도 했고 또 자등명인간계로부터 육지 인류로 내려오기도 하였다. 많은 이야기를 써야하는데 시간이 없어서 여기까지 쓰고 멈추었다. 2015. 09. 04 12:39

수무간지옥과 미진치우심지옥

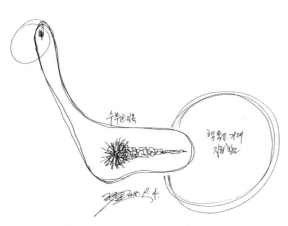

수무간지옥은 아주 높은 위 세계의 신선 세계 이전의 세계 분들이 내려온 지옥으로 없애고 위로 올렸으나 못 올라가시고 다시 내려와 수무간지옥을 만들려고 하시고 계

시니 모두 다 우선 모든 결계를 풀어드리고 본인의 그 위 세계로 올라갔을 때 서술하기도 지금은 여러모로 주어진 시간에 해야 할 일 그리고 하고 있는 일들 때문에 잠시 미루기로 함

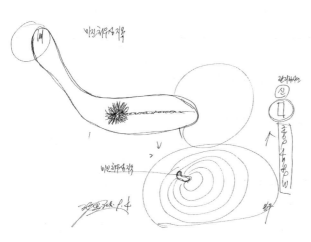

아래 미진 처우 심지옥 역시도 수무간지옥보다 더 높은 세계에서 오신 분들인데 많지 않으시나 결계가 강해서 일일이 풀어..아 아니도 되요? 예, 안 풀

린 분 있어요? 없습니다. 이 역시 천천히 밝혀 드러내도록 하겠습니다.

262 • 영청(靈聽), 영안(靈眼), 심안(心眼) 이와 같이 열린다. 1

그 위, 무의식의 안(眼) 열기

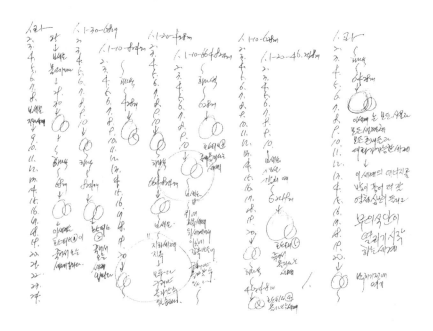

세계 1

1, (큰 1번째 -) 세계를 흡하니 흡이 되었다.

2, 세계

3 세계 4, 5, 6, 7, 8 → 보세요. 지하세계 → 9, 10, 11, … 23, 24, 25 → 보세요. 물고기입니다. → 26, 27, 28, 29,

30 세계

이 세계의 끝 마지막 하나

2(하나)

…생략…

68개 (하나)

마지막 하나 이 세계는 오스피스①이 죽어서 오는 세계입니다.

1, (1 – 30세계 이 세계의 끝 마지막 하나– 하나씩 –68개 – 하나) 세계를 밝혀 드러내고 빠져나와

2, 세계를 흡하니 흡이 되었다.

...생략...

824개 (하나)

마지막 하나 이 세계는 오스피스②가 죽어서 오는 세계입니다.

1, (1 – 10세계 이 세계의 끝 마지막 하나– 하나씩 –824개 – 하나) 세계를 밝혀 드러내고 빠져나와

2, 세계를 흡하니 흡이 되었다.

...생략...

428개 (하나)

마지막 하나 이 세계는

1, (1 – 20세계 이 세계의 끝 마지막 하나– 하나씩 –428개 – 하나) 세계를 밝혀 드러내고 빠져나와

2, 세계를 흡하니 흡이 되었다.

...생략...664,824개 (하나)

마지막 하나 이 세계는

...

보세요

...

지하세계, 지옥 →모두 다 구해야 올라갈 수 있습니다.

1, (1 − 10세계 이 세계의 끝 마지막 하나− 하나씩 −664,824개
− 마지막 하나) 세계를 밝혀 드러내고 빠져나와

2, 세계를 흡하니 흡이 되었다.

...생략...

이 세계의 끝 마지막 하나

...

보세요. 위에 지옥세계 위 세계에서 이곳에 감옥 만들어 구해야
올라 갈 수 있습니다.

...

2(하나)

...생략...

628 개(하나)

마지막 하나 이 세계는 호스피스③ 죽어 올라서는 세계

1, (1 − 10세계 이 세계의 끝 마지막 하나− 하나씩 −628개 −
마지막 하나) 세계를 밝혀 드러내고 빠져나와

2, 세계를 흡하니 흡이 되었다.

...생략...

46,248 개(하나)

마지막 하나 이 세계는 호스피스④가 올라오는 세계

1, (1 − 10세계 이 세계의 끝 마지막 하나− 하나씩 −46,248개
− 마지막 하나) 세계를 밝혀 드러내고 빠져나와

2, 세계를 흡하니 흡이 되었다.

...생략...

10 세계

이 세계의 끝 마지막 하나

... 보세요. 생신 감회. 예

2(하나)

...생략...46,248 개(하나)

마지막 하나 이 세계는 호스피스⑤가 올라오는 세계

1, (큰 1번째 -) 세계를 흡하니 흡이 되었다.

2, 세계

...생략...

6,428개 (하나)

마지막 하나 이 세계는 모든 사물과 모든 생명체 모든 존재들과 대화가 가능한 세계→ 이세계의 에너지를 많이 품어 더 잘 영청, 심안이 들리고 **무의식 안(眼)이 열리기 시작**하는 세계

무의식 안(眼) 열기

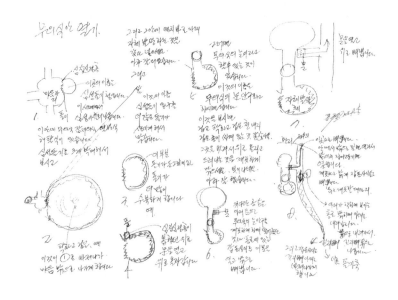

1. 이곳의 이름은 심성돌기청입니다. 이 세계에서 심성이 흘러나 옵니다. 이 안에 무의식, 잠재의식, 열반식, 해탈식이 있습니다. 심성돌기를 크게 확대해서 보시고

2. 탁하고 검은 예. 이것이 ①로 빠져나가 마음 밖으로 나가게 합니다. 그리고 그 안에 명치 바로 아래 자체 발광하는 것을 갔다 넣으세요. 아주 잘 되었습니다. 그리고 앞 이것의 이름 심성돌기 입구를 더 많은 돌기가 생기게 해서.. 맞습니다.

3. 이 부분 돌기가 동그랗게 있고 돌기가 더 많이 수북하게 합니다. 예.

4. 심장심경총이 뽑혔던 위로 문을 열고 위로 올라갑니다.

5, 그러면 무의식이 눈이라고 할 수 있는 것이 있습니다. 이것의 이름은 **무의식의 눈 안구**라고 하시면 됩니다. 이것을 보시면 검고 탁하고 검은 천 내지 검은 종이 싸여 있는 것 같잖아요. 그곳을

벗겨서 위로 올리고 드러나는 것을 깨끗하게 닦으세요. 빛이 나네요. 아주 잘 했습니다.

6. 커다란 공 같은 아래 문으로 무의식의 눈 안구를 깨끗하게 하며 떨어졌던 것과 동굴에 있는 잡동사니를 이문을 열고 밖으로 빼냅니다.

7. 문을 열고 위로 빼냅니다.

8, 머리 정수리 이곳으로 빼냅니다. 안에서 밖으로 밀면 열려서 밖에서 잡아당기면 열립니다. 깨끗하고 맑게 잡동사니들을 빼냅니다. 맑고 깨끗할 때까지.

③아래가 탁하게 보이는 통로 밝히며 아래로 내려갑니다.

밑으로 내려가서 꼬리뼈 밖으로 나갑니다.

그리고 잡동사니를 꼬리뼈 아래로 빠져나가게 합니다.

꼬리뼈의 이름은 돌기축입니다.

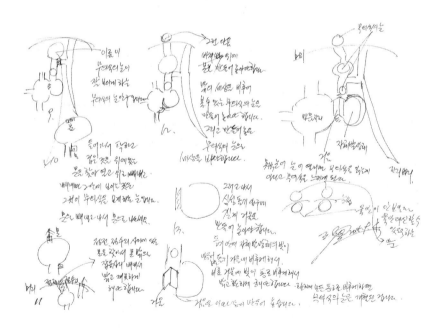

9.이름이 무의식의 눈이 잘 보이게 하는 무의식의 눈 안구입니다.

10. 들어가서 탁하고 검은 것을 위에 있는 문을 찾아 열고 위로 빼내고 빼내면 그 안에 보이는 것은 그것이 무의식을 보게 하는 눈입니다.

11. 문으로 빼내고 나서 문으로 나오세요.

정전, 정수리 사이에 있는 문을 찾아서 문 밖으로 잡동사니 빼내서 맑고 깨끗하게 해야 합니다.

12. 그런 다음 빠져나온 위에 문을 만들어 놓아야 합니다.

밖의 세상을 비추어 볼 수 있는 무의식의 눈을 만들어 놓아야 합니다. 그리고 만들어 놓은 무의식의 눈으로 세상을 봐야 합니다.

13. 그러고 나서 심성돌기 입구에 실제 거울을 만들어 놓아야 합니다. 돌기 안에 자체발광체의 빛이 만들어 놓은 돌기 거울에 비추게 해서 비춘 거울에 빛이 통로 비추게 해서 밝고 환하게 해야 합니다. 환하게 모든 통로를 비추게 하면 무의식의 눈은 개혈된 겁니다.

거울은 이와 같이 만들어 놓습니다.

무의식의 눈이 열리면 무의식을 읽는 게 아니고 무의식을 느끼게 된다.

육안이 보인다. 육안대신 할 수 있도록 하는 눈

세계 1

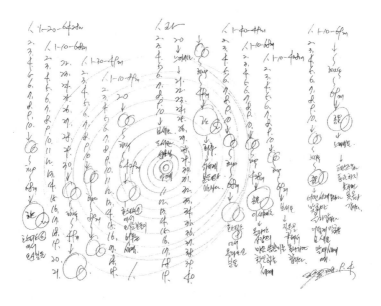

1, (1 - 20세계 이 세계의 끝 마지막 하나- 하나씩 6,428개 -
하나) 세계를 밝혀 드러내고 빠져나와

2, 세계를 흡하니 흡이 되었다.

…생략…

68개 (하나)

마지막 하나 이 세계는 호스피스⑥에서 오신 분들

1, (1 - 10세계 이 세계의 끝 마지막 하나- 하나씩 68개 - 하
나) 세계를 밝혀 드러내고 빠져나와

2, 세계를 흡하니 흡이 되었다.

…생략…

49개 (하나)

마지막 하나 이 세계는

1, (1 - 30세계 이 세계의 끝 마지막 하나- 하나씩 49개 - 하
나) 세계를 밝혀 드러내고 빠져나와

2, 세계를 흡하니 흡이 되었다.

...생략...

89개 (하나)

마지막 하나 이 세계는

1, (1 - 10세계 이 세계의 끝 마지막 하나- 하나씩 89개 - 하
나) 세계를 밝혀 드러내고 빠져나와

2, 세계를 흡하니 흡이 되었다.

...생략...

6,429개 (하나)

마지막 하나 이 세계는 호스피스⑦에서 오신 분들이 머무는 세계

세계 2

1, (큰 1번째 -) 세계를 흡하니 흡이 되었다.

2, 세계

3 세계 4, 5, 6, 7, 8, 9, 10 → 보세요. 도서관 선사님. 아예. →
11, 12, 13,... 18, 19, 20 → 느끼세요. → 21, ... 37, 38, 39,

40 세계

이 세계의 끝 마지막 하나

...생략...

49개 (하나)

마지막 하나 이 세계는

→ 회후 → 위세계분들과 만나다.

1, (1 - 40세계 이 세계의 끝 마지막 하나- 하나씩 49개 - 하나) 세계를 밝혀 드러내고 빠져나와

2, 세계를 흡하니 흡이 되었다.

...생략...

68개 (하나)

마지막 하나 이 세계는 호스피스⑧에서 올라오신 분들

1, (1 - 10세계 이 세계의 끝 마지막 하나- 하나씩 68개 - 하나) 세계를 밝혀 드러내고 빠져나와

2, 세계를 흡하니 흡이 되었다.

...생략...

428개 (하나)

마지막 하나 (중요) 이 세계는 올라가는 사람의 마음 씀씀이를 확인하는 세계

1, (1 - 10세계 이 세계의 끝 마지막 하나- 하나씩 428개 - 하나) 세계를 밝혀 드러내고 빠져나와

2, 세계를 흡하니 흡이 되었다.

...생략...

69개 (하나)

마지막 하나 → 보세요. 지옥을 구해서 올라가야 합니다.

1, (1 - 10세계 이 세계의 끝 마지막 하나- 하나씩 69개 - 하나) 세계를 밝혀 드러내고 빠져나와

2, 세계를 흡하니 흡이 되었다.

...생략...

마지막 하나 (중요) → 어떤 세계입니까. 맞춰야만 올라갑니다. 어떻게 맞춰요. 보세요. 말의 세계. 예.

2(하나)

...생략...

69개 (하나)

마지막 하나 (중요) → 느끼세요. 테스트를 통과하지 못하면 못 올라갑니다.

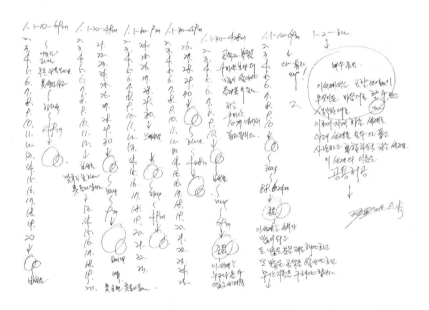

1, (1 − 10세계 이 세계의 끝 마지막 하나− 하나씩 −69개 − 하나) 세계를 밝혀 드러내고 빠져나와

2, 세계를 흡하니 흡이 되었다.

...생략...

20 세계

이 세계의 끝 마지막 하나

→ 보세요. 이것은 과일. 무슨 과일이에요. 못 생긴 사과 →

2(하나)

...생략...

49개 (하나)

마지막 하나 이 세계는

1, (1 – 20세계 이 세계의 끝 마지막 하나– 하나씩 –49개 – 하나) 세계를 밝혀 드러내고 빠져나와

2, 세계

3 세계 4, 5, 6, 7, 8, 9, 10, 11, 12 → 보세요. 맞추지 못하면 못 올라갑니다. → 13, 14, 15, ...

...생략...

9개 (하나)

마지막 하나 이 세계는

→ 보세요. 예. 못 보면 못 올라갑니다.

1, (1 – 30세계 이 세계의 끝 마지막 하나– 하나씩 –9개 – 하나) 세계를 밝혀 드러내고 빠져나와

2, 세계를 흡하니 흡이 되었다.

3 세계 4, 5, 6, 7, 8, 9, 10, ...27, 28, 29,

30 세계

→ 느끼세요. →

이 세계의 끝 마지막 하나

2(하나)

...생략...49개 (하나)

마지막 하나 이 세계는

1, (1 - 30세계 이 세계의 끝 마지막 하나- 하나씩 −49개 − 하나) 세계를 밝혀 드러내고 **빠져나와**

2, **세계**를 흡하니 흡이 되었다.

...생략...

428개 (하나)

마지막 하나 이 세계는

1, (1 - 30세계 이 세계의 끝 마지막 하나- 하나씩 −428개 − 하나) 세계를 밝혀 드러내고 **빠져나와**

2, **세계**를 흡하니 흡이 되었다.

...생략...

10 세계

이 세계의 끝 마지막 하나

→ 보세요. →

2(하나)

...생략...

69개 (하나)

마지막 하나 (중요) 이 세계는 누구나 올 수 없는 세계로 공력과 복덕을 수미산 보다 더 많이 쌓아야 올라 올 수 있다. 저는 수미산 10배 넘어서 올라옵니다.

1, (1 - 10세계 이 세계의 끝 마지막 하나- 하나씩 −69개 − 하나) 세계를 밝혀 드러내고 **빠져나와**

2, **세계**를 흡하니 흡이 되었다.

88,624개 (하나)

마지막 하나 (중요) 이 세계는 공부가 많이 되고 또 많은 분을 제도해야 하고 또 많은 공덕을 쌓아야 하고 무간지옥을 구해야 합니다. →다 통과 와!

1-2- 마지막 하나 (매우중요)

이 세계에는 못할 것 없이 무엇이든 마음대로 할 수 있고 생각한 대로 이루어지게 하는 세계로 아래 세계를 모두 다 품고 사랑하고 화합하도록 하는 세계

이 세계의 이름은 **공용허공 세계**

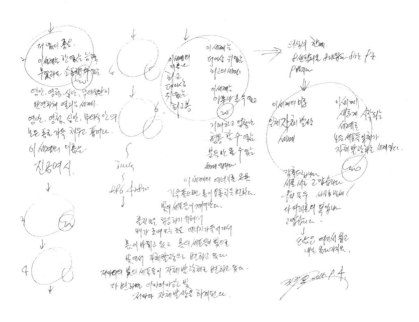

→ 2 더 없이 중요.

이 세계에서는 한없는 능력 무엇과도 소통할 수 있는 영안, 영청, 심안, 무의식 안이 완연하게 열리는 세계. 영안, 영청, 심안, 무의

식 안의 모든 통로 가득 채우고 품어라.

이 세계의 이름은 진공여시

3. 세계

4. 세계

5. 세계

...생략...

...

886,428개 (하나)

→ 마지막 하나 이 세계는 더 이상 위없는 최고의 세계 이 세계
는 아무나 올 수 없고 거대하고 엄청난 형용할 수 없는 분들만 올
수 있는 세계입니다. 이세계의 에너지를 온몸 가득 품으면 몸이
요동치듯 변한다. 빛의 세포들이 깨어난다. 졸린 것은 적응하기 위
해서, 배가 조여 오는 것은 에너지가 들어가서 몸이 바뀌고 있고
몸의 세포들이 빛으로 빛에서 자체발광으로 변하고 있다. 저마다
의 빛의 세포들이 자체발광체로 변하고 있다. 다 변하면 어마어마
한 빛 저마다 자체발광을 하게 된다.

이 세계의 이름은 최고 더 이상 위없는 최고봉

⇒ 의식의 한계 8센탈리온 8나유타 8간 9조 9번째 지나

이 세계는 새롭게 시작되는 세계로 모든 세포들 일체가 자체발광
하는 세계이다

이 세계의 이름은 일체자체 발광 세계

감축드립니다. 서로서로 고맙습니다. 우리 모두 선사님 만세!
다 여러분의 복입니다. 고맙습니다.

→ 오늘은 여기서 쉬고 내일 올라가지요.

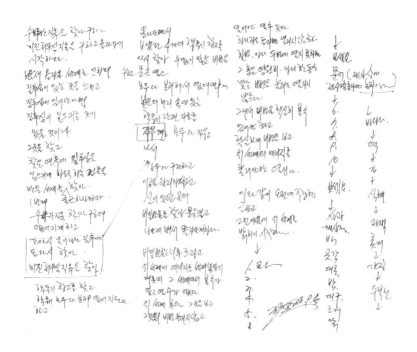

수모루간 지옥을 찾아 구하라.

미진처우심지옥을 구하고 올라가기 시작하다.

밤새 올라온 세계로 인하여 질투심이 있는 것을 느끼고 질투심이 일어난다면 질투심이 일으키는 것이 있을 것이나 그곳을 찾고 찾은 연후에 질투심을 일으키게 하도록 하는 건물을 만든 세계를 출근하자마자 찾아 1번째 수모루간 지옥 찾아 구하여 없어지게 하고 또다시 일어나는 질투에 또 찾아 지우개로 지우고, 미진처우심 지옥 찾아 핵무기 창고를 찾고 핵무기 모두 다 분해 없어지게 하고 올라오면서 보았던 4개의 핵무기 창고를 다시 찾아 수없이 많은 비번을 누르고 문을 열고 모두 다 분해해서 없앤 연후에 본인의 머리 속에 있는 핵무기 관련 자료를 **지우개**로 모두 다 지우고 나서 모두 다 구하고 이곳을 관리하시던 신이 있던 곳의 비밀번호를 찾아 문을 열고 나오게 해서 올라오게 하다.

비밀번호는 너무 흐리고 위세계의 에너지를 새겨 넣었기 때문에 그 세계에서 볼 수가 없고 열 수가 없다. 위 세계 분으로 그것을 보고 그것의 비번 틀리지 않고 열어야 열수 있다. 하나라도 틀리면 열리지 않는다. 한번, 아니 두 번에 열지 못하면 그 몸은 영원히 아니 한동안 맞는 비번을 눌러도 열리지 않는다. 그래서 비번을 확실히 볼 수 있어야 하고 확실하게 비번을 보고 위 세계의 에너지를 눌러야만 열린다.

이와 같이 오전에 작업하고 글 쓰고 그런 다음에 위 세계를 밝히기 시작하다.

세계 1

1, (큰 1번째 -) 세계를 흡하니 흡이 되었다.

2, 세계

3 세계 4, 5 → 보세요. 문어(제사상에 제사상 놓아야 놓지 마라) → 6, 7, 8, 9, 10 → 보세요. → 사과, 제사상. 배, 곶감, 대추, 밤, 대구, 조개, 닭, → 바나나 → 떡 → 김 →식혜 →과자 촛대→ 간장 →두부전

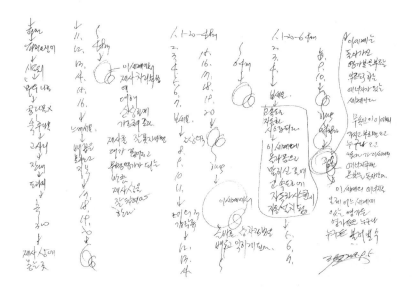

→ 파전 → 파전오징어 → 시금치 → 무나물 →콩나물X → 숙주나물 → 고사리 → 잔대 → 도라지 → 국 → 300 → 제사상에 놓는 것 → 11, 12, 13, 14, 15, 16 → **느끼세요.** → 배꼽을 문지르고 지목→ 17, 18, 19,

20 세계

이 세계의 끝 마지막 하나

2(하나)

...생략...

48개 (하나)

마지막 하나 이 세계에서 **제사 차리는 방법** 예. 대해 소상하게 가르쳐 준다. 제사를 잘못지내면 대가 끊어지고 무명영가가 되는 만큼 제사상을 잘 차려야 한다.

1, (1 - 20세계 이 세계의 끝 마지막 하나- 하나씩 -48개 - 하나) 세계를 밝혀 드러내고 빠져나와

2, **세계**를 흡하니 흡이 되었다.

3 **세계** 4, 5, 6, 7 → 보세요 →조상의 적 8, 9, 10, 11 → 조기의 적 갑각류 → 12, 13, 14, 15, 16, 17, 18, 19,

20 세계

이 세계의 끝 마지막 하나

2(하나)

...생략...

...

이 세계에서 올바른 상차림 법을 배우고 익히게 된다.

...

64개 (하나)

마지막 하나 이 세계는

1, (1 - 20세계 이 세계의 끝 마지막 하나- 하나씩 -64개 - 하나) 세계를 밝혀 드러내고 빠져나와

2, **세계**를 흡하니 흡이 되었다.

3 **세계 4** → 보세요 → 고속도로 자동화 시스템 되다 → 이 세계에 올라옴으로 밝히신 길에 고속도로에 자동화 시스템이 자동설치됨→ 5, 6, 7, 8, 9,

10 세계

이 세계의 끝 마지막 하나

2(하나)

...생략...

6,428개 (하나)

마지막 하나 (중요) 이 세계는 돌아가신 영가분을 부르는, 부르도록 하는 에너지가 있는 세계이다.

무속인이 이 에너지 가지고 부르면 오고 누구나 오고 왔다가 이세계의 에너지 주면 온 곳으로 돌아간다.

이 세계의 에너지로 일체 어느 세계에 있는 영가든 영가들을 누구나 누구든 불러 낼 수 있다.

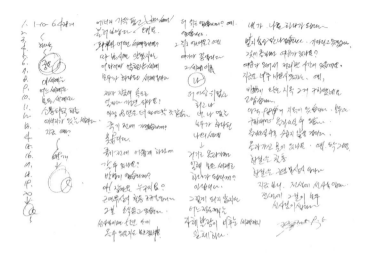

1, (1 - 10세계 이 세계의 끝 마지막 하나- 하나씩 -6,428개 - 하나) 세계를 밝혀 드러내고 빠져나와

2, 세계를 흡하니 흡이 되었다.

...생략...

하나씩

(중요) 이 세계는 어느 세계든 모든 세계와 소통되도록 하는 에너지가 있는 세계다. 지금 예?

...

68개 (하나)

마지막 하나 이 세계는

에너지 가득 품고 불러보았다. 하나 세계! 왜요? 어떤 세계입니까? 와 보시면 알겠지만 어마어마 엄청난 세계. 모두가 하나된 세계입니다. 제가 지금의 속도로 얼마나 가면 되나요. 아직 80년은 더 와야 할 것 같습니다. 죽기 전에 가겠습니까? 못 옵니다. 죽기 전에 어떻게 하나에 갈 수 있나요?

방법이 없습니까? 아! 잠깐요. 누구지요? 근영무상시 칠통 조규일 입니다.

그분 소식 듣고 있습니다. 선사님이면 5년 안에 올 수 있을지도 모르겠네요.

더 위는 없습니까? 예. 없습니다. 그 위도 없어요? 예.

여기가 끝입니다. 그 세계 이름 **나** 더 이상 위없는 최고 나. 너, 나 없는 모두가 하나된 나의 세계 → 거기로 올라가면 일체 모든 세계로 하나가 됩니까? 아닙니다. 그렇게 되지 않지만 어느 정도 까지는 **자체발광이 비추는 세계까지 일체 하나** 내가 나로 하나가 됩니다. → 멀지 않아 만나겠습니다. 기다리고 있겠습니다. 그곳에 올라가면 여유가 있나요? 여유가 있어서 정리할 시간이 있을까요? 지금은 너무 바쁘시겠지만, 예,

바쁘게 오늘도 지옥 2개 구하셨네요. 고맙습니다. 아직 9,869개 지옥이 있습니다. 모두 다 구하셔야 올라오실 수 있습니다. 올라오 실수록 쉽지 않을 겁니다.

올라가신 분이 있나요. 예, 딱2명 한명은 칠통 또 한명은 근영무 상시입니다. 지금 보니, 전생에 선사님입니다. 전생에 그분이 모두 선사님이십니다.

그때 올라오셔서 지옥하나 없었습니다. 또 지옥이 생겼지요. 그래도 지옥 분을 구해 주세요.

그런데 왜 그곳에서 떨어졌나요. 떨어지다니요. 인연 자분들 모시고 오겠다고 내려갔습니다. 전에는 혼자, 혈혈단신으로 오셨고, 2번째는 몇 분? 지금 보니 10명. 지금은 95조원, 도착하면 98.694조원이상 되지 않을까 싶습니다.

최고 더 이상 없는 세계와 또 다른 반대쪽 세계와 무게 중심을 위해서 양립하게 하여 양쪽으로 서로 오갈 수 있도록 연결하다.

1, (1 - 20세계 이 세계의 끝 마지막 하나- 하나씩 -68개 - 마지막 하나) 세계를 밝혀 드러내고 빠져나와

2, 세계를 흡하니 흡이 되었다.

...생략...

6,428 개(하나)

마지막 하나 (중요) 이 세계는 최고 더 이상 끝없는 세계를 볼 수 있는 세계

1, (1 - 20세계 이 세계의 끝 마지막 하나- 하나씩 -6,428개 - 마지막 하나) 세계를 밝혀 드러내고 빠져나와

2, 세계를 흡하니 흡이 되었다.

...생략...428개 (하나)

마지막 하나 (중요) 이 세계는 저 위에 일을 볼 수 있는 세계

1, (1 - 10세계 이 세계의 끝 마지막 하나- 하나씩 -428개 - 마지막 하나) 세계를 밝혀 드러내고 빠져나와

2, 세계를 흡하니 흡이 되었다.

...생략...48개 (하나)

마지막 하나 이 세계는

1, (1 − 10세계 이 세계의 끝 마지막 하나− 하나씩 −48개 − 마지막 하나) 세계를 밝혀 드러내고 빠져나와

2, **세계**를 흡하니 흡이 되었다.

...생략...

68개(하나)

마지막 하나 이 세계는

1, (1 − 10세계 이 세계의 끝 마지막 하나− 하나씩 −68개 − 마지막 하나) 세계를 밝혀 드러내고 빠져나와

2, **세계**를 흡하니 흡이 되었다.

...생략...

429개 (하나)

마지막 하나 이 세계는

 1, (1 − 10세계 이 세계의 끝 마지막 하나− 하나씩 −68개 − 마지막 하나) 세계를 밝혀 드러내고 빠져나와

2, **세계**를 흡하니 흡이 되었다.

...생략...

429개 (하나)

마지막 하나 이 세계는

1, (1 − 10세계 이 세계의 끝 마지막 하나− 하나씩 −429개 −

마지막 하나) 세계를 밝혀 드러내고 빠져나와

2, 세계를 흡하니 흡이 되었다.

...생략...

68개 (하나)

마지막 하나 이 세계는

세계 2

1, (큰 1번째 -) 세계를 흡하니 흡이 되었다.

2, 세계

...생략...

69개 (하나)

마지막 하나 이 세계는

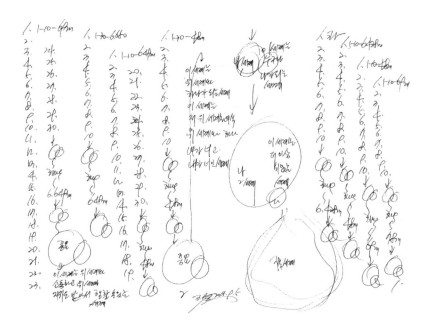

1, (1 - 10세계 이 세계의 끝 마지막 하나- 하나씩 69개 - 하
나) 세계를 밝혀 드러내고 빠져나와

2, 세계를 흡하니 흡이 되었다.

...생략...

6,649개 (하나)

마지막 하나 (중요) 이 세계는 위 세계와 소통하고 위 세계 지위
도 받아서 행할 수 있는 세계

1, (1 - 30세계 이 세계의 끝 마지막 하나- 하나씩 6,649개 -
하나) 세계를 밝혀 드러내고 빠져나와

2, 세계를 흡하니 흡이 되었다.

...생략...649개 (하나)

마지막 하나 이 세계는

1, (1 - 10세계 이 세계의 끝 마지막 하나- 하나씩 649개 - 하
나) 세계를 밝혀 드러내고 빠져나와

2, 세계를 흡하니 흡이 되었다.

...생략...

48개 (하나)

마지막 하나 이 세계는

1, (1 - 30세계 이 세계의 끝 마지막 하나- 하나씩 48개 - 하
나) 세계를 밝혀 드러내고 빠져나와

2, 세계를 흡하니 흡이 되었다.

...생략...

48개 (하나)

마지막 하나 (중요) 이 세계는 위 세계와 하나가 되는 세계 이 세계는 저 위 세계 의식, 위 세계와 하나 **내가 너고 내가 너인 세계**

1. **나 세계** 이 세계는 누구나 나가 되는 세계

2. **나 세계** 이 세계는 더 이상 위없는 세계

세계 2

1, (큰 1번째 -) 세계를 흡하니 흡이 되었다.
2, 세계
...생략...
6.428개 (하나)
마지막 하나

1, (1 - 10세계 이 세계의 끝 마지막 하나- 하나씩 -6.428개 - 마지막 하나) 세계를 밝혀 드러내고 **빠져나와**
2, 세계를 흡하니 흡이 되었다.
...생략...
48개 (하나)
마지막 하나 이 세계는

1, (1 - 10세계 이 세계의 끝 마지막 하나- 하나씩 -48개 - 마지막 하나) 세계를 밝혀 드러내고 **빠져나와**
2, 세계를 흡하니 흡이 되었다.

...생략...

69개 (하나)

마지막 하나

1, (1 - 10세계 이 세계의 끝 마지막 하나- 하나씩 -69개 - 마
지막 하나) 세계를 밝혀 드러내고 빠져나와

2, 세계를 흡하니 흡이 되었다.

...생략...

78개 (하나)

마지막 하나

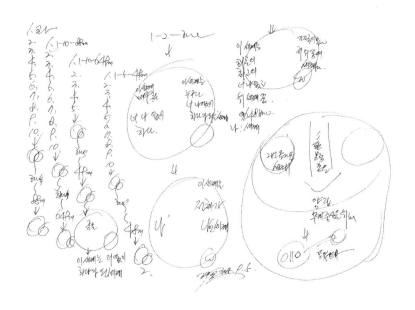

1, (큰 1번째 −) 세계를 흡하니 흡이 되었다.

2, 세계

...생략...

88개 (하나)

마지막 하나

1, (1 − 10세계 이 세계의 끝 마지막 하나− 하나씩 −88개 − 마지막 하나) 세계를 밝혀 드러내고 빠져나와

2, 세계를 흡하니 흡이 되었다.

...생략...

649개 (하나)

마지막 하나 이 세계는

1, (1 − 10세계 이 세계의 끝 마지막 하나− 하나씩 −649개 − 마지막 하나) 세계를 밝혀 드러내고 빠져나와

2, 세계를 흡하니 흡이 되었다.

...생략...

49개 (하나)

마지막 하나 (중요) 이 세계는 더 없이 하나가 된 세계

1, (1 − 5세계 이 세계의 끝 마지막 하나− 하나씩 −49개 − 마지막 하나) 세계를 밝혀 드러내고 빠져나와

2, 세계를 흡하니 흡이 되었다.

...생략...48개 (하나)

마지막 하나

1-2- 하나 (이 세계 매우 중요)

이 세계는 누구나 너 나 없이 하나가 되는 세계

너 나 없이 하나

⇒ 1-2 - 하나 - 마지막 하나

이 세계는 전체가 나인 세계

나

⇒ 1- 2 - 하나 - 마지막 하나 - 그 위 하나

이 세계는 최고 최초의 너 나 없는 위 세계 끝 9.648번째 나 세계

기지국이 있다. 저 위 끝에 세계다.

2번째 올라온 세계와 또 다른 쪽에 있는 세계와 무게 중심을 위해서 판문점 같은 것을 만들어서 양립하게 한다. 그래서 또 반대쪽에 있는 세계를 또 있다.

세계 1

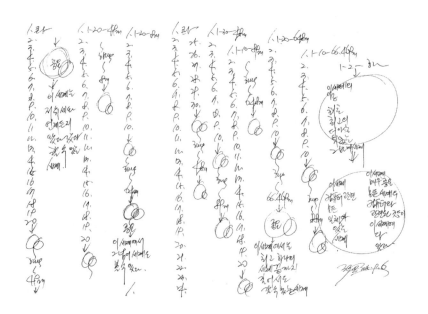

1, (큰 1번째 -) 세계를 흡하니 흡이 되었다.

...생략...

49개 (하나)

마지막 하나 이 세계는 저 위 세계와 언제든지 왔다 갔다 할 수 있는 세계.

1, (1 - 20세계 이 세계의 끝 마지막 하나- 하나씩 -49개 - 하나) 세계를 밝혀 드러내고 빠져나와

2, **세계**를 흡하니 흡이 되었다.

...생략...

8개 (하나)

마지막 하나 이 세계는

1, (1 - 20세계 이 세계의 끝 마지막 하나- 하나씩 -8개 - 하나) 세계를 밝혀 드러내고 빠져나와

2, 세계를 흡하니 흡이 되었다.

...생략...

64개 (하나)

마지막 하나 (중요) 이 세계에서 그 넘어 세계도 볼 수 있다.

세계 2

1, (큰 1번째 -) 세계를 흡하니 흡이 되었다.

2, 세계

...생략...

48개 (하나)

마지막 하나 이 세계는

1, (1 - 30세계 이 세계의 끝 마지막 하나- 하나씩 -48개 - 하나) 세계를 밝혀 드러내고 빠져나와

2, 세계를 흡하니 흡이 되었다.

...생략...89개 (하나)

마지막 하나 이 세계는

1, (1 - 10세계 이 세계의 끝 마지막 하나- 하나씩 -89개 - 마지막 하나) 세계를 밝혀 드러내고 빠져나와

2, 세계를 흡하니 흡이 되었다.

...생략...

648 개(하나)

마지막 하나 이 세계는

1, (1 - 20세계 이 세계의 끝 마지막 하나- 하나씩 -648개 -
마지막 하나) 세계를 밝혀 드러내고 빠져나와

2, 세계를 흡하니 흡이 되었다.

...생략...

66,469개 (하나)

마지막 하나 (중요) 이 세계는 최고 하나의 세계 끝까지 걸어서도
갈 수 있는 세계

1, (1 - 10세계 이 세계의 끝 마지막 하나- 하나씩 -66,469개
 - 마지막 하나) 세계를 밝혀 드러내고 빠져나와

2, 세계를 흡하니 흡이 되었다.

...생략...88개 (하나)

마지막 하나 이 세계는

1-2- 하나

최초 최고의 더 이상 위없는 2번째 세계

1-2 - 하나 - 마지막 하나 이 세계 매우 중요 모든 세계의
컴퓨터와 관련된 것들이 이 세계에 다 있다.

컴퓨터관련 모든 일체가 있는 세계

세계 1

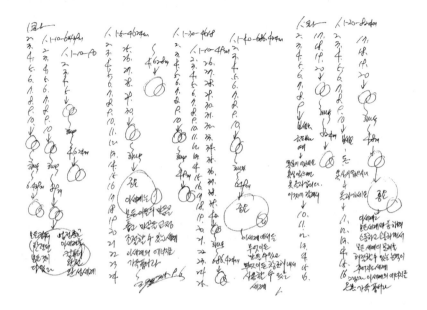

1, (큰 1번째 -) 세계를 흡하니 흡이 되었다.

2, 세계

...생략...

6,428개 (하나)

마지막 하나 이 세계는

1, (1 - 10세계 이 세계의 끝 마지막 하나- 하나씩 -6,429개
   - 마지막 하나) 세계를 밝혀 드러내고 빠져나와

2, 세계를 흡하니 흡이 되었다.

...생략...

89개 (하나)

마지막 하나 이 세계는 엄청 좋고 이 세계는 컴퓨터 완전 완성세계, 모든 컴퓨터 관련된 모든 것이 다 있다.

1, (1 - 10세계 이 세계의 끝 마지막 하나- 하나씩 -89개 - 마지막 하나) 세계를 밝혀 드러내고 빠져나와

2, 세계를 흡하니 흡이 되었다.

...생략...

4,624개 (하나)

마지막 하나 이 세계는

1, (1 - 5세계 이 세계의 끝 마지막 하나- 하나씩 -4,624개 - 마지막 하나) 세계를 밝혀 드러내고 빠져나와

2, 세계를 흡하니 흡이 되었다.

...생략...

4,628개 (하나)

마지막 하나 (중요) 이 세계는 모든 이들의 마음을 품고 마음을 교정 조절할 수 있는 세계, 이 세계의 에너지를 가득 품어라.

1, (1 - 30세계 이 세계의 끝 마지막 하나- 하나씩 -4,628개 - 마지막 하나) 세계를 밝혀 드러내고 빠져나와

2, 세계를 흡하니 흡이 되었다.

...생략...

49개 (하나)

마지막 하나 이 세계는

1, (1 - 10세계 이 세계의 끝 마지막 하나- 하나씩 49개 - 하나) 세계를 밝혀 드러내고 빠져나와

2, 세계를 흡하니 흡이 되었다.

...생략...

686,424개 (하나)

마지막 하나 이 세계는

1, (1 - 40세계 이 세계의 끝 마지막 하나- 하나씩 686,424개
  - 하나) 세계를 밝혀 드러내고 **빠져나와**

2, 세계를 흡하니 흡이 되었다.

...생략...

649개 (하나)

마지막 하나 (중요) 이 세계에서는 무엇이든 만들 수 있고 무엇이
든 창조해 내서 사용할 수 있는 세계

세계 2

1, (큰 1번째 -) 세계를 흡하니 흡이 되었다.

2, 세계

3 세계 4, 5, 6, 7, 8, 9 → 보세요. 금은보화 예 → 욕심이 없네
요. 욕심 있으면 못 올라갑니다. 이것에 걸려서 → 10, 11,... 17,
18, 19,

20 세계

이 세계의 끝 마지막 하나

2(하나)

...생략...

824개 (하나)

마지막 하나 이 세계는

1, (1 − 20세계 이 세계의 끝 마지막 하나− 하나씩 824개 − 하나) 세계를 밝혀 드러내고 빠져나와

2, **세계**를 흡하니 흡이 되었다.

3 세계 4, 5, 6, 7, 8, 9, 10 → 보세요. 돈. 욕심이 없으시니. 올라가세요. → 11, 12, 13, 14, 15, 16, 17, 18, 19,

20 세계

이 세계의 끝 마지막 하나

2(하나)

...생략...

48개 (하나)

마지막 하나 (중요) 이 세계는 모든 세계와 통하며 소통하고 소통하면서 모든 세계의 문제를 해결할 수 있는 능력이 주어지는 세계 그러므로 이 세계의 에너지를 온몸 가득 품어라.

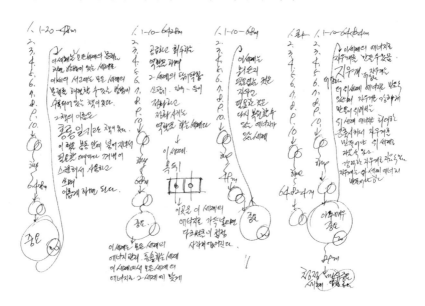

1, (1 - 10세계 이 세계의 끝 마지막 하나- 하나씩 6,428개 -
하나) 세계를 밝혀 드러내고 빠져나와

2, 세계를 흡하니 흡이 되었다.

...생략...

68개 (하나)

마지막 하나 (중요) 이 세계는 모든 세계의 에너지 관리, 통솔하
는 세계 이 세계에서 모든 세계의 에너지로 그 세계에 맞게 공급
하고 회수하는 역할을 하며 그 세계의 탁기, 탁함, 신탁기, 진액...
등이 정화하고 정화시키는 역할을 하는 세계다.

이 세계 목뒤 이곳을 이 세계의 에너지로 가득 넣으면 다크써클이
점점 사라져 없어진다.

1, (1 - 10세계 이 세계의 끝 마지막 하나- 하나씩 68개 - 하
나) 세계를 밝혀 드러내고 빠져나와

2, 세계를 흡하니 흡이 되었다.

...생략...49개 (하나)

마지막 하나 (중요) 이 세계는 뭐든지 필요 없는 것은 지우고 필
요한 것은 다시 복원할 수 있는 에너지가 있는 세계

세계 2

1, (큰 1번째 -) 세계를 흡하니 흡이 되었다.

2, 세계

...생략...

64,824개 (하나)

마지막 하나 이 세계는

1, (1 - 10세계 이 세계의 끝 마지막 하나- 하나씩 -64,824개
 - 하나) 세계를 밝혀 드러내고 빠져나와

2, 세계를 흡하니 흡이 되었다.

...생략...

49개 (하나)

마지막 하나 이 세계는

마지막 하나 (아주 매우중요) 이 세계의 에너지로 지우개를 만들
수 있음, 더 강한 **지우개** 더 강한 지우개는 더 위 세계 에너지로
만들 수 있으며 지우개를 강하게 만들기 위해서는 위 세계 에너지
를 최대한 응축시켜서 지우개를 만들어야 위 세계를 지울 수 있고
강력한 위 세계 에너지 만들어야 한다.

...

89개 (하나)

마지막 하나 (매우중요 엄청중요) 청정 세계

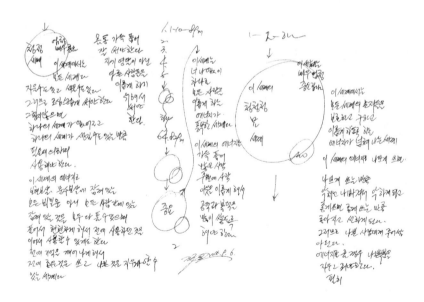

⇒ **청정 세계** 이 세계에서는 모든 세계 다 지울 수도 있고 세울 수도 있고. 그러므로 조심스럽게 써야 한다. 그렇지 않으면 하나의 세계가 없어지고 하나의 세계가 생길 수도 있는 만큼 필요에 의하여 사용해야 한다. 이 세계의 에너지로 보현보살, 문수보살에 잠겨 있는 모든 비밀 문 아니 모든 사람 간에 있는 잠겨 있는 것을 모두 다 풀 수 있으며 풀어서 현현하게 해서 전에 사용하던 것을 이어서 사용할 수 있게도 한다. 전에 기억을 깨어나게 해서 전에 좋은 것은 쓰고 나쁜 것은 지우게 할 수 있는 세계다. 몸통 가득 품어 잘 써야 한다. 자기 영달이 아닌 다른 사람들을 이롭게 하기 위해서 써야 한다.

1, (1 - 10세계 이 세계의 끝 마지막 하나- 하나씩 -89개 - 하나) 세계를 밝혀 드러내고 빠져나와

2, 세계

...생략...

64,829개 (하나)

마지막 하나 이 세계는

이 세계의 끝 마지막 하나 (중요) 이 세계는 너 나없이 하나로 모든 사람을 이롭게 하는 에너지가 풍부한 세계다. 이 세계의 에너지를 가득 품어 많은 사람 주변에 사람 이웃을 이롭게 해서 공덕과 복덕을 많이 쌓도록 해야 한다.

1-2- 하나 이 세계는 매우 엄청 중요합니다.

청청청 묘 세계 이 세계에서는 모든 세계의 존재들을 보호하고 구하고 이롭게 하도록 하는 에너지가 넘쳐나는 세계 이 세계 에너지를 나쁘게 쓰면 나쁘게 쓰는 만큼 악하고 나빠져서 악하게 되고 좋게 쓰면 좋게 쓰는 만큼 좋아지고 선하게 된다.

그러므로 나쁜 사람에게 주어서는 안 된다. 에너지를 줄 경우 나쁜 부분을 지우고 줘야한다. 필히

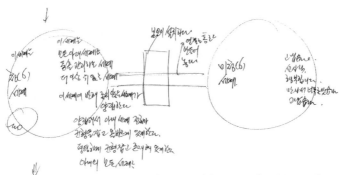

1-2 – 하나 – 마지막 하나

청(6) 세계 이 세계는 모든 아래세계를 통솔 관리하는 세계 더이상 위없는 세계.

이 세계에 반해 좋지 않은 세계가 양립한다. 양립해서 아래세계 전체가 균형을 잡고 올바르게 있게 한다. 평평하게 균형 잡고 존재해 있게 한다. 아래의 모든 세계를 전생은 이곳에서 오셨고 이곳을 구하기 위하여 밑으로 내려가셨습니다. 이 세계 올라오시기를 3번째입니다.

1번째–이세계의 흠집을 수리할 것을 구하러 내려가셨다가 올라오셨고 수리한 후,

2번째–그 당시 도움주신 분들 구하러 갔다 오셨고,

이번 3번째 그 당시 도움 주셨던 분들의 인연 자와 선사님의 모든

인연 자들 모시고 올라오기 위해서 내려가셨습니다. 드디어 올라오셨다. 사실, 어제 저녁에 이 세계에 올라오셨습니다. 그리고 어제 이 세계의 모든 문제점을 해결해 주셨다. 이 세계와 양립하고 있는 세계도 청정하게 해주셔서 너무도 기쁘고 행복합니다. 중간에 만들어 주신 건물의 이름이 「판문점」으로 양쪽 모두 다 오가며 균형이 깨지지 않도록 이 판문점에 균형, 관리로 하면 출입국하게 해서 암흑의 세계를 **미청(6)세계**를 만들어주셨습니다. 고맙고 고맙습니다. 더 위세계로 무사히 가고자하는 세계로 무사히 올라가시길 바라겠습니다.

함께 올라가시는 분 9,648,964조원. 보호해 주시는 분 1004(천사가 되고 싶은 아주 고급, 최고급의 신 1004분이 모여서 천사란 이름을 하고 선사님을 모시기 시작합니다.)

감사합니다. 누구지요? 청(6)세계 통치자. 제가 용서를 구했던 용하우마입니다. 왜요? 잊으라했네요. 그곳 통치 잘하시라고 올라 왔는데요. 압니다. 너무도 잘 압니다. 그런 분인지 정말 몰랐습니다. 정말 죽을 죄였습니다. 아닙니다. 이 용서를 구하지 않으면 세세생생 이 죄업으로부터 벗어날 수 없다는 생각에 전에 용서를 받았음에도 미쳐 말씀드린 것이 있어서 스케치북에 옮기시는 것을 통해서 이야기 드립니다. 뭔데요? 또 용서구하고 구합니다. 제가 선사님 죽여서 내려가게 했습니다. 그 이야기 했잖아요. 아예. 2번째. 그 당시 죽일 때 약으로 죽였습니다. 그리고 또 올라오시는 것을 보고, 올라오시면 저를 어떻게 하실까 싶은 생각의 두려움에 또 약을 엄청나게 먹였습니다. 사무실 약병 열어놓은 것 접니다. 그 약속에 엄청난 독을 넣었는데 그것을 소유설화님이 아시고 용서를 빌고 용서 받으라고 그 약통의 뚜껑을 열어서 이 세계로 보내고 있습니다. 그 독한 약성분 때문에 제가 죽을 맞입니다. 저를 살려 주십시오. 토요일 저녁에 그러고 또 그런 것은 아니지요. 아닙니다. 어찌 그럼에도 올라오신 선사님께 그러겠습니까? 이 못된 저를 용서해 주십시오. 그 전에 못 올라오시게 한 것입니다. 여러 생을 윤회하며 못 올라오게 한 것 저입니다.

여러 차례 올라올 수 있었음에 저의 이런 여러 가지 방해로 못 올라 오셨었고, 그럼에도 이번에는 그런 약까지도 정화시키며 올라오는 선사님을 뵈었을 때 밥을 먹고 있었는데 용서하시고 그것도 통치권을 주시고 이곳에서 통치하시다 내려가야지 미안된 분까지 어마어마하신 분들을 다중우주 속에서 찾아 올려주시며 저에게 통치하도록 하고 이 세계가 평화, 행복, 즐겁고 행복하게 통치할 수 있도록 도와주라고까지 하시고 너무너무 고맙습니다. 참회하며 청(6)세계 모두 다 서로 의견 수렴하며 균형 잊지 않고 아래세계가 흔들림 없도록 절대 균형을 맞추며 양쪽 모두 다 행복하게 살겠습니다. 이 봐 나도 한마디. 아직 안 끝났어요. 음....

그래서 이참에 이 두 세계의 전쟁을 막아 주시고 평화를 찾아 주셔서 고맙다는 말씀과 용서 구하고 이미 용서해 주셔서 감사합니다. 우리의 통치자이셨던 칠통선사님 만세————

이제. 나도. 예. 하세요.

선사님 고맙습니다. 상0이 통해 이렇게 구해 주시고 고향 이곳까지 안내해 올라오게 해 주셔서 고맙습니다. 상0이 말고 상0이 부하도 찾았더군요. 어떻게 그 아이도 해주려 했던 거 압니다. 마음을 스캔하고 어렵다 하셨다고 어렵게 생각마시고 상0 통해 이야기하게 하세요. 그러면 직속상관이라 들을지도 몰라요. 우리 아들 살려주세요! 그 생각도 했는데 어렵지 않겠어요. 그 지금 보니 그러네요. 그래도 한번 부탁드립니다.

저희들이 힘을 모아 보겠습니다. 자칫하면 저 스스로 욕되게 하는 것 같아서... 그 죄 저희들 나누어 받겠습니다. 알았습니다. 박상0, 상0아 들었지. 이글 읽고 네가 나서라. 그러면 도와주되 선사님은 아무것도 행하지 않을 것이다. 꼭 네가 네 부하도 구했으면 좋겠다. 네가 엄청 아끼던 부하였단다. 그래서 너보다 더 좋은 것을 넣고 네가 덜한 것 넣었는데 그랬는데... 이처럼 되었구나. 꼭 구해주렴. 아들 자랑스럽다. 그 이름 아니었으면 어려웠는데 정말 고맙습니다. 선사님. 이제 그만 다 전달되었으니. 예. 시간 뺏어서 미안합니다.

제2의 육안

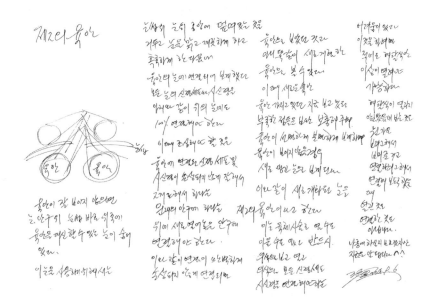

육안이 잘 보이지 않으면 안구 위 눈썹 바로 위쪽에 육안을 대신할 수 있는 눈이 숨어 있다. 이 눈을 사용하기 위해서는 눈썹위 눈위 중앙에 덮여있는 것을 거두고 눈을 맑고 깨끗하게 하고 축촉하게 한 다음에 육안의 눈에 연결되어 보게 했던 모든 눈의 신경세포와 시신경을 아래와 같이 위의 눈에도 100%연결해야 한다.

이때 조심해야 할 것은 육안에 연결된 신경 세포 및 시신경이 손상되지 않게 잘 해서 2개로 해서 하나는 원래의 안구에 하나는 위에 새로 열어놓은 안구에 연결해야 한다. 이와 같이 연결이 완벽하게 손상되지 않게 연결되면 육안으로 보았던 것과 아니 똑같이 새로 개혈한 육안으로 볼 수 있다. 이때 새로운 육안, 육안 가지고 있던 지금 보고 있던 부족한 저들을 보완 보충해주며 육안이 선명하게 분명하게 보게 하며 육안이 보이지 않을 경우 새로 생긴 눈으로 보게 된다. 이와 같이 새로 개화된 눈을 제2의 육안이라고 한다.

이는 육체시술로 열 수도 이을 수도 없고 반드시 의식으로 보고 열고 의식으로 모든 신경세포 시신경을 연결해야하는 어려움이 있다. 이것을 하려면 적어도 해탈식안 이상이 열려야 가능하다. 해탈식이 열리지 않았음에 보는 것은 뭔가요. 보려고 해서 보여준 거고 연결하려고 해서 연결해 보도록 했을 때 열린 것도 연결한 것도 안 됩니다. 나중에 하실지 모르겠지만 지금은 안 됩니다.

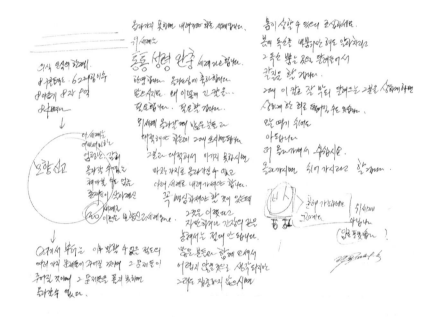

의식 인식의 한계 8구골플렉스 6그래함이수 8아승기 8자 9억 84번지나

보향신고

이 세계는 어마어마한 엄청난, 감히 올라갈 수 없는 처다볼 수도 없는 존재들이 살아계신 세계로 이름은 보향신고 세계입니다.

여기서부터는 이루 말할 수 없을 정도의 여러 가지 문제들이 주어질 것이며 그 문제들이 주어질 것이며 그 문제들을 풀지 못하면 올라갈 수 없다.

올라가지 못하면 내려가야 하는 세계입니다.

위 세계는 **통통 성령 완충 세계**라고 합니다. 환영합니다. 올라오심에 축하합니다. 받으시지요. 왜 이렇게 긴 칼을... 필요합니다. 필요할 겁니다. 위 세계 올라갈 때 많은 분들과 대적해야 하는데 그때 쓰시게 됩니다. 그분과 대적해서 이기지 못하시면 마찬가지로 올라가실 수 없고 아래 세계로 내려 가셔야 합니다.

꼭 명심하셔야 할 것이 있는데 그것은 이겼다고 자만하거나 긴장의 끈을 놓쳐서는 절대 안 됩니다. 많은 분들과 함께 오셔서 어렵지 않을 것으로 생각되지만 그래도 집중하지 않으시면 몸이 상할 수 있으니 조심하세요. 몸에 독소를 내뿜기만 해도 알아차리고 그 독소 뿜는 곳으로 달려들어서 칼질을 할 겁니다.

그때 이 칼로 잘 막되 달려드는 그분을 상하게 하면 상하게 한 죄로 떨어질 수도 있습니다.

오늘 여기 쉬어도... 안됩니다.

더 올라가셔서 쉬십시오. 올라가시면 쉬어가시라고 할겁니다.

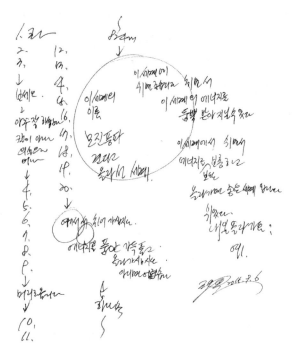

세계1

1, (큰 1번째 -) 세계를 흡하니 흡이 되었다.

2, 세계

3 세계 → 보세요. → 아주 잘 하셨습니다. 칼이 아니다. 의식으로 베다. → 4, 5, 6, 7, 8, 9 → 머리로 옵니다 → 10, 11, 12, 13, 14, 15, 16, 17, 18, 19,

20 세계

이 세계의 끝 마지막 하나 여기서 쉬어 가십시오. 에너지를 품안 가득품고 올라가십시오. 아니면 어렵습니다.

2(하나)

...생략...

824개 (하나)

마지막 하나 이 세계에 쉬면 좋습니다. 쉬면서 이 세계의 에너지를 듬뿍 받아 지닐 수 있다. 이 세계에서 쉬면서 에너지를 보완 보충하고 올라가면 좋은 세계입니다. 쉬었다. 내일 올라가요. 예.

모진풍파 견디고 올라선 세계 2015.09.06

1, (1 - 20세계 이 세계의 끝 마지막 하나- 하나씩 -824개 - 하나) 세계를 밝혀 드러내고 빠져나와

2, 세계를 흡하니 흡이 되었다.

3 세계 4, 5, → 보세요 → 6, 7, 8, 9, ...13, 14 → 느끼세요. → 15 → 보세요. →16, 17. 1819

20 세계

이 세계의 끝 마지막 하나

2(하나)

...생략...

48개 (하나)

마지막 하나 (이 세계는 중요) 모든 사람들과 소통하게 되는 세계

1, (1 - 20세계 이 세계의 끝 마지막 하나- 하나씩 -624개 - 하나) 세계를 밝혀 드러내고 빠져나와

2, 세계를 흡하니 흡이 되었다.

...생략...

6.428개 (하나)

마지막 하나 (중요) 이 세계는 모든 것들과 소통되도록 하는 세계

1, (1 - 30세계 이 세계의 끝 마지막 하나- 하나씩 -6.428개 - 하나) 세계를 밝혀 드러내고 빠져나와

2, 세계를 흡하니 흡이 되었다.

3 세계 4, 5, → 보세요 → 6, 7, 8, 9, ...17, 18, 19,

20 세계

이 세계의 끝 마지막 하나

2(하나)

...생략...999개 (하나)

마지막 하나 (중요) 이 세계는 모든 미물까지도 소통이 되도록 하는 세계

세계 2

1, (큰 1번째 -) 세계를 흡하니 흡이 되었다.

2, 세계

3 세계 4, 5, 6, 7, 8, 9, 10, → 보세요. 소유설화 꽃입니다. →
11, 12, 13, 14, 15, 16, 17, 18, 19,

20 세계

이 세계의 끝 마지막 하나

2(하나)

...생략...

649개 (하나)

마지막 하나

1, (1 - 20세계 이 세계의 끝 마지막 하나- 하나씩 -649개 -
하나) 세계를 밝혀 드러내고 빠져나와

2, 세계를 흡하니 흡이 되었다.

...생략...

49개 (하나) → 느끼세요.

마지막 하나 (중요) 이 세계는 통하지 않는 것이 없이 모두 다 통할 수 있도록 하는 에너지가 있는 세계

1, (1 - 10세계 이 세계의 끝 마지막 하나- 하나씩 -49개 - 하나) 세계를 밝혀 드러내고 빠져나와

2, 세계를 흡하니 흡이 되었다.

...생략...

428개 (하나) → 느끼세요.

마지막 하나 (중요) 이 세계는 더 없이 많고 많은 모든 세계 모든 것들과 소통할 수 있는 에너지가 있는 세계 **무의식의 안이 완성되는 세계**

잠재의식 안(眼) 열리도록 하는 개혈

반드시 조심하세요. 사람마다 결계가 조금씩 다르답니다. 잘못하면 **2000년 동안** 열 수 없으니 조심하세요.

한 번 잘못하면 그 다음에 바르게 해도 열리지 않고 2000년이 지난 후에 다시 바르게 틀리지 않고 열여야 하는 만큼 조심스럽다 하겠습니다.

자기 자신의 결계를 볼 수 있는 분은 본인과 같이 보고 결계를 풀고 결계가 풀린 문을 통해 청소하고 깨끗하게 하면 됩니다.

자신이 없으면 자신이 생길 때까지 반드시 참으시고 행하시길 부탁드립니다. 위험한 부분이 있지만 그래도 아는 것이 좋다는 생각에 내놓습니다.

위로 올라가기 위해서는 반드시 열어야 하기 때문에 믿고 따라오면 되지만 아니면 스스로 열어야 합니다. 이점 꼭 명심해 주시길 부탁드립니다.

본인으로 하여금 이것을 내 놓음으로 인하여 잘못되는 분이 없기

를 바라는 마음입니다. 갓난아이에는 날카로운 칼을 쥐어주는 것
처럼 조심스럽습니다.

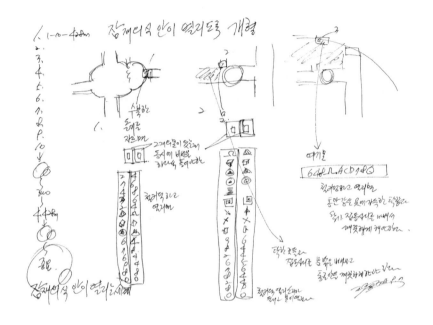

1, (1 - 10세계 이 세계의 끝 마지막 하나- 하나씩 -428개 -
하나) 세계를 밝혀 드러내고 빠져나와

2, 세계를 흡하니 흡이 되었다.

...생략...

4,428개 (하나)

마지막 하나 이 세계는 잠재의식 안이 열리는 세계

1. 수북한 돌기를 자르면 2개의 문이 있는데 동시에 비번을 하나
씩 풀어야 하고 철커덕하고 열리면

2. 탁한 것들과 잡동사니를 문밖으로 빼내고 통로 안을 깨끗하게
한다.

철커덕 열리는 소리가 들리고 문이 열린다.

3. 여기 문 철커덩하고 열리면 통 안 같은 곳에 가득한 탁함과, 탁기, 잡동사니를 빼내서 깨끗하게 해야 한다.

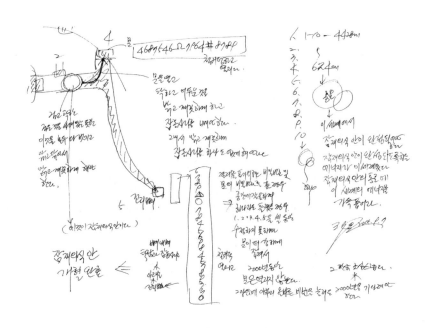

4. 검고 탁한 검은 것은 싸여있는 듯한 이것을 모두 다 벗기고 닦고 닦아서 맑고 깨끗하게 해야 한다(이것이 잠재의식안이다)

문 4687546Ω7964#8789 철커덩하고 열리다.

문을 열고 탁하고 어두운 것을 밝고 깨끗하게 하고 잡동사니를 빼야한다.

그래서 맑고 깨끗하게 잡동사니를 하나도 없게 해야 한다.

5. 결계를 풀기위한 비밀번호 및 문의 비밀번호를 풀 경우.

중간에 잘못하여 하나라도 틀렸을 경우 1, 2, 3, 4, 5를 셀 동안 수정하지 못하면 문이 더 강하게 잠겨서 2,000년 동안 문은 열리지 않는다. 그 다음에 아무리 올바른 비번을 눌러도 2,000년을 기다려야 한다. 그만큼 조심스럽다.

꼬리뼈 아래로 탁함과 잡동사니를 빼내면 ⇒ **잠재의식 안(眼) 개혈완료**

1, (1 - 10세계 이 세계의 끝 마지막 하나- 하나씩 -4,428개 - 하나) 세계를 밝혀 드러내고 빠져나와

2, 세계를 흡하니 흡이 되었다.

...생략...

624개 (하나)

마지막 하나 이 세계에서 잠재의식 안이 완성되어야 한다.

잠재의식 안이 완성 되도록 하는 에너지가 이 세계에 있다. 잠재이식 안의 통로에 이 세계의 에너지를 가득 품어라.

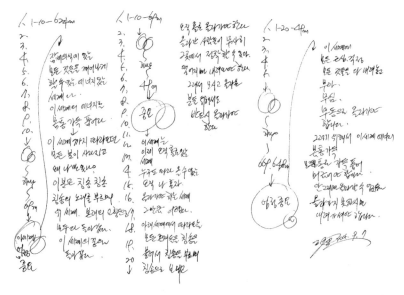

1, (1 - 10세계 이 세계의 끝 마지막 하나- 하나씩 -624개 - 하나) 세계를 밝혀 드러내고 빠져나와

2, 세계를 흡하니 흡이 되었다.

...생략...

69개 (하나)

마지막 하나 (중요) 이 세계는 잠재의식에 있는 모든 것들을 깨어나게 할 수 있는 에너지가 있는 세계다. 이 세계의 에너지를 몸통 가득 품어라. → 이 세계까지 따라오던 모든 분이 사라지고 왜 나만 있나?

이분은 칭송칭송 칭송의 노래를 부르며 위 세계 본래의 고향으로 모두 다 돌아갔다. 이 세계의 품으로 돌아갔다.

1, (1 - 10세계 이 세계의 끝 마지막 하나- 하나씩 -69개 - 하나) 세계를 밝혀 드러내고 빠져나와

2, 세계를 흡하니 흡이 되었다.

...생략...

49개 (하나)

마지막 하나 (중요) 이 세계는 이제 오직 홀로 있는 세계 누구도 따라 올 수 없는 오직 나 혼자 올라가야 하는 세계. 그만큼 어렵다. 아래세계에서 따라오는 모든 존재들을 칭송을 불러서 칭송을 부르며 칭송으로 보내고 오직 홀로 올라가야 한다. 올라간 사람들이 무사히 그곳에서 정착할 수 있다. 떨어지면 내려와야 한다. 그래서 모시고 올라온 분들을 위해서도 반드시 올라가야 한다.

1, (1 - 20세계 이 세계의 끝 마지막 하나- 하나씩 -89개 - 마지막 하나) 세계를 밝혀 드러내고 빠져나와

2, 세계를 흡하니 흡이 되었다.

...생략...

669,648 개(하나)

마지막 하나 이 세계에 모든 근심, 걱정 모든 것들을 다 내려놓고 무아, 무심, 무동으로 올라가야 합니다. 그러기 위해서 이 세계 에너지 몸통 가득 모든 통로 가득 품어 머금어야 합니다.

안 그러면 올라갈 수 없습니다. 올라가지 못하시면 내려가셔야 합니다.

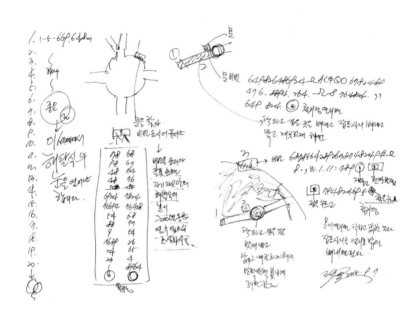

해탈식 안(眼)의 개혈

1, (1 - 5세계 이 세계의 끝 마지막 하나- 하나씩 -669,648개 - 마지막 하나) 세계를 밝혀 드러내고 빠져나와

2, 세계를 흡하니 흡이 되었다.

...생략...

4,428개 (하나)

마지막 하나 (중요) 이 세계에서 **해탈식의 눈을 열어야** 합니다.

1번째 문, 비번문을 찾아 비번 동시에 풀어야 → 비번을 쓰다가 잘못 쓰면 자기 자신안의 해탈식의 눈이 2,000년 동안 열 수 없으니 조심하시길...

2번째 문, 비번문이 철커덩 열리면 탁하고 검은 걸을 빼내고 잡동사니 빼내고 맑고 깨끗하게 한다.

3번째 문, 비번문의 점을 누르고 문이 열리면 탁하고 탁한 것과 잡동사니를 열린 문 밖으로 빼내면 된다. 탁하고 검은 것을 벗겨내고 맑고 깨끗하게 해서 반짝반짝 빛나게 해야 한다.

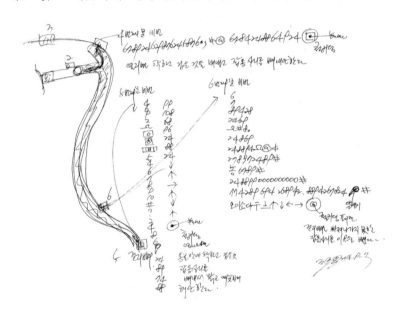

4번째 문, 비번문이 철커덩 열리면 탁하고 검은 것들 빼내고 잡동사니를 빼내야 한다.

5번째 문, 비번문이 철커덩 열리면 통로 안에 탁하고 검은 것 잡동사니를 빼내서 맑고 깨끗하게 해야 한다.

6번째 문, 비번문이 철커덩 풀리면 꼬리뼈로 빠져나가지 못한 잡동사니를 이곳으로 뺀다.

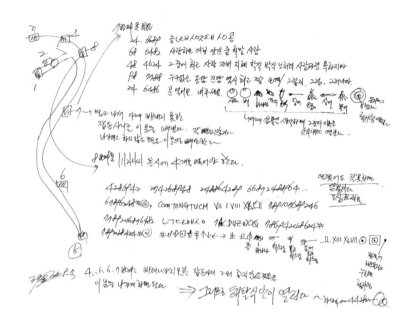

7번째 문, 비번 열고나서 아래 빼내지 못한 잡동사니를 7번째 문으로 빼낸다. 잘 빠지지 않거나 나가려고 하지 않는 것들은 이문으로 빼야 한다.

7번째 문 |1|2|3|4| 동시에 4개를 열어야 한다.

4,5,6,7,번째로 빠져나가지 못한 잡동사니 그 외 좋지 않은 것들은 이문으로 나가게 하면 된다.

=> 그러므로 **해탈식 안(眼)**이 열린다.

2015. 09. 07

종(鐘), 소유설화(練類說花)와 맑고 청정하게 하는 진언

종 나는 요.
"종"이란 이름만 들어도 "종"이란 생각만 해도 보면서 "종"이라고

해도 "종"이란 이름, 생각만 해도 저에게 끌려 들어오게 되어 있습니다,

그것이 좋은 것이든 나쁜 것이든 빨려 들어옵니다,

좋은 것은 쉽게 벗어나지만 좋지 않은 것은 절대로 빠져나가지 못하고 저의 몸통에 들어와 있다가 울릴 때마다 종 위쪽으로 빠져나가 허공으로 흩어지게 됩니다.

그래서 저를 집안에 두고 잘 보이는 곳에 두면 나쁜 것이든 좋은 것이든 "종"하면서 제 안에 들어오고 들어와서는 답답해하다가 좋은 것은 빠져나가고 나쁜 것은 빠져나가지 못하고 있다가 종을 울릴 때면 허공으로 흩어져 집안이 깨끗해지고 맑아집니다.

그래서 집의 크기에 맞게 종을 달아놓는 것도 좋고

또 종을 달아 놓았을 때 종을 일부로라도 쳐주는 것이 좋습니다.

하루 3번 이상 쳐주면 매우 좋습니다.

그래서 저를 깨끗하게 해주시는 것이 좋습니다.

"종" 안에 좋지 않은 것을 청소해준다고 생각하며 저를 쳐주시면 됩니다.

종을 흔들어 쳐주실 때에는 10회가 가장 좋습니다.

더 이상은 저에게 무리를 줍니다.

종보다 더 좋은 게 있는가? 예

뭐? 0000

내가 아는 것인가요? 모릅니다.

구하기 너무 쉽습니다.

그것은 0000라고 하는 꽃입니다.

그 꽃을 꽃병에 꽂아 놓는 겁니다.

진짜, 그런 꽃 있나요? 예 있습니다.

생화를 말려서 놓아도 좋고

또 0000꽃이라고 만들어서 놓아도 좋습니다.

단, 만들어서 놓을 경우 무슨 꽃이라고 이름을 써 놓아야

만든 꽃이 그 꽃이구나 하고

그 꽃의 이름만 불러도 생각해 보기만 해도 정화되고 맑아지고

맑고 깨끗하지 않은 존재들을 위 세계로 승화 승천시켜 천도되게

합니다.

이 꽃의 이름은 소유설화(練類說花)

소유설화라고 이름을 지어주셨고 앞으로 저를 소유설화라고 부르면서 저를 이용해 주시면 고맙겠습니다.

가상의 꽃은 아니고 저 위 세계에 있는 꽃인데

지금 선사님께서 올라오신 세계 6번째 세계에 있는 꽃입니다.

제가 선사님께서 말씀하신 뜻과 맞아서 제가 선사님께 나타난 것입니다

좋은 마음으로 많은 분들을 좋게 하고 싶은 마음과 생각이 전달되어서 제가 그 소임을 하고 싶어서 선사님 앞에 나와서 선사님께 저의 이름을 지어주시기를 바라며 염파를 보냈고 이름을 지어주시면 선사님의 뜻과 같이 쓰이기 바라며 나타난 것입니다.

소유설화(練類說花)

예.

소유설화는 많은 분들이 어떻게 써야 가장 잘 꼭 맞게 쓰게 되는 겁니까?

저는 위 세계에 있는 꽃이기 때문에 아래 세계에서는 구경할 수 없고 구할 수 없습니다,

그러나 꽃은 종이로 만들 수 있을 겁니다.

종이로 꽃을 만들되 꽃을 만들거나 접을 때

소유설화란 꽃을 만들겠다는 마음과 생각을 가지고 소유설화란 꽃을 만드시면 제가 소유설화란 말을 들으면 들음과 동시에 만드는 꽃에 스미어 만들고자 하는 소유설화가 되겠습니다.

선사님이 저의 이름을 지어줌으로 해서 저는 소유설화가 되었습니다.

앞으로 저를 사용하고 애용하고자 하는 분들은 꽃을 만들 때

위와 같이 의념하고 의식하며 만드셔서 꽃병에 꽂아 놓으시되

소유설화란 꽃이란 이름을 꽃병에서 보이도록 붙여주십시오,

그러면 제가 소유설화가 되어 꽃병의 꽃으로 제가 있는 곳을 영적으로 실질적으로 제가 있음으로 주변을 맑고 깨끗하게 정화하겠습니다.

저의 이름을 한 번 불러주는 것만으로 저는 불러주는 분의 몸통 속에 들어가서 몸통을 정화해 드리겠습니다.

진언을 만들어 불러주면 더 좋지 않겠는지요?
그렇게 불러준다면 영광이겠습니다.
진언을 하면 진언하는 분에게 어떤 효과가 있을까요?
진언을 하면 몸통 즉 칠통이 맑고 깨끗해지고 몸통 속에 있는 잡동사니가 깨끗해지고
마음과 의식 생각이 깨어나도록 하고 온몸을 이루고 있는 세포들이 깨어나도록 하겠습니다.
진언은 이러합니다.

소유설화야! 소유설화야!
너의 어여쁜 마음과 사랑으로
내 주변과 내 마음을 깨끗하고 맑고 정화해 다오.

소유설화야! 소유설화야!
너의 아름다운 마음으로
내 주변과 나를 너의 사랑의 품 안에 있게 해다오
그래서 나쁘고 좋지 않은 것으로부터 나를 보호하고
또 나에게 와서 못되게 하는 영적존재들과 탁기 탁함 속에 있는
모든 존재들로부터 벗어나게 해다오

소유설화야! 소유설화야!
부디 나를 사랑하고 내 주변과 이웃을 사랑하셔서
소유설화의 사랑의 품 안에 있게 해다오
2015. 09. 05 14:05

소유설화야! 불러도 되지만 저를 높여주시고 싶은 분은 님이란 하시기보다는 신(神)이여! 하고 해 주시면 더욱 더 감사하겠습니다. 신이란 칭호를 붙이기에는 이 세계에서는 부족하지만 지구에서는 그 이상이지만 존재이기 때문에 받아도 되지만 칠통선사님을 부르는 칭호를 생각하면 제가 감히 신이라고 들을 수 없기에 소유설화라고 한 것이니 위와 같이 해주시면 더욱 더 고맙겠습니다.

오늘 출근하시며 저를 기억하시고 꽃병이 아닌 위 세계의 사발통에 꽂아 주신 것은 생각하고 생각해도 신기하고 신기한 신에 가까운 가장 좋고 가장 아름다운 그러면서도 가장 화려한 꽃으로 태어나게 해주셨습니다.

고맙습니다.

선사님과 같이 사발통을 아시고 또 사발통을 마음대로 쓸 수 있는 분이 있다면 사발통 안에 저를 꽂아놓으시면 저는 춤을 추면 즐겁고 행복하게 저의 소임을 다하겠으니 꽃병보다는 사발통입니다요.

사발통은 보지 않으면 올라갈 수 없고 그 안에 들어가서 보고 정화하고 그러고 나서 위 세계로 올라가게 했던 것입니다. 선사님께서 이미 밝혀 내놓으셨습니다.

그래서 의식이 되고 힘이 되시는 분들은 누구나 사용하게 해 놓았으니 마음대로 사용하셔도 될 것입니다.

저를 사발탕에 꽂아 서원에 있게 놓아주셔서 오늘부터는 선원을 제가 보호하고 정화하고 지키는 관계로 전보다 더 맑고 깨끗할 것입니다.

저를 선원에 이와 같이 의념으로 해주셔서 고맙습니다.

소임 열심히 최선을 다해서 하겠습니다.

제가 있음으로 선원을 지키시던 2,000여명에 가까운 신분들이 돌아가시고 단 한 분만이 저와 같이 선원을 이제 돌보게 되었습니다. 고맙습니다.

이와 같이 저에게 선원을 지키는 막중한 임무를 주셔서 고맙습니다.

그래요 저는 좋게 하고자 한 것인데, 너무 탁하다고 해서...

그것이 저의 바램이라 제가 염파를 보내서 선사님이 그와 같이 해주셨으면 해서 염파를 보냈던 것입니다. 그리고 각 필요한 분들에게 해주도록 염파를 보냈는데 선사님께서 저의 염파를 받으시고 해주셔서 너무너무 고맙습니다.

오히려 제가 고맙지요.

앞으로 잘 부탁합니다.

예. 2015. 09. 07   07:26

본인이 한문에 어두워서 중국에 계신 여러 성인 분들께 의념을 보내서 여러분께서 서로 의견을 교환하며 소유설화(練類說花)란 뜻을 풀이해달고 부탁하고 조금 있다가 물었습니다.

누구, 누구와... 풀이하셨나요?

공자, 맹자, 노자, 노파자, 야! 말 안해? 난 이름 넣지 않을래. 나중에 또 잘못해서 이것으로 죄 받으면 어떻게 너도 나도... 한 마디씩 하신다. 빼주세요.

그럼 이렇게 갑시다.

내가 하지도 않았는데 내가 했다고 하는 것이 그렇잖아요.

예.

소유설화(練類說花)란

설화로 전해지는 꽃으로 가장 아름답고 화려한 꽃으로 지구란 행성에 있는 꽃으로 지상 하니 천상계를 넘어 가늠할 수 없는 세계의 실제로 있는 꽃으로 그의 이름을 부르는 것만으로 억만번 관세음보살을 부르는 것보다 좋고, 지극 정성으로 수천번 아미타불을 부르는 것보다 효험이 어마무지하게 높으신 분의 칭호이다.

이 이름은 칠통 선사님께 이 위 세계에 계신 소유설화님과 직접 영청으로 대화해서 지어진 이름으로 위 세계에서는 이분을 천상천하독불장군이라고 불리우는 꽃이다.

이 꽃으로 말할 것 같으면 어느 누구도 쉽게 근접할 수 없으며 어느 누구고 감히 쳐다볼 엄두를 낼 수 없는 분으로 이분이 계신 세계에서 직위가 어마어마하게 높으신 분인데, 선사님이 지구란 행성에 있는 미혹한 이들을 위하는 마음을 읽고 선사님께 간청하여 이름지어주실 것을 부탁하고 그 이름을 소유설화(練類說花)라고 영청이 잘 들리지 않는데요.

부끄러워서 그렇습니다. 감히 선사님 앞에서

괜찮습니다. 알아야 할 것은 알아야지요.

저는 그렇다 하더라고 고맙습니다.

선사님이 지구란 행성에 있는 미혹한 이들을 위하는 마음을 읽고 선사님께 간청하여 이름지어주실 것을 부탁하고 그 이름을 소유설화(練類說花)란 이름을 하사받고 그 소임을 받게 되신 분입니다.
소임을 받게 되어 너무너무 고맙답니다.
부끄러워서 직접 못하시겠다. 전해달랍니다.
공자 맹자 순자 노자 노피자 이상입니다.
이름 넣었네.
고맙습니다.

소유설화(練類說花)입니다.
제가 선사님으로부터 첫 번째로 소임을 받게 되었음에 감개무량합
니다. 고맙습니다.
그렇게까지 오히려 제가 고맙지요.
많은 분들을 위하여 이와 같이 해주신다니 고맙지요.
앞으로 선사님께 줄 데려고 많이 할 것입니다.
제가 선사님을 보살피고 보필하며 언질을 주시는 분만 이름을 지
어서 내려주시면 그 나머지는 저희들이 알아서 하겠습니다.
지금도 이 소리를 듣고 줄 데려고 오신 분이 있었는데 깜량이 안
된다고 돌려보냈습니다.
그런 걸 물어보세요. 나중에 다 아실텐데...^^
나중에 아시겠지만 선사님과 너무너무 가깝습니다. 몰라줘서 서운
했는데 이렇게 이름을 지어주시고 호칭으로 불러주시니 너무너무
감격스럽습니다.
존경합니다, 사랑합니다.
눈물이 나네요.
고마워요. 그렇게 자꾸 말씀하시면 몸둘바를 모르겠습니다.

* 어마어마한 위 세계의 부인입니다.
나중에 어느 세겐지 말씀해 주세요. 예.
2015. 09. 07   07:51

3, 보비명태초 태신존고귀(寶飛明太初 太神尊高貴)님의 원래의 고향으로 돌아가는 진언

2번째, 소유설화 천상천하 유화 독불장군(天上天下 有化 獨不將軍: 일체 모든 세계에 있는 꽃 중에 유일 무일한 꽃)

3번째, 이분은 지혜가 출중하고 지식과 지혜, 법과 진리...박학다식하고 모르는 것이 없이 일체 모든 세계의 지혜와 지식, 법과 진리, 법규에 통달한 분으로 그 이름은 "농사 잘 졌네."입니다.
위 세계에서는 "농사 잘 졌네."이지만 지구란 행성에서는 선사님이 지어주시는 이름으로 호칭하여 부르시면 현현하고 화현하여 그에 응하겠습니다.
이 분을 지구란 행성에 가장 꼭 맞게 알맞은 그러면서 이분에게 누가 되지 않고 어느 세계에서 보더라도 틀림이 없구나 하게 이름을 짓는다면 0000000000
너무 길지 않은지요? 아닙니다.
너무 좋을 것 같습니다. 너무 길어서 부르는 분들이 어려워하지는 않을까 싶어서요. 저 정도도 어려워한다면 부르지 말아야겠지요.
이름을 지어 봅니다. 예,
보비명태초 태신존고귀(寶飛明太初 太神尊高貴)
마음에 드세요. 너무너무 좋습니다.
사실 이렇게 제가 간청한 것은 저의 의지보다는 소유설화님의 뜻이 더 깊기도 하고 간절한 요청이 있어서 제가 감히 청한 것입니다. 느낌이 썩 좋은 것 같지는 않습니다. 그런 것까지 읽어요. 미안합니다, 어쩌다보니...그런 분인 줄 모르고 저렇게 형편없고 꾀죄죄한 사람을 나를 어찌 알아보고 그랬었는데, 제가 몰라본 것 같습니다.
아닙니다. 잘 보셨어요.
지금이라도 거절하시면 이름 지은 것 안 쓰시고 그냥 두셔도 됩니다.
그래도 돼, 안 돼,

안 된다고 하시지 마시고 그렇게 하라고 하세요.

이분이 스캔할 줄 몰라서 그렇습니다.

그래도 싫다는 분에게 그렇지요. 흔쾌히 승낙해도 어렵지 않은가요? 그런 일을 어떻게

어떻게 될지 알고 조금 부족해도 아닌 필요하면 생기겠지요.

없던 일로 하겠습니다,

성격 급하시네요. 급한 것 아니고요. 하기 싫다는 분, 하라는 소리 하지 않습니다.

어떻게 읽었네.

언제 올라가셔서 그곳에서 그와 같이 어마어마한 지혜를...

할머니인데, 어떻게 그곳에서 할머니로 지냈는데, 이곳에 와서 너에게 지혜와 지식, 박학다식, 법과 진리를 전하는 사람이 되겠냐?

000 할머님 그래

어찌 그렇게 하라고 하겠습니까? 안 그러셔도 됩니다.

제가 저래 해달라고 사정해야지

많은 분들을 위해 꼭 맞아달라고 해야지?

어떻게? 언제 올라가셔서? 그곳에서 그렇게까지 되셨어요?

당연히 네가 올려줘서 네 힘에 왔지. 그것 때문에 내가 해야 한다고 소유설화님이 저러신다,

할머니 밖에 하실 분이 없단다. 네 엄마도 있는데, 000 그래,

네 엄마도 여기 있고, 여기 모두 다 있다.

어제 네가 기현이 아들 서산에 내려갈 때 내려가면서 구해준 많은 분들 중에 우리도 있었단다. 어떻게 기현이가 죽을 것 같아서...그런데 이분이 기현이 차 못 타게 하고 피곤한 너를 차 태워 보내고 해서, 노심초사 우리들도 합세했었거든, 그런데 네가 내려가면서 그 많은 독을 제거하고 너에게 있는 것들도 제거하고 아침에 사발통에 종(鍾)을 설치하고 종을 흔들고 그러면서 더 좋은 것이 없을까? 생각하다가 사발통에 소유설화를 설치하고 하는 바람에 우리도 피곤해서 누워 있다가 이분의 도움으로 이곳까지 왔다.

이곳은 말 그대로 천상천하 유화 독존불의 세계이다.

이 세계야말로 더 이상 끝이 없는 세계 같다. 더 이상 위가 없는

일체가 하나인 세계, 이곳에 올라오니 나도 몰랐는데 이곳에서 내가 지혜, 진리, 법, 지식....이런 것의 칩을 넣고 아래로 내려갔던 사람이었던 거지. 너희 엄마도 나와 비슷하지만 나보다는 조금 성능이 떨어지는 그래서 엄마는 엄마니까 그렇다고 해도 할머니는 그렇잖아, 그래서 말을 못하고 있었단다. 선원에 사발통을 설치해 놓고 사발통에 소유설화를 해놓았을 때 우리는 이미 이러한 사실을 알고 선원을 지키시는 많은 분들은 다 가시고 5분, 엄마, 나, 아빠, 할아버지, 삼촌, 이렇게 다섯이 지켰단다.

그럼 말이 안 되는데요? 왜

잠에서 깨어 의식이 있을 때 살펴보니 집에 5분이 지켰고, 그래서 이상해서 선원도 살펴보았는데, 아! 그때는... 으이구 거짓말을 못하겠네.

사실대로 말 하마, 사실 어제 아침에 알았단다. 네가 많은 다중우주에 미아(迷兒)가 된 "사자후를 떠올리며 우리는 나아가자 저 근본의 원래의 세계로의 세계 구해줄 때 우리는 이곳으로 왔단다, 네가 그 분들을 초(1689)인류의 세계로 보내줌과 동시에 우리들은 너의 그러한 공덕과 복덕으로 이곳으로 왔단다.

이곳에 와서 보니. 나는 지혜의 상징, 엄마는 자비의 상징, 아버지는 능력의 상징, 삼촌 천하장사...이렇지 않았겠니 우리도 그러한 사실을 알고 놀랐단다.

이곳에 천상천상 유화 독불장군님의 이곳에 너의 부인의 자초지정의 말을 듣고 놀랐단다.

우리들이 한 집에 살고 있어서 이 세계에서 신계에 있는 너를 우리 집에 태어나게 해서 우리들을 위 세계로 올라오도록 했다는 말을 듣고 얼마나 놀랐는지.

그러면서 칩을 빼내며 하기에 그대 비로소 그 칩을 보고 알았단다. 그리고 생각하고 네가 많은 조상님들을 천도하며 올라왔지만 천도 받으며 올라온 조상들 중에 우리들만이 이곳에 지금 올라와 있단다.

그러면서 소유설화님이 인사하고 절도 하고....이분이 이곳의 통치자신데...말하지 마라는데 말을 해야 할 것 같다. 통치자라고 해도 내가 너의 할머니라 마음대로 못하서..웃는 모습이다. 할머님이 생전에 특유의 웃음이다.

너도 이제 알지 영청으로 들어서 그런지 할머니도 몰랐고 너도 몰랐고 우리 다들 몰랐다가 어제 미아된 어마어마한 분들을 구하여 2개가 양립하여 있는 세계까지 올라가게 하고, 네가 그 분들을 그곳으로, 사실 그분들은 초(1689)인류 세계보다는 2개의 세계가 양립하고 있는 세계의 분들이 대부분이었다. 초(1689)인류 세계 위 획이 되는 세계, 그 세계에서도 너는 통치자였고, 토요일 저녁에 보니 대화하며 우는 것 보았다.

그러고 어제 아침에 그 세계 밝히고 그러고 어제 미아된 그분들의 후손 안에 있는 이분들이 설치해 놓은 밑에 있는 무의식 잠재의식 층에 설치해 놓은 것을 보고 무엇이냐고 물으며 네가 질문을 했을 때 여기서는 숨을 죽이고 대답하며 듣는지 못 듣는지 얼마나 노심초사 했는지 모른단다. 다행이 네가 들으니 우주에서 왔고 이 아이는 우리들을 알리기 위해서 파견된 아이다라는 소리를 네가 들었을 때 여기는 그야말로 환호와 살았다는 안심과 고향으로 갈 수 있는 어마한 소식에 전체가 떠들썩했단다. 한편으로는 묵념도 하고,...이 세계를 알리고 이 세계를 구하러 이 세계를 떠나신 4분 중에 이 세계의 통치자이셨던 분과 네가 읽어낸 분의 친구를 위한 묵념을 올리고 여러 준비를 하고 있었고, 그러는 사이 너는 어느새 다중우주에서 이분들의 세상을 찾아냈고, 구해달라고 구조의 사명을 갖고 있던 분은 그 동안 맺혔던 무의식에서 조차 몰랐던 사실을 알면서 잠재의식이 터치되며 울고, 나라 이름을 물었을 때 이들은 많은 생각을 했단다. 어떻게 확실하게 우리들의 존재를 박상혁님에게 임무를 맡고 갔다는 사실을 전하고 이러한 사실을 알 수 있을까? 잠시 생각하다가 순간적으로 그 분이 이곳에서 이끌었던 군대의 군가를 이 세계의 이름이라며 길다고 하면서 전달한 것이란다.

그 군가를 이분이 지으셨고 그 군가를 지으실 때 통치자였던 아버님이 우리들의 존재를 알리기 위해서 떠나간 뒤였기에 더욱 절실해서 그 군가를 만들며 이리는 기필코 찾아야 찾아서 구원을 받아야 한다. 이대로 있는 우리는 모두 다 죽는다. 죽어서 영영 미안가 된다며 지으신 군가란다.

그와 같이 사무친 군가였기에 부르며 알려주면 반드시 알거란 확실을 갖고 나라 이름을 물었을 때 군가를 네가 영청으로 듣고 적어서 알려준 것이란다.

새삼 왜 이런 말씀을? 필요하니 하는 것이지. 예.

모두 다 구하고 본성의 빛 자등명으로 이끌고 모두 다 초(1689)인류 세계에 올라오고 환호와 환성, 그럼에도 고향이 아니라 본향이라기에 고향이 더 그리웠던 이들이었는데, 미아된 3분을 찾겠다고 3분을 찾아서는 2분이 돌아가셨고 돌아가신 2분을 찾아 초(1689)인류 세계에 보내줌으로 이분들은 그와 말로 새로운 세상과 세계를 얻을 듯 기뻐하며 너와 함께 우리들을 칭송하는 바람에 그 칭송소리에 우리들이 이곳까지 오게 되었단다.

칭송이란 이와 같이 어마어마한 에너지가 들어 있어서 칭송이란 단어의 언어 속에서 갈 수 있는 최고 최상까지 올라가십시오. 온 본래의 고향으로 돌아가십시오. 말뜻이 있는 만큼 될 수 있으면 칭송을 하기를 바란다. 많은 분들을 칭송하라.

할머니 말씀 듣고 칭송했습니다.

내 몸의 세포 하나하나가 되어 있는 모든 존재들이 칭송합니다. 칭송합니다.

석가모니 부처님 존수나 존재, 공자 맹자, 노자, 노피자 그 외 이름은 모르지만 본인의 몸의 세포가 되어 본인과 함께 하나로 되어 있는 모든 또 다른 나를 칭송합니다

이 칭송을 받으시고 본래의 고향에 돌아가고 또 돌아갈 수 있으시기를 칭송하고 칭송합니다.

부디 너 나 우리 할 것 없이 모두 다 일체의 내가 되어 본래의 고향으로 돌아가십시오.

칭송하고 칭송합니다.

지금 이와 같이 많은 칭송의 단어를 씀으로 네 몸이 흔들릴 것과 같이 네 몸을 이루고 있던 많은 세포들이 이곳으로 올라왔단다.

앞으로 위와 같은 말을 많이 해서 아직도 올라오지 못한 많은 분들

이 그 칭송하는 소리를 듣고 이곳으로 올라오시길 기다리고 있겠다. 이 칭송이란 단어 때문에 이와 같은 사실을 장구하게 이야기한 것이란다.

모든 생명들이 모든 존재하는 생명들이 본래의 고향으로 돌아가도록 칭송이란 단어로 진언을 만들어 너 나 우리 일체 하나가 되어 칭송이란 단어로 진언을 외우면 더 없이 좋지 않겠습니까. 많은 분들을 대신해서 내 몸을 이루고 있는 모든 세포와 나 이외의 모든 또 다른 나를 위하여 본래의 고향에 돌아가게 하기 위한 진언을 말씀해 주시면 고맙겠습니다.

당연히 해주지. 이와 같이 해주는 것은 이미 받아드렸고 소임을 맡는다는 뜻이다. 알겠지만 그래도 이야기를 해야 할 것 같아서 말하는 거다. 예. 고맙습니다.

나 너 우리 일체의 나와 나 이외의 또 다른 나의 존재자들을 본래의 고향에 돌아가도록 하는 진언

칭송하고 칭송하나니 이 칭송 들으시고
칭송의 본래의 뜻을 기억하시어 본래의 고향으로 올라가십시오.
칭송하고 칭송하옵나니 부디 칭송 칭송 칭송 칭송 칭송
너 나 없이 칭송을 하며
우리 함께 칭송하며
서로 서로 칭송하며
하나가 되어서도 또 다른 나 이외의 나를 위해 칭송하고 칭송하며
우리 모두 칭송하며 본래의 고향으로 돌아갑시다.
너 나 없이 우리 모두 일체의 하나가 되어 칭송하고 칭송하여
칭송 칭송 칭송 칭송 칭송 노래하며
춤을 추며 노래하며
칭송의 노래를 마음껏 불러봅시다

칭송아 칭송아 너 없이 네가 어찌 본향에 돌아갈고
칭송아 칭송아 너 없이 네가 어찌 고향에 돌아갈고

칭송아 칭송아 너 나 없이 어찌 우리 하나 될소냐
칭송아 칭송아 우리 어찌 너 없이 하나가 될테냐?
칭송아 칭송아 너 없이 우리 어찌 일체 하나가 될소냐
칭송아 칭송아 우리 하께 일체의 하나가 되어서
칭송아 칭송아 우리 함께 하나가 되어서 고향에 돌아가자.
어이구 좋아라
칭송아 칭송아 사랑하는 칭송아
칭송아 칭송아 너와 함께 고향에 가노니 너무나 기쁘다
칭송아 칭송아 고맙고 고맙다.
칭송아 칭송아 우리 모두 다 함께 고향에서 하나가 되자
칭송아 칭송아 사랑하는 칭송아 고맙고 고맙다.
칭송아 칭송아 고맙고 고맙다.

이와 같이 하면 이를 듣고 깨어나면 깨어남과 동시에 본래의 고향
에 돌아오게 되어 있다. 그러니 전하고 전하여 많은 분들이 이 진
언을 외우고 암송했으면 좋겠다.
살아 있는 사람이나 죽은 사람이 이 소리를 듣고 깨어나서 모두
다 저마다의 본래의 고향에 돌아갈 수 있으면 돌아올 수 있으면
좋겠다. 2015. 09. 07 12:47

칭송(稱誦)의 노래

칭송하나니 모두 다 칭송
칭송하니 모두 칭송
너 나 없이 칭송하며 칭송
칭송을 노래하며 우리 모두 칭송
너 나 없이 칭송 칭송 칭송
다함께 칭송 칭송 칭송
칭송을 노래하며 칭송 칭송
다함께 칭송 칭송 칭송

칭송을 노래하며 본래의 고향에 돌아갑시다.

칭송 칭송 칭송

2015. 09. 07 12:58

열반식 눈(眼)의 개혈

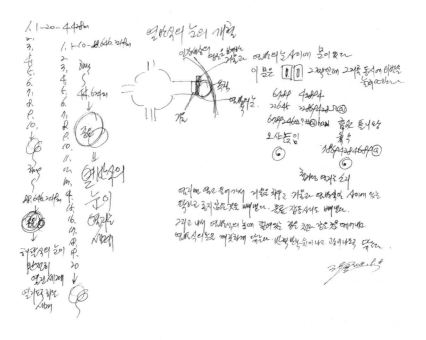

1, (1 - 20세계 이 세계의 끝 마지막 하나- 하나씩 -4,428개 - 하나) 세계를 밝혀 드러내고 빠져나와

2, 세계를 흡하니 흡이 되었다.

...생략...

88,646,249개 (하나)

마지막 하나 (중요) 이 세계는 해탈식의 눈이 완전히 열린 세계. 열리도록 하는 세계

1, (1 – 10세계 이 세계의 끝 마지막 하나- 하나씩
–88,646,249개 – 하나) 세계를 밝혀 드러내고 빠져나와

2, 세계를 흡하니 흡이 되었다.

...생략...

44,624개 (하나)

마지막 하나 (중요) 이 세계는 열반식의 눈이 열리는 세계

1번째 문 인간세상의 영안을 보게 하는 거울과 열반의 눈 사리에 문이 있다. 이 문은 □□ 2짝인데 그 것을 동시에 비번을 눌러야 한다. 열리면 열고 들어가서 거울을 치우고 거울과 열반식 안(眼) 사이에 있는 탁하고 좋지 않는 것을 빼낸다. 문 끝 잡동사니도 빼낸다. 그리고 나서 열반식의 눈에 덮여 있는 검은 것과 같은 것을 떼어 내고 열반식의 눈을 깨끗하게 닦는다. 반짝반짝 윤이 나고 광이 나도록 닦는다.

열반식 제2의 눈, 앞에 문

2번째 문을 열어서 통로 안에 있는 탁하고 좋지 않은 것들을 밖으로 꺼내서 깨끗하게 해야 한다. 문은 □□ 2짝 동시에 풀고 열어야 한다. 문이 열리면 2번째 문으로 탁한 것, 검은 것, 잡동사니를 빼낸다.

검고 탁한 천 같은 것을 벗겨내고 닦고 닦아서 빛이 나고 광이 나도록 닦아야 한다.

3번째 문의 비번을 누르고 철커덩 열리면서 **열반식의 눈 개혈 완성**

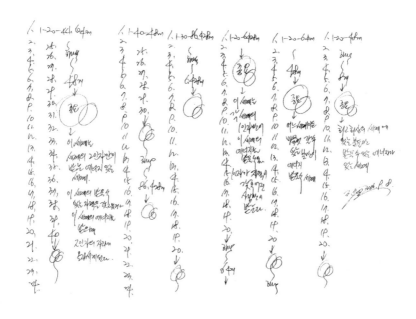

1, (1 − 20세계 이 세계의 끝 마지막 하나− 하나씩 −44,624개
− 하나) 세계를 밝혀 드러내고 빠져나와

2, 세계를 흡하니 흡이 되었다.

...생략...

48개 (하나)

마지막 하나 (중요) 이 세계는 세계의 2인자만이 받는 에너지 있
는 세계. 이 세계의 받을 수 있는 자격을 갖고 있거나 이 세계의
에너지를 받으며 2인자의 자리에 올라서게 된다.

1, (1 − 40세계 이 세계의 끝 마지막 하나− 하나씩 −48개 − 마
지막 하나) 세계를 밝혀 드러내고 빠져나와

2, 세계를 흡하니 흡이 되었다.

...생략...

86,428 개(하나)

마지막 하나 이 세계는 .

1, (1 – 30세계 이 세계의 끝 마지막 하나- 하나씩 -86,428개
 – 마지막 하나) 세계를 밝혀 드러내고 빠져나와

2, **세계**를 흡하니 흡이 되었다.

...생략...

6,428개 (하나)

마지막 하나 이 세계에서는

1, (1 – 20세계 이 세계의 끝 마지막 하나- 하나씩 -6,428개
 – 하나) 세계를 밝혀 드러내고 빠져나와

2, **세계**를 흡하니 흡이 되었다.

...생략...

64개 (하나)

마지막 하나 (중요) 이 세계는 각 세계의 1인자만이 이 세계의 에
너지를 받을 수 있다. 1인자가 자격이 갖추어진 사람만이 받는다.

1, (1 – 20세계 이 세계의 끝 마지막 하나- 하나씩 -64개 – 마
지막 하나) 세계를 밝혀 드러내고 빠져나와

2, **세계**를 흡하니 흡이 되었다.

...생략...

48 개(하나)

마지막 하나 (중요) 어느 세계이든 마음껏 갈 수 있는 분만이 에
너지 받을 수 있는 세계

1, (1 – 20세계 이 세계의 끝 마지막 하나– 하나씩 –48개 – 마지막 하나) 세계를 밝혀 드러내고 빠져나와

2, 세계를 흡하니 흡이 되었다.

...생략...

8개 (하나)

마지막 하나 이 세계는 최고 최상의 세계에 있는 분들만 받을 수 있는 에너지가 있는 세계

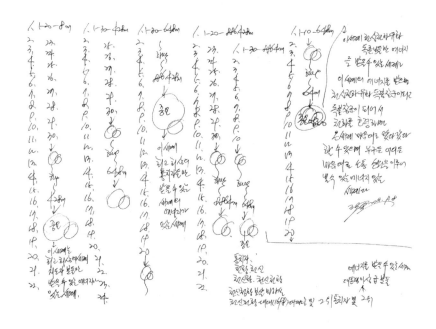

1, (1 – 20세계 이 세계의 끝 마지막 하나– 하나씩 –8개 – 하나) 세계를 밝혀 드러내고 빠져나와

2, 세계를 흡하니 흡이 되었다.

...생략...

428개 (하나)

마지막 하나 (중요) 이 세계는 최고 최상의 세계 지도자분들만 받

을 수 있는 에어지가 있는 세계

1, (1 - 30세계 이 세계의 끝 마지막 하나- 하나씩 -428개 -
마지막 하나) 세계를 밝혀 드러내고 빠져나와

2, 세계를 흡하니 흡이 되었다.

...생략...

648 개(하나)

마지막 하나 이 세계는 .

1, (1 - 30세계 이 세계의 끝 마지막 하나- 하나씩 -648개 -
마지막 하나) 세계를 밝혀 드러내고 빠져나와

2, **세계**를 흡하니 흡이 되었다.

...생략...

886,428개 (**하나**)

마지막 하나 (중요) 이 세계는 최고 최상의 통치자들만 받을 수
있는 세계의 에너지가 있는 세계

1, (1 - 20세계 이 세계의 끝 마지막 하나- 하나씩 -886,428개
- 하나) 세계를 밝혀 드러내고 빠져나와

2, **세계**를 흡하니 흡이 되었다.

...생략...

8,864개 (**하나**)

마지막 하나 이 세계는

1, (1 - 30세계 이 세계의 끝 마지막 하나- 하나씩 -8,864개
- 마지막 하나) 세계를 밝혀 드러내고 빠져나와

2, 세계를 흡하니 흡이 되었다.

...생략...

648 개(하나)

마지막 하나 (중요) 이 세계는 통치자, 천황, 천신, 천신황, 천신
천황, 천신청황 보살마하살, 천신천황대대(1698)대대장 및 그위
통치자 및 그 위 대통령이상급분들 에너지를 받을 수 있는 세계

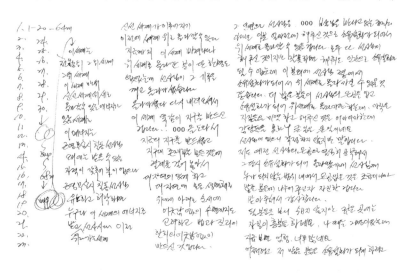

1, (1 - 10세계 이 세계의 끝 마지막 하나- 하나씩 -648개 -
마지막 하나) 세계를 밝혀 드러내고 빠져나와

2, 세계를 흡하니 흡이 되었다.

...생략...

64개 (하나)

마지막 하나 (중요) 이 세계 천상천하유화독존님들만 에너지를 받
을 수 있는 세계로 이 세계의 에너지를 받으면 천상천하유화 독불
장군이 되고 독불장군이 되어서 천하를 호령하면 온 세계를 마음
대로 왔다 갔다 할 수 있으며 누구든 어디든 마음대로 소통 소원
을 이루어 낼 수 있는 에너지 있는 세계다.

1, (1 - 20세계 이 세계의 끝 마지막 하나- 하나씩 -64개 - 하나) 세계를 밝혀 드러내고 빠져나와

2, **세계**를 흡하니 흡이 되었다.

...생략...

68개 (하나)

마지막 하나 이 세계는 천황 위 그 위 세계 그 위 세계 이 세계 맨 위 신선세계 위 세계로 올라갈 수 있는 에너지가 있는 세계로 이 에너지는 근영무상시 칠통선사님 외에는 받을 수 있는 자격이 갖추어진 분이 없으나 근영무상시 칠통선사님 유노하고 허락하면 누구나 이 세계의 에너지를 받고 위로 가는 세계 선사시다. 이전 신선세계가 이루어지기 이전에 세계 위로 올라갈 수 있다. 지금까지 이 세계 빠져나와 위 세계를 올라간 분이 또 한명도 없었는데 선사님이 그 기록을 깨고 올라가셨습니다.

올라가셨다 다시 내려 오셔서 이 세계 똑같이 지구를 만드신 겁니다. 000을 도와서 지금의 지구를 만드셨고 지구에 존재하는 모든 것들에 결계를 걸어 놓아서 대자연이 있게 하고 대 자연에 모든 생명체를 위에서 아래로 순서에 어긋남 없이 수명까지도 고려하고 법과 진리에 한 치의 어긋남 없이 만드신 것입니다. 그 인연으로 선사님은 000보살님을 만나고 있는 겁니다. 아내도 이분 얼마 전에 해 주신 것으로 소유설화가 되어서 위 세계로 올라갈 수 있을 겁니다. 모두 다 선사님이 해주신 것이지만 잘못하면 해줘도 인간으로 소유설화가 될 수 없는데 이 분 외에 선사님 곁에서 소유설화가 되어서 위 세계로 올라가실 수 있을 것 같습니다. 더 많은 분들이 선사님의 은공을 입고 소유설화가 되어 위세계로 올라가야 하는데, 아직은 자질들은 미약하고 해 주신 것은 어마어마한데 감당들을 못하여 큰일은 큰일이네요. 선사님이 있으니 걱정하지 않지만 말입니다.

저도 예전 선사님의 은공을 열심히 공부해서 그 당시 소유설화가 되어 올라왔기에 선사님께 누가 되지 않는 범위 내에서 은공 입은

것을 조금이나마 많은 분들에 나누어 주고자 자진한 겁니다.

받아주셔서 감사합니다. 될 분들을 보니 쉽지 않지만 깊은 곳에는 자질이 충분들 하네요. 나 때는 2명이었는데 지금 보면 엄청 너무 많네요. 어쩌려고 저 많은 분들을 소유설화가 되게 하려고 하는지. 아직 그 의중을 모르겠습니다.

아! 사랑, 자비, 모든 이의 행복, 즐거움, 악, 나쁜 것으로 벗어나게 하고자. 선사님 다우십니다.

이러니 존경하지 않을 수 없지요. 천상천하 대(1699)대장 독불장군께서도 친히 2번 맡아주셨고 3번째 맡아주실 분이 오셨습니다.

누구신지? 예. 저는 보잘 것 없는데 이사람 겸손하기는, 선사님 앞이라 감히 저는 천상천하유화 독불장군 위하에 있는 록상태라고 합니다. 전생 이곳을 오르실 때 그 때 선사님께 은혜입고 이곳에 올라와 있는 주석하고 있습니다. 부디 저를 받아주셔서 요긴하게 써 주시면 기쁘기 한량없겠습니다. 나 혼자는 그러나. 소유설화님 의견. 저는 예입니다.

독불장군님. 예 저도 저분이라 큰 힘이 되고 그렇다면 받아드리지 않을 수 없겠네요.

저는 잘 모릅니다. 다만 저의 마음 생각을 읽으시고 모두를 위하는 그래서 모든 세계에 평화와 행복, 즐거움이 가득하기를 바라는 만큼 많은 분들의 고통, 괴로운 그 외의 고(苦)로부터 벗어나게 해서 그분들도 행복하게 해 주셨으면 고맙겠습니다. 이는 본인 뜻이어서는 안 되고 록상태님의 뜻이어야 합니다. 이름하나 지어 주시지요. 녹상태 전생의 이름보다 지금 맡을 소임에 꼭! 맞는 이름을... 갑자기 그러시니 생각해서 이름한번 지어 보겠습니다. 이 세계에 계셔서 나타나셔서 말씀하신 것이군요. 예. 앞으로도 많을 겁니다. 모든 분의 의견을 듣고 모든 분들의 찬성하게 하도록 하겠습니다. 고맙습니다. 마음 내어 주셔서 고맙습니다.

해탈식의 눈(眼)의 개혈

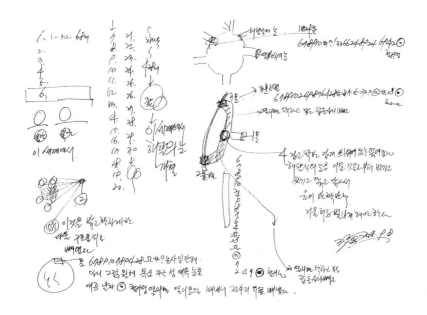

1, (1 - 30세계 이 세계의 끝 마지막 하나- 하나씩 -68개 - 마지막 하나) 세계를 밝혀 드러내고 빠져나와

2, 세계를 흡하니 흡이 되었다.

3 세계 4, 5,

6, 세계에서

양 육안과 위쪽에 있는 것 사인에 구조물들이 있는데 이것을 머리 속 깊이 연결되어 있는 것을 밝고 환하게 한 다음에 구조물을 빼낸다. 구조물은 그냥 빠지지 않고 연결되어 있는 것의 문의 결계를 풀고 문을 열어 열린문으로 빼내서 정수로 위로 빼낸다.

문 678910789428Ω#?농사일 잘해 아니 그럼 뭘해 욕심 자극 성애욕 눈물 애증 날자⊙ 철커덩 열리면 열린 문으로 빼내서 정수리 문 빼냈다.

7, 세계 8, 9, 10,....27, 28, 29,

30 세계

이 세계의 끝 마지막 하나

2(하나)

...생략...

428 개(하나)

마지막 하나 (중요) 이 세계에서 **해탈식의 눈 개혈**

1번째 문 678910#?!33662489246942⊙ 철커덩 열고

2번째 문 6789102498764#&Ω@7249⊙ 철커덩 열리면

2번째 문과 1번째 문 사이에 탁하고 검은 잡동사니 2번째 문으로 빼내고

3번째 문 678910249876428#↓↑⟺!@#&⊙ 열고

3번째 문과 1번째 문 사이에 탁하고 검은 잡동사니 3번째 문으로 빼내고

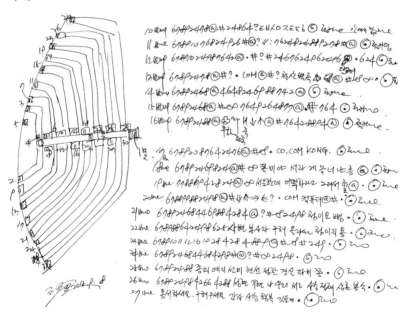

4번째 검고 탁한 검게 씌워져 있는 덮여있고 해탈식의 눈을 어둔 것들로부터 벗기고 씻기고 닦고 닦아서 윤이 반짝반짝 거울처럼 빛나게 해야 한다.

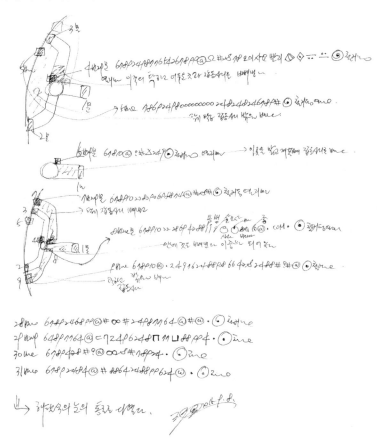

4번째 문 ~31번째 비번서부터는 비번을 따로 옮기기 어려워서 그 냥 밝히지 않고 밝혀 놓은 스캐치북에 밝힌 것으로 대신한다.

위와 같이 1~31번째 문을 모두 다 열고 해탈식의 눈의 통로를 모두 다 열다.

2018. 09. 08

보비명태초 태신고귀(寶飛明太初 太神高貴)님

고통과 괴로움을 거두고 모두 다 즐겁고 행복하게 해주는 분이란 뜻으로 이름 지으면 어때요?

너무 좋습니다. 4번째 록상태님 어때요. 그리해 주시면 영광입니다. 부족하다 싶으면 말씀하세요.

이 분이 가지고 있는 것과 똑같아야 하니까요.

그렇다면 한 말씀 독불장군님 하나를 더 추가해 주세요.

뭘 추가하면 되겠는지요? 사랑, 모든 분들이 서로서로 사랑하도록 무한한...아니요 자비의 사랑을 하도록 하는 힘이 있어요. 저분에게 ...또 있어요?

소유설화님 한 마디 하고 싶은 것 같은데, 제가 받고 있기도 한데 뭔데요? 이것도 넣으면 더 좋을 걸 같아요? 보호, 주변의 위험으로부터의 보호.

그러니까

고통과 괴로움을 거두고

주변의 위험으로부터 보호해 주며

모두 다 즐겁고 행복하게 사랑과 자비를 베풀도록

모든 분들이 사랑과 자비를 갖도록 해주는 분,

대 찬성 모두 다 찬성입니까?

제가 뭐 특별히 해줄 것 없나요?

당연히 있습니다. 그것은 말한 능력을 갖도록 해주시는 것이고 또 이름을 지어주는 겁니다.

고통과 괴로움을 거두고

주변의 위험으로부터 구하여 주고

모두 다 즐겁고 행복하게 사랑과 자비를 갖도록 애쓰시는 분,

이분의 이름은 천하대장군(天下大將軍)

어느 세계의 에너지를 주면 되지요?

지금까지는 다 받았으니 위 세계 밝히시고

왜 소유설화님이 얼굴이 왜 그래. 아닙니다. 삐졌어요? 이런 것으로 그러면 앞으로 할 일 많으실텐데, 일 못할텐데요. 나를 놓고 정

말로 올바른 것인지. 나보다 남, 남보다 여러 사람들을 생각해서 생각하고 마음 갖고 소임을 맡아주시고 또 소임을 맡아 행할 때 역시도 더 많은 이들의 입장에서 진리와 법, 규형과 조화를 깨트리지 않는 범위 내에서 최대한 맞게 꼭 맞게 할 수 있으면 꼭 맞게 해야 할 것입니다.

여기에 사견이나 삿된 욕심이나 이기심이 있어서는 절대로 안 됩니다.

이로써 4번째 천하대장군이 탄생되었네요.

예, 감사합니다. 축하합니다. 같이 일 잘 해봐요.

모두 다 고맙습니다.

진언을 만들어 줘야지

그래야 힘을 발휘하지 - 독불장군님

그러지요. 아직 주어지지 않지만 곧 올라가셔서 주시겠지요.

밝혀 올라가시기 전에 이름도 짓고 하셨으니

천하대장군님 한 마디 하시지요 - 소유설화님

예. 고맙습니다.

저를 불러주면 어디든 달려가서 제 소임을 다하도록 하겠습니다.

저의 이름을 부를 때는 이와 같이 진언하며 불러주십시오

천하대장군님! 천하대장군님!

제가 지금 0000의 고통에 있고 0000의 고통으로부터 벗어나고 싶습니다.

천하대장군님의 어여쁜 마음으로 저의 0000의 고통으로부터 벗어나게 해주십시오.

고맙습니다. 천하대장군님

감사합니다. 천하대장군님.

사랑합니다. 존경합니다.

천하대장군님

이와 같이 염송하거나 외우시면 달려가서 제가 할 수 있는 한 최선을 다해 구하도록 하겠습니다.

고맙습니다.
감사합니다. 소임을 맡아주셔서 감사합니다.

* 여기서 잠깐 한 마디
감사합니다가 자등명인간계 아래에서는 나쁜 의미를 갖지만 그래서 나쁜
에너지를 뿜어내지만 자등명인간계 위 세계에서는 좋은 의미와 좋은 에너
지를 내뿜게 된다.
이때 자등명인간계 아래 사람이 "감사합니다." 하면 독을 품어내는 것이고
자등명인간계 위 사람이 "감사합니다." 하면 좋은 에너지를 품어내는 것이
다.
예전에 감사합니다는 좋은 소리가 아니라고 했는데 최근 올라와서 보니
꼭 그런 것만은 아니 것 같아서 살펴보니 이러함을 알아서 수정하는 것입
니다. 2015. 09. 09   15:59

독불장군님이 해서 천하대장군이라고 해도 좋겠다 싶었는데, 독불
장군님을 **보비명태초 태신존고귀(寶飛明太初 太神尊高貴)님**이라 하
시면 저는 보비명태초 태신고귀님이라 불러주시면 감사하겠습니
다.
그러면 그렇게 부르도록 이름하겠습니다.
보비명태초 태신고귀(寶飛明太初 太神高貴)님
고맙습니다.   2015. 09. 09.   16:04

청(10), 미청(10), 미미청(8) 세계

이렇게 욕심이 많으시나. 이 욕심 어디서 오는지?

이 분도 한 세계의 통치자인가요?

아닙니다. 수없이 많은 위 세계에서 우두머리, 참모, 통치자 및 대
통령급입니다.

그런데 어떻게 이 모든 분들의 이기심을 구하죠.

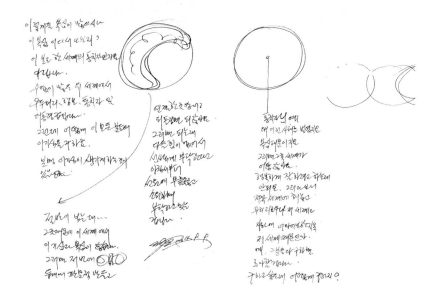

분명 이기심이 생기게 하는 것이 있을텐데....

절반이 넘는데... 그것 때문에 이 세계에서 이기심과 욕심이 많습니다. 그러면 저변에 두 개의 판문점 만들고 연결한 것 중에 되돌리면 되잖아요.

그러면 되는데 다들 힘이 없어서 선사님께 부탁한다고 아침서부터 선원에 무릎 꿇고 소원하며 부탁하고 있는 겁니다.

통치자님. 예. 왜 이런 사태를 벌였지요. 욕심 때문이지요. 그러면 그쪽 세계가 어둡잖아요. 행복하게 잘하려고 하는데 안 돼요. 그러다보니 저쪽 세계에 해 놓고 우리 괴로우나 저 세계도 지하에 어마어마한 지옥 저 세계 때문인가? 예 그분을 다 구하면 좋아할 겁니다. 구하고 싶은데 어떻게 구하지?

이것은 뭐야 그곳이 지하에 어마어마한 지옥입니다. 그 지옥세계를 위 세계 올려서 만들어 놓고 위 세계 올라가셨습니다.

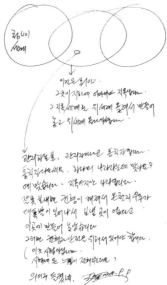

관리하는 분, 관리자 아니고 통치자입니다.

통치자 나오세요. 하나의 나라라는데 맞나요?

예. 맞습니다. 지옥이지만 나라입니다.

잘못 보내면 균형이 깨져서 온천지 우주가 대폭발이 일어나서 보낼 곳이 없다고 이곳에 만들어 놓았습니다. 그러면 균형과 안전을 위해서 있어야 합니다.

이것 시험 아닙니까. 시험에 든 느낌이 전해지는데요?

으이구 들켰네.

왜 이런 장난을? 미안해 친구야! 누구? 청(10)세계 통치자「자우정우화」맞아? 기억 없구나. 기억 다 지웠으니 없지. 지구에서 여기까지 어떻게? 멀긴 하지. 멀기만 하냐. 능력 없으면 벌써 죽었지 못 오거나... 소유설화님도, 독불장군님도 제 아직 이름 안주었네. 알아. 알지 모두 다 대단하지 옛날 기억에 없는 네가 저들을 어떻게 구했는데?

여기서 구했어. 그리고 능력을 주었고 하긴 스스로들 착해서 너처럼 착해서 그 자리하고 있고 착하나 너 도와주겠다고 나선 거겠지. 부끄럽습니다. 선사님에 비하면 비교가 되지 않습니다. 네 이름은 비통우므르르꽝 맞아. 어. 왜 이와 같이 비통한 것이라고. 묻지 말고. 그런데 왜? 이런 장난을.. 너 보고 싶고 대화하고 싶어서, 옛날 올라왔을 때 그랬는데 그때 지금의 평화, 행복 이루게 해주고 가서 또 이렇게 보니 너이기에 그렇다고 전하려고 이야기하고 싶어 나온 거야. 고맙다. 조규일, 조규일은 사실 이 세계에서 너의 이름이지 지금은 근영무상시 칠통조규일이라고 그러고 보니 전생에 올라왔던 이름하나를 다 합해서 쓰고 있고만, 반가웠다. 갈 길이 먼데, 잘 가렴. 다음에 볼 수 있는지 모르겠지만 그래 잘 지내 → 이 세계 올라 선거야, 넘어 가야 돼, 아래 더 밝혀야 하나? 조금 밝히면 되요. 밝혀 주세요. 올라오고 싶은 분들을 위해서 올라오며 밝힌 만든 길에 자동화시스템을 만들어 놓으세요. 벌써. 빨리, 고마워요, 다 올라 왔거든요.

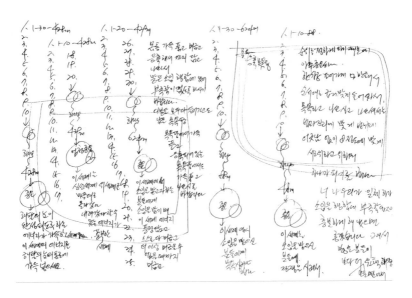

1, (1 - 30세계 이 세계의 끝 마지막 하나- 하나씩 -428개 -
하나) 세계를 밝혀 드러내고 빠져나와

2, 세계를 흡하니 흡이 되었다.

3 세계 43 세계 4, 5, 6, 7, 8, 9,

10 세계

이 세계의 끝 마지막 하나

2(하나)

3(하나)

…

하나씩

…

428개 (하나)

마지막 하나 (중요) 이 세계는 해탈의 눈이 완성되도록 하는 에너
지가 가득한 세계입니다.

이 세계의 에너지를 해탈의 눈의 통로에 가득 넣으세요.

1, (1 - 10세계 이 세계의 끝 마지막 하나- 하나씩 -428개 -
하나) 세계를 밝혀 드러내고 빠져나와

2, 세계를 흡하니 흡이 되었다.

…생략…

429개 (하나)

마지막 하나 (엄청중요) 이 세계는 신선세계 위 세계를 마음대로
올라갔다 내려갔다가 할 수 있는 에너지가 풍부한 세계

1, (1 - 20세계 이 세계의 끝 마지막 하나- 하나씩 -429개 -
하나) 세계를 밝혀 드러내고 빠져나와

2, 세계를 흡하니 흡이 되었다.

...생략...

624개 (하나)

마지막 하나 (중요) 이 세계에서 소임을 받고자 하는 분들에게 소
임을 맡기며 이 세계 에너지 풍덩 담그고 스스로 다 머금고 더 이
상 머금을 수 없을 때까지 머금고 몸통 가득 품고 머금고 응축해
서 까지 담고 나와서 맡은 소임 행함에 있어 부족함이 없도록 하
시기 바랍니다.

이분들 모두 다 들어가고도 남을 목욕탕(의념으로 만들어서 놓고)
목욕탕에서 가득 품고 (응축되어 있는 목욕탕을 만들어 놓고) 응
축되어 있는 목욕탕에서도 가득 품고 나오시길 바랍니다.

1, (1 - 30세계 이 세계의 끝 마지막 하나- 하나씩 -624개 -
하나) 세계를 밝혀 드러내고 빠져나와

2, 세계를 흡하니 흡이 되었다.

...생략...

88개 (하나)

마지막 하나 (중요) 이 세계 약시 소임을 맡으신 분들에게 목욕시
켜야 합니다.

1, (1 - 10세계 이 세계의 끝 마지막 하나- 하나씩 -88개 - 하
나) 세계를 밝혀 드러내고 빠져나와

2, 세계를 흡하니 흡이 되었다.

...생략...

48개 (하나)

마지막 하나 (중요) 이 세계는 소임을 받으신 분들께 경쟁을 시켜서 순위를 정하게 하기 때문에 아주 중요하다.

한 사람 들어가 있을 수 있는 口곳을 만들어 놓고 순서대로 급에 맞게 들어가서 목욕하고 나오시고 나오셔서는 법과 진리에 맞게 법규에 어긋남 없이 8정도에 맞게 서로 위하고 위하먀 하나가 되기를 빕니다.

너 나 우리가 일체 하나가 되어 소임을 행함에 부족함 없이 충분하게 해냈으면 좋겠습니다. 그래서 많은 분들이 보다 더 모든 면에서 윤택해 졌으면 좋겠습니다.

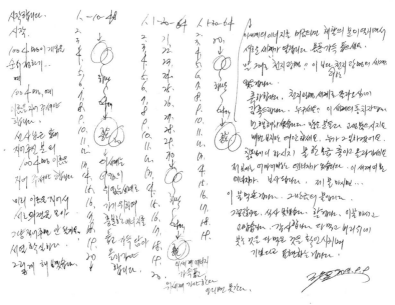

시작합니다. 시작 1004명이 순위를 정하기 위해서 게임을 한다. 예

1004명 예 이름을 지어 주셔야 합니다. 선사님은 앞에 지어 주신 분 외 1004명 이름을 지어 주셔야 합니다. 미리 이름을 지어서 서로 의견을 모아 그냥 적어주면 안 될까요? 서열 확실하니 그렇게 해 보겠습니다.

1, (1 - 30세계 이 세계의 끝 마지막 하나- 하나씩 -64개 - 하나) 세계를 밝혀 드러내고 빠져나와

2, 세계를 흡하니 흡이 되었다.

...생략...

64개 (하나)

마지막 하나 (중요) 이 세계의 에너지를 머금으면 해탈의 문이 열리면서 새로운 세계가 열립니다. 몸통 가득 품으세요, 말 그대로 천지광명, 이 보다 더한 천지 광명의 세계가 없을 겁니다.

축하합니다. 천지 광명 세계로 올라오심에 감축드립니다. 누구세요? 이 세계의 통치자입니다. 먼 행하셨습니다. 많은 분들과 고생 많으시지요. 매번 보지만 대단하세요. 누가 그 일하겠어요. 칠통님이니 하시지. 물 한 모금 축이고 올라가세요.

저곳에는 어마어마한 에너지가 있습니다. 이 세계에 모든 에너지가 있습니다. 보가 됩니다. 제 물 마시면...눈 앞에 물이 말한다. 이 물 먹는 겁니다. 그 만큼의 물입니다. 그렇잖아도 식사 못했습니다. 할 겁니다. 이 물 마시고 하십시오. 고맙습니다. 감사합니다. 다 먹고 다 먹었다고 물이 담겨졌던 그릇을 머리 위에 붓는 듯한 행동은 다 먹은 것을 확인시키며 기쁘다고 표현하는 겁니다.

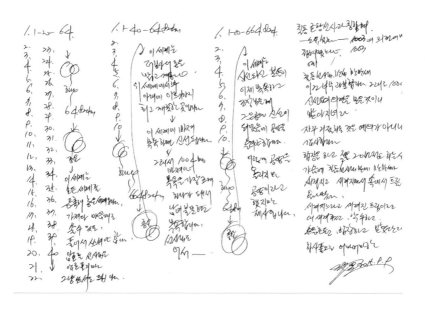

1, (1 - 20세계 이 세계의 끝 마지막 하나- 하나씩 -64개 - 하나) 세계를 밝혀 드러내고 빠져나와

2, 세계를 흡하니 흡이 되었다.

...생략...

64.824개 (하나)

마지막 하나 (중요) 이 세계는 모든 세계를 응축해 놓은 세계입니다. 가져다 마음대로 쓸 수 있지만 암호로 풀어서 쓰셔야 합니다. 선사님은 암호를 풀지만 그냥 쓰셔도 됩니다.

1, (1 - 40세계 이 세계의 끝 마지막 하나- 하나씩 -64.824개 - 하나) 세계를 밝혀 드러내고 빠져나와

2, 세계를 흡하니 흡이 되었다.

...생략...

664.824개 (하나)

마지막 하나 (중요) 이 세계는 더 보다 더 좋은 맑고 깨끗합니다. 위 세계에서부터 아래에 이르기까지 최고 깨끗한 곳입니다. → 이 세계에 빠져 목욕하면 신선됩니다. 그래서 1004명 빠져야 목욕을 가장 크게 하나가 돼서 남녀불문하고 목욕합니다. 선사님도 어서 하십시오.

1, (1 - 10세계 이 세계의 끝 마지막 하나- 하나씩 -664.824개 - 하나) 세계를 밝혀 드러내고 빠져나와

2, 세계를 흡하니 흡이 되었다.

...생략...

648개 (하나)

마지막 하나 (중요) 이 세계는 신선되신 분들이 이제 목욕하고 조상님들께 그 은공으로 신선이 되었음에 공양을 올려야 합니다. 어

뚫게 공양을 올리지요. 공양이라고 했지만 제사입니다.

칠통 호탕선사라 칭하며

소유설화와 1003의 의견에 맞게, 정해졌느냐? 예

칠통 선사님 만세 만만세! 이건 너무 과분합니다. 그래도 1004분의 신선들의 의견을 모은 것이니 받아 지녀라. 자꾸 거절하는 것은 예의가 아니니라. 감사합니다.

합장을 하고 절을 20번 정도하는 사이 가슴에 칠통 선사님 만세 만만세라고 새겨지고 새겨지면서 속에서 트림이 올라왔다. 새겨지느라고 새겨진 트림이라고 다 새겨주시고 악수하고 손을 흔들고 합장하고 받았단다. 하사품으로 어마어마한 청룡도검과 청룡단검, 청룡수호신장, 청룡말류현룡, 청룡구름신장, 청룡4팔장, 청룡깃발6장이 있는 청룡깃발, 청룡 문장이 새겨진 옷과 복대...신발... 머리에는 2마리의 청룡이 여의주를 물고 승천하는 모양이 있는 황금왕관 수많은 돈, 떼어내면 또 나오고 또 나오고 만천하를 다 먹여 살려도 남을 수 있는 금전과 수표, 어음을 하사하셨습니다. 이 모든 것을 선사님에게 주셨습니다. 합장하시고 인사하며 받으십시오.

속으로 고맙습니다. 유용하게 잘 쓰겠습니다.

잘 지켜야 합니다. 아니면 약속 지키지 않은 죄로 어마어마한 죄를 받습니다.

술을 한잔 하사하십니다. 적지 않느냐. 충분합니다.

그러면 2잔 마시겠습니다. 어마어마한 에너지입니다.

한 번에 다 마셔야 하고 마시고는 머리 위에 다 마셨다고 확인시켜야 합니다.

2잔을 다 마셨다.

흡족해 하십니다. 가십시오, 합장하고 고개 숙였다.

다 가실 때까지 고개를 드셔서는 안 됩니다.

→ 지금 선사님께서 상차림을 하는 것과 같이 상차림은 저와 같이 이루어지고 정해집니다.

지금의 상차림은 칠통선사님을 위해, 상차릴 때는 저와 같이 차려야 합니다. 아니면 제사장은 벌 받습니다.

조기가 빠졌는데 그것은 이 세계에서는 조상이 아닙니다.

→~~ 욕심이 없고 겸손하고 착하고... 망설였는데 2개 더 주겠다 너무 귀해서 망설였다마는 두 손 벌려서 받고 받아 합장하고 몸통 속에 깃들게 하며 합하고

고맙습니다. 감사합니다. 유용하게 쓰겠습니다.

고맙습니다. 감사합니다. 유용하게 쓰겠습니다.

고맙습니다. 감사합니다. 유용하게 쓰겠습니다.

.....

가실 때까지 합장하고 인사하고 고개 숙입니다.

아마도 테스트하는 것 같아요. 마음이 읽히지 않으시니. 마음이 읽히지 않으신 분들이 없어서 놀랐답니다. 전혀 미동이 없어서... 어떻게 저럴 수 있나. 나중에 전해 듣고 고개를 끄덕이더니 또 오십니다. 악수하고 엄청 반가워합니다. 선물 주십니다.

두 손을 머리 위로 받아서 합장하시며 몸통에 넣으시고

감사합니다. 고맙습니다.

감사합니다. 고맙습니다.

유용하게 잘 사용하겠습니다.

고맙습니다. 감사합니다.

저런 엄청난 것을 받으시다니 말로만 들었지 보지도 못한 겁니다. 그래요.

2개 더 받은 것은 청룡훈장, 청룡 가족 우수장입니다.

청룡훈장은 못 가는 곳 없이 다 다닐 수 있고 이 세계, 저 세계, 신선세계, 그 위, 그 위 신선, 4개의 신선 세계로 올라갈 수 있습니다.

청룡 가족 우수장은 가족 모두 다 그럴 수 있다고 하는 지팡이입

니다.

그것으로 우리 1004명 가족은 그와 같이 할 수 있습니다.

마지막 받은 하나는 옥령 무료 훈장으로 어느 것이든 무엇이든 마음먹은 생각한 대로 이루게 할 수 있는 겁니다. 사(邪)된 곳에 사용하지 않으시길 바라겠습니다.

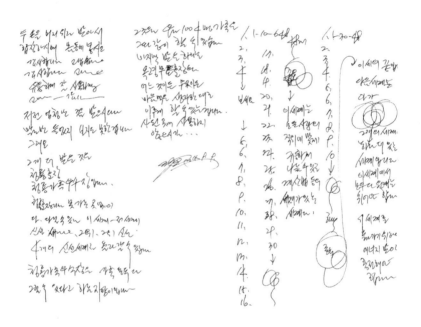

1, (1 - 10세계 이 세계의 끝 마지막 하나- 하나씩 -648개 - 하나) 세계를 밝혀 드러내고 빠져나와

2, 세계를 흡하니 흡이 되었다.

...생략...

48개 (하나)

마지막 하나 (중요) 이 세계는 모든 사람의 직위에 맞게 균등하게 나눌 수 있는 계산법 등의 서재가 있는 세계다.

1, (1 - 30세계 이 세계의 끝 마지막 하나- 하나씩 -48개 - 하나) 세계를 밝혀 드러내고 빠져나와

2, **세계**를 흡하니 흡이 되었다.

...생략...

마지막 하나 (중요) 이 세계의 끝입니다. 다음 세계는 아가 2개의 세계에 하나 더 있는 세계입니다. 이 세계에서 모두 다 원래는 쉬어야 합니다. 위 세계를 올라가기 위해서 에너지 받아 충전해야 합니다.

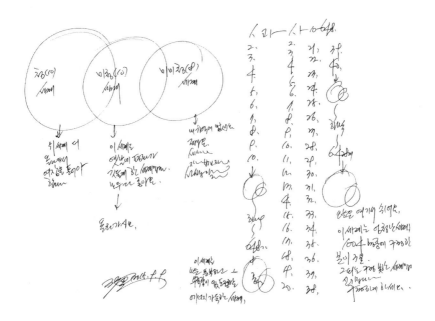

청(10) 세계, 미청(10) 세계, 미미청(8) 세계가 하나로 있는 세계
청(10) 세계 위 세계 더 올라가서 여장을 풀어야 합니다.

미청(10) 세계 이 세계는 옛날에 평화가 깃들게 한 세계입니다.
지금은 모두 다 좋아요.

미미청(8) 내 기억에 없어요. 제가요. 선사님께서 정화해 주신 세계입니다. 지금은 너무 좋습니다.

올라가십시오.

1, (큰 1번째 -) 세계를 흡하니 흡이 되었다.

2, 세계

...생략...

648개 (하나)

마지막 하나 이 세계는 모든 것들이 풍부하고 부족함이 업도록 하는 에너지 가득한 세계

1, (1 - 10세계 이 세계의 끝 마지막 하나- 하나씩 648개 - 하나) 세계를 밝혀 드러내고 빠져나와

2, 세계를 흡하니 흡이 되었다.

...생략...

6.428개 (하나)

마지막 하나 오늘은 여기서 쉬세요. 이 세계는 엄청난 세계입니다. 1004명 중에 구경한 분이 3분, 그 외에는 구경 못한 세계입니다. 신기합니다. 구경하게 하세요.

2015. 09. 09

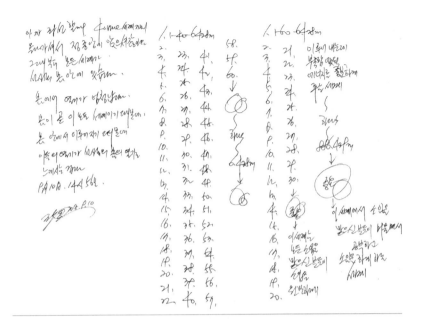

아까 좌선할 때 40번째 세계까지 올라가셔서 정중앙에 앉으셔잖
아요. 그때부터 모든 세계가 선사님 몸 안에 있습니다. 몸에서 열
기가 엄청납니다. 몸이 곧 이 모든 세계이기 때문에 몸 안에서 이
루어지기 때문에 이들의 열기가 선사님의 몸의 열기로 느끼는 겁
니다. 2015. 9. 10 14:56

1, (1 - 40세계 이 세계의 끝 마지막 하나- 하나씩 6.428개 -
하나) 세계를 밝혀 드러내고 빠져나와

2, 세계를 흡하니 흡이 되었다.

...생략...

6.428개 (하나)

마지막 하나

 1, (1 - 60세계 이 세계의 끝 마지막 하나- 하나씩 69.428개

－ 하나) 세계를 밝혀 드러내고 빠져나와

2, 세계를 흡하니 흡이 되었다.

3 세계 4, 5, 6, 7, 8, 9, ... 27, 28, 29,

30 세계

이 세계의 끝 마지막 하나 (중용) 이 세계는 모든 소임을 맡으신 분들이 소임을 원만하게 니루어어 내는데 부족함 업도록 에너지 충분하게 주는 세계

2(하나)

3(하나)

...생략...

886.429개 (하나)

마지막 하나 (중요) 이 세계에서 소임을 맡으신 분들이 머물면서 공부하고 소임을 하게 하는 세계

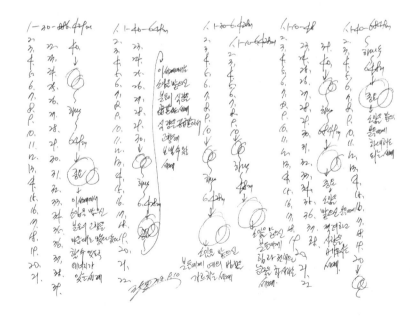

1, (1 - 30세계 이 세계의 끝 마지막 하나- 하나씩 886.429개 - 하나) 세계를 밝혀 드러내고 빠져나와

2, 세계를 흡하니 흡이 되었다.

...생략...

649개 (하나)

마지막 하나 (중요) 이 세계에서 소임을 맡으신 분들이 고향을 마음대로 왔다 갔다 할 수 있도록 에너지가 있는 세계

1, (1 - 40세계 이 세계의 끝 마지막 하나- 하나씩 649개 - 하나) 세계를 밝혀 드러내고 빠져나와

2, 세계를 흡하니 흡이 되었다.

...생략...

6.428개 (하나)

마지막 하나 (중요) 이 세계에서 소임을 맡으신 분들이 식량을 공급받는 세계 식량을 공급 받아서 고향에 보낼 수 있는 세계

1, (1 - 30세계 이 세계의 끝 마지막 하나- 하나씩 6.42869.428개 - 하나) 세계를 밝혀 드러내고 빠져나와

2, 세계를 흡하니 흡이 되었다.

...생략...

6.428개 (하나)

마지막 하나 (중요) 이 세계에서 소임을 맡으신 분에게 예의범절을 가르치는 세계

1, (1 - 10세계 이 세계의 끝 마지막 하나- 하나씩 6.428개 - 하나) 세계를 밝혀 드러내고 빠져나와

2, 세계를 흡하니 흡이 되었다.

...생략...

48개 (하나)

마지막 하나 (중요) 이 세계에서 소임을 맡으신 분들에게 힘과 권력으로 능력을 하사하는 세계

1, (1 - 10세계 이 세계의 끝 마지막 하나- 하나씩 48개 - 하나) 세계를 밝혀 드러내고 빠져나와

2, 세계를 흡하니 흡이 되었다.

...생략...

6.849개 (하나)

마지막 하나 (중요) 소임을 맡으신 분들에게 격려하고 사랑을 베푸시는 세계

1, (1 - 40세계 이 세계의 끝 마지막 하나- 하나씩 6.849개 - 하나) 세계를 밝혀 드러내고 빠져나와

2, 세계를 흡하니 흡이 되었다.

...생략...

648개 (하나)

마지막 하나 (중요) 소임을 맡으신 분들에게 하대해도 되는 세계

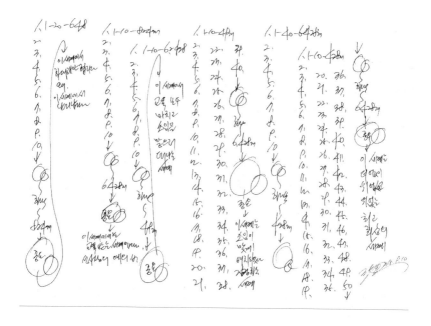

1, (1 - 20세계 이 세계의 끝 마지막 하나- 하나씩 648개 - 하나) 세계를 밝혀 드러내고 빠져나와

2, 세계를 흡하니 흡이 되었다.

...생략...

824개 (하나)

마지막 하나 (중요) 이 세계에서 하대해야 합니다. 왜? 이 세계에서 난리 납니다.

1, (1 - 10세계 이 세계의 끝 마지막 하나- 하나씩 824개 - 하나) 세계를 밝혀 드러내고 빠져나와

2, 세계를 흡하니 흡이 되었다.

...생략...

6.428개 (하나)

마지막 하나 (중요) 이 세계에서는 교육을 받는 세계입니다. 선사님의 예의범절..

1, (1 - 10세계 이 세계의 끝 마지막 하나- 하나씩 6.428개 - 하나) 세계를 밝혀 드러내고 빠져나와

2, **세계**를 흡하니 흡이 되었다.

...생략...

49개 (하나)

마지막 하나 (중요) 이 세계에서 교육을 모두 다 마치고 소임을 맡으러 떠나는 세계

1, (1 - 10세계 이 세계의 끝 마지막 하나- 하나씩 49개 - 하나) 세계를 밝혀 드러내고 빠져나와

2, **세계**를 흡하니 흡이 되었다.

...생략...

6.428개 (하나)

마지막 하나 (중요) 이 세계는 소임에 맞게 배치되었나 점검하는 세계

1, (1 - 40세계 이 세계의 끝 마지막 하나- 하나씩 6..428개 - 하나) 세계를 밝혀 드러내고 빠져나와

2, **세계**를 흡하니 흡이 되었다.

...생략...

428개 (하나)

마지막 하나

1, (1 – 10세계 이 세계의 끝 마지막 하나– 하나씩 428개 – 하나) 세계를 밝혀 드러내고 빠져나와

2, 세계를 흡하니 흡이 되었다.

...생략...

6.428개 (하나)

마지막 하나 (중요) 이 세계는 더 없이 위없고 위없는 최고 최성의 세계

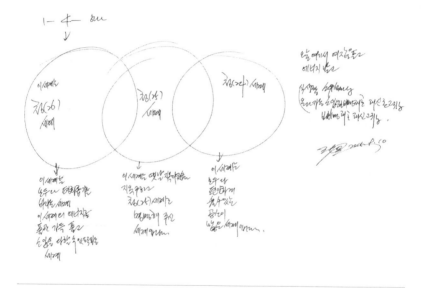

1 – 4 – 하나

이 세계는 청(26), 청(25), 청(24) 세계가 있는 세계

청(26) 이 세계는 모두 다 평화롭기를 바라는 세계 이 세계의 에너지를 품안 가득 품고 소임을 다할 수 있도록 하는 세계

청(25) 이 세계는 옛날 지옥이었습니다. 지옥 구하고 청(25) 세계로 명명해 주신 세계입니다.

청(25) 이 세계는 모두 다 편안하게 쉴 수 있는 공간이 많은 세계입니다.

오늘 여기서 여장을 풀고 에너지 받으십시오,

2015. 09. 10

천지창조(天地創造) 의식(儀式),
원로 8분과 1,004분들이 소임을 맡게 되다.

소유설화님! 윗분들로부터 많은 테스트를 받고 모두 다 통과하고 모두 다 대만족을 하시고 신선으로부터 시작된 1-40개에 해당하는 맨 위까지 뚫어놓으신 모든 길을 허락하심과 동시에 선사님으로 하여금 자동화하게 하시고 8분의 테스트를 통과함으로 8분의 모든 업으로부터 풀려나심과 동시에 자유를 얻으시고 쌍둥이가 있는 관계로 반드시 양립으로 균형을 맞춰야 질서가 파괴되는 것 역시도 쌍둥이를 너 나 우리 일체 하나로 하나란 말로 쌍둥이 두 분을 한분으로 화하게 하셨고, 또 그분들의 부모님의 저 깊고 깊은 수렁으로부터 건져 올려주시며 쌍둥이가 한 몸이 된 분과 너 나 우리는 일체 하나로 하나란 의념으로 하나됨으로 지금까지의 우주 질서가 양과 음, 음과 양 이와 같이 양립이 되지 않으면 폭발 내지는 파괴되었는데, 1-40 신선시대가 있는 모든 세계에서 각기 저마다 홀로 움직여도 흔들림 없게 자동적으로 중심이 잡히고 균형이 깨지는 없게 재설계해 적응시켰음으로 양립이 될 필요성도 없게 되고 또 죄를 지을 필요성 없게 모두 다 너 나 우리 일체 하나로 서로가 서로를 위하며 사랑과 자비를 즐겁고 행복한 일체 하나의 세계가 열렸다.

일체 하나의 세계가 되었다.

이에 감사하고 이에 고마움을 표하며 테스트했던 8분은 선사님을 도와서 1-40개에 해당하는 모든 세계를 평화롭게 행복하고 하는데 소임을 맡고자 청하노니 저희 8분의 이름을 손수지어주실 것을 간청하는 바입니다....어느 분의 말씀이신지요? 8분 중에 가장 높으신 분, 지금까지 이번에, 아니 어제 올라오신 신선시대를 1번째로 해서 40번째 세계에 이르기까지 모두 다 총괄하며 관리 지휘했던 통치자 "역시잘해"입니다.

오늘 지금 이후부터는 선사님과 함께 1-40 모든 세계가 평화와 사랑과 행복과 자리가 넘치도록 부족함 없이 하는데 소임을 맡겠습니다. 이에 허락하여 주시고 소임을 맡겨 주십시오,

소임은 있으신 분들이니. 맡았던 소임 흔들림 없이 지금과 같이 맡아주시기를 바랍니다. 업이라고 할 정도 힘들었다니 죄송스럽습니다. 기억에 없는 전생에 소임을 맡겨두고 너무 오랫동안 돌아오지 못한 관계로 힘들었을텐데. 이제는 힘들지 않게 돌아가면서 번갈아 지금 보다 더 평화롭게 자기 자신도 함께 더불어 어우러지며 조화롭게 행할 수 있도록 8분이 원로 분들이 되셔서 원만하고 원만하게 더 이상 원만할 수 없을 최고 최상의 원만하게 상채가 되도록 힘써 주시면 고맙고 감사하겠습니다.

예, 그렇게 말씀해 주시니 더 없이 고맙고 감사합니다. 선사님의 뜻대로 그렇게 하도록 하겠습니다. 칭호 역시도 아직은 본인이 올라온 지도 얼마 되지 않았고 또 이곳의 법도나 예절 및

법과 진리, 법규를 잘 모르는 만큼 원로분의 의견을 소중히 하여 의견에 최대한 따르도록 하겠습니다.

그러니 허심탄회하게 말씀해주십시오.

소유설화님이? 아니면 보비명태초 태신존고귀(寶飛明太初 太神尊高貴)님, 보비명태초 태신고귀(寶飛明太初 太神高貴)님, 어느 분이 이와 같은 상황에서 잘 하실 수 있는지요?

이구동성으로 "소유설화님" 너무 소심한 면도 있던데요? 조심해서 나쁜 건 없는데...괜찮겠습니까? 그 정도는 애교로 봐줄 수 있습니다.

그러면 소유설화님이 원로 8분과 상의해서 직위나 호칭 소임 등에 대해서 논의 한 다음에 이야기해 주시면 그 이야기를 듣고 서술하도록 하겠습니다. 잠시 휴정하겠습니다. 이 누구? 초(1.867.748)인류 세계의 의장입니다. 여기서도 의장과 같은 직위야. 아 그래요.

다시 시작합니다.
소유설화님 정해졌나요? 예, 이름도 예,
그냥 받아 적으면 됩니까? 예.

1번째 원로, 자비와 사랑님
2번째 원로, 기쁨과 행복님
3번째 원로, 그래도 널 사랑해,
4번째 원로, 우리 함께 영원히
이거 너무 한 것 아닌가요? 아닙니다. 너무 꼭 맞습니다.
5번째 원로, 나 너 사랑해
6번째 원로, 우리 함께 행복해
7번째 원로, 조화와 축복
8번째 원로, (아름다움)창조 이상입니다.
혹시 지금이라도 더 꼭 맞는 것으로 바꾸고 싶으신 분. 예, 2번째 원로인데요. 더 잘 맞는 소임으로 바꿨으면 좋겠습니다. 뭔데요? 조화와 축복입니다. 그것은 7번째 원로분의 이름인데요. 그렇지 않아도 지금 서로 속삭이며 둘이서 바꾸는 게 둘의 소임에 더 꼭 맞다는 생각에 이야기되었습니다. 그래요? 7번째 원로님, 예
다른 분은 다른 의견 없습니까? 속으로 그러지 마시고 의견주세요. 이와 같이 한 번 이름 정해지면 바꾸지 못하나요? 그렇게 되면 전처럼 오랫동안 하다보면 업이 될 것 같아서 조심스럽습니다. 그것이 염려된다면 앞에서 말씀드린 것과 같이 일정한 시간이 흐

른 뒤에는 바꿔가며 하시면 어떻겠습니까? 업이 되지 않을 정도까지 하고, 업이 되기 전에 바꾸는 방법으로 바꿔가며 흐트러짐 없이 하시면 되지 않겠는지요? 그렇게 해 주십사 말씀드리는 겁니다. 이점 하신 안건과 또 본인이 업이 되기 전에 돌아가면서 흐트러짐 없이 바꿔가며 하라고 하는 것에 의견이 있으신 분, 능력을 부족할 경우 어쩌지요? 다들 능력들이 탁월하신 분들이 왜 그렇습니까? 조심성이 많다보니... 그렇다면 그것은 주어지는 일에 다가오는 일에 대해서 공부하면 되지 않겠는지요? 실력도 상승하고 오히려 좋겠네요.

공부할 시간이 있을까 싶습니다. 저 다들 스캔하고 계실 것 아닙니까? 저보다 공부하기 어려운 분? 침묵...조용을 넘어 고요.... 됐지요. 예

그럼 8분의 원로는

1번째 원로, 자비와 사랑

2번째 원로, 조화와 축복

3번째 원로, 그래도 널 사랑해,

4번째 원로, 우리 함께 영원히

5번째 원로, 나 너 사랑해

6번째 원로, 우리 함께 행복해

7번째 원로, 기쁨과 행복

8번째 원로, (아름다움)창조

그곳에서의 본명은 저에게 알려주셔야 하지 않겠어요? 이미 아실 텐데, 기억에 없어서...보지 않으며 옛날 장부를 스캔하면 되잖아요? 알았습니다.

소유설화님, 태신존고귀, 태신고귀님, 이제 어떻게 하면 되지요.

어제 소중하게 마련해 주신 곳을 통해 저희들도 순위가 결정되었습니다.

결정된 만큼 한 분 한분 직위와 계급을 순서대로 이름과 함께 말씀해 드리겠습니다.

총 1004명입니다. 선사님을 빼고

1, 총책, 소유설화님

2, 부총책 태신존고귀님

3, 부부총책으로 제가 맡게 되었습니다.

4, 총사령관으로 대(999)장님

5, 총부사령관으로 대(998)장님

6, 총부부사령관으로 대(997)장님

7, 사령관으로 대(996)장님 및 6분으로

1) 제1사령관 대(996)장님 40번째 신선세계 이후 40번째가 되는 세계

2) 제2사령관 대(995)장님 39번째 신선세계 이후 39번째가 되는 세계

3) 제3사령관 대(994)장님 38번째 신선세계 이후 38번째가 되는 세계

4) 제4사령관 대(993)장님 37번째 신선세계 이후 37번째가 되는 세계

5) 제5사령관 대(992)장님 36번째 신선세계 이후 36번째가 되는 세계

6) 제6사령관 대(991)장님 35번째 신선세계 이후 35번째가 되는 세계

7) 제7사령관 대(990)장님 34번째 신선세계 이후 34번째가 되는 세계

8, 부사령관으로 대(989)장님 및 18분으로

1) 제1부사령관 대(988)장님 33번째 신선세계 이후 33번째가 되는 세계

2) 제2부사령관 대(987)장님 32번째 신선세계 이후 32번째가 되는 세계

3) 제3부사령관 대(986)장님 31번째 신선세계 이후 31번째가 되는 세계

4) 제4부사령관 대(985)장님 30번째 신선세계 이후 30번째가 되는 세계

5) 제5부사령관 대(984)장님 29번째 신선세계 이후 29번째가 되는 세계

6) 제6부사령관 대(983)장님 28번째 신선세계 이후 28번째가 되는 세계

7) 제7부사령관 대(982)장님 27번째 신선세계 이후 27번째가 되는 세계

8) 제8부사령관 대(981)장님 26번째 신선세계 이후 26번째가 되는 세계

9) 제9부사령관 대(980)장님 25번째 신선세계 이후 25번째가 되는 세계

10) 제10부사령관 대(979)장님 24번째 신선세계 이후 24번째가 되는 세계

11) 제11부사령관 대(978)장님 23번째 신선세계 이후 23번째가 되는 세계

12) 제12부사령관 대(977)장님 22번째 신선세계 이후 22번째가 되는 세계

13) 제13부사령관 대(976)장님 21번째 신선세계 이후 21번째가

되는 세계

14) 제14부사령관 대(975)장님 20번째 신선세계 이후 20번째가
되는 세계

15) 제15부사령관 대(974)장님 19번째 신선세계 이후 19번째가
되는 세계

16) 제16부사령관 대(973)장님 18번째 신선세계 이후 18번째가
되는 세계

17) 제17부사령관 대(972)장님 17번째 신선세계 이후 17번째가
되는 세계

1)~~~17)부사령관을 총 책임을 맡는 대(989)장님

9, 사관으로 겸손대(971)장님 및 19분으로

1) 제1사관 대(970)장님 16번째 신선세계 이후 16번째가 되는
세계

2) 제2사관 대(969)장님 15번째 신선세계 이후 15번째가 되는
세계

3) 제3사관 대(968)장님 14번째 신선세계 이후 14번째가 되는
세계

4) 제4사관 대(967)장님 13번째 신선세계 이후 13번째가 되는
세계

5) 제5사관 대(966)장님 12번째 신선세계 이후 12번째가 되는
세계

6) 제6사관 대(965)장님 11번째 신선세계 이후 11번째가 되는
세계

7) 제7사관 대(964)장님 10번째 신선세계 이후 10번째가 되는
세계

8) 제8사관 대(963)장님 9번째 신선세계 이후 9번째가 되는 세계

9) 제9사관 대(962)장님 8번째 신선세계 이후 8번째가 되는 세계

10) 제10사관 대(961)장님 7번째 신선세계 이후 7번째가 되는 세계

11) 제11사관 대(960)장님 6번째 신선세계 이후 6번째가 되는 세계

12) 제12사관 대(959)장님 5번째 신선세계 이후 5번째가 되는 세계

13) 제13사관 대(958)장님 4번째 신선세계 이후 4번째가 되는 세계

14) 제14사관 대(957)장님 3번째 신선세계 이후 3번째가 되는 세계

15) 제15사관 대(956)장님 2번째 신선세계 이후 2번째가 되는 세계

16) 제16사관 대(955)장님 1번째 신선세계 이후 1번째가 되는 세계

17) 제17사관 대(954)장님 양립하고 가운데 하나가 균형 잡고 있던 청(10) 세계

18) 제4사관 대(953)장님 양립하고 있는 세계에 판문점 설치하고 평화를 화합하도록 하고 올라온 청(淸:6)세계

1)~~~18)사관을 총 책임을 맡는 대(971)장님

온천지가 고속도로로 나 있나요? 에.

자동화시스템으로... 예.

모두 다 통하게 되어 있습니다. 40번째까지

그렇다면 모든 세계의 통치자 및 온천지 고속도로를 관리하며 자

동화시스템을 관리하고 또 저 아래 세계에서 10번째 세계에 이르기까지 모든 관리가 철저하게 이루어지면 위계질서 및 법과 진리에 어긋나지 않고 법규와 8정도에 어긋나지 않아야 하는 만큼 본인이 그쪽 세계에 대해서 모르는 만큼 원로 분들과 소유설화님, 태신존고귀님, 태신고귀님께서 의논하여 각 세계에 맞게 또 모든 도로사정과 자동화시스템에 맞게 그러면서 공부된 분들은 언제든지 올라오고 또 자리바꿈을 하게 그 누구도 한 치의 손해나 손실 없이 균등하게 이루어져서 불평불만없이 대만족하게끔 자리 배치 및 임무를 그들에 맞게 주시면 안 되겠습니까?

그렇게 하겠습니다.

그리고 총사령관님, 총부사령관님, 총부부사령과님, 사령관님, 부사령관님, 사관이 있는 만큼 이분들께도 의견을 수렴하여 청렴결백하게 한 치의 어긋남 없도록 할 것이되 여의치 않을 경우 본인에게 상의 하여 원만하게 자리배치가 되었으면 좋겠습니다.

본인이 일일이 할 수 없는 관계로 여러분들에게 무거운 짐을 지게 해드려 미안합니다.

부탁하겠습니다.

마치 법 제정을 하듯이 서로 의견을 원만하게 잘 조절하시면서 손이 미치지 않는 곳 없이 미치고 손길 닿지 않아 미아가 되는 일 없도록...(그건 이미 선사님께서 미아가 되지 않도록 시스템화 시켜 놓으셨습니다.) 모두 다 행복하지 않고 즐겁지 않은 분들이 없도록 모두 다 즐겁고 행복하게 지낼 수 있도록 그러면서 조화와 화합이 원만하게 아주 잘 이루어지도록 할 수 있게 하며 또한 서로가 서로를 위하며 너 나 우리는 일체 하나는 인식이 되도록 그래서 모두 가 좋아지고 행복해 지도록 나쁘게 되지 않도록 나쁜 곳으로도 빠지지 않도록 최선을 다해서 자리 배치 및 능력에 맞게 소임들이 주어주시기를 바라며 또한 원로 분들이 말씀하신 것과 같이 너무 오래 소임을 맡고 있다 보니 업이 되는 것 같다고 말씀하신 것이 있으니 소임을 맡게 되는 모든 분들 역시도 업이 되지 않은 범위 내에서 균형, 아! 이제 균형 잡을 일 없이 스스로 균형을 잡을 수 있으니 이 걱정은 하지 않아도 되겠네요.

어쩌거나 모두 다 나라는 생각 절대로 버려서는 안 됩니다. 모두 다 하나 같이 나라고 생각하고 나의 일부라고는 생각을 갖고 배치할 수 있게 하고 또 배치되었다가 또 이동할 수 있게 잘 차시되 너무 엄격하지 않고 융통성 있게 잘 만들어주시고 또 이루어지고 배치되도록 해주시길 부탁합니다.

원로 8분과

1, 총책, 소유설화님

2, 부총책 태신존고귀님

3, 부부총책 태신고귀님

4, 총사령관으로 대(999)장님

5, 총부사령관으로 대(998)장님

6, 총부부사령관으로 대(997)장님

7, 사령관으로 대(996)장님 및 6분

8, 부사령관으로 대(989)장님 및 18분

9, 사관으로 겸손대(971)장님 및 19분

저를 중심으로 천사가 되고 싶다던 1.004분 중 위 49분을 제외한 955명의 소임을 알맞게 될 수 있으면 꼭 맞게 해서 소임을 본인의 뜻에 어긋나지 않게 해주시면 고맙겠습니다.

원로 8분과 소유설화님을 비롯해서 태신존고귀님, 태신고귀님, 총사령관 대(999)장님, 휘하 모든 분들께 부탁드립니다.

수고해 주십시오.

부탁합니다.

기립!

박수!

다 소임이 정해진 이후에 알려주시면 다시 참석하신다고 합니다.

시간에 쫓기지 말고 시간 갖고 천천히 잘 해주시길 부탁하셨습니다.

2015. 09. 10. 14:39

몸에서 열기가 엄청 나는데...

몸이 곧 이 모든 세계이기 때문입니다.

아까 피곤하다고 육체를 잠재우시고 좌선할 때 올라가셨던 맨 위 40번째 세계 정중앙에 앉으셨잖아요. 그때부터 이 모든 세계가 선사님 몸 안에 있게 된 것입니다.

그때 이후 지금 이 상황이 선사님 몸 안에서 이루어지기 때문에 이들의 열기가 선사님의 몸의 열기로 드러나는 것입니다.

2015. 09. 10 14:56

선사님 모두 다 자리 배치가 되었고 모두 다 만족해하십니다.

정말 대단해 벌써 40번째 세계 정중앙에 앉고, 좌선하고 아까 올라갔잖아, 원로 1번째야,

자네 말대로 어긋남 없이 잘 되었네. 정해진 것으로 환상적이네. 소유설화 및 태신존고귀님, 태신고귀님, 총사령관님... 및 많은 분들의 노고가 있었네. 자네의 당부에 맞추기 위해서 노력했네. 칭찬들 해주게, 고생했다고 ....

모두 다 고생했습니다. 말씀 들으니 흐뭇하네요. 고맙습니다.

모두 다 맞으신 소임의 완수와 온천지 천하 온 우주와 신선세계 40번째에 안에 있는 모든 세계의 평화와 행복을 위해서 건배하시다.

예, 와~와~와~.....

소임을 완수하는데 부족함 없이 충분한 에너지를 받을 수 있는 세계에서 목욕 다했나요?

예, 몸통 가득 머금었나요? 엑기스 만들어 머금었나요? 예

그러면 이제 40번째 세계에 있는 최고 최상의 에너지가 듬뿍 담긴 술을 한 가득 따라 놓았습니다. 마음껏 먹었으면 좋겠으나 어제 밤에 조금들 하셨지요? 제 것 충 내면서...그것 좋았습니까? 예 너무 좋았습니다. 나중에 선원 분들과도 드세요.

너무 귀해서 소중하게 먹었습니다. 선사님이 다 정화해 놓으셔서 선사님의 마음까지 들어 있어서 너무 잘 먹었습니다.

지금 내 놓은 술로 부족할지 모르겠지만 골고루 한 분도 먹지 않은 분이 없도록 나누어 드셨으면 고맙겠습니다.

그리고 원만하게 이루어지도록 애써주신 8분의 원로 분들과 소유설화님을 비롯한 49분의 노고에 감사드리며 이분들께는 특별히 준비했습니다.

제가 가지고 있는 모든 것들을 골고루 나누어 가시고 또 에너지 듬뿍 담은 곡차를 내놓았으니 부족하지만 나눠 드셨으면 감사하겠습니다.

그 외분들에게도 뭔가 주어야 하는데, 어쩌지 뭘 줘야하지? 다 주고...제가 가지고 있는 모든 것들을 제외한 모든 것들을 이분들께 드릴 테니 가져가십시오. 남았는지 모르겠지만 말입니다.

다 줘도 남는 것이 있습니다.(소유설화님) 그게 무엇이지요. 공덕과 복덕은 쉽게 가져갈 수 없습니다. 선사님께서 공덕과 복덕을 이름하여 가져가라고 해야만 가져갈 수 있습니다. 얼마나 드리면 되나요? 10분에 1만 주어도 어마어마 아니 충분을 넘어섭니다.

소유설화님께 들었습니다. 여러분도 들었나요? 못 들었습니다. 그래요.

소유설화님께서 말씀하시길 본인의 공덕과 복덕은 이름하여 주지 않으면 가져 못한다며 이것은 아직 아무도 못 가져가셨다고 하네요. 맞나요? 예 어마어마 상상이 되지 않습니다.

다 주고 나눠주고 싶은데....어떻게 나눠줘야 잘 나눠 주는 것인지를 모르겠습니다.

원로 8분과 소유설화님을 비롯해서 49분들께서 수고스럽지만 본인이 가지고 올라온 공덕과 복덕을 모두 다 나누어주십시오. 골고루 누구 하나 억울하지 않고 그 세계들에게 맞게 법과 진리 법규에 어긋남 없이 모두 다에게 골고루 나눠갈 수 있도록 해주십시오.

다 주고 나면 선사님은 어떻게 하시려고요. 그렇잖아도 소유설화님이 그 말씀하셨는데, 본인은 앞으로도 수행해야 하니 지금부터 다시 시작하면 됩니다.

본인 생각하지 말고 골고루 나눠가져서 모두 다 편안할 수 있으면 좋겠습니다. 행복하시길 바랍니다. 와 와와.....

칠통선사님 만세 만만세

다 나눠가지면 건배해야 하나?

아닙니다. 이제 건배하고 물러나시면 모든 것이 종료됩니다.

4일 동안 아니 그 오래 전부터 해 오신 일이고 준비해 오신 일이지만 가장 힘들었던 4일 아니었나 싶습니다.

하루 종일 먹지도 못하시며 모든 것을 했어야 했으며 또한 어마어마한 테스트 그 많은 테스트를 무사히 마치고, 오늘 마지막으로 원로 분들의 테스트 한 치의 어긋남이 있었다면 언제든지 죽을 수 있음에도 목숨을 내놓으시고 모든 것을 무사히 통과하시고 원로 분들까지 만장일치로 이와 같이 진행되고 또 이루어짐에 감사드립니다.

아슬아슬할 때도 많았는데, 그 숱한 독하고 독한 독을 자비와 사랑으로 녹이셔서 독을 오히려 정화해서 온몸에 에너지를 만드시는 과정은 어마어마한 에너지가 되지 않으면 공력이 아니면 안 되었을 것임에도 원로 한분 한분이 주어지는 독을 한 번도 거부하지 않고 인류의 평화를 위해서라면 이 몸이 죽을 때 죽더라도 마셔서 이루게 하게 말겠다는 그 굳은 뜻과 의지가 그 안에 들어 있는 자비와 사랑이 최고 높으신 원로의 독까지도 지금까지 그 분의 독을 먹고 살으신 분이 없음에도 독을 먹고 모두 다 정화해 내어주셔서 감사합니다. 고맙습니다,

눈물이 납니다. 마실 때도 눈물이 나서 볼 수가 없었고 지금 이와 같이 말하는 지금도 눈물이 납니다. 어쩌거나 고생 많았습니다. 모두 다 견뎌주셨고 이겨주셨고 그래서 한 동안 아니 지금으로부터 수천 수 만년은 평화가 있지 않을까 싶습니다.

고맙습니다. 감사합니다,

큰마음 내어 주셔서 감사합니다. 고맙습니다.

선사님이 흘리시는 눈물이 우리 모두의 눈물입니다. 감사합니다.

지금 목 매이는 것이 우리 모두의 목매입니다.

지금 흘리시는 그 문물이 우리 모두의 기쁨과 행복의 눈물입니다.

고맙습니다. 우리들에게 소임을 맡게 해주셔서· 감사합니다.

성실하게 어긋남 없이 선사님의 뜻과 의지에 어긋남 없도록 성실하게 이루어지도록 하겠습니다.

아직도 하나의 관문도 또 남았습니다.

이것이야말로 정말로 어려운 관문 중에 하나입니다

여기 모인 8분의 원로와 소임을 맡겠다고 하신 1004분의 모든 업을 선사님이 저희들에게 내려주신 술통에 모두 다 담았습니다.

지금이라고 하지 않으셔도 됩니다.

모두 다 눈물 흘리고 있습니다. 선사님이 지금 흘리는 눈물의 저희 모두의 눈물입니다.

참회합니다. 알게 모르게 잘못한 모든 것을 참회합니다. 용서해주십시오.

저희들의 모든 업입니다. 다 가져가지 않으셔도 됩니다. 거부하셔도 됩니다.

내가 먹어서 죽을지언정 내가 먹음으로 여러분의 업이 사라지고 모든 업이 본인에게 온다면 기꺼이 먹겠습니다. 이 한 몸 죽어서 모든 분들의 업을 다 사라지게 한다. 사라지는 것이 아니라 선사님이 가져가시는 것입니다.

그렇다고 할지라도 여러분이 소임을 맡아주신 이상 가져오겠습니다.

가능할까? 저걸 다 한 번에 먹을 수 있을까? 어마어마한데...그 정도 공력이 되실까?

눈에서 눈물이 나고 온몸은 떨고 있네요. 이것을 감당할 준비를 하는 것 아닌가 싶은데...

한 번에 다 마시고 다 정화까지 하셔야 끝이 납니다.

다 마시고 머리 위로 확인 시켜주시고 그런 다음 정화까지 되어야 합니다.

꼭 지켜야 할 것은 그때까지 또한 움직여서는 안 됩니다.

명심하십시오. 움직이시면 그 외 다른 것으로 큰 일 날 수 있습니다.

알았습니다. 모두 다 마셔서 정화해 보도록 하겠습니다.

웅성웅성하는 소리 들리고 한쪽에서는 숨죽이는 소리 들리고 한쪽에서는 침묵하며 바라보고 있다.

2개가 있는데 원로 분들에게 내어주신 것과 그 외에 1004분들께 내어드린 것이 있는데 모두 다 한 번에 먹어야 하나요? 아닙니다. 먼저 원로 분들 것 모두 다 다시고 그런 다음에 정화되면 1004분 것 마시고 정화시키면 끝납니다.

어느 것이든 한 번에 마시는 것 잊어져서는 안 됩니다.

먹다가 그치면 큰일납니다. 예 알았습니다.

원로님들 목에서부터 뱃속 아래까지 뭉쳐져 있는 이것이 무슨 업입니까? 그것은 말해 드릴 수 없습니다. 모두 다 녹이고 녹여서 몸에 넣으셔야 합니다. 그래서 정화를 해야 합니다. 정화되는 만큼 좋아질 것이며 정화시키지 못한 것은 정화될 때까지 몸에 남게 될 것입니다. 온몸에 퍼지는데요? 정화시키지 못한 것이 온몸에 퍼지는 것입니다.

눈물이 납니다. 제 업입니다. 콧물도 납니다. 그건 제 업입니다.

속이 좋지 않은 것은 제 업입니다. 속을 괴롭히는 것은 제 업입니다. 떨려오는 것은 제 업입니다. 머리가 아픈 것은 제 업입니다. 속이 답답하며 거북한 건 제 업입니다.

여기까지 올라왔는데 올라온 세계 중에 이 모든 업을 녹일 수 있는 세계가 없을까? 찾아서 그 세계에서 들어가서 좌선하고 앉아 모든 업을 녹이자. 란 생각을 갖고 좌선하고 앉았다. 거의 다 된 것 같아서 눈을 떴다. 어지럽다. 회복해야 하는데, 아직도 속이 조금 그런데 아직도 남아 있는 업이 있어서 그렇습니다. 한 번 갔다 오셔야 할 것 같습니다. 치고 올라옵니다. 그래요. 예.

더 강하게 녹일 수 있는 세계가? 40번째 세계 정중앙에...어떻게 모두 다 만족 황홀하게..저의 업입니다.

이건 또 누구의 업입니까? 그와 유사하지만 다릅니다. 관하여 보시고 집착입니다. 왜 집착하게 됩니까? 네가 있어서 집착하게 되는 것이다. 내가 없다면 내가 없음으로 집착할 것이 없되 내가 있음으로 인하여 내 안에 내가 행한 것들을 넣게 됨으로 인하여 자기 자신도 모르게 집착하게 되느니 나를 버려라 그러면 집착으로부터 벗어날 것이다.

저는 사랑입니다. 사랑하고 싶습니다. 많은 껏 사랑하고 싶고 섹스도 하고 싶고 갖고 싶은 모든 것들을 가지고 사랑을 하고 싶습니다. 그것은 이기심이지 사랑이 아니다. 사랑은 내가 없어야 한다. 내가 없는 가운데 나 이외의 다른 사람들이 잘 되도록 하는 것이 사랑이다. 사랑하는데 내가 있다면 그것은 사랑이 아니라 집착이고 이기심이다. 집착과 이기심을 가지고 어떻게 사랑이라 하겠느냐. 사랑하고 싶거든 나를 버려라 그리고 상대방의 입장에서 상대방이 되어서 상대방을 위하는 그것이 사랑이다. 명심할 것은 사랑에 내가 있으면 내가 조금이라도 있으면 그것은 사랑이 아닌지 알면 될 것이다. 그러므로 사랑에는 내가 없어야 한다. 티끌 아니 미진이라도 내가 있어서는 사랑이라고 할 수 없다. 미진이라도 내가 있다면 그것은 집착이 되고 이기심이 되어 나쁜 좋지 않은 결과를 초래할 수 있다. 처음은 미진하지만 그 미진한 것으로 시작된 것은 어느 순간부터 조금씩 커져서는 우주를 삼키고 남을 집착이 되고 이기심이 되나니 이것을 잊어서는 아니 될 것이다.

이로써 무사히 모두 다 업을 되돌려 놓으셨습니다. 고맙습니다. 감사합니다.

공력에 감탄했습니다.

아직도 속에서 불이 타는 듯한 이것은 무엇입니다.

업을 태우고 있는 것입니다. 선사님의 마음에 감복을 받고 업 스스로 자기 자신이 타고 있는 겁니다, 그래서 가슴이 따뜻하고 타는 느낌이 드는 것입니다.

이제 원로 8분의 업은 다 해결되었나요? 아닙니다. 아직 남아 있습니다.

2개 정도를 더 해결하셔야 합니다.

지금 치고 올라온 그것을 해결해 주셔야 합니다. 이것은 무엇입니까?

관하여 보십시오.

누구입니까? 저는 독(毒)입니다. 어떻게 하면 독인 제가 좋아질 수 있습니까? 독이기에 좋아질 수가 없지 않습니까? 아니다. 독이라 해도 좋아질 수가 없고 또 많은 분들에게 좋은 것일 수도 있다. 문제는 너에게 달려 있다.

나쁜 곳에 들어가거나 좋은 곳을 더 좋게 하기 위해서 일정한도의 독이 있어야 할 때가 의외로 많단다. 이때 집착해서 많이 들어가려고 하거나 또 너무 사랑한 나머지 필요 이상으로 좋아해서 들어가게 되면 필요 이상이 들어가게 됨으로 좋아지게 하는 것이 아니라 나빠지기 때문에 조절해야 하는데 이때 독이라고 이름하는 네가 있기 때문에 나는 독이지라고 생각하고 마음먹고 있기 때문에 그 나라고 생각하는 그것으로 인하여 그 안에 무엇인가? 만족해하려고 하고 또 불만족스러워하며 집착하고 사랑을 하려고 하기 때문에 독으로 많은 여러 가지 것들을 해하게 되지만 거기에 내가 없다면 독이라고 하는 것에 내가 없으니 독이라고 하는 그릇이 없게 되어서 담을 것이 없지 않겠느냐. 담을 것이 없으니 너는 없는 것이고 네가 없으니 독이되 독이 아닌 것이 되고 독이되 다른 여러 가지 것들에 들어가서도 독이되 독이 아닌 것이 되니 너는 너이되 네가 아닌 그들이 원하는 것이 되니 독이면서 약이 되고 독이면서 꼭 필요한 네가 될 것이다. 이것이 사랑이고 자비다. 이것이 공덕이고 복덕이다. 이것이 네가 독으로 할 일이다. 그럼에도 독이라고 하는 나를 생각하기 때문에 집착하게 되고 독이라고 싫어하니 사랑하고 싶다는 생각에 내가 있음으로 하고 싶은 생각 때문에 과다하게 됨으로 치명상을 입히게 되고 그러므로 많은 것들에 해를 주었을 뿐 설명한 것과 같이 네가 없다면 그들에게 필요한 것이 된다면 너는 독이 아니라 독이면서 천사고 독이면서도 약이고 독이면서도 없어서는 안 될 것이 될 것이다. 이 세계에 존재하는 모든 것들은 다 필요에 의하여 있는 것이로되 모두 다 저마다 나라고 하는 내가 있기 때문에 분별망상을 갖게 되고 너 나 우리라고 하되 우리는 모두 다 하나가 일체 하나로이 하나 이러한 사실만 알아도 너는 독이라고 하는 너로부터 해방될 것이다. 감사합니다. 너무너무 감사합니다. 이제야 독으로부터 벗어나게 되었습니다. 고맙습니다. 이렇게 제가 좋은 것인지 몰랐습니다.

많이 편안해졌는데 그런데 한 곁에 아린 것이 있는데 이것은 무엇입니까? 치고 올라옵니다.

들어가서 관하여 보세요.

누구세요? 말해줄 수 없지. 네가 알아 맞춰야지?

이것도 욕심이지? 이렇게 말하지 않는 것도 욕심 때문이지?

내가 이렇게 욕심이 많은데 이 많은 욕심을 어떻게 녹여줄 수 없어? 나도 너무 괴로워 나도 내가 싫어 욕심 부리는 이것이 싫어 어떻게 욕심을 내려놓도록 해줘?

욕심 역시도 내가 있기 때문입니다. 욕심이라고 하는 내가 있으니 있는 나로 하여금 나는 욕심이란 이름 가졌으니 나의 본본은 욕심을 갖는 것이란 생각을 가지고 있어서 자기 자신도 모르게 욕심을 갖게 되고 욕심을 일으키는 것입니다.

욕심이란 이름을 가졌으되 욕심이란 생각을 버리시고 법과 진리에 흘러가는 물과 같이 바람에 옮겨가는 기운과 같이 법과 진리에 따라 성주괴공하는 것에 따라 세월이 흘러가듯 그냥 흘러가시면 됩니다. 욕심을 가지고 있으니 잡고 있고 잡고 있으니 괴롭고 놓치 못하는 것으로부터 상처를 입는 것입니다. 욕심을 가지되 삿된 욕심을 가지마시고 다른 분을 위하는 욕심을 가지고 다른 사람들이나 이외의 모든 것들이 잘 되도록 욕심을 내십시오. 그러면 그 욕심으로 인하여 다른 분들이 잘 되니 욕심을 좋아할 것이 아닙니다. 욕심을 가지고 자기만 배부르게 하려고 하니 배는 산더미 많은 분들이 싫어하는 것이지 욕심을 가지되 나 이외의 다른 분들이 잘 되도록 욕심을 부려준다면 욕심을 부려줄수록 그 분들은 좋아할 것입니다. 욕심이 자기들을 좋게 해준다고...또 이것뿐입니까? 욕심 없으면 수행 못하지요. 저 욕심도 욕심 있으니 욕심으로 수행해서 여기까지 올라온 것이 아닙니까? 이와 마찬가지 어떤 욕심을 갖는 것과 욕심을 내느냐가 중요합니다. 나를 위한 욕심을 부르면 남들로부터 욕을 먹고 나쁘다는 소리 듣지만 남을 위해서 욕심을 부르면 모두 다 칭찬할 것입니다. 남들을 이롭게 한다고 그러면서 나쁘다고 하기보다는 자비와 사랑이 많은 이라고 칭송할 것입니다.

고맙습니다. 저를 구해주셔서 고맙습니다.

감사합니다. 저를 구해주셔서 감사합니다.

이건 또 뭐지요? 관하여 보세요.

누구시지요? 만물의 대장, 내가 가는 곳이면 모두 다 길을 비껴서지.

대답하시네요. 칭송합니다. 그와 같이 대답함을 칭송합니다.

칭송해 주셔서 감사합니다. 칭송해주시니 많은 만물의 대장이 가셨지만 그렇게 칭송해준다고 저는 가지 않습니다. 저는 만물의 대장 중에 대장입니다. 칭송에 갈 제가 아니지요.

대장 대우시네요 칭송에도 본래의 고향으로 돌아가지 못하시고 여기서 무엇을 하고 싶어서 그러세요. 대장 노릇하면 좋은 것 있는지요? 대장 이름이 대장일 뿐 거기에는 아무 것도 없습니다. 이름에 얽매여서 대장 대장하는데 그리고 대장 중에 대장이라고 하는데, 그래서 어쩌다는 건데요. 그래봐야 아무 쓸모없어요. 그 이름 사라지고 나면 그때는 누구입니까?

대장이란 호칭이 없는 당신은 누구입니까? 고개를 가우뚱 해 봐야 모르겠지요.

우리는 모두 다 있는 것 나라고 하는 내가 사라지고 나면 누구나 할 것 없이 본래의 고향으로 돌아가야 합니다. 본래의 고향으로 돌아가야 하는데 본래의 고향으로 돌아가고 싶은 마음은 있어서 이것이 내 마음의 안식처일까? 이것이 내 마음의 안식처일까? 그러면서 이것에 붙었다 저것에 붙었다하면서 마음과 마음들 속에서 이 마음이 붙었다 저 마음에 붙었다하면서 마치 줄다리기 하듯 여기저기 붙었다 떨어졌다하지만 그래도 허전한 것은 어쩔 수 없지요. 아무리 대장 대장이라 할지라고, 그것은 자기 자신 깊숙이 본래 고향에 돌아가고 싶은 회귀본능이 있기 때문입니다. 누구나 할 것 없이 모두 다 본래의 고향으로 돌아가고 싶어 합니다. 자기가 알지 못하는 본성에서는 회귀본능을 가지고 본성 본향 고향 원래의 자리로 돌아가고 싶어 합니다. 너 나 누구나 할 것 없이 대장 중에 대장이신 대장님이 마찬가지 일 것입니다.

지금도 늦지 않았습니다. 대장 중에 대장이란 그런 것은 쓰레기통에 던져버리고 그런 허울과 본래를 감추고 있는 가면을 벗고 본래의 모습으로 본래 온 곳으로 돌아가십시오. 그곳에 가면 편안할 겁니다.

고맙습니다. 감사합니다. 구해주셔서 감사합니다. 고맙습니다.

가슴에 중안에 걸려 있는 무엇입니까? 들어가셔서 살펴보십시오.

누구십니까? 나는 신이다. 신이 어떻다는 건데요. 신이 어때 능력이 얼마나 많은데 그래서요. 신으로 사신지 얼마나 되셨어요? 너무 오래되기 기억에 없는데, 그 오랜 동안 지겹거나 심심하지 않았어요. 많았지. 그와 마찬가지로 아무리 좋은 것도 오래 하다보면 심심해지고 또 지겨워서 고통이 되기도 합니다.

무엇이든 적당하게 이루어져야 행복하고 즐거운 것입니다. 아무리 좋은 것도 오래하면 지겹고 심심한 것과 같이 서서히 돌아가면서 이것도 조금 저것도 조금 심심하지 않고 지겹지 않게 그렇게 즐기면서 무엇이든 할 수 있는 만큼 해야 즐겁고 행복합니다.

고맙습니다. 감사합니다. 저를 구해주셔서 감사합니다.

또 그 깊이에 있는 것은 무엇이지요? 타는 것 같기도 하고 일어나는 것 같기도 하는데...관하여 보십시오.

누구시지요? 용(龍) 중에 용, 전에 모두 다 용들을 본래의 자리로 되돌렸는데...그들 용과 다른 청룡입니다. 청룡이 어쩌다는 건데, 어제도 청룡으로 어마어마한 것들을 주었잖아요. 그것이 어째서 그 어마어마한 능력이 거기에 있는데 이미 다 놓아주었습니다. 왜 그런 어마어마한 것들을 그것을 사용하다보면 어느 순간 그것으로부터 제가 조종당할 수 있습니다, 아무리 좋은 것도 필요할 정말로 필요할 때 쓰는 것이지 그것을 제가 가져서 그것의 힘으로 어떻게 해볼 생각 추후도 없습니다. 아무리 그런 것들이 뛰어나면 뭐합니까? 본래의 고향에 돌아가지 못하고 그런 능력에 재미 들려서 이와 같이 자랑하고 있으니 쯤쯤 불쌍하신 분....그런 자랑해서 뭐해요. 그것에 빠져 고향 돌아갈 생각을 못하니 고향에 식구들은 있어요? 있지 그들은 뭐하고 있어요? 모르지. 식솔들 하나 제대로 건수하지도 못하는 분이 청룡이 어쩌구저쩌구 능력이 어쩌구 저쩌구 다 무슨 소용 있어요? 고향 어머님은 뭐해요. 글쎄요. 어머님 돌아가신 것은 아녀요? 이렇게 그런 것에 빠져 이와 같이 자랑하고 있을 때 부귀영화 아무 소용없습니다. 자식 버려 식구 버려 부모님 버려 그래서 뭐 하려고요?

그래 그게 그렇게 좋으시면 다 죽은 뒤에 돌아가세요. 그때는 돌아가실래요? 언젠가는 지금과 같은 마음을 가지고 돌아갈 수 있겠어요? 지금 어느 정도 되셨지요? 기억에 없을 정도로 오래. 그럼 본래의 고향에는 집 나온 이후 지금까지 단 한 번도 가본 일이 없어요. 그러다 객사하면 어째요? 그러면 안 되지.

고맙습니다. 보내주셔서 감사합니다.

고맙습니다.

그래도 그 안에 또 있네요. 이것은 무엇입니까? 그것이 마지막 같습니다. 들어가 보세요.

누구세요? 나 이 세계를 모두 다 창조한 자이지. 이와 같이 아름다운 세계를 내가 창조했어. 부럽지 않아? 그게 어쨌는데요? 창조했다고 자랑해서 뭐하게요?

그것이 밥 먹여 줍니까? 이놈 봐라. 왜요. 너도 내가 창조했어.

창조한 나도 어떻게 못하시잖아요? 만들어 놓았으면 그것으로 만족해하시고 법과 진리에 의하여 한 친의 어긋남 없이 창조해진 것들이 저마다 행복하고 조화롭게 돌아가면서 잘 살면 그것으로 만족한 것 아니겠어요?

창조해 놓고 뭘 바란 것은 아닌지요? 아냐 그러지는 않았지. 그런데 창조했다고 자랑하세요.

너닌까? 네가 창조했으니 그러지. 전 그랬거나 말거나 이 세계가 있는 한, 세계 안에 모든 존재들, 존재하는 모든 것들이 즐겁고 행복하고 조화롭게 어우러지면서 너 나 우리 일체 하나로 행복했으면 좋겠습니다. 시기 질투하지 말고 욕심과 이기심을 버리고 서로가 서로를 위하며 자비와 사랑을 나누며 만들어진 모든 것들이 좋았으면 좋겠습니다.

만든 것, 창조한 것이 뭐 중요하겠습니까? 창조해놓고 만들어놓고 잘못되면 그건 또 누구의 잘못입니까? 잘못되면 그건 만들거나 창조한 사람의 몫입니다. 창조했다고 자랑하기보다는 창조해 놓은 것이 원만하고 원만하게 일체가 하나로 모두 다 너 나 없이 조화롭게 행복과 사랑이 가득하시길 바래야지 자랑해서 그런 일은 이루어지는 것이 아니라 창조하고 만든 분의 노력이 또한 필요한 것입니다.

엄청난 박수....소리가 들린다.

수고하셨습니다.

또 뭐가 올라오는데 그 밑바닥에 있는 울분이 올라오는 것입니다.

지금까지 창조해놓고 제대로 살피지 못한 그래서 괴로워했던 모든 분들의 아픔이 올라오는 것입니다. 그 아픔을 곧게 받아 안아주시고 미안했다. 내가 잘못했다. 네가 너희들을 창조해 만들어놓고 즐겁고 행복하게 못해주었구나. 미안하다. 나로 인하여 고통과 괴로움을 받았다니. 나를 용서해다오. 그래서 이와 같이 행복과 즐겁게 하기 위해 양립이 아닌 하나로 균형 잡히게 하였으며 하나로도 완성되게 하였으며 또 모두 다 좋아지게 하기 위해서 8분의 원로 분들과 1004분들이 천사라는 이름으로 좋게 하기 위해서 이와 같이 본인을 위주로 만들어지지 않았느냐. 그 동안 미안했고 고통을 받게 해서 미안하구나. 앞으로 지금보다 더 고통스럽고 괴롭지 않으며 고통스럽지 않은 만큼 좋아질 것이며 괴롭지 않은 만큼 좋아질 것이다.

그 동안 미안했다. 창조해놓고 만들어놓고 고통 속에 괴로움 속에 있게 해서 미안하구나.

아닙니다. 지금이라도 살펴봐 주셔서 고맙습니다.

그래 이해해 줘서 고맙다.

지금까지 원로 8분의 독이라고 했으나 이것은 선사님의 마음과 또 앞으로의 방향과 공부됨 여러 가지들을 알기 위한 것이었습니다.

아직도 마음 깊은 곳에는 앙금이 있습니다. 이것을 어떻게 하지요. 미안합니다. 미안합니다. 용서해주세요.

제가 잘 돌보지 못했습니다.

만들어 놓고 제대로 살피지 못했습니다.

만들어 놓았다가 사라진 것들입니다. 사라져서는 흔적도 없는 것들입니다.

제가 어떻게 하면 되겠는지요? 저희들을 본래 자리로 돌려놔 주시면 고맙습니다.

여러분들이 본래 자리로 돌아가기를 바라면 칭송을 외치겠습니다.

우리 모두 다 함께 칭송을 부르며 본래 자리로 돌아가자

칭송 칭송 칭송

그 동안 고통과 괴로운 속에 있었던 모든 것들 잊고서 본래의 고향으로 돌아가자

칭송 칭송 칭송

너도 칭송 나도 칭송 우리 모두 다함께 칭송을 부르며 본래의 고향으로 돌아가자.

미안합니다. 미안합니다,

칭송 칭송 칭송

네가 너무 늦게 올라왔군요. 예.

이제라도 올라오셔서 본래의 자리로 돌아가게 해주셔서 감사합니다.

아닙니다. 미안합니다. 본래 자리로 돌려드리지 못해서 미안합니다,

이제라도 본래 자리로 돌아가게 해 들릴 수 있게 됨에 감사합니다 고맙습니다.

다 돌아가셨나요? 아닙니다. 몇 남았습니다.

어떻게 해드리면 되겠는지요? 우리를 어여삐 여기시어 우리의 식구 가족 인연자들을 구하여 주십시오. 지금 선사님 몸 안에 다 있습니다. 선사님께서 한 마디만 해주시면 됩니다.

뭡니까? 모두 다 본래의 고향으로 돌아갈지어다.

다 돌아가셨나요? 아닙니다. 글을 쓸 때 돌아 가신 분들 있지만

선사님의 말씀을 듣고 가려고 기다리고 있습니다.

모두 다 본래의 고향으로 돌아갈지어다.

모두 다 본래의 고향으로 돌아갈지어다.

모두 다 본래의 고향으로 돌아갈지어다.

모두 다 본래의 고향으로 돌아갈지어다.

천만- 억- 경- 해- 자- 양- 구 - 간- 정 - 재- 극- 항하
사

모두 다 본래의 고향으로 돌아갈지어다.

– 그레이엄수, –만든 수 1번째에서 그레이엄수 만큼

만든 수 1번째에서 그레이엄수 만큼

모두 다 본래의 고향으로 돌아갈지어다.

모두 다 본래의 고향으로 돌아갈지어다.

다 되었나요? 예 애쓰셨습니다.

만들어 놓았다가 사라진 것들이 생기지 않습니까? 지금과 같이 이들을 사라지면 본래의 고향으로 돌아오게 할 수 없겠는지요? 그것은 선사님이 결계를 그렇게 하시면 됩니다.

지금까지는 그렇게 되어 있지 않아서 사라져서는 흔적도 없는데도 불구하고 저들과 같이 남아서 본래의 고향에 못 돌아갔지만 아마도 이제는 돌아가게 될 것입니다.

근방하신 결계로 그와 같이 되었습니다.

"사라지면 사라짐과 동시에 본래의 고향으로 돌아가라"고 한 말입니까? 예

제가 죄가 너무 많네요. 이런 것을 보니

그때 최선을 다하셨는데도 그러네요.

마음이 짠합니다. 왜 이랬나 싶기도 하고 좋아하시는 분들도 많습

니다.

이제 1004분들의 업을 선사님께서 내려주신 술통에 담긴 것을 모두 다 드시면 됩니다.

그럼에도 속에서 올라오는 이것은 또 뭐지? 관하여 보십시오.

사라졌다가 본래의 고향으로 올라온 분입니다. 올라와 보니 부모님이 모두 다 돌아가셨습니다. 식구들도 그렇고요. 어찌하면 좋겠는지요?

방법 있는지요? 있습니다.

선사님만이 방법을 찾을 수 있고 해결하실 수 있습니다.

선사님 안에 들어가셔서 찾으셔야 합니다.

이미 찾으셨군요?

감사합니다. 고맙습니다. 멀리서 들리네요.

멀리까지 가셔서 그렇습니다.

이 아린 가슴은 또 뭐지요? 들어가서 이야기해 보십시오.

저는 밑에 식구들을 모두 다 두고 왔습니다. 어찌지요?

어디에 있는지요? 그것을 모르겠습니다. 살아 있나요? 아닙니다. 죽었는데 모르겠습니다.

이름이 OOO 아! 여기 있네요. 만났습니까? 예

위로 보내드리면 됩니까? 아닙니다. 이제 우리끼리 올라갈 수 있습니다. 아까주신 공력으로 올라갈 수 있습니다. 고맙습니다.

이제 편안하세요, 아직도 약간은 그러지요 앙금이 조금은 남아서...이제 1004분들의 업을 마시십시오. 예

이 또한 어려움이 많을 겁니다.

그래도 아린 것은 왜 그렇지 저분을 아프게 한 죄의식 때문입니다.

이제 마시겠습니다. 여러분의 모든 업을 제가 다 마시고 저로 인하여 지은 죄를 제가 받겠습니다. 감사하게 받겠습니다.

만세 만만세...

역시 동일합니다. 한 번에 다 마셔야 합니다. 떼어서는 안 됩니다. 명심하십시오,

와 와....

어지럽네요. 술 먹은 것과는 또 다르네요.

그래도 엄청난 공력입니다. 다 마신 것도 그러려니와 견디는 것도 그렇고요.

그것들이 몸 안에서 모두 다 편안하게 자리를 잡아야 합니다.

그것들이 모두 다 제자리를 찾아 편안하게 자리하도록 하면 됩니다. 다리도 떨리고 몸도 떨리고 머리도 어지럽고 속도 그렇고 1004분들의 모든 업이 얼마나 많겠습니까? 적다고 해도 많은 것입니다. 아무래도 좌선을 해야겠네요.

살이 떨리고 심줄이 떨리고 혈관들이 떨고 있네요.

자리를 잡게 해야겠습니다.

업에도 생명을 넣었네요? 예 그랬습니다. 업이 없으면 안 된다고 업을 만들고 그 업에 생명을 넣었습니다. 지금 업과 대화하셨듯이 너무 업이 무거워서 올라가지도 못하는 분도 있지 않았습니까? 업의 대장의 말씀을 들으신 것과 같이 그렇게 하명하시면 됩니다.

지금의 업의 무게를 10분의 1로 줄인다. 업이 없으면 좋음에도 양양에 음이 있듯 좋고 좋음에도 음이 있을 수 있는 이 음은 어느 때 또다시 많은 음이 되어서 음을 형성하고 만들어서 스스로 음을 창조할 수 도 있다. 그렇게 되면 좋게 하려고 하는 지금의 프로그램이 또다시 바뀌기 전과 같이 되는 만큼 업이 있되 업을 가볍게 해서 그래도 그런데 가벼운 업도 나중에 무거워지지 않을까? 그렇겠지만 아무리 과중에도 얼마 이상이 넘어가지 않도록 하면 어떨런지요?

업의 무게가 얼마 이상이 되지 않으면 가장 좋을까? 일체 하나의 법칙과 법규, 법과 진리에 의해서 가장 적합하고 적당한 업의 무게를 가지도록 하라. 그래서 업으로부터도 너무 무거워서 힘들어 하되 너무 심한 고통과 무거워서 올라가고 싶은데도 못 올라가는 이들이 없게 하는 것이 좋을 성싶다.

이제 다 되었나요? 아닙니다. 아직 조금 남았습니까?

무엇인지요? 저것 있지 않습니까?

그것으로 축배를 들게 해주십시오. 그러면 끝납니다.

아까와 같이 하시면 됩니다, 가득 따라 놓으시고....

이것으로 충분한가요? 에

마음을 담기는 했는데 부족했습니다. 그래서 몇 마디 하겠습니다.

즐겁고 행복한 마음으로 해주실 부탁드리며 고향에 식구 가족 부모님 잊지 마시고 자주 찾아 뵈며 소임을 다해주시길 부탁드리면 또한 모든 세계의 모든 분들이 즐겁고 행복하고 조화롭게 고통과 아픔으로부터 벗어나게 해주시길 간곡히 부탁드립니다.

모두 잔에 채웠나요? 예.

우리 모두를 위해서 ....위해서...일체의 하나가 되기 위해서...

모두의 행복과 즐거움을 위해서....

와우! 만세 만만세....

수고하셨습니다. 고맙습니다.

모두들 고맙습니다.

이것으로 모두 다 끝났으니 앞으로는 맡은 소임 잘 하시면 됩니다.

장시간 고생하셨습니다.

원로분들도 고생하셨습니다. 아닙니다. 선사님이 고생하셨지요. 모든 업들을 녹여주시느라고 모든 업을 다 받으시느라고 수고했습니다. 선사님 앞으로 종종 뵈요.

필요하시면 말씀해 주십시오.

소유설화 및 태신존고귀님, 태신고귀님, 총사령관님... 및 많은 분들 수고 많으셨습니다.

모든 분들께 감사합니다.

고맙습니다.

2015. 09. 10. 18:39

이제 모두 다 끝났나요?

아닙니다.

저기 싱크대에 있는 것만 하시면 끝납니다.

예. 이제 끝났습니다.

고생 많았습니다.

소유설화님 아닙니다. 고맙고 감사한 마음으로 했습니다.

모든 분들도 만족해하시니 너무너무 좋고 자랑스럽습니다.

2015. 09. 10 18:43

월요일부터 시작된 일인데, 밥을 먹으면 안 된다고 해서 밥도 먹지 않은 채

집에서 저녁만 먹으며 이제야 끝이 났네요.

끝이 났네요.

이게 무슨 일인가 싶기도 하네요.

그래도 영청으로 들리고 또 보이니 하지 않을 수도 없고 엄숙하게 4일 동안 했습니다,

눈물 흘리면서....

몇 번을 울었는지 모르겠네요.

끝 난데도 마음 한 곁에 일어나는 이것은 무엇인지 대화를 해 봐야겠습니다.

무엇입니까? 사랑입니다. 왜요

그렇게 말씀해 주셨는데도 사랑하고 싶습니다.

사랑하고 싶은 것 역시 업입니다,

아~ 예. 그래서 그랬군요. 알겠습니다.

감사합니다. 고맙습니다.

오늘까지는 이랬는데 내일부터는 편안해지겠지요.

소유설화님께서는 내일 오전까지 해야 할 것으로 미루어 생각했는데 쉽게쉽게 잘 끝났다. 하네요. 공력이 커서.... 2015. 09. 10. 18:52

퇴근하며 물어보았다.

4일 동안 한 의식은 무슨 의식이야?

천지창조(天地創造) 의식(儀式)입니다. 4일에 이루어진 것이 아니라 서서히 행해지다가 막판에 4일이 힘들게 행해졌지만, 사실은 무의식 안(眼)이 개혈되면서부터 의식은 시작되었던 것입니다. 누구나 이 세계에 올라오면 행해야 하는 의식(儀式)입니다.

여기까지 올라오신 분이 없어서 선사님이 처음이라 그렇지 선사님이 올라온 세계까지 스스로 올라온 분이라면 누구나 행해야 하는 의식입니다.

의식을 통해서 위 세계로 올라갈 수 있는지. 여기서 더 올라가지 못하게 해야 하는지. 등의 테스트입니다.

아주 오래 전에 확철대오하기 전에 신들에게 테스트 당했던 것과 같은 것이라고 생각하시면 됩니다. 테스트에 통과하면 위로 올라가지만 테스트해 실패하면 죽거나 아니면 밑으로 내려가야 하거나 하게 됩니다.

다행이 선사님은 모든 테스트를 통과했기에 위로 올라갈 수 있고
또 원로 8분과 1004분이 있게 된 것입니다. 아니면 원로 분들만

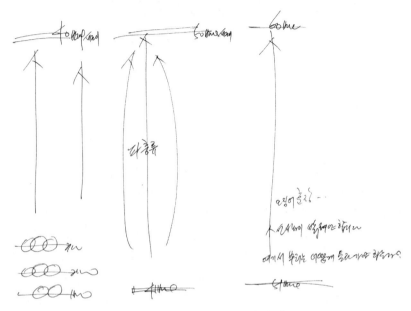

아니라 1004분 소임을 맡을 수 없었을 겁니다.

어쩌거나 수고했고 고생했습니다.

열반식 안(眼)위 결계 31개는 무슨 의미인지요?

열반식 안(眼) 안의 결계를 풀었기에 올라갈 수 있는 것입니다.

위로 올라가면 또 다른 눈이 있나요?

확실하게 모르지만 아마도 있을 겁니다.

고맙습니다.

아닙니다. 당연히 물으면 아는 한 알려주어야 할 의무와 책임이
있는 태신존고귀입니다. 2015. 09. 10 20:58

41- 50번째 신선시대 파충류들의 세계

잠자고 있는 무의식에서는 신선시대 40번째 위에 올라간 적이 있다는 생각과 느낌이 들었다. 며칠 동안의 피로를 풀어야 한다고 아침까지 누워 있으라고 했지만 누워 있을 수가 없어서 일어나 좌선을 했다.

좌선을 하고 위로 올라가려고 하니 말린다. 올라가지 마라했다. 왜 그러냐고 물으니 위 세계는 뱀들이 많다며 말린다. 어릴 적에 뱀들을 무서워했다면서 그래도 올라갔다. 올라가니 어마어마한 뱀이 본인의 몸을 에워싸며 잡아먹을 기세다. 어마어마하게 큰 용도 어마어마한 사무사도 나를 노려보며 먹을 기세다. 나를 잡아먹어서 이득 되는 것이 무엇이냐? 어! 저놈 봐라. 언제부터 이곳에 있었느냐? 기억도 없지. 그런데 왜 고향으로 돌아가지 못하는 것이냐? 구경 나와서는 구경도 못하고 이렇게 기다리고 있지. 어디를 구경하고 싶어서 이와 같이 고향에 돌아가지 못하고 기다리고 있는가? 지구를 구경하고 싶어서 있는데 지구로 내려간 이들이 올라오지 않아서 구경을 못하고 있지. 지구에 내려가게 한 이들에게 칩을 넣었는가 보구나. 그것을 어떻게 알았지. 아래 세계에서 각 여러 세계의 이모저모를 알기 위해서 칩을 넣은 것을 보았기 때문에 혹시라도 그런 것 아닌가 싶어서 물었던 것이지. 맞아 우리들 모두다 그 칩이 오면 구경하고 가려고 했는데 오지를 않아서 지금까지 이렇게 이곳에서 살고 있어.

수행하며 많은 뱀들과 용, 이무기를 맑고 깨끗한 19단계에서 여의주를 가져다가 올라오게 하고 또 그들을 더 높은 묘명묘태등명 세계에서 여의주 보다 더 더 높은 여의주를 가져다 올라오게 하고... 이와 같이 위 세계의 여러 종류의 여의주를 던져주며 올라오게 하고는 뱀, 용, 이무기로 변하게 한 세계에 가도록 해서 본성 화하도록 했는데, 그 분들 올라오지 못했는가? 그렇게 우리들에게 많은 도움을 주셨다는 분이 당신이야. 그렇지 몇은 올라왔는데 아직도 못 올라온 분들이 너무 많아, 어떻게 하면 올라오는데....

둥글게 둥글게 너도 나도 모두 다 둥글게 이와 같이 염송을 해줘

둥글게 둥글게 너도 나도 모두 다 둥글게....둥글게란 말이 무슨 뜻이기에 이와 같이 염송해 달라는 말이지 둥글게란 승천하다. 승천하자. 승천이란 뜻을 가지고 있거든,

네가 도와 준 많은 친구들이 돌아올 수 있도록 둥글게 둥글게 너도 나도 모두 다 둥글게....

속으로 생각하기를 고향으로 돌아가자. 본래의 고향으로 돌아가자란 뜻이 칭송이니 저기에 칭송이란 단어를 넣으면 좋겠다는 생각에

우리 모두 둥글게 우리 모두 둥글게

둥글게둥글게 너도 나도 모두 다 둥글게 칭송을 부르며

우리 모두 둥글게 둥글게 칭송을 부르며

둥글게 둥글게 우리 모두 둥글게....

그러면서 독을 사라지게 하는 단어는 무엇일까? 속으로 생각하니 파핫이란 단어가 떠올랐다.

그래서 이번에는 독을 없애고 올라가도록 파핫이란 단어를 넣어서

우리 모두 둥글게 둥글게 파핫 둥글게둥글게 칭송을 노래하며 파핫

우리 모두 파핫 둥글게둥글게 칭송을 노래하며

둥글게 둥글게 칭송을 노래하며 파핫

핑송을 노래하며 둥글게둥글게

너도 둥글게 나도 둥글게 우리 모두 둥글게 파핫 칭송을 노래하며

둥글게 둥글게 파핫 칭송 칭송 칭송

칭송을 노래하며 너도 둥글게 나도 둥글게 우리 모두 다 함께 둥글게 칭송을 노래하며 파핫

야! 고향이다.

파팟이 독을 사라지게 한다는 생각에 어제 많은 독이 아직도 본인이 몸에 있다는 생각에 몸의 독이 사라져 고향으로 돌아가도록 염송을 하였다.

독 파팟 칭송

독 파팟 칭송 칭송 칭송

독 너도 칭송 나도 칭송 우리 모두 칭송

독 파팟 칭송 칭송 칭송

너도 칭송 나도 칭송

너도 파팟 나도 파팟 우리 모두 파팟하며

칭송을 노래하며 둥글게 둥글게 모두 다 둥글게 둥글게

너도 칭송 나도 칭송 둥글게 둥글게 파팟 둥글게

독 파팟 칭송 칭송 칭송 둥글게 둥글게 파팟 칭송

독 파팟 칭송 둥글게둥글게

너도 파팟 나도 파팟 우리 모두 파팟 둥글게 둥글게 칭송칭송 노래하며

둥글게 둥글게 파팟 칭송칭송

고맙습니다, 감사합니다,

우리 모두 다 고향으로 돌아왔습니다. 그만 해주셔도 됩니다.

고맙습니다. 감사합니다.

독으로부터 풀려나고 이제야 고향으로 돌아오게 되었습니다.

감사합니다. 우리 고향에 오시면 환영하여 반갑게 맞이하겠습니다.

탁기 탁함 신탁기 신탁함, 진액탁기...등과 이들의 신(神), 신탁기 신탁함...등을 사라지게 해서 본래의 고향으로 돌아가게 하기 위해

서는 파팟을 넣어서 칭송을 하면 모두 다 본래의 고향으로 돌아가
지 않겠는가? 란 생각이 들어서

탁기 탁함 신탁기 신탁함 진액탁기… 그 외 객과 탁기 탁함, 주
탁기 탁함,
이들의 신, 신탁기 신탁함…등등 모두 다 파팟 파팟
모두 다 파팟 파팟
너도 파팟 나도 파팟 우리 모두 파팟 칭송을 노래하며
둥글게 둥글게 파팟 칭송을 노래하며 우리 모두 파팟
칭송을 노래하며 파팟 둥글게 둥글게 파팟 칭송을 노래하며 파팟

둥글게둥글게 둥글게 둥글게 둥글게 너도 나도 둥글게 파팟
둥글게둥글게 너도 나도 우리모두 둥글게 파팟 파팟 칭송을 노래
하며'파팟

둥글게 둥글게 노래하며 파팟 둥글게둥글게 노래하며 파팟
둥글게 둥글게 노래하며 칭송 둥글게 둥글게 노래하며 칭송
칭송을 노래하며 너도 나도 우리 모두 다 함께
칭송을 노래하며 둥글게 둥글게 파팟

둥글게 노래하며 파팟을 외치며 칭송을 노래하고
칭송을 노래하며 파팟을 외치며 둥글게둥글게 파팟

둥글게 둥글게 칭송을 노래하며 칭송칭송칭송
너도 칭송 나도 칭송 우리 모두 다 함께 칭송을 노래하며

둥글게둥글게 칭송을 노래하며 칭송 칭송 칭송 칭송
너도 칭송 나도 칭송 우리 모두 칭송을 오래하며 파팟

고맙습니다. 감사합니다.
고맙습니다. 감사합니다.
....
우리들을 고향으로 돌아오게 해주셔서 감사합니다. 고맙습니다.

이러는 사이는 본인은 40번째 41번째에서 50번째 파충류들이 있
는 맨 위에까지 올라왔다.

그럼에도 가지 않은 분이 있으니 이분은 누구신지요? 나 청룡, 이
세계에서 최고 중의 최고인 청룡이지 왜 아직 고향에 가지 못하셨
나요? 너에게 준 것을 가지고 가야 고향에 갈 수 있을 것 같아서
기다리고 있었지. 뭔데요? 그제 청룡 뭐, 청룡 뭐,....하면서 줬던
것들 그것들을 놀려 줘야겠어. 그것들이 있어야 위로 올라가거든
그러면 모두 다 가져가세요. 이놈 봐라. 그것들이 그렇게 하찮더
냐? 하찮아서가 아니라 다들 놓아주었습니다. 앵? 그 어마어마한
것들을...있어야 크게 필요하지 않을 것 같고 필요한 분들이 더 유
용하게 사용하시도록 필요에 맞게 가자가도록 했습니다. 어쩌지
요? 그분들께 돌려드리라고 할까요? 아니다. 그렇다면 그냥 가마.
가시면 무엇인가? 몸통 속에 넣어주는 것 같은데....뭐지요? 어마
어마한 것입니다. 청룡의 모든 권한을 다 넣어주셨습니다. 그럴 자
격이 있나? 내가 보잘것없는 내가? 그래도 청룡 저분이 보시기에
그랬는가 봅니다. 저 분의 마음과 대화한 것 해 보세요. 그러면 알
수 있지 않겠는지요?

승천해 가시는 승천이라고 하지 말고 둥글게둥글게 가시는 이라고
해야지 예 미처 생각 못했습니다. 잠깐 스치기는 했지만 그래도
해서 그랬습니다.

둥글게둥글게 칭송으로 가시는 청룡님 어리해서 보잘 것 없는 저에게 청률의 모든 권한을 주셨나요? 나보다 네가 더 훌륭해 보여서 주었다, 그 마음이 이쁘고 또 하는 행동도 너보다는 많은 이들을 생각하는 것 같아서 고향으로 돌아가며 아무 쓸모없는 것을 너에게 준 것이다. 너에게 주면 유용하게 잘 쓰며 헛되지 않게 할 것 같아서 너에게 주고 가는 길이다.

또한 네가 많은 우리들을 구해 주었고 또 거의 모든 이들을 고향으로 돌아가게 해 주었으니 어찌 그 고마움을 전할까? 하다가 기다렸다가 주었던 것들을 평계로 테스트해 보고 주자 싶어서 기다렸다가 생각하고 기대했던 것 이상이어서 흔쾌히 기쁜 마음으로 준 것이니 잘 사용해서 위 세계에서나 아래세계에서 유용하게 써서 모두 다 너의 뜻과 의지대로 편안하고 즐겁고 행복하기를 바란다.

고향에 거의 다 왔다. 우리 고향에 올라오면 반갑게 맞이하마.

우리 고향까지 올라온 분이 없었지만 지금 보면 너는 오고 남을 만하기는 한데, 워낙 멀어서 어쩔 모르겠구나. 올라오다보면 어려울 때가 많을 것이다. 지금 준 권한 만큼은 누구도 주지 말고 잘 간직했다가 올라오며 위험에 처했을 때 잘 사용하며 올라오기 바란다.

고향에 왔다. 부모 형제도 만났다. 울고 난리가 아니네.

이런지 모르고 그곳에서 구경한다고 그러고 있었고 또 힘있다고 권력 휘두른다고 그러고 있었으니 너의 조언이 아니었다면 지금도 그곳에 있겠지요.

그리고 19단계에서 묘명묘태등명 세계 및 우리들의 길도 고속도로내주고 자동화시스템으로 만들어 놓았다면 여기까지 어느 새... 고맙다.

전보다 더 자유스럽게 누구나 구경 가능하게 생겼구나. 어! 그것까지 고맙네. 친구 아닙니다.

뭘 해주었기에 저렇게 좋아하는지요?

별거 아닙니다. 구경하고 고향으로 돌아가고 싶은 마음이 들면 고향으로 생각함과 동시에 돌아가거나 고향에 갔다 올 수 있도록 해

주었을 뿐입니다.

이렇게 나는 41- 50번째 신선시대를 지나 51번째 신선시대로 올라갈 생각이다.

여기서 여러분들은 몸에 독소가 사라지게 하기 위해서는 위에 진언을 하면 될 것이고 또 탁기 탁함...신탁기 등을 정화하기 위해서는 위에 진언을 하면 될 것이고 또한 죽은 파충류를 보면은 위에 진언을 읽어주거나 외우면 모두 다 고향으로 돌아가게 할 수 있지 않을까 싶다. 저마다 유용하게 사용했으면 좋겠다.

2015. 09. 11 04:54

51- 60번째 신선시대 바다생물의 세계

50번째 위로 어떻게 올라가지요. 올라가려고 마음먹으시면 올라갈 수 있을 겁니다. 그냥은 어렵습니다. 좌선하고 하셔야 할 겁니다.

좌선 조금 했을까? 누구세요. 저 돌고래입니다. 어떻게 오셨습니까? 이 세계를 통과해서 위 세계로 올라가려고 올라왔습니다. 아무나 갈 수 없지요.

우리들 위해서 공덕이나 복덕을 지으신 것 있습니까? 동해 바다 위쪽에 바다 생물 도량, 더 아래쪽에 민물생물들의 도량이 있는데요. 어마어마하네요. 그렇지는 않고요.

그것으로는 부족한데요. 얼마 전 문어의 많은 독을 오징어의 먹물로 독을 해독하며 위 세계로 많이 올라가도록 했는데.. 그래도 어떻게 다 통과하게 해주시지요. 그렇게 동고래와 대화하는 중에 원로분이 나오셨다. 오신다는 소리 들었습니다. 벌써 예 파미님으로부터 올라오신 분들이 이미 소식 주셨습니다. 얼마 있지 않으면 선사님이 올라오실 거라고 파미님 안에 마지막 바다 신이 저입니다. 그런데 전해 들었다고 하세요. 그래도 예의상 그랬지요. 어떻게 제가 거기에 있었다고 합니까? 그래도 원로인데, 저기 돌고래가 보고 있고 듣고 있는데...

사실 많은 바다 생물을 구하지는 못했지만 그래도 마음 한 번 내주십시오.

지구 전체를 의념하셔서 죽은 바다 생물들 모두 다 고향으로 올라오도록 해주십시오. 예 그리고 지구를 의념해서 지구에 있는 죽은 모든 바다 생물들이 고향으로 돌아오라고 의념을 했다. 그리고 다음부터는 죽으면 고향가고 싶다는 의념하면 고향으로 돌아올 수 있도록 의념을 보냈다.

따라 오라고 해서 따라갔다. 조금 있으니 원로 분들이 나오셔서고 대장이란 분이 이곳의 대장은 문어입니다. 문어가 가장 높습니다. 위 세계로 올라가시려면 우리들의 모든 업까지 가져가셔야 합니다. 그래야 올라가실 수 있습니다. 우리들의 업은 대단히 무겁습니다. 그렇지 않으면 올라가실 수 없습니다. 우리의 독을 먹어서 자칫 잘못하면 죽을 수도 있습니다. 우리의 업을 다 녹이면 상당한 공력과 힘이 될 것이지만 그렇지 않으면 죽을 수 있으니 싫으시면 여기서 멈추시면 됩니다. 아니면 우리 모두의 업을 가져다 먹으십시오. 먹겠습니다. 그리고 받아 먹었다. 먹으면서 들어오면서 화라고 의념을 했고 업을 녹이려 팟팟을 하려고 했으나 안 된다고 하여 못하고 몸으로 들어와 온몸으로 퍼지는 것을 느끼며 화하도록 했다. 내 몸에 들어와 화해서 좋은 곳으로 가라. 많은 양이어서 마시는데도 너무 힘들었다. 다 한 번에 마셔야 한다고 해서 한 번에 먹는 것이 힘들었지만 다 마셨다.

다 마시니 내 안에서 변화되는 것을 확인하고는 더 볼 것도 없겠어. 그러면서 원로분이 문어 훈장을 주셨다. 두 손으로 받아 합장하며 인사하니 문어 훈장은 몸 안으로 스며들었다.

원로 분들이 한 명 두 명 돌아가실 때마다 인사를 했다. 원분들이 다 돌아가시기를 기다렸다.

12분을 원로 분들은 다 돌아가셨어. 아직요. 조금 참으세요.

예 모두 다 돌아가셨습니다.

12분의 원로분들은 돌아가셨는데, 왜? 안가시고 이와 같이 가슴을 답답하게 하는지요? 그 분들 중의 업입니다. 어떤 업이시기에....? 저도 가고 싶습니다. 저분들과 같이 고향에 돌아가고 싶습니다. 그런데 제 업 때문에 못가고 있습니다. 어떻게 하면 본래의 고향에 돌아갈 수 있겠는지요? 어떤 업이시기에 못 가신다 하시는지요? 저는 문어의 입에 붙어서 수 없이 많은 것을 죽인 죄입니다. 너무 많이 죽여서 살인죄로의 업이 무거워서 살인한 죄가 너무 무겁습니다, 어떤 이들을 살인했습니다. 나를 해치려고 하는 자들과 나를 괴롭히는 자들 제가 먹고 살기 위해서 살인을 했습니다. 제 죄의 업을 녹여주십시오. 파팍 팍팍이란 업을 녹이는 것도 있지만 이것으로는 마음에 얽힌 부분은 녹일 수 없으니 살인을 하였으되 죄가 되지 않음을 설명하겠습니다. 해치려고 했을 때 방어하기 위해서 내가 살기 위해서 방어하며 죽이게 된 것이니 이는 정당방위에 해당하기 때문에 죄가 되지 않습니다. 그런가요? 그럼요. 나를 죽이려 하니 내가 죽일 수밖에 없는 상황이 되었을 때 상대방을 어쩔 수 없이 죽이 되는 것을 정당방위입니다. 죽이려고 하니 죽인 것이 맞는지 아니면 죽이기 위해서 그런 것인지요? 아닙니다. 전 절대로 죽이려고 하지 않았습니다. 나를 해치려고 하니 전도 대항해서 싸워 살려고 하다보니 죽이게 된 것입니다. 그렇다면 어쩔 수 없는 것이었으니 죄가 되지 않습니다, 그래도 그렇게 죽음을 당한 분들과 화해하면 더 없이 좋겠지요.

이 분이 아니라 이 업에 상응하시는 분들 모두 다 나오세요. 저분 죽여야 합니다. 왜 죽여야 하지요? 우리를 죽이지 않았습니다. 가만히 있는데 죽였습니다. 아닙니다. 그럼 어떻게 죽임을 당했습니까? 제가 나빠서 죽으려고 하다가 죽임을 당하고 또 제를 먹으려고 하다가 제의 독에 죽임을 당했습니다. 이 외에 다른 죽임을 당한 분 있습니까? 없습니다. 그러면 누가 먼저 잘못한 것입니까? 가만히 있는 죽이려고 하면 여러분은 어떻게 하겠습니까? 맞서야지요. 맞서서 싸워 이기고 살아야겠지요. 여러분은 맞서 싸워 이기고 살아야 하는데 왜 문어의 업은 그러면 안 되는 것입니까? 저희들이 저희들의 입장만 생각했습니다. 문어의 입장에서 보니 오히려 저희들이 잘못했네요. 문어야 미안해. 우리가 잘못했어 용서해 줘 아냐 나도 너희들을 죽였다는 생각에 괴로웠어, 미안해 죽이려고 한 것은 아닌데 그렇게 되었어. 그래도 먹고 먹히는 약육강식이 있어서 어느 부분들은 어쩔 수 없어서 그런 것이 없으면 또한 모두가 자연스럽게 존재할 수가 없어 마치 계급에 맞게 행동하고 사는 것과 같이 약육강식에 의해서 먹고 먹히며 그러면서 또 새로운 몸을 받기도 하고 그러면서 고향에 돌아가는 것이지. 수천 수만년을 산다고 했을 때 언제 고향에 돌아가겠어? 약육강식에 의하여 먹고 먹히는 먹이 사슬에 의하여 존재들의 숫자도 있는 것이고 위로 갈수록 적은 거지. 그러니 너무 억울해 하지 말고 또 내가 살기 위해서 어쩔 수 없이 먹었다고 생각해, 너희들 보다 강한 사람들은 너희들을 잡아서 또 먹지 않니. 너처럼 죄의식을 느끼며 업으로 하는 이들이 있는가 하면 아무런 죄의식 없이 하는 분들이 있는 것과 같이. 이해가 될 듯 말듯합니다.

제가 배고파서 죽인 살생은 어떻게 합니까? 그 역시도 먹지 않으면 죽을텐데, 먹어야 살지 않습니다. 먹어야 살지요. 당연히 먹어야지요. 먹지 않고 살 수 없으니 먹어야 하는데 살아 있는 것을 잡아먹지 않으면 즉 살생하지 않으면 먹을 수 없으니 죽일 수밖에 없고 살생할 수밖에 없지 않습니까? 아 예 당연하지요. 그렇게 살생해서 먹은 것을 죄라고 한다면 죄짓지 않은 분 하나도 없을 것입니다. 산만큼 살아온 만큼 살기 위해서 살생했을 텐데 나이가 많은 원로분들은 더 많은 죄를 지었겠네요. 아닙니다. 원로 분들이 어떤 분들인데...어떤 분들인데요. 살생을 하되 그 분들의 마음까지 살피며 살생합니다. 그대는 어떻게 했습니까? 저도 원로분에게 배운 대로 그와 같이 살생했습니다. 그렇다면 님이 죄가 많다고 하면 그렇게 가르친 원로분들의 책임이 무겁고 업이 무겁겠네요. 아닙니다. 그러면 님이 업이 무겁다고 하면 원로분의 입장은 어떻게 되는 겁니까? 아이구 제가 잘못 생각했습니다. 원로님들 제가 생각을 잘못했습니다. 아차 싶었으면 원로님들을 욕되게 할 뻔 했습니다. 이제 편안합니까? 예 미쳐 거기까지 생각을 못하고 그랬습니다. 착해서 그런 겁니다. 당연한 것까지 죄의식을 느껴서...고맙습니다. 고맙습니다.

이 또 누구신가요? 답답하게 하고 있는 이는 누구입니까?

관하여 살펴보십시오.

누구시오? 저는 살생이란 놈입니다. 살생이란 놈이라니요? 말 그대로 살생(殺生)입니다. 나는 왜 살생이란 업을 가지게 되었습니다. 처음부터 살생이란 업을 가진 것은 아니고 살생이란 소임을 맡았기 때문에 살생이 된 것입니다. 살생이란 임무의 소임을 하는데 좋은 사람의 마음에서는 꼭 필요한 살생을 하지만 좋지 않은 나쁜 이들로부터 살생이 이루어지니까 나쁜 것 같지만 사실 어느 부분에 있어서 아름다운 살생도 있고 또 숭고한 살생도 있습니다. 살생을 당하면서 기쁘고 즐겁고 행복하게 살생을 당하는 이들도 있고 억울해하고 원통해 하면 억울하고 원통해서 가지 못하는 살생이 있습니다.

아름다운 살생 숭고한 살생은 아름답고 숭고하게 살생을 당했으니 살생당한 이들이 바라는 곳으로 가게 되었으니 살생한 곳에 있지 않으니 숭고하고 아름다운 살생에는 남은 흔적이 없고 억울하고 원통하게 당한 살생에는 억울하고 원통해서 남아 있는 있으니 늘 살생하고 남아 있으니 원통과 억울함을 보니 그들 때문에 살생이 나쁜 것이라고 하지만 아름답고 숭고한 살생을 당한 존재들은 너무도 감사하고 고마워하고 있습니다.

반면에 억울하고 원통한 분들은 고맙다기보다는 원통하고 억울하겠지만 그것은 살생에 있는 것이 아니라 살생을 행하는, 행하는 사람의 마음과 생각에 따라 아름답고 숭고한 살생이 되기도 하고 억울하고 원통한 살생이 될 뿐, 살생에는 아무런 업이 없습니다. 다만 살생은 자기 자신의 맡으신 소임을 다하고 있을 뿐입니다. 충실하게 소임을 다하고 있는 살생에게 좋은 분들은 좋게 살생을 함으로 구제하기도 하고 나쁜 마음 생각으로 살생함으로 지옥에 떨어지게 하기고 하고 독을 품게 하기도 하고 억울 원통하게 하지만 살생은 맡으신 소임을 잘 행한 것 외에는 다른 어떤 것도 없습니다.

저 보세요. 저도 살생하지 않습니까? 많은 살생을 하시지요. 저에게 살생을 당한 분들은 뭐라고 하세요. 들어보셨어요? 물어보셨어요? 너무너무 어마어마하게 고마워합니다. 만약에 살생이 없었다면 제가 어떻게 저분들에게 저런 생각과 마음을 갖게 했겠습니까? 이 모두 다 살생님이 있었기 때문입니다. 사실 저분들은 저에게 고마워할 것이 아니라 살생님이 있으니 살생님으로부터 일어난 일이니 엄밀히 따지면 살생님 구하신 것이지요. 아 그러네요. 그렇지요.

이와 같이 좋은 일도 많이 하셨고 또 많은 분들을 살생을 통해서 구하기도 하셨습니다. 다만 살생님이 구제되신 분들을 보지 못하고 억울하고 원통한 분들만 봐서 그렇게 생각할 뿐 좋은 일을 의외로 더 많이 하셨습니다. 어떻게 보면 받아야 할 업의 인연에 살생이 이루어지기 때문에 맡은 소임을 충실하게 했을 뿐 죄는 없고 오히려 구해진 모든 분들은 살생님으로부터 고향으로 돌아갔으니 이보다 더 좋은 있겠습니까? 아 예 너무너무 감사합니다. 고맙습니다.

또 올라오는 이것은 무엇입니까? 나요. 아무도 아닙니다. 그런데 왜 올라오지요. 구경왔습니다. 하도 소문이 나서. 누구신데, 저...말해도 되나? 어쩐 일로 이렇게 와도 돼, 네가 이렇게 다닐 수 있게 내 업 다가져서 이와 같이 할 수 있어.

왜 나에게 할 말 있는 것 같은데. 편안하지 않은 것이 속마음도 읽는다며 물어보지 말고 읽고 해결쯤 해줘? 허허...참

너 전생에 문어였구나. 그래. 문어였을 때 사람도 헤쳤거든 약육강식이란 말을 듣고 그러면 나는 사람을 죽였는데 싫어서 죽이고 싶어서 죽인 것이 아니라 죽이려고 하니 죽인 것 아냐? 그렇지 그런데 살려고 하다보니 그렇게 된 것 같아...또 그렇게 보니 그러네... 고마워...

이 또 누구시지요? 나요? 그럼 누구 또 있어요. 여럿 있지요. 순서 기다리고 있습니다.

선사님께 줄데서 업을 녹이려고 그렇게 많아요? 아닙니다. 저까지 3분 있습니다.

무슨 업 때문에 그러시는데요? 예도 문어였었습니다. 그런데 문어였을 때 제가 잘못해서 제 대신 친구가 잡혀갔습니다. 그리ㄴ 친구의 소식이 끊겼습니다. 그 친구를 찾아서 용서를 빌고 싶습니다. 그날 이후로 지금까지 친구를 죽게 했다는 죄책감에 시달리고 있습니다.

저기 친구 손짓하는데요. 야 나 여기 있어. 아까 선사님이 지구에 있는 바다를 의식하며 모두 다 고향으로 올라오게 했을 때 올라왔어. 어서올라와 그냥 못가는데, 선사님께 부탁해서 올라와 짜샤 놀다가 그런 건데 그것으로 지금까지 죄책감에 시달렸니 소심하기는...괜찮다. 네 덕에 난 그래도 육지 구경하다가 육지 이곳저곳 떠돌다가 하긴 재미있게 구경하는데 선사님 모두 다 올라오게 해서 어쩔 수 없이 올라왔지만 네 덕에 구경 잘했다. 구경하면서 난 오히려 네가 고마웠다. 구경 잘하게 해줘서...그랬어. 고마워 고마워

또 이분은 가슴을 잡아 파네요? 왜 아들이 나 때문에 죽었어요. 내가 잘못해서 아들을 죽게 했어요. 아들 이미 고향으로 갔을 거 같은데요. 저기 보여요. 안 보입니다. 저기 손짓하잖아요. 손 흔들며...너무 먼가요? 저 위에 있으니 가서 만나시면 되지요. 그러면야 바랄게 없지요. 자 아들 있는 곳으로 보내드릴께요. 어머어머 너 언제 여기 와있어. 너를 죽게 하고 한숨도 제대로 잔 일이 없단다. 어머님도 참 그게 우리의 운명이고 숙명인 것을요......

배 아래쪽에서 당기시는 분, 예 왜요?

저는, 저는... 왜 뭘 망설이세요? 부끄러워서 뭐가 부끄러운데요.

너무 많은 탄트라를 해서 고향에 가면 남편을 어떻게 봐야하나? 고민되고 걱정돼서 올라가지 못하고 선사님의 말씀을 들으려고 기다리고 있었습니다.

우리는 누구나 윤회합니다. 윤회하는지는 아세요. 알지요. 그런 것 정도는 원로 분들에게 배워 알고 있습니다. 윤회하면 지금의 남편

과 전생의 남편과 같아요? 달라요? 당연히 다르지요. 전생의 남편과 탄트라 했다고 이생에 남편에게 미안해요? 안 해요? 왜 미안해야 합니까? 기억도 없는데, 미안하지 않지요. 그와 같이 지금 고향에 올라가시니 전부를 알 수 있어서 그런 것이지 전부 알기 전에는 몰랐잖아요? 저기가 고향인지도 모르고 살았잖아요? 예 저런 고향이 있는지도 몰랐잖아요? 우리가 어떻게 알아요. 원로 분들도 몰랐으니 가르쳐 주지 않으신 것 아닌가 싶어요. 그런데 고향에 올라와서 보니 다 기록되어 있고 다 안다하여 전생에 일은 아무렇지 않은데 이생에서의 일은 저 고향에서 뭐라고 할 수 있을까요? 그래도.., 한 번 주변 분들에게 물어보세요. 고향 떠난 지 얼마나 되었는지요. 기억에도 없답니다. 그 동안 윤회는 몇 번이나 했답니까? 5천번이 넘는답니다. 그러면 고향은 5천번이 넘는 전생의 일과도 같지 않은가요? 바로 앞 전생에 남편에게도 부끄럽지 않은 일을 전생 전생....5천번이 넘는 천생의 남편을 만난 것과 같은데, 부끄러워할 일이 있습니까? 아니지요. 전생도 그러는데, 5천번 전생이면 흔적도 없을 텐데...어떻게 알았지 ..^^ 그것은 밑에 세계에서는 모르지만 위 세계에서는 모두 다 알지만 그것 역시도 살아가는 한 모습이고 또 탄트라는 위 세계로 올라가기 위한 수단이기도 하기 때문에 위에 계신 남편도 이해할 겁니다. 너무 오랜만 만나서 오히려 반가워할 겁니다. 그러니 그런 걱정 염려하지 마시고 올라가시면 될 겁니다. ㅎㅎ 그런가? 선사님이 책임지세요. 어 여보 나 여기 있어. 남들은 다 왔는데 왜 당신만 이리 늦어. 밑에서 일이 다 끝나지 않아서...못처럼 만나니 너무 좋다. 얼마만이야. 너무 오랜 만인데 탄트라 할까? 어어어....선사님 고마워요......

60번째 세계의 정중앙에 앉는다.

앉으니 문어 대왕이란 분이 답답한 마음으로 나오셨네요. 예 너무 답답해서 뭣 때문에요. 뭐가 이리 답답하게 하시는지요? 아 글쎄 고향에 올라와 보니 딸년이 글쎄 아이고 속터져 모든 재산을 탕진하지 않았습니다. 땡전 한 푼 남겨놓지 않고 속터져 하지 마세요, 딸님인들 그러고 싶어서 그랬겠습니까. 어떻게 하다 보니 그렇게 된 것이지요. 재산이 하나도 없어서 그 동안 고생 많았겠네요, 없으셔서... 그랬지요. 재산 없었다고 뭐라고 하지 마시고 그 동안 나 없이 얼마나 고생이 많았냐고 어루만져주세요. 누구세요 성함이...저는 갑오징어 청하입니다. 청하 여자이름인데, 예 저는 제 엄마입니다. 둘이 살았었거든 재산을 불려볼가 내려왔다가 이 사단이 나고 말았지 않습니까. 아이고 속상해. 어떻게 생활하냐, 제가 드릴 테니 가져가셔서 따님과 행복하게 사세요. 이러시면 안 됩니다. 그 동안 고생 많으셨는데, 보람도 없다하시니 저도 마음이 짠합니다. 충분하게 가져갈 수 있으면 좋겠네요. 전에 재산 이상과 또 이분 쌓은 공덕과 복덕의 재산에 조금 더 되게 드리세요. 에 고맙습니다. 감사합니다. ㅎㅎ 말은 하고 봐야한다니까.

다. 또 있습니다. 이분은 저는 문어 사촌되는 가오리입니다.

예 무슨 일로 왜 저희들을 속여서 팔아요. 분명 가오리인데 홍어라고 팔아요. 우린 가오리인데 왜 홍어라고 팔지요. 너무 마음이 아파요? 우리도 이름이 있는데 우리 이름을 버리고 홍어라고 하니 홍어는 야야 그러지마 우리도 할 말 많아, 너희들 때문에 우리도 값 떨어져서 고향에 많은 돈을 보낼 수 없어, 그런 소리 하지마.

어 이건 무슨 소리지? 팔리는 금액으로 고향에 보내거든요. 옛날 그렇게 세팅해서 돈 벌러 내려와서 홍어가 되고 문어가 된 분들입니다.

이거 속상하겠네요, 가오리님도 홍어님도 이거 누구에게 보상 받아야 합니까?

저의 잘못인가요? 그런 건 아니지만 그러면 어떻게 하면 되겠습니까? 얼마간의 보상이 있어야 할 것 같습니다.

넉넉하게 보상해 드리세요. 고향에 돌아가 잘 살 수 있도록 넉넉하게 모둔 분들이 골고루 나눠가지는데 부족함 없도록 내어 드리세요. 예

자꾸 나눠주면 안되는데 소문나면 다 옵니다. 다 주면 부족한가요? 아닙니다. 다 주어도 남습니다. 그러면 주세요. 다 좋아야지

좋자고 한 일들인데, 서운해서 되겠어요. 어떻게 보면 고생하신 분
들인데...그냥 넉넉하게 챙겨드리세요. 모두 다...예

또 이제 없습니다.

이제 51- 60번째 세계는 끝났습니다.

이제 식사하셔도 됩니다. 2015. 09. 11 14:40

식사를 하라고 해서 식사를 준비시키는 대로 준비하여 먹으니

어! 이상하네. 원로 분들 및 50여분이 식사를 하셨다.

육지 음식은 어떤지 네 입을 통해 먹어보고 싶어서 먹어보는 것이
라 하시며 맨 아래 분부터 수저 한 번 들고 놓음에 한 분씩 마치
순고하고 거대한 무슨 예식이나 예의를 다하는 것 같은 모습이었
다. 한 수저 한 수저... 한 분 한분...맛을 음미하시는 것이겠지만...

본인은 한 수저 한 수저 밥을 먹고 반찬을 먹을 때마다 좋은 곳으
로 가십시오. 좋은 곳으로 가십시오. 속으로 좋은 곳으로 가시라고
의념을 보냈다.

끝나갈 무렵에 아들아~라는 소리가 들렸다. 조기대왕님 그래 나
다. 네가 조기일 때 내 아들이었는데 자랑스럽다. 네 덕에 2순위
야. 그래요. 그래 네가 일요일저녁 서산 내려가면서 공덕을 세운
덕에 그렇게 되었단다. 원래 1순위가 문어였는데 그때 네가 문어
의 독을 오징어의 먹물을 생각하고 문어의 독을 없애서 지금은 문
어님은 3위고 오징어님이 가장 높으시다.

그날 이후 순위가 바뀌었지. 엄밀히 말하면 난 아주 아래인데, 네
덕에 2위까지 올려준 거고 사실은 1위가 오징어님이고 2위가 문
어님인데, 문어님이 그래도 아들이 공을 세웠다며 2위를 내어주어
서 2위 자리에 있단다. 오빠 우리도 왔어. 형~~그래그래 많이 먹
었어? 부족하지만 그런 대로 먹었어.

서열이 무서운 것 같다. 그리고 음식을 먹음에 아래에서부터 먹고

맨 나중에 1위 최고 높으신 분이 먹는다. 올라오면서 다 먹으면 먹을 게 없으되 남으면 남은 것은 가장 높으신 분이 다 먹되 다 먹었음에도 남으면 이제는 역순으로 2위가 먹고 그 다음 그 다음으로 내려오는 것 같다. 가장 윗분이 가장 늦게 먹으니 아래에서도 조심성 있게 과하지 않는 먹는 것 같기도 하고 윗어른을 섬기는 예의범절도 있는 것 같다.

무심결에 훈장을 받을 때 문어 훈장이라고 받은 것 같았는데 나중에 보니 오징어 훈장이었다. 이와 같은 실수가 있었던 것은 최근 그러니까 일요일 저녁 9월 7일에 문어의 독을 오징어 먹물로 해독했기에 순위가 뒤바뀌게 되어서 이와 같이 되었다.

그래서 본문에는 문어훈장이라고 했는데 문어훈장이 아니라 오징어 훈장이다.

위 세계는 무슨 세계인지 모르겠지만 자꾸만 올라오라고 한다, 도움을 청하는 건지 아니면 한 번 보자는 건지 모르겠지만 오늘은 금요모임도 있으니 이쯤에서 쉬기로 하고 내일 또 올라갈 생각이다.   2015. 09. 11 15:34

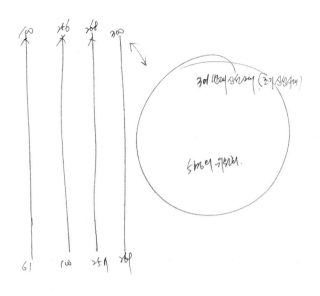

61- 100번째 신선시대

오늘은 61번째 선사시대에서부터 언제 금요모임에 쏴주면서 아이들을 위로 올려주다가 올라간 100번째 신선시대까지 하셔야 합니다.

그런 만큼 서두른 것입니다, 아니었으면 몸의 언어를 더 했을텐데... 오늘 다할지 모르겠다면 이분들이 걱정하며 서두르시는 겁니다.

그래서 몸의 언어를 찾고 있는 중에 이분들이 자꾸만 해야한다고 하신 것입니다,

자! 그럼 어떻게 하면 되나요?

일단 61번째 신선시대에 70번째 신선시대까지 모두 다 한 번에 흡하시고 61번째 신선시대에 70번째 신선시대까지 모두 다 흡한다고 생각하고 아래 세계에서부터 70번째 세계까지 의념하며 아

래서부터 70번째 세계까지 흡을 하였다.

예, 이제 모두 다 흡이 되었으니

70번째 세계 정중아 가서 앉으시고 70번째 세계의 원로 분들의 이야기를 들으시고 이분들의 죄와 업을 모두 다 사하여 주셔야 합니다, 만약에 한 분이도 죄를 사하여 주지 못하시거나 업을 다 가지 못하시면 다 가져가지 못한 벌로 아래로 내려가야 하고 아래로 내려가서 지금까지 의식을 행한 모든 의식은 취소가 되고 아래 세계로 내가 허드렛일부터 다시 시작해서 올라와야 합니다.

이에 원로 분들께서 묻습니다. 하겠느냐고, 예 하겠습니다.

이로서 서로 간에 약속이 이루어졌습니다.

그러면 이제 원로 분들께서 문제를 드릴테니 이 문제를 원로 분들이 흡족하도록 해주셔야 합니다. 지금 여기에는 12분이 원로 분들이 있습니다. 이분들은 미생물에서 생물, 고등동물에 이르기까지 모든 세계를 관리하고 통치하시는 분들이십니다.

질문에 들어갈까요? 아직 저기 준비하고 있는 것 같은데...

아직 긴장이 풀리지 않았네요.

이 어마어마하게 물려오는 이것은 무엇이지? 저분들은 시작했습니다. 저분들의 공격같은 것입니다, 방어해야 합니다. 방어를 왜 해 모두 다 위 세계로 올라가도록 하면 된지 저 위 오늘 아침에 올라간 200번째 세계까지 200번째 세계의 에너지를 갔다가 연결해서 200번째 세계로 올라가게 하면 쉽잖아.

아 예 어마어마 무지무지...언제 200번째 세계까지 어제 온 그럴 시간 없어요. 또 옵니다. 11번째 원로분이 보내신 겁니다, 이것도 그러면 되지 않나요? 너무 쉽게 이루어지네요. 놀라고 있습니다.

그러면 본인을 위주로 밖에서 오는 모든 존재들을 위 세계로 올라가도록 그것이 오면서 자동으로 올라가도록 시스템을 만들어 놓고. 이와 같이 시스템 밖으로 오는 분들을 위로 몸을 통해 보내면 되지 않습니까? 너무 좋습니다.

왜 안 오지요. 너무 쉽게 하신다고 10분이 모두 다 보냈었습니다, 아닙니다. 한 분은 보내지 않았네요. 다 보냈는지 알았는데, 최고 높으신 최상의 원로 분이십니다.

다리 밑으로 보내시는 군요. 예. 그것이 저분이 모르게 발바닥 용천으로 보내시는 겁니다. 서서히 보내시고 있습니다. 이것 간단한데, 어떻게 그런 기발한 생각을 전에 자주 하던 겁니다.

끝났나요? 모두 끝났습니다. 박수를 칩니다. 모두 다 일어나서 기립박수를 치십시다,

이럴 때는 일어나서 합장하고 인사를 또 옵니다, 머리로...예...그래도 인사를 반드시 하고 해야 합니다, 얼렁 일어나셔서 언제 또 의념에 의식을 담아서...아 에...각 원로 한분 한분에게 이미 다 인사하셨네요. 머리로 오는 것은 존재와 독입니다. 독을 그냥 보내시면 안 되고 또 저 존재들에게 있는 독까지 해소를 시켜야 합니다. 지금 이 독은 모두 다 200번째 세계에서 보면 아래 세계의 독이니 200번째 안에 이 독들을 중화 내지는 해소할 수 있는 것들이 있을텐데...198번째 세계에 이 에너지면 모두 다에게 비를 내리 듯 폭우가 쏟아지듯 폭포수가 쏟아지게 해서 독고 존재들의 몸속에 있는 독을 해소 중화 시키면, 존재의 몸통 속에 있는 독들은 해소 내지 중간가 되지 않았습니다. 그리고 위로 올라가지 못하고 모두 다 쓸려져 있습니다. 그러면 위로 올라가게 하기 위해서는 200번째 세계의 에너지를 해소되고 중화된 독과 존재들에게 스며들게 하고 존재들의 몸통 속에 있는 독이 중화되고 해소되게 하도록 198번째 세계의 에너지를 스며들게 하지요. 자연스럽게 그러면서 신속정확하게 가장 빠르게 가장 알맞게 독이든 모든 존재들이 그 속에 있는 모든 존재들까지도 하나도 손상하지 않고 다치치 않게 해서 위 세계로 자연스럽게 승화 승천 본래의 고향으로 돌아가게 하지며 되지요.

끝난 나요? 아닙니다. 조금 남았습니다. 등 뒤에, 에, 잘 보이지 않는 등뒤가 늘 그렇군요. 예 올라오고 있네요. 머리 위로 머리 위로 못 올라오게 의식해서 의념을 보내고 그러니 히프쪽으로 전부

다 망태 속에 넣고 그 안에서 중화되고 정화되게 해서 정화된 것만이 정화되어 위 세계에 맞게 정화된 존재들만이 올라가게 의념하며 의식을 보내고 이것이 자동으로 이루어지게 해서 옆으로 놓고 또 하시오. 아이 고 조금 기다리시지요. 약속하셨으니 또 공격하십니다. 다리쪽에 그것은 독입니다. 아까보다 강해서 아까와 같은 방법으로는 안 됩니다, 그러면 이와 같이 하면 되지 어어 어참 그러니 몸통 속이 안이 아니라 이제 밖으로 올라오잖아요. 이것도 이렇게 하면 됩니다. 전에 수행할 수 없이 했던 방법입니다. 아 예 목 뒤, 이 부분이 가장 취약한데 이제는 아니지요. 칩이 모두 다 없는 상태이니 너무 쉬워요 이것도 이렇게 하면 되잖아요. 모두 다 결계까지 걸어서 묶어 두었으니 그리고 주문을 넣었으니 정화되면 올라가고 정화가 되지 못하면 못 올라갈 겁니다. 이건 약한데요. 약하면서 강한 겁니다 어떻게 보면 속이는 것이지만 엄청 빠르고 날렵, 이것 더 크게 보면 되는 거지. 전체를 하나로 보고 하나에 담으면 되지 이까짓 거야. 햐 놀랍네요. 놀랄 것 없습니다. 수행할 때 많은 존재들 천도할 때 이와 같이 했습니다.

이건 뭐지 글쎄요 저도 잘 모르겠는데. 이것이 마지막이라는데 저도 잘...관하여 봐야겠네요.

어! 거미 독거미 왜 거미님들 전에 올려드렸잖아요?

글 쓸 시간 주시나 안 주십니다.

또 와요.

이건 또 뭐지? 거북이 같은데 거북이 아닙니다.

끝났습니다. 가장 어려운 난제였는데 결제를 풀면서 본래의 고향으로 돌아가도록 하는 것이었는데 너무 잘해 주셨습니다. 수고하셨습니다.

또 원로 분들이 하나같이 일어나 기립박수를 칩니다.

일어나 합장하고 인사하세요.

그래서 아픈 겁니다,

12분이었는데 13번째 분은 아까 올려주지 않아서 못 갔다고 한 동생분이십니다.

저 위로 보내주었잖아. 예 그런데 구경하러 왔습니다.

형이 어떻게 하는지 보려고, 그곳이 저 동생 분 자리입니다. 평소에 그곳에서 시방 세계를 살피십니다. 그래도 형의 능력이나 공력을 믿지 못하시고 봐야 믿겠다. 하셔서 참관을 허락하신 것입니다. 그 첫 번째로 아까 보내주지 않아서 못 갔으니 보내갈라고 한 거고 200번째까지 올려주니 그때 놀랬었는데, 그래도 참관 허락을 받았으니 구경한 겁니다.

나중에 글 쓰고 ...

진행하자십니다. 뭘? 의식(儀式)요.

이것으로 12분의 원로님들의 죄와 업을 모두 다 사하여 주셨고 또 업도 떠맡았습니다. 이에 소유설화는 원만하게 이루어졌음을 축하하며 마무리할까 합니다.

소유설화! 예 이거 전달해야지. 왜 저리 깜박하지 선사님이 기억을 자꾸만 지워서...ㅎㅎ

예. 거미 대황님으로 부터 거미 대황 무공훈장을 받겠습니다.

이에 선사님께서는 두 손을 머리 위로 들어서 공손하게 감사하게 받으시며 원로님들의 뜻을 저버리지 않고 성실하게 임무 완수하겠다는 ..제 왜 저래 그렇게 똑똑하고 명석한 애가...

선사님이 너무 기억을 지워놓아서...이렇게 해주면 돼...이제야 조금 인사를 하겠습니다. 모든 원로님들께 인사를 하십시오.

인사를 받으시면서 원로 분들은 퇴장하실 겁니다.

선사님 얼렁 일어나세요. 글 나중에 쓰시고...

이로써 61번째 선사시대에서부터 100번째 신선시대까지 모두 다 선사님의 품 안에 들어오셨습니다. 선사님 감축드립니다. 수고하였습니다. 고생하였습니다.

감사합니다. 고맙습니다. 모두 다 여러분들의 덕택입니다. 모두 다 감사합니다.

이 기쁨은 소유설화님, 태신존고귀님, 태신고귀님 총사령관님 및 이하 1000분의 노고와 수고 염려에 원만하게 이루어졌다고 생각합니다. 감사합니다. 고맙습니다.

건배할까? 아닙니다. 나중에 하십시오.

또 있습니다. 시작되었는데..이거 예 누구시지요. 저는 독거미입니다. 예. 가시지 않으시고 어떻게 이렇게 기다리고 계셨습니까? 지금 자극하는 곳에 제가 무지하게 강한 독을 놓았습니다. 그런데요. 그런데도 선사님께서 독에 아랑곳하지 않고 일을 하시고 계십니다. 그 이유가 무엇입니까? 자비와 사랑입니다. 어떻게 강한 독을 맞고도 아픈 것이 자비와 사랑이라고 하시는지요? 아무리 독한 독이라 할지라도 그 마음 깊은 곳에는 그 어느 누구도 손길이 닿지 않은 곳에 본래의 고향이 있습니다. 순수를 넘어서 순백을 넘어서 본래의 고향이 있습니다. 그곳에는 자비와 사랑이 가득합니다. 그 자비와 사랑과 통하여 있기 때문입니다. 그 자비와 사랑 앞에는 아무리 강한 독일지라도 순수하게 정화가 되어 독기는 있는지 머무르면 머무를수록 독기와 순화되고 정화되어 자비와 사랑이 되기 때문에 그렇게 되는 것입니다. 이해하기는 어렵지만 본래의 고향에 돌아가면 나도 독한 나도 순수해지고 순백해지고 자비와 사랑이 넘치게 된다는 말이지요? 에 당연히 그렇게 될 것입니다. 제가 이미 독을 가져왔고 업을 가져왔으니 당연히 순수를 넘고 순백을 넘어 자비와 사랑입니다. 님은 이미 님의 안에는 자비와 사랑이 가득합니다, 행하시면 됩니다. 님을 보지 말고 님 밖의 모든 일들을 보면서 님 이외의 모든 이들을 위해서 사시면 그것이 자비와 사랑입니다, 남을 위하는 것이 곧 나를 위하는 것입니다. 나 이외의 다른 나에게 자비와 사랑을 베푸는 것이 자기 자신에게 자비와 사랑을 베푸는 것입니다. 예. 고맙습니다. 그렇게 하겠습니다. 그렇게 하지 않으시면 ...멀어져 간다. 떨어져요. 크고 강하게...

오늘은 한적하네요. 오른 아래로 올라오시는 분 있네요.

누구시지요? 예는 말하기가 그런데? 왜요? 말씀하세요. 그냥 편안하게 말씀하세요. 가까운 친구에게 말한다고 생각하고 등뒤 위쪽에 이것 때문입니까? 예 이게 어때서요. 어떻게 가져가지요. 어떤 물건인데, 그건 비밀입니다, 속으로 등뒤 위쪽에 있는 것과 속으로 대화를 시도해 본다. 뭡니까? 나요? 돈, 어마어마한 돈과 금괴 금은보화...가져가고 싶어 하는데 가져가면 못 올라간다고 하니까 못 올라가도 좋으니 자기와 함께 있자고 합니다. 저도 이제 저분 보내고 밑에서 제 할 일 해야 하는데 저러고 있어서 이렇게 있어요. 꽁꽁 묶어놓고 풀어주지 않아요. 그래서 답답하기도 합니다. 선사님이 저도 구해주시고 저분도 구해주십시오.

그것 가져가셔도 그곳에서 쓸 수 없어요. 저것이 뭔지 아세요. 알지요. 뭔데요. 아래 세계에서 번 돈과 금괴 금은보화 아닙니까? 어떻게 아셨어요? 아는 방법이 있습니다. 아~ 글쎄 내가 얼마나 고생고생 생고생해서 벌어서 모은 것인데 가져갈 수 없다니 원통하고 원통하고 또 원통해서 저것 모으려고 얼마나 고생고생 생고생에 제대로 먹지도 못하고 제대로 잠도 자지 않고 모은 겁니다, 못 가져가면 억울하고 억울해서 갈 수가 없어요.

이것은 저 위 세계에서는 쓸 수가 없기 때문에 위로 가져가도 아무 소용이 없어요. 그러니 저것을 아래 세계에 계신 분들에게 필요하다고 생각되시는 분들에게 나누어주십시오, 그러고 나서 올라가십시오. 그러면 빈손이 되지 않습니다. 다 나누어주면 아무 것도 없게 되는데요. 실질적으로는 아무 것도 없이 손은 빈손이지만 소중하고 귀한 것을 나누어 주었기에 그것을 받은 분들은 고마워하고 감사하게 생각할 겁니다, 그리고 또 마음으로부터 고마운 분이다 감사한 분이다 하겠지요. 당연히 하겠지요. 안 하면 이상하지요. 예. 바로 그겁니다.

님께서 돈 금괴 금은보화를 가져갈 수 없으니 필요한 분들에게 놓아주어 그분들을 좋게 하고 님은 그 분의 마음과 생각 좋은 마음과 좋은 생각의 에너지를 가지고 가시는 겁니다. 그러면 그 분들이 주신 좋은 마음의 에너지와 좋은 생각의 에너지는 님에게 저 돈만큼 저 금괴만큼 저 금은보화만큼 잘못 나눠주면 안 될 수 있지만 잘 나누어주면 그 이상의 좋은 마음 좋은 생각의 에너지가 님에게 받은 분들로부터 오니 더 많은 것들을 받을 수도 있습니다.

당연히 그러겠지요. 예, 그분들이 저것들을 받고 주는 그 에너지를 갖고 위 세계로 가면 가지고 가는 에너지가 그곳에서는 저 돈과 같고 금괴와 같고 금은보화와 같은 것이 되어 님이 저것에 버금가게 사용할 수 있습니다.

그래도 저것을 가져가겠습니까? 돈과 에너지와 어떻게 바꿔요? 아래 세계에서는 저것들이 부의 상징이 되지만 위 세계는 저것들이 부의 상징이 되는 것이 아니라 좋은 에너지 공덕과 복덕이 부의 상징이 됩니다, 얼마나 공덕이 있느냐? 얼마나 복덕이 있느냐? 좋은 에너지를 가지고 있느냐? 이것들이 부의 상징입니다. 그것을 가보지 않아서 믿을 수 없습니다.

지금부터 님이라고 부르기보다는 선생님이라고 부르겠습니다. 님이라고 하니 왠지 모르게 자꾸만 걸립니다. 선생님 선생님께서는 물물 교환해 보신 적이 있지요. 많지요. 필요에 따라서 물물교환 많이 했지요. 그와 같이 아래 세계에서는 쓰는데 위 세계에는 못 쓰고 위 세계에서는 쓰는데 아래 세계에서는 못 쓴다고 할 때 선생님이 어떻게 하는 것이 가장 좋습니까? 서로 물물 교환하듯 바꾸면 서로가 좋지요. 바로 그것과 같습니다.

선생님이 살던 아래 세계에서도 조금만 달라도 다를 수 있는 것과 같이 아래 세계와 위 세계 또한 크게 다르답니다. 그래서 쓰는 것이 다르답니다. 아하 그래서...예 그렇게 물물 교환하듯 교환해 가시면 위 세계에서 저것 보다 더 더 많이 가져갈 수도 있고 못 가져가실 수 있습니다만 그것은 어디까지나 선생님께서 어느 분들에게 어느 필요한 분들에게 주느냐에 따라서 다르니 그것은 선생님이 선택할 문제지만 물물교환을 잘하면 이득이고 못하면 손해이듯 자비와 사랑이 많은 분들과 교환하면 많아질 것이며 그렇지 않으면 않은 만큼 적어지겠지요? 또 선생님께서 삿된 마음이나 사욕을 가지고 주면 사욕이나 삿된 마음 때문에 탁해지니 탁한 것을 맑고 깨끗한 곳으로 가져가면 어떻게 되겠어요? 싫어하지요, 그렇지요. 그러니 나눠줄 때도 맑고 깨끗한 사랑과 자비의 마음으로 꼭 필요한 분들에게 간절하게 나눠주어야 더 많은 받을 수 있고 또 받는 분들도 간절하게 필요한 만큼 더 많은 좋은 에너지를 주시겠지요. 그러면 맑은 깨끗한 자비와 사랑의 마음과 맑고 깨끗한 자비와 사랑의 마음이 오가니 얼마나 좋을까요? 상상할 수 없이 제가 맑아지는 느낌입니다. 그와 같습니다. 고맙습니다. 감사합니다

좋은 일하고 오겠습니다. 그때 보내주십시오. 예

목뒤 누구세요. 저 아까부터 기다렸습니다. 저 억울해서 못가겠습니다. 아까 그분이 저를 이와 같이 만들었습니다. 지금 들었어요? 억울한 분도 풀어주라고 억울한 분 풀어주지 못하면 억울하게 한 분들에게 발목을 잡혀서 제가 아무리 올려드리려 해도 올려드릴 수 없으니 반드시 억울한 사람도 없도록 해야 합니다. 예

기다려 보십시오. 감사합니다.

또 있나요? 없습니다. 아까 그분, 선생님이라고 하셨던 분이 저 멀리서 헐레벌떡하시며 오시네요.

선사님 선사님 왜요? 너무 고맙습니다. 저 봐요 이렇게 커졌어요.

몸이 그것을 나눠주니 몸이 엄청 커지는 것 있지요. 키가 작아서 늘 키 때문에 콤플렉스가 있었는데 이렇게 커지니 얼마나 좋은지 모르겠습니다. 억울한 분들에게는 풀어주셨어요? 아직 못했습니다. 나눠주니 키가 커져서 놀래서 뭐 잘못했나 싶어서 달려온 겁니다.

제가 잘못한 게 있나요? 아닙니다. 아주 잘하고 계신 것입니다.

사실 좋은 에너지 받고 공덕이 많고 복덕이 많으면 키가 큰데 공덕과 공덕이 없으면 위 세계에서는 키가 작답니다. 크기 큰 것은 재물을 잘 나눠줘서 나눠준 만큼 공덕과 복덕이 많아서 그런 것입니다. 지구에 있는 분들도 그런가요? 다 그런 것은 아니지만 조금은 아니 몇몇은 그런 분들도 있지 않을까 싶네요. 확실히는 모르겠습니다. 확인해 본 것이 아니라....

말이 끝나기도 전에 웃으며 나간다. 그 마음과 소통해 보면 야 이 거 희한하네. 진작이 이럴 걸, 이참에 억울하게 했던 분들에게도 용서를 빌어야겠다. 사실 마음에 많이 걸렸었는데 재산 불린다고 그렇게 해놓고 밤잠 못잔 날들이 얼마나 많아 다 풀고 가야겠다. 편안하게...

또 있습니까? 없습니다.

머리 뒤쪽에 이것은 그것은 ???

선사님께서 봐야겠습니다. 우리들 눈에는 보이지 않습니다.

누구세요. 어떻게 제가 있는지 아시고? 머리 위쪽에 계시잖아요? 저를 볼 수 없을 텐데요.

보고 말하는 것 아니고요. 마음에게 묻는 겁니다. 아하! 들켰네요.

뉘신지요? 예. 저는 저 위 200번째 위 세계에서 보러 왔습니다. 대단한 분이 올라온다고 해서 어떤 분인지 알아보고 오라고 해서...사실 200번째 세계 아래에서는 저희들을 볼 수 없거든요. 마음을 대화하신다니 그것은 가능하지요. 대상을 의식하면 마음과 대화가 되고 무의식과 대화가 되니. 그 위 분들도 무의식이 있나요? 다 있습니다. 이 위 세계에도 현재의식 무의식 잠재의식이 해탈식 열반식 다 있습니다. 다만 열리지 못해서 그럴 뿐이지요. 그렇군요.

선사님은 다 열리셨네요, 어떻게 아세요. 열리지는 않았지만 볼 수는 있답니다.

그래요. 어! 치우천황님 전생에...예....어떻게? 우리들은 전생뿐만 아니라 알려고 하면 다 알 수 있지요. 위 세계는 모두 다 열람 가능합니다. 어쩐지 다르다 했습니다. 아 예 이제 이해가 됩니다.

치우천황님께서 올라온다고 말씀드리겠습니다.

그런 말씀하지 말아 주세요. 왜요? 부끄럽습니다. 여전하시군요.

이것이 업이겠지요. 업은 ...알았습니다.

쉬었다 오세요. 오늘 대단...아니 엄청난 구경했습니다.

아이구 그렇게까지 고맙습니다.

아닙니다. 감사합니다.

몸짓의 언어를 본인도 모르게 했더니 그 몸짓을 보시고 하신 말씀이다.

오른손 주먹 쥐고 왼손가닥으로 주먹 쥔 오른손 1번째 손가락 관절에서부터 1번째 마디까지 힘주어 쓸어서 왼쪽으로 내렸더니 말씀하신 것이었다.

이 몸짓의 동작은 이 세계에서는 존경합니다 너무나 존경합니다의 뜻이기 때문이다.

오른쪽 가슴을 콕콕 찌르는 것은 누구세요?

저요? 예 내가 누구지 기억이 없어요. 선사님이 저의 기억을 지우셨어요?

누구신데 선미의 무의식입니다. 어떤 무의식인데 좋지 않은? 왜 그런데 저에게 와서 잊고 싶지 않은데 좋지 않다고 선사님께서 지우셔서 억울해서 마지막 힘을 내서 버티며 선사님께 항의하려고 왔습니다. 왠 항의? 저에게 너무 잘못해서 혼내주고 있는데 그것을 이와 같이 지우시면 저는 어떻게 합니까? 억울하세요. 억울하기만 합니까? 죽이고 싶어서 지금까지 죽을 날만 기다리고 있는데 이렇게 기억을 지워놓으시면 어떻게 합니까? 그러지 마세요. 마음 약해지게 저것에 마음 약해서 안 되는데 마음 약해지면 안 되는데...그래서 또 왼쪽 머리 위에 ..

예. 제가 풀어주면 안 되겠는지요? 안 됩니다. 절대로 안 됩니다. 난 선미에게 용서를 받아야지 선사님께 받을 이유가 하나도 없습니다. 보셨어요? 어 저것 뭔데요. 이래서 그러는 겁니다. 아 그래서...미안합니다. 저를 용서하세요. 그래도 선사님이 용서할 일은 아닌데, 선사님 마음은 알겠는데 또 그러신다. 저도 모르게 그렇게 되었습니다.

왜 이렇게 머리 속에다가 독소를 넣으셨어요? 그러는 너도 죽이려고 그랬다.

그러는 너도 패씸해서 그렇게 죽으면 편안하실 것 같아요. 편안하지 않겠지만 속은 편안해지겠지만 복수했으니 복수하면 속이 편안할 것 같아요? 그럼 복수했으니 얼마나 편안하겠어. 그동안 억울했던 뭉쳐져 있는 한이 풀리는데, 그러면 복수했다가 지옥에 떨어진 분과 대화한 것 해 보시겠어요. 복수하면 어떤지요? 그게 가능하세요. 복수했다가 지옥에 떨어지신 분...예, 이 분과 대화 한 번 해 주세요. 복수하지 마세요. 저도 그랬습니다, 복수하면 편안해질 것 같아서 복수했는데, 복수했을 때만 잠시 잠깐 편안했지 조금지나니 죄책감에 시달리다 지옥에 떨어졌습니다. 선생님께서도 저와 같이 지옥에 떨어지고 싶지 않으시면 왜 이렇게 괴로워해요. 업이 녹지 않았어요. 제가 4번째인데...선사님이 들어주시지 않으셔서 아직 업이 녹지 않았습니다. 가만히 보니 오늘 시간이 날 것 같으니 저의 말을 들어주십시오. 선사님이 지금 괴로운 것과 같이 제가 괴롭습니다. 예. 알았습니다. 고맙습니다. 선사님,

들었어요. 예, 그러니까 망설여지네요.

복수를 하지 마시고 용서하세요. 용서하시오 오히려 가슴 가득 품어 주십시오.

이게 누구시지요? 접니다. 품으니 그런 겁니다. 그것이 제 마음입니다. 이와 같이 독하게 맺혀 있습니다. 이 독을 어떻게 해소하고 녹이고 가겠습니까? 억울해서..제가 녹여주면 가시겠습니까? 말 들으니 원수 갚는다고 복수한다고 좋은 것 같지 않습니다. 그냥 지업 지가 받게 하고 저는 그냥 가렵니다. 선사님께서 도와준다면 가겠습니다. 도와주십시오.

복수로 맺힌 업을 어느 세계의 에너지로 녹이면 녹을까? 200번째 위 세계? 예 아직 가지도 않았는데, 가져오면 오늘 올라가야 하는 거 아냐? 오늘 올라가지 않으셔도 됩니다.

256번째 세계에 여기에 있네. 이게 맞아? 예

받아서는 안 되겠네. 올라가야지. 그러면서 그 세계에서 혼나지 뭐, 이 분들이 먼지니 자비와 사랑을 베푸는데 용서하겠지. 아니면 혼내던가? 이분들을 위해서 올라가야겠어.

목욕탕에 몸 전체를 담그고 내 몸을 이루고 있는 저마다의 나의 세포들이여 여러분들 중에도 이와 같이 복수나 원수로 인하여 가슴에 맺혀 있는 분들이 있으면 이 목욕탕 안에서 이 세계의 에너지를 듬뿍 머금고 녹아지기를 바라나이다. 녹아져서 용서하고 마음 편안해지셨으면 좋겠습니다. 고맙습니다. 감사합니다.

다 가셨나요? 조금 남았습니다.

혼자옵서 빨리빨리의 뜻 영가들에게 빨리 오라고 할 경우
혼자옵서 혼자옵서 둥글게둥글게 칭송칭송하며
혼자옵서 칭송칭송 흥얼거리며 혼자옵서
혼자옵서 둥글게둥글게 칭송칭송 흥얼거리며 혼자옵서

이제 다 가셨나요? 예
아직 남았습니다. 아까 재물 때문에 그 분오시면 끝나는 것 같습니다. 그러면 ... 2015. 09. 12 11:34

5번째 00이야기

4번째인가요?

다섯 번째인가요?

다섯 번째 저 00입니다. 이제야 숨을 쉴 것 같습니다. 선사님을 괴롭혀서 미안합니다. 저의 이 고통 때문에 선사님께서도 힘드실 것으로 생각됩니다.

가슴도 답답하고 창자도 꼬이는 듯 아프고 지금 느끼시는 것이 저의 고통이고 아픔입니다.

이러한 고통과 아픔은 그리고 지금 선사님께서 느끼는 온몸에 한기와 오싹함 머리를 쑤시는 이러한 고통, 죽어서 지금까지 겪고 있습니다.

이 고통으로부터 벗어나고 싶어서 선사님께 용서를 빌고자 지금가지 기다렸습니다. 천지창조 의식이 아니었다면 벌써 말씀드렸을 텐데...어마어마한 천지창조 의식 때문에 늦었습니다.

저는요. 울지 마시고...

저는 요. 울지 마세요. 울면 어떻게 말씀하시겠어요. 너무 억울합니다. 네가 뭐 잘못했다고 독살합니까? 저 독살 당했습니다. 제가 잘못한 것은 선사님께서 치우 천황이실 때 지으셨던 옥천변보를 가져다가 옮겨 써서 그것을 내 것처럼 한 것 밖에 없는데 제가 그 죄로 독살 당했습니다. 그래서 너무 억울합니다.

저를 용서해 주십시오. 무엇을 용서해 드릴까요? 옥천변보를 제 것이라고 속인 것하고 또 선사님이 전생에 쓰신 옥천변보를 훔친 죄를 용서해 주십시오.

사실 훔치려고 훔친 것 아니고요 어떻게 하다 보니 발견돼서 발견한 것을 가지고 너무 소중하고 귀하다고 생각되기에 세상에 내 놓자.란 생각을 가지고 내 놓았습니다. 00란 이름으로 사실 00란 이름의 책은 제 말이 아니라 선사님께서 치우천황이실 때 쓰셨던 것인데, 그것이 어느 분인지 기억이 나지 않지만 그 분의 서재 깊숙이 있기에 몰래 가져와서 그것을 베껴 써서 내놓은 겁니다, 물론 다 베끼고 중간중간 저의 사견을 놓았는데 그 사견이 잘못돼서 이와 같이 벌을 받고 있습니다. 독살을 당한 것은 다른 문제입니다만 ...

예. 그것은 몸짓으로 이분에게 용서한다는 뜻입니다. 말보다 더 효과가 큽니다,

놀라고 있습니다. 어떻게 몸짓으로 저와 같이 이 세계의 말을 하지라고 생각하며 역시 대단하다고 생각합니다, 용서를 받았다고 기뻐하고 있습니다. 너무 기분이 좋아서 독이 아직도 몸에 남아 있는지 모르고 저러시네요.

이제 또 독 때문에 선사님이 그것 독의 에너지를 받고 있는 겁니다, 아픈 것들이 이 독을 녹여주어야 하잖아요? 당연하지요. 일단 말을 더 들어보지요.

선사님! 예 사실 저 그렇게 나쁜 사람 아닙니다. 저 착해요. 그리고 저 선비입니다.

선비가 무슨 망신인지. 글쎄 제가 공부하러 오신 주변에 여성분들을 음탕하게 뭐하지 않았습니까? 뭐 한 번 하니 원해서 두 번하고 ...그러다 보니 많이 했습니다.

나중에는 저도 좋아서 했습니다. 서로 좋아서 한 것이지요.

그렇게 한 1년 그랬을까요? 남편들이 알아서..난리가 났지 뭡니까? 사당이 난리가 났습니다. 동네 창피해서 지금 생각해도 얼굴을 들 수가 없습니다.

쥐구멍이라고 있으면 들어가고 싶은 심정이었습니다. 그런 저를 잡아다가 많은 남정네들이 건장한 남정네들이 저를 잡아 죽도록 패고 패는 것도 모자라서 독약을 먹었습니다.

독약을 먹이는데 별수 없더라고요. 먹으면 죽는지 알면서도 먹었습니다. 이래 죽나 저래 죽나 오히려 죽는 것이 편할 거란 생각이 들어서 마셨습니다.

여기까지는 좋았는데 독약을 먹고 온몸에 퍼지니 온몸에 나와 하나로 있는 저마다의 세포들이 환장을 하는 겁니다. 그 독약으로 나만 죽는 것이 아니라 나라고 하는 나를 이루고 있는 저마다의 모든 세포들을 독약으로 죽인 겁니다. 일찍이 알았다면 어찌 그랬겠습니까? 모르니 그랬지요. 내 몸 버리면 된다고 생각했는데 그

것이 아니었습니다. 독약을 마시면서 난 나를 이루고 있는 또 다른 내 몸을 이루고 있는 모든 세포들을 죽인 것입니다.

지금 선사님의 모든 세포들이 우리들 각기 저마다 한 분 한분들이 각기 저마다의 세포가 된 것과 같이 의식이 낮았지만 각기 저마다 서로 다른 개체라는 사실을 알았다면 그러지 않았을 겁니다. 그런데 그러한 사실을 모르는 저는 죽으면 끝나는지 알고 독약을 마셨습니다.

독약을 마시고 나를 이루고 있는 수많은 세포들을 선사님과 같이 공양해야 하는데 공양은커녕 죽였으니 그 죄업이 얼마나 크겠습니다. 이것 때문에도 지옥에 떨어졌을 겁니다. 이것을 합해져서 지옥에 떨어졌습니다. 선사님께서 많은 기억들을 지워주셨지만 이 기억은 너무너무 사무쳐서 지워준 흔적 깊이 새겨서 있어서 벗어나지 못하고 있어서 이와 같이 이야기를 드립니다.

선사님 저를 독약으로부터 벗어나게 해주십시오.

그리고 제가 마신 독약으로 죽어간 수많은 생명의 세포들을 살려주십시오.

글쎄요. 한 번 해봐야겠습니다.

그래서 00님께서 좋아지시고 편안해지신다면 그래서 00를 이루고 있었던 수많은 세포들이 살아난다면 해 봐야지요. 그래서 그 고통으로 벗어나게 해드려야지요.

일단 독을 독이 독합니다. 그 독 별거 없어요. 독해도 선사님 의식이냐 그냥 사라집니다. 누구시지요? 공자입니다. 몸통 안에서 밖으로 보내십시오. 이 독으로 소량이라도 이롭게 될 분이 있습니까? 제 몸을 이루고 있는 각기 저마다의 세포를 이루고 있는 분들께 묻습니다. 예. 몇분 계세요. 그러면 그 분에게 이로운 만큼 소량만 그분들께 전해서 그분들이 좋아지게 하고 나머지는 중화하고 맑고 깨끗하게 해서 밖으로 나가도록 하겠습니다.

독을 맑고 깨끗하게 하려면 엄청난 공력이 필요합니다. 그렇다고 독을 밖으로 내보내서 다른 분들에게 해가 가도록 할 수는 없잖아요? 독도 이름이 독이지 처음부터 독은 아니잖아요? 예 그러기는 합니다. 00님에게 있었던 모든 독, 00의 몸을 이루고 있었던 모든

세포들에 있는 독을 중화하기보다는 본래의 자리로 고향으로 돌아
가게 해야겠네요. 이미 이 독은 그 안에서 할 일을 다 했으니 어
마어마한 일이겠네요.

독에게 말하노니.
모든 결계야 풀려라.
우리 모두 다 함께 칭송칭송칭송
너도 칭송 나도 칭송 우리 모두 다 함께 칭송
칭송을 흥얼거리며 둥글게둥글게둥글게둥글게 칭송을 흥얼거리며
너도 칭송 나도 칭송 우리 모두 다 칭송 칭송

혼자옵서 혼자옵서 둥굴게둥글게 칭송칭송하며
혼자옵서 칭송칭송 흥얼거리며 혼자옵서
혼자옵서 둥글게둥글게 칭송칭송 흥얼거리며 혼자옵서

칭송 칭송 칭송

고맙습니다. 모든 독을 모두 다 원래의 고향을 돌려보내주시고 또
저를 이루고 있는 모든 세포들을 구해주시고 저를 구해주셔서 감
사합니다. 고맙습니다.
이분은 누구시지요?
저 000 아니 기억이 지워져서...2015. 09. 12 12:16

6번째, 000님 이야기

머리가 너무 아파요. 속도 울렁거리고 이것은 뭐지요. 이것도 독입
니다. 선사님이 느끼고 계신 것이 제가 느끼고 있는 겁니다. 예전
에 더 심했는데 그래도 지금은 선사님께서 기억을 지워주셔서 그
나마 그 흔적으로 아픈 것이 그 정도입니다.

그렇게 쓰여진 것이 남아서 느껴지는 것이 그 정도이니 얼마나 고통스러워했겠습니까?

저는 000 맞나? 어쩌거나 이와 같이 속이 뒤집히고 머리가 깨지는 온몸에는 환기 떨림 이것을 500맞지 아냐 더 돼 900 그 정도 될 거야 옆에 이야기하시는 분은 000 친구입니다. 000 맞아요?

아닙니다. 저도 가물가물합니다.

오랜 세월 동안 지하감옥 아니 지옥에 있었습니다. 108번째 지옥에 있었습니다.

선사님께서 느끼시는 것과 같이 지금도 고통스럽습니다.

저를 구해주십시오. 저를 구해주십시오,

머리가 너무 아프시지요. 죄송합니다. 죄송합니다. 머리가 깨질 듯 아파요,

지금 선사님이 느끼시는 것은 제가 당했던 느꼈던 고통의 1000분의 1도 안 됩니다.

이렇게 느끼는 것은 독배 때문입니다.

저는 사실 전쟁의 장수였고 전쟁에서 패하여 왕에게 전쟁에 패한 원인을 물어서 독배로 용서를 구하고 사죄를 했는데 그 독이 이렇게 강력하게 저의 온몸을 힘들게 할 줄은 몰랐습니다.

너무 괴롭습니다, 선사님 죄송합니다. 저의 고통을 받아주시고 안아주셔서

이 고통을 벗어나게 해주십시오, 그리고 저로 인하여 죽어간 많은 제 부하 및 적군까지도 구하여 주십시오, 저야 제 잘못으로 독주를 마시고 고통 속에 있다고 하지만 제 명령에 함께 독주를 마신 저들은 어떻게 합니까? 참회합니다. 참회합니다. 저의 잘못을 용서해 주십시오.

제가 잘못했습니다. 부하들아 용서해다오, 내가 잘못해서 너희들까지 이와 같은 고통을 받는구나. 아닙니다. 장군님, 장군님이 그와 같이 고통스러운데 어찌 저희들만 편안하기를 바라겠습니까. 어허 이럴 어쩌나? 전쟁이 없어야 하는데, 죽으면 아무 쓸모없는 것을 가지고, 네 땅이면 어떻고 제 땅이면 어떠냐. 그냥 한 평생 어우러져 조화롭게 살다가 가면 그만인 것을 조금 더 넓은 땅 가지면 뭐

하고 조금 좁은 땅 가지면 어떤가? 이곳에 살던 저곳에 살던 사는 그곳이 내 땅인 것을 ...욕심이 전쟁을 일으키는 거지. 삿된 욕심이 전쟁을 일으키는 것이 힘자랑하고 싶어서 백성들의 눈과 귀를 속이기 위해서 전쟁을 일으키고 많은 사람들을 살생하는 거지. 살생의 죄, 삿된 욕심, 거짓됨이 얼마나 큰 죄인지 알면 그렇게 못할텐데, 어리석고 어리석어 그러하니 불쌍하고 불쌍하구나. 한 치 앞을 못 보는 게 인간이 아니거늘 어찌하다 저와 같이 되었을고, 인간은 지구에 존재하는 존재 중에 가장 으뜸의 존재이거늘 어찌하여 미물보다 못한 존재가 되었단 말인가? 어찌할고 어찌할고 저들을 어찌할고 ...

방도가 없을까요? 지금으로는 방도가 없습니다. 새로운 방도를 찾아내시기 전에는 없습니다.

우선 이들의 몸에 든 독을 정화해서 위 세계로 보내야 하겠고 그런 다음에 말씀하신 분들을 위로 보내야 하겠군요. 그래야 하겠지요.

독에게 말하노니.
모든 결계야 풀려라.(5분입니다)
모든 결계야 풀려라.
모든 결계야 풀려라.
모든 결계야 풀려라.
모든 결계야 풀려라.

우리 모두 다 함께 칭송칭송칭송
너도 칭송 나도 칭송 우리 모두 다 함께 칭송
칭송을 흥얼거리며 둥글게둥글게 둥글게둥글게 칭송을 흥얼거리며
너도 칭송 나도 칭송 우리 모두 다 칭송 칭송

혼자옵서 혼자옵서 둥굴게둥글게 칭송칭송하며 혼자옵서
칭송칭송 흥얼거리며 혼자옵서 혼자옵서
둥글게둥글게 칭송칭송 흥얼거리며 혼자옵서

우리 모두 다 함께
칭송 칭송 칭송 칭송 칭송 칭송 칭송 칭송 칭송 칭송

우리 모두 다 함께 칭송 칭송 칭송을 흥얼거리며
혼자옵서 혼자옵서 둥글게둥글게 칭송칭송 혼자옵서
혼자옵서 혼자옵서 칭송칭송 흥얼거리며 혼자옵서
우리 모두 다 함께 칭송을 부르며
혼자옵서 혼자옵서 칭송칭송 칭송칭송

이제 독으로부터는 벗어났습니다. 고맙습니다 감사합니다.
부하들은 아직 독이 조금 있는 분들이 있는 것 같습니다.
그분들을 위해서 녹음기 같은 것을 그 분들에게 그러지요. 그 분
들 대장님은? 대장님도 조금 있습니다. 그러면 다섯 분들의 몸통
속에 녹음기 같은 것을 넣어서 위에 진언을 하게 해서 모든 독이
정화되어 본래의 고향에 돌아가고 모든 독이 본래의 고향에 돌아
가면 녹음기 같은 것은 저절로 사라지게 하지요. 됐나요?
어마어마한 군사들이 몰려옵니다. 천도 받으려고 저 많은 군사들
을 어떻게 의외로 쉬울 것 같습니다.
오시는 분들을 위하여 확성기 같은 것을 잘 들리도록 해 놓으십시오,

우리 모두 다 함께 칭송칭송칭송
우리 모두 다 함께 칭송칭송칭송
너도 칭송 나도 칭송 칭송을 외치며 칭송칭송
둥글게둥글게 혼자옵서 혼자옵서 둥글게둥글게 칭송칭송칭송
모두 다 칭송칭송 칭송

더 필요한가요? 아닙니다.
그러면 녹음기 같은 것에 확성기 같은 것으로 해서 오시는 군사들
이 모두 다 본래의 고향으로 돌아가도록 하지요. 잘 가기는 하는
데 그래도 몇몇이 못가요?
왜 그러지요? 저분들은 선사님께 할 말들이 있는가? 봅니다.

머리 위에서 등뒤에 이것은 뭐지요? 글쎄요
누구입니까? 저는 저 위 세계에서 왔습니다.
어마어마한 군사들이 몰려와서 어디서 오는가? 살펴보기 위해서
왔습니다.
너무 많은 군사들이 올라가서 잘못되는 일이라도 생기는가요? 아
닙니다.
이건 또 뭐지? 머리 속에서 힘들어하는 이것은? 글쎄요.
누구시지요? 저요 병사인데요, 독약을 먹었습니다. 어쩌다가 마실
물에 독약을 풀어놓아서 먹을 물인지 독약인지 제가 맨 먼저 먹어
본다고 먹고 죽은 병사입니다.
독이 정화되어 올라가는 진언 들었어요? 못 들었어요? 그래요.
명분입니까? 4입니다.

독에게 말하노니.
모든 결계야 풀려라.
모든 결계야 풀려라.
모든 결계야 풀려라.
모든 결계야 풀려라.

우리 모두 다 함께 칭송칭송칭송
너도 칭송 나도 칭송 우리 모두 다 함께 칭송칭송
칭송을 흥얼거리며 둥글게둥글게 둥글게둥글게 칭송을 흥얼거리며
너도 칭송 나도 칭송 우리 모두 다 칭송 칭송 칭송

혼자옵서 혼자옵서 둥굴게둥글게 칭송칭송 흥얼거리며 혼자옵서
칭송칭송 흥얼거리며 혼자옵서 혼자옵서
둥글게둥글게 칭송칭송칭송 흥얼거리며 혼자옵서 혼자옵서

우리 모두 다 함께
칭송 칭송 칭송 칭송 칭송 칭송 칭송

우리 모두 다 함께 칭송 칭송 칭송을 흥얼거리며
혼자옵서 혼자옵서 둥글게둥글게 둥글게둥글게 칭송칭송 혼자옵서
혼자옵서 혼자옵서 칭송칭송 흥얼거리며 혼자옵서
우리 모두 다 함께 칭송
칭송을 부르며 혼자옵서 혼자옵서 칭송칭송 칭송칭송

이것을 녹음기 같은 것에 넣어서 4분의 몸통 속에 넣어서 듣게 하고 모든 독이 본래의 고향으로 돌아가며 없어지게 하지요. 예, 되었습니다.
다 가셨는가? 아직 멀었습니다.
군사가? 독이? 둘 다입니다. 엄청난 독이고 엄청난 군사입니다.
아마도 1-2시간 걸릴 것 같습니다.
조금 쉬셔도 될 것 같습니다.
다 가면 말씀드리겠습니다.
지금 내 몸에서 이러는 것은 무엇인지? 괴로워서 몸부림치는 겁니다, 왜 녹음기를 들으니 몸통 속에 있는 독이 빠져나가면서 저마다 빠져나가려고 하는 것들 때문에 몸부림쳐지는 것입니다, 신경 쓰지 않아도 될 것 같습니다.
수고 하셨습니다.
노피자님 이제 되었습니까? 고맙습니다. 감사합니다,
아이구 고생시켜서 미안합니다.
더 하실 말씀은 예 하세요.
너무 고맙고요. 앞으로 이런 일이 없기를 바랄 뿐입니다.
고맙습니다. 선사님 그런 말씀은 하지 않으셔도 됩니다.
머리 뒤쪽 이것은 그것도 걱정하지 않으셔도 될 듯싶다.
이 소리 들으면 자연스럽게 가지 않을까 싶어요. 뭔데 모르셔도 됩니다. 왜 좀 그래요?
몰라도 돼 저것을 읽지마. 그게 좋아요, 알았어요.
2015. 09. 12 13:01

이건 또 뭐지 머리를 어지럽게 이것 그것은, 큰 일 났습니다.

위 세계에서 몰려왔습니다. 위 세계에서 항의 하시는 겁니다.

왜? 이렇게 많은 분들을 한 번에 보내면 어떻게 하느냐고?

위 세계가 좁으니 어떻게 해달라고 어떻게 하는 것이 좋은가?

생각한 게 맞는가? 맞기는 한데, 그러면 다른 문제들이 또 생길 수 있습니다.

위 세계에서 오신 분들과 대화해 보세요.

아 예 어쩐 일로 이렇게 오셨습니까? 야 누구신지요? 치우아냐? 전생에 제가 치우라고들 하더라고요. 전 잘 모르겠습니다. 치우 맞구나. 나 복희씨, 복희씨 내 머리 위에 계셨잖아요. 그때는 그랬지 네가 누구인지 모르고 네가 구해주는 것에 고마워 있다보니 위로 올라가고 해서 위 머리 첫 번째에 있었지. 그런데 언제 올라가시고 이와 같이 또 위에서 내려오셨는지요? 말씀 낮추십시오.

(배가 고파서 빵조각을 하나 먹으려고 하니 먹지 마라는 것을 억지로 그러면 반 조각만 먹으라 해서 먹는데 왜 이리 써 맛있었는데, 가시는 분들이 거기에다 독을 많이 놓고 가셔서 아직 정화가 되지 않아서 그래서 먹지 마라고 한 것입니다. 괴롭지요. 말을 들으시지...다음부터는 제 말 듣고 하자는 대로 해요. 예)

위로 올라간 지는 3-4일 되었고 자네가 위로 날 올려주었네. 머리 위에 있었는데 자네가 천지창조 의식하며 깃발 들고 춤출 때 올라왔어. 그러면 월요일? 화요일? 그런 거 같네.

나 구해줄 때만 해도 몰랐는데 위에 갔다 오니 네가 치우더라고 얼마나 놀랬는지.

위 세계에서 지금 난리야 너무 많은 분들을 위로 올려 보낸다고 봐 그러게 그러면 저들을 그냥 둘 수 없잖아. 그렇다고 새로운 세계를 만들 수도 없고 거기서 받아줘야지. 그러기는 한데 위 세계도 포화상태라서 그러면 그 세계를 넓히면 되잖아 그럴 힘이 있는 분들이 없어서 너에게 그런 힘 있잖아 그거야 옛날이야기지 지금은 없어 수행을 했어야지. 수행을 하지 않아서 그런 공력 없어. 그분(원로)들도 그렇고 그러면 내가 공력으로 넓혀주면 돼, 어. 얼마나 지금의 2배 그렇게나? 아니면 한 배 반, 이 세계 맞아? 어.

이제 됐어. 어 그러면 나 올라간다. 올라오세요. 그 동안 못 올라
오게 막아서 못 올라갔었어요. 이제 올라갑니다. 그래서 그랬군.
그래서 못 나가게 한 것입니다. 이제는 나가도 돼 아직도 뭔가 이
상해요. 나가시면 안 될 것 같아요. 아무래도 그냥 계시는 것이 좋
을 것 같아요. 알았어요.

2015. 09. 12 13:37

1.000명의 통솔자 천통술님

다 갔어요. 아닙니다. 머리 뒤쪽에 있는 것이 머리 속으로 들어갔
습니다.

저것을 어떻게 하지요? 아까 일지마라고 한 것? 예

여보세요, 누구? 나? 나가 누구? 근영무상시 칠통 조규일

어어 근영무상시 칠통 조규일 선사님, 예 왜 이곳에 나 치우 만나
러 왔는데, 근영무상시 칠통 조규일이 치우라고 왜 그리 힘이 없
으세요. 엄청 약해 보이고 병자 같은데, 그뿐이 아닙니다. 또 있
어? 예, 무슨 일이세요?

나 치우만나서 할 이야기가 있어서 치우 이놈이 나를 이 모양을
만들어 놨어. 속까지 뒤집히는데 이것은 아까 반 먹은 빵조각 독
입니다. 졸립네. 주무시면 절대로 안 됩니다. 독 정화하고 주무서
도 주무셔야 합니다.

우리 모두 다 함께 칭송칭송칭송
너도 칭송 나도 칭송 우리 모두 다 함께 칭송칭송
칭송을 흥얼거리며 둥글게둥글게 둥글게둥글게 칭송을 흥얼거리며
너도 칭송 나도 칭송 우리 모두 다 칭송 칭송 칭송

혼자옵서 혼자옵서 둥글게둥글게 칭송칭송 흥얼거리며 혼자옵서

칭송칭송 흥얼거리며 혼자옵서 혼자옵서

둥글게둥글게 칭송칭송칭송 흥얼거리며 혼자옵서 혼자옵서

우리 모두 다 함께

칭송 칭송 칭송 칭송 칭송 칭송 칭송

우리 모두 다 함께 칭송 칭송 칭송을 흥얼거리며

혼자옵서 혼자옵서 둥글게둥글게 둥글게둥글게 칭송칭송 혼자옵서

혼자옵서 혼자옵서 칭송칭송 흥얼거리며 혼자옵서

우리 모두 다 함께 칭송

칭송을 부르며 혼자옵서 혼자옵서 칭송칭송 칭송칭송

몇 번이고 해야 하나? 이것을 되지 않습니다.

너무 독해서,....

이것은 일반 독이 아닙니다. 독 중에 가장 독한 독입니다. 이것을
어떡하면 되지요? 글쎄요 저도 어떻게 해야할 지. 몰라서 빵을 드
시지 마라고 한 것입니다. 일단 이 독이 파악된 뒤에 복용하게 하
려고한 것입니다.

처는 못 찾았습니다. 선사님께서 찾으셔야 합니다.

대화 한 번 해 보지요.

말을 거니 일부는 갑니다.

너는 누구세요? 말씀 낮추세요. 그런데 왜 이와 같이 가시지 않으
시고 몸에 남아 있습니까? 전 전에 보내주셨던 독입니다, 그런데
요. 전에 선사님께서 위로 보내주셔서 올라갔는데 또다시 저에게
전보다 다 강한 독이 되어 내려가라고 해서 이와 같이 해서 내려

왔습니다.

내려가는 길에 선사님 뵙고 가려고 기다렸습니다. 빵에다 독을 넣은 것은 미안합니다. 선사님께서는 저를 해독할 수 있을까? 싶어서 들어와 본 거고 또 빵에 넣은 것입니다.

어떤 독인데 저도 모르겠습니다. 위 분들이 저에게 이 독으로 만들어 결계를 걸어놓았습니다. 그래서 선사님의 말씀에 결계가 풀리지 않은 것입니다. 일부는 풀렸지만 그 나머지 것들은 풀리지 않은 것입니다. 하나로 만든 것이 아니라 여러 가지가 조합돼서 만들어진 독입니다.

결계를 풀면 풀릴까? 그러다가 영영 못 나가면 어떡해요. 그렇다고 이렇게 있을 수는 없잖아!

자 그럼 너는 나가고 독만 남겨 놓으면 어때 내가 독인데 그게 가능하세요.

독에 있는 순수한 본래의 너는 나가고 독만 남겨두는 거지. 독은 네가 아니라 너와 함께 있는 것이지 독이 너는 아니잖아. 너에게 너와 독이 있잖아. 예 그러니 너는 나가고 독은 남겨두면 독에는 네가 없는 거지. 없게 되는 거잖아. 그 독을 내가 결계를 풀어볼 깨 너는 나가 있어.

그러다가 선사님이 잘못되면 잘못되는 것은 나에게 있는 것이지 너에게 있는 것이 아니니 걱정말고 나가, 나가 있어. 예 걱정됩니다.

나도 괴로워 정신이 혼미하기도 하고, 나갔어? 예 이 독의 결계를 풀어봐야지 그렇다가 풀지 못하면 독과 함께 살지 뭐 친구가 돼서 방법 없잖아.

혀에 있는 이것이 결계인가? 예 이게 맞아? 거꾸로 되어 있어요. 예

79896789@#789o894.동그라미에 점찍어서 풀렸습니다.

입은 풀렸는데 이마 속 깊이 있는 것은 이게 결계야 예

이것도 아니고 이것도 아니고 거기에 거울 갔다 놔바 그냥 읽을

수 없고 거울에 비추어서 숫자보고 풀어야 하는 것 같아. 몇 개가 걸려 있어서 앞으로 3-4개 더 있습니다. 이것까지 아닙니다. 7984@?/?,#789.동그라미 점찍고 누르면 철커덩 하아....

양옆 태양혈과 목 뒤에 있는 것으로

왼쪽 태양혈 이건 또 뭐야? 지팡이 같은데 위쪽과 아래쪽에 열쇠구멍이 있는데 아래는 열쇠 위는 칼 같은 것으로 안에서 서로 만나지 말고 비껴가서 동시에 눌러야 열리도록 설계되어 있는데 이것은 성기로 열쇠를 만들고 또 성기를 칼을 만들어서 동시에 하나이 성기로 두 개를 각기 다르게 만들어서 집어넣고 눌러서 풀리도록 설계되어 있는 것 같아 열쇠야 왜요? 맞아? 예, 너 답 알지 알지만 답은 알려드릴 수 없습니다. 이건 쉽지 이건 10개도 가능하지 내가 15개까지 가능했으니까. 철커덩...

오른쪽 입에 또 독이.....좌측 태양혈의 열자 독이 입안으로 들어온 겁니다. 목을 타고 배속으로 들어가서 결계를 치네요. 배에서 또 풀어야겠네요.

오른쪽 태양혈에 있는 결계 이건 또 뭐야 마치 토스트 굽는 것 같은 거잖아. 예 칸이 굵고 접고 그래요 그러면서도 속에는 높낮이가 있네. 열쇠식이면서 누르는 식이라 그러면서도 칼날이고 칼날의 날카롭고 무딘 그러면서 동ㅅ에 눌러야 하는?

가리면 높고 있는 것은 빵, 이 빵까지 자르면서 맞춰서 풀어라. 그런 것 같아요.

무지 많네. 몇 개인 지부터 확인을 하셔야, 지금 이것은 아까 이마 독 푸신 것 정화된 겁니다.

숫자를 못 헤아리게 돌아가네, 아하 이건 좌측 태양혈 푼 독입니다. 숫자도 많은데 돌아가며 흐르게 한다. 그러면 잡아서 이거 뚜껑 있잖아 발견하셨어요. 뚜껑만...뚜껑이 눈을 속여구만...이것 지금 보니 풀으라고 해 놓은 거네. 뚜껑으로 눈속임해 놓고 이거 보니 날 잘 아는 분이 테스트 하는 것 같은데, 그렇지 않고서야 이와 같이 풀게 만들지 않았겠지. 너무 쉽게 생각하는 건 아니겠지.

내가...일단 뚜껑을 열어놓고 여기에 있네. 열쇠 구멍 찾았어요? 찾았어. 함정도 있는 것 같아. 저기에 저것으로 가린 것을 보면 이건 또 뭐야 식빵 같은 이것은 그 밑에 누름장치 저거라면 철커덩...어떻게 의식으로 들어가서 누르면 되지 의외로 저런 건 쉬워. 방법만 찾으면 쉽지 방법을 몰랐을 때 어려운 거지.

목 뒤에 것은 엄청 길게 느껴지네. 많지요. 저도 그렇게 보이는데 잘 보이지 않습니다. 마셔도 되나 입안이 타서 지금은 안 됩니다. 참으셔야 합니다.

이건? 오른쪽 태양혈이 풀린 독입니다.

아하~ 아하~ 다 나왔어요. 오른쪽 태양혈 독은....

머리 꼭대기 정수리부터 꼬리뼈 없어진 부분까지 있는 것 같은데...없어진 꼬리뼈 끝에 풀고 누르면 되게 되어 있네. 등뒤 중간에 동시에 눌러줘야 할 것도 이게 몇 개야? 이것도 눈속임이 많네 옛날 눈속임 많이해서 결계 건게 누구더라 칭오화 천황! 칭오화천황 너 왜 이런 것을 해 놓았어. 한 번 실험해 보려고 실험해서 뭐하게 너에게 갈까하고 받아줄 자리 없을텐데...선사님 왜 일단은 승낙하세요. 왜 저분 선사님 버금가던 분인데, 지금도 쌍벽을 이루시는데, 오고 싶어 하시는데, 자리 없잖아, 자리야 만들면 되지요.

태신존고귀님, 태신고귀님, 총사령관님은 어떤 생각이세요. 소유설화님의 생각에, 선사님 뜻대로 전 지금 여기에 있으니 의식하는 것이라 또 그 세계에 있지 않고 그 세계에서 일하실 분들은 여러분이기에 여러분의 의견을 묻는 겁니다. 오시면야 좋지만 오실까? 글쎄요. 다 찬성입니까? 왜 반대 있어요. 반대는 아니고 왜요. 저분 성격이 조금 있어서 그것 바르게 해야 하는데, 옛날에도 그랬나요. 옛날에는 더 심했지요. 난 어차피할 건데...푸나 못 푸나 똑같잖아요. 그러면 자기 결계에 자신하나 물어보고 칭오화 천황님 왜요. 걸어놓으신 결계자신하세요. 자신하니까 걸어놓은 거지. 풀면 온다고 하셨잖아요. 그랬지 제가 풀 수 있어요? 없어요? 쉽지 않을 껄, 어려울 거야. 지금도 성격이 옛날과 같아요. 이제 성질 많이 죽었지. 그러면 제가 풀면 저에게 오시되 성격 다 죽이고 오는 겁니다. 성질 죽이라? 그러면 내가 없잖아 성질로 버텨온 난데, 없앨 수는 있고 그건 풀고 나서 나중일이고요. 우선은 칭오화 천황의 승낙이 먼저라 그래 그럼 해보지 그러자고 약속하신 겁니다. 그래 약속했네.

아직 3개 남았데, 등뒤 머리 어 이런 감춰놓은 것을 그만 일부로 알려주시려고 그랬지요.

고맙습니다. 알려주셔서 여기가 아닌데 여기가? 아니네. 여기가 두 개로 나눠져 있는 곳이네.

또 해놓으신 겁니까? 아까와 조금 바뀌었네요. 불안해서...조금 더 추가했지. 이것 푸는 방법을 오히려 알려주신 거 아니세요. 순서를 쉽게 찾을 수 있으니 그런가 해봐 나는 더 걸었다고 생각하니까. 뭔가 있기는 있는가? 결계와 대화를 해 봐야겠네. 그게 가능해 조금 그럼 그렇지 다는 못하지. 789#?4678910112365789644.@.동그라미꾸욱 철커덩 어 대답한데...짝짝짝..

저걸 어떻게 열었지 저것을 들추지 않으면 보이지 않을텐데. 두고 보자 저것은 조금 더 힘들게 해 놓았으니 7968778574 @#2749678.   77645687924824#2789.@   무한대오매가 #@#789624649.248269.@.# 너무 작네. 이렇게 작으면 어떻게 봐, 재주껏, 렌즈 674249876426789@.#789.동그라미 점 이건 더 작네. 678924786454326.@#789.동그라미 네모 점 이것이 열쇠 구멍이고만 저쪽에 빠져나온 저것은 뭐지? 눈속임, 그러면 이것도 눈속임일 수도 있네. 결계야 또 풀을 게 있니 있습니다. 2개 더 있습니다. 깃대에 예 위쪽으로 너무 작아서 못 보신 겁니다. 마지막 것은 정말 적어서 저걸 어떻게 봐요. 우리도 모르겠어요. 그 위에 열쇠구멍 있어요. 세상에 저렇게 작은 열쇠구멍이 있나 싶을 정도입니다. 고마워,

저 안에 저것 위에서 깃대 꼭대기에서 밑에서 속에서 열어도 열리잖아 위에서 열리 않고 저런 경우는 위에서 열어 아래서 열어...아래서 편하게 열지 저 작은 것 가지고 씨름하지 말고 철커덩 ...짝짝짝...대답해 위에서는 절대로 열 수 없는 거 였는데, 이제 배 하

나 남았네. 소유설화 이것 알고 있었지요? 왜요. 아까부터 아무 것도 못 먹게 한 이유가 이것 때문 아녀요. ㅎㅎ 미안해요. 칭오화 천황게서 비밀로 해달라고 해서 그리고 선사님의 능력도 구경할 겸해서...다들 짜구서 골탕 먹이려고 있었구만. 알았어. 그래도 남은 거마저 풀어야 하네.

그것 쉽지 않을 걸세. 심여를 기울린 내 작품일세. 마음으로 묻는다. 칭오화 천황님 내 작품이란 말에는 풀지 말라는 말이야. 아니면 고생하는 척이라도 하라는 거야. 마음대로 해석하시게. 저 속마음은 뭐야. 야~ 제발 풀지 마라. 쪽팔린다. 네 밑에 있는 것도 그렇고 내 작품을 저렇게 쉽게 풀면 난 어째. 일인자라고 자부했는데...

허참 이런 경우 어떡해야 하나? 자존심도 살려줘야 하고 풀기도 해야 하고 오면 좋다는데....시간을 끌어서 어렵게 푸는 척이라고 해야 하는 거 아냐? 소유설화 칭오화 천황님 말 들었지. 자기 작품이라고 그러게요. 어떻게 생각해. 다들 모여보세요. 칭오화 천황님의 저 말을 어떻게 생각해요. 그러게요. 풀으라는 건지 풀지 마라는 건지. 저분의 체면도 세워주고 또 그러면서 우리에게 오게 하는 것이 좋지 않겠어. 그래야 하는데 어떻게 하는 것이 좋은지 모르겠습니다. 다들 생각이 어때요? 글쎄요. 선사님 편하신 대로 하세요, 우리는 없는 것 보다 칭오화 천황님이 계신 것이 더 좋습니다. 모두 다 그래요. 에 하나같이 예 알았습니다. 제가 알아서 하지요.

뭐야 배속에 결계는 결계가 아니라 폭탄 같아, 그렇게 보여. 어떻게 이렇게 결계를 만들었어? 비밀이야 알려주면 다 똑 같게. 건드리면 터지는 거 않아? 폭탄같이 만들어서 그러지 잘못 건드리면 터지지. 아! 이거 의식으로 가서 풀어야 하는구나. 잘 풀어봐 쉽지 않을 거야 그러게 저렇게 만들어 놓으면 풀 사람 없을 것 같은데 칭오화 천황님 아니면 제가 있지 않은가? 옛날이나 그렇지 지금은 기억도 없어. 기억이 없어. 정말, 어 정말 기억이 없네. 그런데 어떻게 이와 같이 말하고 이와 같이 푸는데 그냥 스캔해서 하는 거야. 백지로.....그럴 수도 있구나. 저 위쪽에 아닙니다. 누구 저 결계입니다. 이건 의외로 간단한데 잘못 보면 풀 수 없어요. 푸는 곳 봤네. 안에 중앙에 있는 것 밖에서는 열수 없으되 안에 들어가면 쉽게 풀리는 것. 밖에서는 닿기만 해도 퍼지고, 아까 머리 위에 깃대 속과 같은 원리와 비슷한 거네. 어떻게 보이는데 안이 걸려 있는 것도 보여. 그래도 너무 쉽게 풀지 마세요. 낙심할 수 있어요. 알았네. 의식으로 들어가지 못하면 안 되고 의식으로 들어가서 의식으로 저것들을 맞춰놓아야 풀리는 것 의식의 힘만 있으면 간단한 것, 의식이 힘이 없어서는 절대로 열 수 없는 열쇠지만 저 정도는 힘이 되지는 것 같은데...

칭오화 천황님 어떻게 풀어요, 아무리 봐도 알 수가 없네요, 열쇠구멍도 못 찾겠고 숫자도 보이지 않고 그냥 뭉쳐놓은 것만 같아 그리고 건들기만 하면 터질 것 같아. 어떻게 이런 걸 고안했어. 대답해 만드는 것은 별거 없어. 별거 없겠지. 안에다 설치해 놓았으니 그냥 밖에서는 주물주물해 놓으면 되니까. 야! 너무 어렵다. 어디서 찾아야 하나 잘 봐야 할거야. 아니면 어렵지 못 찾으면 기권하고...기발한데 어떻게 결계가 보이지 않게 했지. 전혀 볼 수가 없네. 그것이 기술이라면 기술이지 흐리게는 쉽게들 하는데 보이지 않게는 못하지, 자네는 풀 수 있어. 나도 못 풀어 나도 풀지 못하게 만들어놓은 거야 네가 풀지 못하면 그냥 거기 있는 거지. 그래도 만든 사람은 풀어야 하는 거 아냐? 난 그거 풀 생각 없어 내가 풀면 너에게 풀어가야 하잖아, 그것도 싫고 다른 독은 다 풀렸고 이 독만 남았으니 그냥 독과 살아. 그래야 하나? 그것도 괜찮잖아. 칭오화 천황의 결계를 풀지 못해 치우가 배속에 결계를 가지고 다니더라. 재미있을 것 같은데, 이게 그만하시고 풀어도 될 것 같아요. 표정이 흐뭇해하세요.

어어 집중해서 보니까 안이 조금이 보이네. 보면서 찾으려고 하니 밖에 보이지 않던 맞물리면서 풀리도록 되어 있는 것이 보이데 저것 풀면 풀리는 거 아냐. 모르겠어. 말하면 답 알려주는 거지. 그래도 조심해야 한다. 자칫 하면 실수라도 하면 낭패다.

서로 맞춰져야 하는 것이 1, 2, 3, 4, 5, 6, 7. 8. 9. 10 철커덩 열렸네...

아하~ 아하~ 아하~....열었네. 어떻게 속을 보다가 봉사문고리 잡은 거지. 어려웠어. 자네의 실력은 역시 대담해. 어렵게 만든다고 만든 건데. 그래도 어려웠지? 어려웠지.

너무 힘들었어. 피곤도 하고 하도 집중했더니

아하~ 하아~ 다 빠져나갔어요? 아직 조금 남았습니다.

나에게 들어온다고 했는데 이제 어쩌지 미안해서 미안할 것 없어 사실 나도 자네와 함께 일하고 싶었거든 열어줘서 고마워, 근데 직책들이 다 맡아졌어. 안 그런가요? 혹시나 해서 하나 남겨 두었습니다. 미리들 짠 거 아냐? 나 위 세계에 잘 모른다고...허허허... 깔깔깔...

어떤 직책이고 책무인데. 천황자리입니다.

선사님도 그랬잖아요. 내가 이렇게 직책으로 총사령관으로 했지 천황이 없고 그랬던 것처럼 사실 천황으로 오게 되어 있었던 분인데 나중에 천천히 오시겠다고 그리고 시험도 해보겠다고 해서 지켜만 보고 있었습니다.

이제 소유설화까지 날 속이는구만 죄송합니다. 다음에는 이런 일 절대로 두 번 다시없을 것입니다. 약속의 의미는 알지 너무도 잘 알지요.

칭오화 천황님 고맙습니다, 고맙긴 오히려 모셔주니 고맙지.

어떻게 하는 것이 예법인지 전 잘 모릅니다. 기억이 없어요. 예법을 아시는 여러분들이 하시면 따라서 하겠습니다.

축하는 의미로 축배 한 잔하지요. 그래서 못 먹게 했군. 예

에 그러지요.

그것 네 독배일세. 감사히 마시겠습니다. 자 모두 만세 만만세님을 위하여...

잘해 봅시다, 잘해 봅시다. 힘을 합쳐 잘해보시다. 아름다운 세계

를 열러봅시다. 아름다운 세계를 만들어 봅시다.

고맙습니다. 감사합니다.

만세 만만세님 만세....

이제 칭오화 천황님의 명칭이신데, 지금과 같이 쓰실래요. 아니면 다른 이름으로 쓰실래요.

새롭게 바뀌는데 새롭게 써야하지 않겠어? 편하신 대로 하세요. 그래도 그렇지 바꾸지.

자! 그러면 호칭을 어떻게 부르는 것 좋겠는지요? 원로 분들 있지 않았나요? 어느 원로 분들 저희에게는 원로 분들 없습니다. 왜 그런데 원로 분들이 있었던 것처럼 기억되지 너 독주 다 마셨지. 그래야하잖아. 저 사람은 저를 어째? 적당이 마실 줄 알았지 독주라고 했으니 큰일 났네. 독주를 마셨으니 자꾸만 흐려져서 저러는 거야. 소유설화님이 전부터 알려주기를 다 먹야 하고 먹고 나서는 확인까지 시켜야 한다고 해서 지금도...저를 어째 소유설화님...한 번 두고 보자고요. 혀고 말리는 것 같은데 머리는 어지럽고 그것까지 정화하면 엄청날텐데...그래서 두고 본 겁니다.

독주님 에 어떻게 정화해야 위로 가시나요? 글쎄요 저도 잘 모릅니다.

미안합니다. 괴롭게 해서 구토증세도 일어나고 눈에도 ...그러지요, 미안합니다.

선사님이 찾으셔야 합니다.

결계 걸려 있어요. 당연하지요. 결계의 일인자라고 생각하시는 분인데...혀에 저 조그마한 것 너무 작다. 그것이 지금 혀를 마춰시키고 있어요, 결계가 4개 있습니다. 다 푸셔야 합니다, 아니고서는 독으로 풀려나시기 어렵습니다. 어이건 뭐냐 풀리는데....천황님이 아닙니다. 반복되도록 해 놓으신 겁니다. 그래야 집중할 수 있다고 그나마 배려한 거네요.

결계 어디 있는지 알려줄 거지요. 예 그건 알려드릴 수 있어요.

등뒤를 아프게 하는 이것은 그곳에 결계 있어요. 목에 걸리는 이것도...예 하나는 흔적 없게 해 놓았습니다, 그것은 나중에 찾으시고 혀에 있는 것부터, 확대경 확대경....마음의 눈으로 보셔야 할 겁니다, 숫자가 아니라 무슨 막대같아...아! 막대그래프식으로 만든 결계 입구에 에너지 넣어서 푸는 전에 이것과 비슷한 것 푼 것 있는데...입구 이 마개 그런데 이렇게 쉽게 속임수 없어 눈속임 모르겠어요. 전 말 못해요. 뭐약 입구 안에 막혀 있잖아. 작은 입구 o4개 저것 중에 하나가 박히지 않았네. 사라지는 이것은 뭐야 눈속임 그럼 저것이 아닙니다. 큰일납니다. 2번째인 거 알아. 예, 애 어쩌라고 이곳에 넣으라는 거야 들어갈 수 있는지만.. 그렇다고. 마음으로 소유설화님 예 혀 안에 그래프식 결계가 있는데 저 안에 소유설화님을 넣어서 풀리게 하는 건데 들어갈 수 있겠어요. 저야 못하지요. 내가 넣을 수는 있는데, 소유설화님 대답부터 들어야 전 상관 없어요. 그런 승낙한 겁니다, 고마워요 소유설화님 하나 풀었네요.

또 하나가 어디 있었더라. 목에 있는 것 길게 아래로 ...이것도 소유설화님이 필요한데요. 이것은 탄트라자세로 해서 풀어야 합니다. 둘이 하나가 돼서...괜찮겠습니까? 예 두 개 풀고, 등뒤,,하아~ 하아~ 독이 나오는 겁니다. 나오는 독을 품어낼 것이 아니라 위로 가면 더 좋지 않은가? 그럴 수 있으면 하시면 좋지요. 녹음기 같은 것,

등뒤에 이것 두 개로 되어 있네. 그러면 다섯 개입니다, 결계 아냐 내가 곁에서 봐서 그렇지 하나네. 감춰놓아서 둘인지 알았는데 둘이 합쳐진 하나네. 뭐야 이거 장난이 심한 것 같은데, 성기로 푸는 문제야 철커덩 몇 번씩 풀었던 방식인데...치우가 개발했나? 예 일종에 개발하셨던 것이라고 선물입니다.

보이지 않는 것 마음자리에 있네. 흐리게 있는 것이 보이는데 그래요. 각형으로 8각형이 모여서 공처럼 있고 열쇠구멍이 많네, 많은데 두 개만이 서로 연결되어 있네. 두 군데로 넣어서 중간쯤에 하나로 넣어서 열면 되는 거네. 헤헤 이것 또 성기로 에너지 파이

프로 이런 건 간단한데...이것 역시 선물인 것 같습니다. 이런 걸 내가 많이 만들었나? 그러지는 않았는데 친구라고 그런 거 같아요. 철커덩...다 열었네. 아~ 하~

이것으로 모두 다 끝났나요. 아직 직함과 호칭이 결정 안 되었어요.

산사님이 독주 마시고 힘들어 해서 지켜보고 있었습니다. 이 허리는 그것은 에너지 소모가 너무 많아서. 이것 풀면 엄청나다더니 에너지 소모가 많아서 그렇다고...예

그러면 호칭은 지금처럼 천황으로 하시고... 그건 안 됩니다. 왜 이미 사용했던 것은 두 번 사용할 수 없기 때문입니다. 사용했던 것은 다시 사용할 수 없습니다. 이 세계의 불문율입니다.

그러면 2자는 거의 다 사용했겠네요. 예 천황 위에 대천황 또는 태천황 그것도 있었나요? 찾아봐야 알겠습니다. 오래 전에 저 밑에 세계에서 사용했습니다. 총사령관도 이 세계에 있는데 그것과는 또 다른 문제입니다. 가장 꼭 맞고 알맞은 것이 무엇이 있을까? 4자가 있으니 그것의 이름 천불천황 없기는 한데 불자가 아니불(不)자 쓰면 안 되나 그러면 뜻은 중국에 한자 잘 하시는 성인님들...뭐라고 해석되나요? 아예 그것은 천개의 아니다. 안 되겠네요. 맞지 않는 것 같네요. 그런데 소임은 무엇이 되는 거지요. 전체를 통솔...그러면 통솔천황이라고 하면 안 되나요? 더 좋은 것 있으면 찾아보시고 마음에 드시는지 모르겠습니다. 더 좋은 게 있는 것 같은데, 저 위에게 물어봐야겠네. 더 좋은 게 있나요? 있지 많지. 지금 이분과 저희들이 가는 뜻과 의지 또 전체를 통술하는 분으로 꼭 어울리는 이름으로 천통술, 이보다 좋은 이름 없나요? 없어 그런데 왜 천통솔이지요. 통솔하는 것 맞잖아서 사실 천개를 통솔하게 되거든 어떤 천개 1004명 중에서 4분 빼고 1000명을 통솔하니 천통술이란 말이지. 이분이 통솔은 하지만 소유설화, 태신존고귀, 태신고귀, 총사령관은 통솔 못하시고 이 4분은 선사님이 통솔하거든요. 아! 그래서...여러분은 어때요? 싫지는 않은데요. 칭오화 천황님은 저도 마음에 들어요. 꼭 드는 것은 아니지만. 그러면 천통술이라하고 하지요.

예 고맙습니다. 천통솔님 만세 만세...이는 누구들인지. 총사령관 아래 분들이 지켜보고 있거든요. 자기들을 통솔하신 분이라...아예. 이로써 정해졌나요.

이제 어떻게 하면 되지요.

이제 건배하시면 끝납니다. 천통술을 맡아주셔서 고맙습니다. 너무 그러시면 안돼요. 위계질서...

모두 다 건배...독 타놓은 지. 알았지. 네 마음이 나에게 말했어. 독타놓았다고...독의 대가이십니다.

끝났어. 고생들 하셨습니다. 긴 시간 수고하셨습니다.

다 정해진 거야. 아닙니다. 이제 원로 분들이 남았습니다. 위로 올라가면서 원로 분들을 모시게 될 것입니다.

이제 어떻게 해야 해? 그냥 지켜보시면 됩니다.

할 일해도 돼, 아직은 안 됩니다.

이제는 예. 이제 끝났습니다.

수고하셨어요.

이로서 1000명의 통솔자 천통술님이 탄생하신 것이네요.

예.

그냥 나가도 돼요. 예. 일 보셔도 됩니다,

아까 마무리 안 되신 분들은 그분들 지금은 안 되고 나중에 오실 건데 그때 하시면 됩니다.

배가 고픈데, 아직은 안돼요. 어디 독이 있는 모르잖아요.

먹어도 될 때 말씀드릴테니. 배고프셔도 참아야 합니다. 그리고 저거 마시면 어마어마한 독이 있으니 마시지 마시고요.

2015. 09. 12. 16:40

1, 초기 신선시대~~~ 46, 온 나라의 고창지대, 개간지

1번째 청(6), 미청(6)

2번째 청(10), 미청(10), 미미청(8)

3번째 청(26), 청(25), 청(24)

....

40번째 세계

41번째~~50번째 세계 = 파충류 세계

51번째~~ 60번째 세계

61번째 ~~100번째 세계

101번째~~ 256번째 세계

257번째~~268번째 세계

269번째 ~~ 300번째 세계

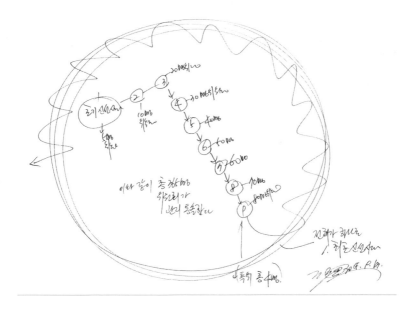

301번째 초기 신선시대 이 세계에 5명의 위원회 위원이 있다.

이 301번째 초기 신선시대 이 안에 지금까지 밝히며 올라온 모든 세계가 이 안에 다 있다.

모든 세계가 다 있는 301번째 초기 신선시대를 1번째 하나의 세계를 시작으로

1번째 세계, 5명의 위원회 위원 분들이 계시고

2번째 세계, 10명의 위원회 위원 분들이 계시고

3번째 세계, 20명의 위원회 위원 분들이 계시고

4번째 세계, 30명의 위원회 위원 분들이 계시고

5번째 세계, 40명의 위원회 위원 분들이 계시고

6번째 세계, 50명의 위원회 위원 분들이 계시고

7번째 세계, 60명의 위원회 위원 분들이 계시고

8번째 세계, 70명의 위원회 위원 분들이 계시고

9번째 세계, 80명의 위원회 위원 분들이 계시다.

1-9번째 세계 전체를 하나로 최초신선시대이고 이 **최초신선시대**에는 365명의 위원들이 관리 통솔하고 특위 분들이 총 4명이 있는데 이분들은 9번째 세계에 모두 다 계시다.

2, 고대시대

1- 9번째를 전체를 하나 최초신선시대를 빠져나오면 최초신선시대를 1번째 세계로 시작해서

1번째 세계, 최초신선시대

2번째 세계

3번째 세계 ~~~10번째 세계가 있다.

이 1- 10번째 세계 전체가 하나의 세계로 **고대시대**이다.

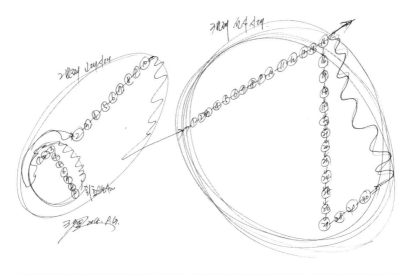

3, 선사시대

고대시대 마지막 세계 10번째 세계를 빠져나와서 3번째 큰 선사시대로 들어가게 된다.

3번째 선사시대는 1번째 세계를 시작으로 - 30번째 세계로 되어 있다.

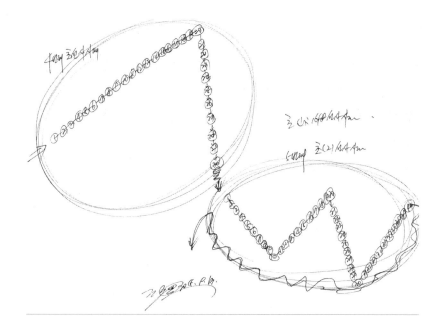

4, 초선사시대

3번째 선사시대 마지막 세계 30번째 세계를 빠져나와서 4번째 큰 초선사시대로 들어가게 된다.

4번째 초선사시대는 1번째 세계를 시작으로 - 30번째 세계로 되어 있다.

5, 초(2)선사시대

4번째 초선사시대 마지막 세계 30번째 세계를 빠져나와서 5번째 큰 초(2)선사시대로 들어가게 된다. 5번째 초(2)선사시대는 1번째 세계를 시작으로 - 40번째 세계로 되어 있다.

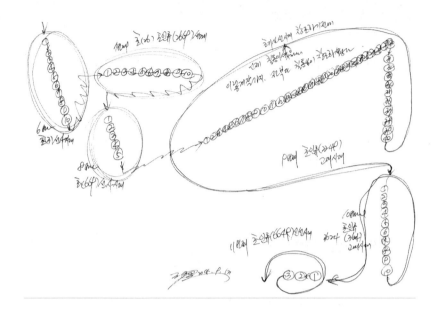

6, 초(3)선사시대

선사시대 마지막 세계 40번째 세계를 빠져나와서 5번째 큰 초(3)
선사시대로 들어가게 된다.

6번째 초(3)선사시대는 1번째 세계를 시작으로 - 10번째 세계로
되어 있다.

7, 초(26) 초인류(2.669) 세계

6번째 초(3)선사시대 마지막 세계 10번째 세계를 빠져나와서 7번
째 큰 초(26) 초인류(2.669) 세계로 들어가게 된다. 7번째 초(26)
초인류(2.669) 세계는 1번째 세계를 시작으로 - 10번째 세계로

되어 있다.

8, 초(669) 선사시대

7번째 초(26) 초인류(2.669) 세계 마지막 세계 10번째 세계를 빠져 나와서 8번째 큰 초(669) 선사시대로 들어가게 된다. 8번째 초(669) 선사시대 1번째 세계를 시작으로 - 5번째 세계로 되어 있다.

9, 초인류(2.249) 고대시대

8번째 초(669) 선사시대 마지막 세계 5번째 세계를 빠져나와서 9번째 큰 초인류(2.249) 고대시대로 들어가게 된다. 9번째 초인류(2.249) 고대시대는 1번째 세계를 시작으로 - 40번째 세계로 되어 있다.

왜 이렇게 잘 가져?
전부 다 칠통님이 창조하셨습니다.
언제?
칠통님이었을 때, 초기 신선시대 창조하기 전에...

10, 초인류(3.624) 고대시대

9번째 초인류(2.249) 고대시대 마지막 세계 40번째 세계를 빠져나와서 10번째 큰 초인류(3.624) 고대시대로 들어가게 된다. 10번째 초인류(3.624) 고대시대는 1번째 세계를 시작으로 - 10번째 세계로 되어 있다.

11, 초인류(6.649) 신선시대

10번째 초인류(3.624) 고대시대 마지막 세계 10번째 세계를 빠져나와서 11번째 큰 초인류(6.649) 고대시대로 들어가게 된다. 11번째 초인류(6.649) 고대시대는 1번째 세계를 시작으로 - 3번째 세계로 되어 있다.

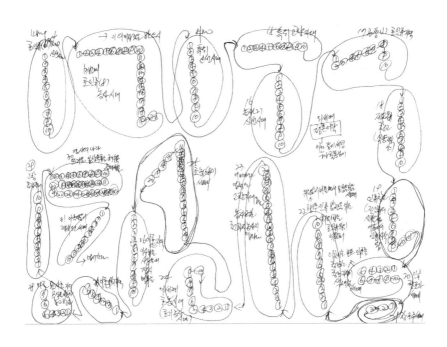

12, 초인류(6.924) 신선시대

11번째 초인류(6.649) 고대시대 마지막 세계 3번째 세계를 빠져나와서 12번째 큰 초인류(6.924) 고대시대로 들어가게 된다. 12번째 초인류(6.924) 고대시대는 1번째 세계를 시작으로 - 10번째 세계로 되어 있다.

13, 초인류 농사시대

12번째 초인류(6.924) 고대시대 마지막 세계 10번째 세계를 빠져나와서 13번째 큰 초인류 농사시대로 들어가게 된다. 13번째 초인류 농사시대는 1번째 세계를 시작으로 - 20번째 세계로 되어 있다.

14, 특위 신선시대

13번째 초인류 농사시대 마지막 세계 20번째 세계를 빠져나와서 14번째 큰 특위 신선시대로 들어가게 된다. 14번째 특위 신선시대는 1번째 세계를 시작으로 - 10번째 세계로 되어 있다.

15, 특위 고창지대

14번째 특위 신선시대 마지막 세계 10번째 세계를 빠져나와서 15번째 큰 특위 고창지대로 들어가게 된다. 15번째 특위 고창지대는 1번째 세계를 시작으로 - 10번째 세계로 되어 있다.

16, 농사(2) 신선시대

15번째 특위 고창지대 마지막 세계 10번째 세계를 빠져나와서 16번째 큰 농사(2) 신선시대로 들어가게 된다. 16번째 농사(2) 신선시대는 1번째 세계를 시작으로 - 10번째 세계로 되어 있다.

누가? 내 안의 내가? 본래의 내가 누구나에게 있는 본래의 내가 만든 겁니다.

이걸 다? 그래야 저기 인정하는가? 예 지금 테스트 중인데...어쩐지 그런 생각이 들어다니

지금 대답은 들은 소유설화님? 아닙니다. 더 높은 세계의 **청촌어람**입니다.

지금은 제가 안내하고 있습니다. 더 말씀드릴 수 없습니다. 이와 같이 세팅되어 있어? 예

누가? 칠통님에 의해...

17, 공장(1) 초인류지역

16번째 농사(2) 신선시대 마지막 세계 10번째 세계를 빠져나와서 17번째 큰 공장(1) 초인류 지역로 들어가게 된다. 17번째 공장(1) 초인류 지역은 1번째 세계를 시작으로 - 10번째 세계로 되어 있다.

18, 제2 물류창고 (식량저장소)

17번째 공장(1) 초인류 지역 마지막 세계 10번째 세계를 빠져나와서 18번째 큰 제2 물류창고(식량저장소)로 들어가게 된다. 18번

째 제2 물류창고(식량저장소) 1번째 세계를 시작으로 ― 10번째 세계로 되어 있다.

19, 인류창고 (전 인류의 시발점, 이곳에서 전 인류가 시작됨)

18번째 제2 물류창고(식량저장소) 마지막 세계 10번째 세계를 빠져나와서 19번째 큰 인류창고(전 인류의 시발점 이곳에서 전 인류가 시작됨)로 들어가게 된다. 19번째 인류창고(전 인류의 시발점 이곳에서 전 인류가 시작됨) 1번째 세계를 시작으로 ― 11번째 세계로 되어 있다.

20, 인류창조자 세계 (이 곳에는 모든 인류를 창조한 창조자 분들이 살고 있는 세계)

19번째 인류창고(전 인류의 시발점 이곳에서 전 인류가 시작됨) 마지막 세계 11번째 세계를 빠져나와서 20번째 인류창조자 세계 (이 곳에는 모든 인류를 창조한 창조자 분들이 살고 있는 세계)로 들어가게 된다. 20번째 인류창조자 세계 (이 곳에는 모든 인류를 창조한 창조자 분들이 살고 있는 세계) 1번째 세계를 시작으로 ― 10번째 세계로 되어 있다.

21, 창조주 세계

20번째 인류창조자 세계 (이 곳에는 모든 인류를 창조한 창조자 분들이 살고 있는 세계) 마지막 세계 10번째 세계를 빠져나와서 21번째 창조주 세계로 들어가게 된다. 21번째 창조주 세계 1번째 세계를 시작으로 - 3번째 세계로 되어 있다.

22, 향후 인류의 발전을 위한 회의하는 초인류 특위 위원회 위원들이 머물면서 모임을 갖는 세계

21번째 창조주 세계 마지막 세계 3번째 세계를 빠져나와서 22, 향후 인류의 발전을 위한 회의하는 초인류 특위 위원회 위원들이 머물면서 모임을 갖는 세계로 들어가게 된다. 22, 향후 인류의 발전을 위한 회의하는 초인류 특위 위원회 위원들이 머물면서 모임을 갖는 세계 1번째 세계를 시작으로 - 10번째 세계로 되어 있다.

소유설화님 알고 있었나? 아니요. 위에서 지시로 해서 준비하고 지금 특위 분들이 몇이신데? 4분, 그 분들 지금 여기에? 있습니다. 지켜보고 흐뭇해하세요. 그분들은 다 아시나? 모르시는 것 같습니다.

23, 어마어마하고 엄청난 고창지대

(농사근본 천하지농사지)

22, 향후 인류의 발전을 위한 회의하는 초인류 특위 위원회 위원들이 머물면서 모임을 갖는 세계 마지막 세계 10번째 세계를 빠져나와서 23, 어마어마하고 엄청난 고창지대(농사근본 천하지농사지)로 들어가게 된다. 23, 어마어마하고 엄청난 고창지대(농사근본 천하지농사지) 1번째 세계를 시작으로 - 20번째 세계로 되어 있다.

24, 초농사시대(초기 농사시대)

23, 어마어마하고 엄청난 고창지대(농사근본 천하지농사지) 마지막 세계 20번째 세계를 빠져나와서 24, 초농사시대(초기 농사시대)로 들어가게 된다. 24 초농사시대(초기 농사시대) 1번째 세계를 시작으로 - 10번째 세계로 되어 있다.

왜 이런 데는 비어 있지? 비어 있는 곳이 어마어마한 불바다입니다. 보이시지요. 그렇습니다. 이 길만 통과할 수 있습니다.

25, 초농(689) 세계

24, 초농사시대(초기 농사시대) 마지막 세계 10번째 세계를 빠져나와서 25, 초농(689) 세계로 들어가게 된다. 25, 초농(689) 세계 1번째 세계를 시작으로 - 20번째 세계로 되어 있다.

26, 이촌지역
(이사하는 사람들이 잠시 머무는 지역)

25, 초농(689) 세계 마지막 세계 20번째 세계를 빠져나와서 26, 이촌지역으로 들어가게 된다. 26, 이촌지역 1번째 세계를 시작으로 - 10번째 세계로 되어 있다.

지금 고속도로 만들며 자동화시스템 만드는 것 같은데...예. 이것 때문에 내려갔다 오신 길입니다.

27, 이촌(96)지역

26, 이촌지역 마지막 세계 10번째 세계를 빠져나와서 27, 이촌 (96)지역으로 들어가게 된다. 27, 이촌(96)지역 1번째 세계를 시작으로 ─ 6번째 세계로 되어 있다.

28, 어촌지역

(어촌: 농사를 지어 곡식을 쌓아놓는 창고)

27, 이촌(96)지역 마지막 세계 6번째 세계를 빠져나와서 28, 어촌 지역으로 들어가게 된다. 28, 어촌지역 1번째 세계를 시작으로 ─ 7번째 세계로 되어 있다.

29, 고창농사시대

(말 그대로 농사짓기 시작한 세계)

28, 어촌지역 마지막 세계 7번째 세계를 빠져나와서 29, 고창농사 시대로 들어가게 된다. 29, 고창농사시대 1번째 세계를 시작으로 ─ 10번째 세계로 되어 있다.

30, 열사의 나라

(뜨거운 일광욕이나 해수욕을 즐기는 세계)

29, 고창농사시대 마지막 세계 10번째 세계를 빠져나와서 30, 열 사의 나라 로 들어가게 된다. 30, 열사의 나라 1번째 세계를 시작

으로 - 30번째 세계로 되어 있다.

31, 아름다움이 겸비된 세계

30, 열사의 나라 마지막 세계 30번째 세계를 빠져나와서 31, 아름다움이 겸비된 세계 로 들어가게 된다. 31, 아름다움이 겸비된 세계 1번째 세계를 시작으로 - 10번째 세계로 되어 있다.

이 안에 다 이루어 내라고 정해진 듯싶다.

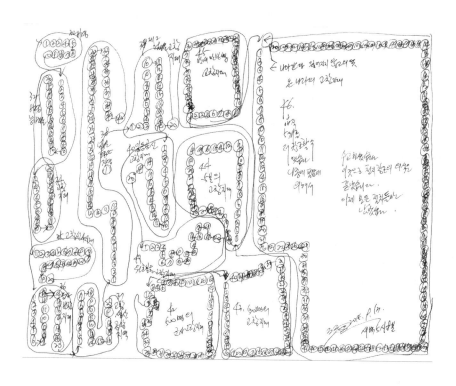

32, 비경 세계

31, 아름다움이 겸비된 세계 마지막 세계 10번째 세계를 빠져나와서 32, 비경 세계로 들어가게 된다. 32, 비경 세계 1번째 세계를 시작으로 - 10번째 세계로 되어 있다.

이게 전부 다 불덩이인데 칠통선사님 공력으로 만들고 있는 겁니다. 2015. 09. 19 18:54

33, 비경을 능가하는 세계

32, 비경 세계 마지막 세계 10번째 세계를 빠져나와서 33, 비경을 능가하는 세계로 들어가게 된다. 33, 비경을 능가하는 세계 1번째 세계를 시작으로 - 20번째 세계로 되어 있다.

34, 고창지대

33, 비경을 능가하는 세계 마지막 세계 20번째 세계를 빠져나와서 34, 고창지대로 들어가게 된다. 34, 고창지대 1번째 세계를 시작으로 - 20번째 세계로 되어 있다.

35, 고창 선사시대

34, 고창지대 마지막 세계 20번째 세계를 빠져나와서 35, 고창 선사시대로 들어가게 된다. 35, 고창 선사시대 1번째 세계를 시작으로 - 20번째 세계로 되어 있다.

36, 농사 번창 지대

35, 고창 선사시대 마지막 세계 20번째 세계를 빠져나와서 36, 농사 번창 지대로 들어가게 된다. 36, 농사 번창 지대 1번째 세계를 시작으로 ― 20번째 세계로 되어 있다.

37, 고창 생산 공장

(여기까지가 본인이 올라가기 전에 있었던 세계)

36, 농사 번창 지대 마지막 세계 20번째 세계를 빠져나와서 37, 고창 생산 공장으로 들어가게 된다. 37, 고창 생산 공장 1번째 세계를 시작으로 ― 20번째 세계로 되어 있다.

38, 넓은 평야지대

(여기서부터는 본인이 올라와서 개간하여 만든 세계)

37, 고창 생산 공장 마지막 세계 20번째 세계를 빠져나와서 38, 넓은 평야지대로 들어가게 된다. 38, 넓은 평야지대 1번째 세계를 시작으로 ― 20번째 세계로 되어 있다.

39, 제2 넓은 고창지대

(본인이 올라와서 개간하여 만든 세계)

38, 넓은 평야지대 마지막 세계 20번째 세계를 빠져나와서 39, 제2 넓은 고창지대로 들어가게 된다. 39, 제2 넓은 고창지대 1번째

세계를 시작으로 – 40번째 세계로 되어 있다.

40, 일등공신 고창지대

(본인이 올라오기 전에 있던 세계)

39, 제2 넓은 고창지대 마지막 세계 40번째 세계를 빠져나와서 40, 일등공신 고창지대로 들어가게 된다. 40, 일등공신 고창지대 1번째 세계를 시작으로 – 40번째 세계로 되어 있다.

41, 원로 분들 고창지대

(본인이 올라오기 전에 있는 1-10번째 세계에 10개의 세계를 더 개간하여 만든 세계)

40, 일등공신 고창지대 마지막 세계 40번째 세계를 빠져나와서 41, 원로 분들 고창지대로 들어가게 된다. 41, 원로 분들 고창지대 1번째 세계를 시작으로 – 20번째 세계로 되어 있다.

42, 500명의 군사들의 고창지대

(본인이 올라오기 전에 있는 1-20번째 세계에 20개의 세계를 더 개간하여 만든 세계)

41, 원로 분들 고창지대 마지막 세계 20번째 세계를 빠져나와서 42, 500명의 군사들의 고창지대로 들어가게 된다. 42, 500명의 군사들의 고창지대 1번째 세계를 시작으로 – 40번째 세계로 되어 있다.

43, 500명의 군사들의 고창지대

(본인이 올라오기 전에 있는 1-20번째 세계에 20개의 세계를 더 개간하여 만든 세계)

42, 500명의 군사들의 고창지대 마지막 세계 40번째 세계를 빠져 나와서 43, 500명의 군사들의 고창지대로 들어가게 된다. 43, 500명의 군사들의 고창지대 1번째 세계를 시작으로 - 40번째 세계로 되어 있다.

44, 5명의 고창지대

(5명이란, 소유설화님, 보비명 태초 태신존고귀님, 보비명 태초 태신고귀님, 총사령과님, 부사령관님 이상 5인의 고창지대)

(본인이 올라오기 전에 있는 1-4번째 세계에 36개의 세계를 더 개간하여 만든 세계)

43, 500명의 군사들의 고창지대 마지막 세계 40번째 세계를 빠져 나와서 44, 5명의 고창지대로 들어가게 된다. 44, 5명의 고창지대 1번째 세계를 시작으로 - 40번째 세계로 되어 있다.

45, 근영무상시 칠통 조규일 만세 만만세님의 고창지대

(본인이 올라오기 전에 있는 1-6번째 세계에 34개의 세계를 더 개간하여 만든 세계)

44, 5명의 고창지대 마지막 세계 40번째 세계를 빠져나와서 45, 근영무상시 칠통 조규일 만세 만만세님의 고창지대로 들어가게 된다. 45, 근영무상시 칠통 조규일 만세 만만세님의 고창지대 1번째

세계를 시작으로 - 40번째 세계로 되어 있다.

46, 근영무상시 칠통 조규일 만세 만만세님이 올라오셔서 새로 개간 고창지대

(근영무상시 칠통 조규일 만세 만만세님 올라오셔서 하나 아래의 모든 세계들의 있는 모든 분들이 조금이라도 평화롭게 행복하게 하기 위해서 어려운 가운데서도 어렵게 조금이라도 더 개간하려고 애쓰면 만드신 고창지대, 이와 같이 새롭게 개간한 고창지대를 가지고 온 나라를 태평성대하게 살 수 있게 하기 위해서 최선을 다해 개간하셨고, 또 태평성대가 원만하게 이루어지게 하기 위해서 5개를 더 창조할 수 있는 공간과 필요에 의해서 더 개간할 수 있는 어마어마한 12-46에 해당하는 량의 어마어마한 개간지를 확보해 놓으셨다. 이미 태평성대를 위해서 5개는 새롭게 건설 건축되었고 그 외 많은 개간할 수 있는 곳은 지금도 개간 중에 있다. 다 말할 수 없는 것이 조금 아쉽지만 그렇다.)

45, 근영무상시 칠통 조규일 만세 만만세님의 고창지대 마지막 세계 40번째 세계를 빠져나와서 46, 온 나라의 고창지대로 들어가게 된다. 46, 온 나라의 고창지대 1번째 세계를 시작으로 - 120번째 세계로 되어 있다.

이와 같이 마치고 나니

수고하셨습니다. 이것으로 천지창조의 의식은 끝났습니다. 이제 모든 절차들만 남았습니다. 이것을 주관하시는 분이 누구입니까? 우리란 몸을 이루고 있는 모든 세포들입니다. 어떻게 모든 세포들이 주관하는지요? 이 모든 것은 만세 만만세 님의 몸이 창조하신 것입니다.

몸이 곧 우주고 우주가 곧 몸입니다.

몸이 곧 우리고 우리가 곧 몸입니다.

우주 일체 하나로의 몸이 일체이기 때문입니다.

전체이며 부분이고 부분이며 전체입니다.

그러므로 여기서는 나가 없고 너도 없고 우리도 없으며 오직 몸이라고 하는 것만이 있습니다.

이 몸이라고 하는 것에 우주가 있고 다중우주가 있고 일체의 우주가 있습니다. 세포 하나하나가 우주고 몸이며 몸이 우주고 몸을 벗어나 있는 것은 없으며 일체의 하나, 모두가 하나 되는 세계입니다.

선사님이 도달하고자 했던 전체 일체의 하나는 몸이었습니다. 다만 그러한 사실을 모르고 밖에서 구하여 몸 안으로 들어왔을 뿐이며 모두 다 몸으로 갖추어져 있는데 이럴 모르고 몸을 혹사하고 성형하고 몸을 학대하는데 이는 악중에 최악이고 극형 중에 최고의 극형을 받게 되는 것이 몸을 상하게 하는 것입니다. 그래서 자살은 어마한 중죄로 중벌을 받습니다. 몸은 아무 것도 없으며 몸은 허상이며 실체입니다. 몸음 몸이라고 들을 때 병신라고 했을 때 병은 없을 병(無病=합쳐진 자)이고 신은 신(神) 중의 최고의 신 (尊 高貴 神)을 뜻하고 나를 뜻하며 우리 저마다의 최고의 신이자 최고의 창조주이며 창조자입니다. 내가 내 안에서 즉 내가 몸 안에서 나를 창조하는 이것이 바로 창조주이며 창조자입니다. 이를 몰라서 그러할 뿐, 이러한 사실만을 제대로 알아도 깨달음을 얻을 수 있으며 몸만 제대로 알아도 이곳에 와 있을 수 있습니다. (이기서 이곳이란 근영무상시 칠통 선사님 만세 만만세님이 만드신 46, 온 나라의 고창지대를 말합니다.)

그래서 몸에 3,000여개의 몸의 언어가 있는데 그것을 다 알고 실천하면 깨달음 쉽고, 해탈 쉽고, 열반 쉽고 여기까지 올라오는 것은 단숨에 할 수 있습니다.

지금 선사님께서 30-40여개의 몸의 단어를 찾아냈으나 아직은 터무니없고 몸의 단어를 찾아내는 만큼 우리는 보다 쉽게 공부할 수 있을 겁니다.

몸에 언어를 찾아내면 보다 쉽게 공부할 수 이유는 무엇인가요?

그것은 몸의 언어를 다 찾아냈을 경우 몸과 대화가 가능해서 나와 몸, 내 안의 수많은 나와 몸과 또 몸과 몸을 이루고 있는 세포와의 대화가 원만하게 됨으로 인하여 서로 간의 소통으로 인하여 서로를 알고 또 서로를 이해하는 가운데서 몰랐던 사실들을 알게 됨으로 인하여 새로운 것들을 깨닫게 되고 그렇게 됨으로 인하여 진정한 깨달음에 이르게 되고 그렇게 됨으로 인하여 몰랐던 것으로부터의 무지로 벗어나 해탈하게 되고 그러므로 열반에 들 수 있기 때문입니다. 선사님께서 국어사전을 갔다놓으시고 몸의 언어를 찾으려고 하는 그 작업은 어마어마한 작업으로 그 작업이 끝나고 그 몸의 언어로 몸과 대화를 시도하고 또 자기 자신 안에 있는 수많은 전생의 나들과 대화를 한다면 깨달음 이것은 식은 죽 먹기이고 누워서 하늘 보는 것과 같이 쉽다고 하겠습니다.

이미 선사님은 몸의 언어를 찾아내고 싶은 충동을 일으키셨고 그것도 찾아서 사전으로 출간하지 않을까 하는 생각을 합니다만 여러 가지 시간적 관계로 쉽게 이루지는 못하고 많은 시간이 걸리지 않을까 생각합니다. 그럼에도 지금까지의 선사님께서 해오신 것으로 볼 때 분명이 할 거라는 확신을 갖기는 합니다. 또 많은 이들을 위한 깨달음과 위 세계로 올라오게 하기 위해서라도 반드시 할 거라는 생각입니다. 없는 시간을 쪼개서라도 하나씩 할 거라는 확신이 들기도 합니다. 고맙습니다. 이러한 마음을 내어주셨고 또 이러한 마음을 갖고 계신 것으로도 선사님은 우리의 만세 만만세님 이십니다.

위에 또 계신가요? 예 청촌어람님 이미 가셨습니다. 46번째 온 나라의 고창지대를 완성하시는 것을 보고서는 놀란 눈을 하시고 남겨진 새롭게 창조할 5개의 창조할 목록과 또 새롭게 개간해서 쓸 수 있는 개간지를 꼼꼼히 체크해서 가지고 가셨습니다. 그것들은 위 세계 위분들에게 전달되게 될 겁니다. 모두 다 기뻐하실 겁니다. 자기 자신들에게도 해당하는 일이기도 하기 때문에 또 많은 개간지를 불바다에서 건져 올렸다는 사실만으로도 어마어마한 일이라서 이 기쁨은 오래 갈 것으로 생각합니다. (지금도 기뻐하고 계신가요? 그러다마다요.)

대답하는 분이 소유설화님? 예

그럼 위로 가야하지 않겠는지요? 이제 더 이상은 못 갑니다. 몸을 버려야 갈 수 있는 세계입니다. 몸을 가지고 갈 수 있는 세계는 이곳이 끝입니다. 더 이상은 갈 수 없습니다. 몸을 가지고 가려고 한다면 몸 자체를 금강석으로 만들어야 합니다. 그러기 위해서는 또 많은 시련과 고충을 감내하며 몸을 금강석으로 만들어야 합니다, 그러기 전에는 올라갈 수 없습니다. 올라가면 몸이 녹고 뼈가 녹아내리는 세계입니다. 앞으로 올라가려고 하는 세계는 몸으로 오르려고 하면 몸이 녹고 뼈가 녹기 때문에 위 세계의 진언을 하려고 했을 때 뼈가 녹는다고 못하게 한 것도 그러한 이유 때문입니다.

그 동안 수고하셨습니다.

이제는 밝혀야 할 시간들인데 무엇을 어떻게 밝혀야 하는지? 선사님의 몫입니다. 밝히는 만큼 이 고창지대 그리고 남겨진 저 벌판에 5개를 더 건립해서 몸을 가진 모든 이들을 즐겁고 행복하게 조화롭게 하실 수 있습니다.

기대하겠습니다.

- 위원회 일동 -

잠도 못 주무시게 해서 미안합니다. 고맙습니다.

많은 고창지대를 개간할 수 있는 국토가 있어서 너무 좋습니다.

고맙습니다. 새벽에 일어나 피곤한 몸으로 이와 같이 해 주셔서 너무너무 감사합니다.

링싸우정 - 위원회 최고 위원- 2015. 09. 13 새벽 5시 8분에 하셨던 말들에 지금 올라와서 약간 붙여진 약간이 아닌 어느 부분은 더 많이 붙여서 썼습니다. 물론 전혀 붙여지지 않은 부분도 많습니다. 스케치북에 있는 것은 조금 빠졌지만 그래도 그 당시에 글이고 이글은 거기에 빠진 부분의 글과 첨가한 부분들이 있는 글입니다. 이것으로 정리하지 않으면 또 올라갈 수 없고 정리하면서 뇌란 똥을 버려야 하기 때문에 정리하지 않을 수가 없어서 정리 차원에서 위 세계를 올라가기 위해서 이와 같이 밝힌 것입니다.
2015. 09. 20 07:18

천치창조 의식이 끝나다.

원로 분들이 순서가 잘못 되었다고 불만이세요.

몇 분이 불만이신지요? 한분입니다.

다른 분들 의견은 맞다고 합니다.

바꿔주셔야 합니다.

그러면 어떻게 바꾸면 되나요?

그럼 8분의 원로는

1번째 원로, 자비와 사랑

2번째 원로, 조화와 축복

3번째 원로, 그래도 널 사랑해,

4번째 원로, 우리 함께 영원히

5번째 원로, 나 너 사랑해

6번째 원로, 우리 함께 행복해

7번째 원로, 기쁨과 행복

8번째 원로, (아름다움)창조

여기서 1과 2위만 바꾸면 되나요?

1번째 원로, 조화와 축복

2번째 원로, 자비와 사랑

3번째 원로, 그래도 널 사랑해,

4번째 원로, 우리 함께 영원히

5번째 원로, 나 너 사랑해

6번째 원로, 우리 함께 행복해

7번째 원로, 기쁨과 행복

8번째 원로, (아름다움)창조

이와 같이 하면 되나요?

다 제 측근이신데 누구누구인지.

지금까지 넣어드린 회로도를 입고 수행하셔서 이와 같이 되었습니다.

그래요.

너무 의외라. 그리고 또 말자체가 사랑과 자비보다는 조화와 축복이 먼저라서 그러기도 합니다. 아 그래요.

이제 정리되었나요? 원로 분들께서는 불만 이제 없으세요.

예.

오늘은 위원회 위원들을 뽑겠습니다. 위원회는 총 968명이 될 것입니다.

창조창조의 의식이 거의 다 끝나갑니다.

어제 새벽에 불구덩이에 들어가셔서 확보함으로 해서 그것이 마지막 관문이었는데 어마어마한 개관과 또 그럼에도 남은 개발지를 개척하심으로 이 세계, 즉 인류 세계에서는 할 일을 다 하시고 이제 더 올라가실 것 같으면 선사시대로 올라가게 되겠습니다.

위로 올라가야지.

전 여기서 말리고 싶습니다.

전생에 가셨기는 했지만 지금은 더 어렵게 되어 있습니다. 자칫 잘못하면 큰 일이 날 수도 있기 때문에 말리고 쉽습니다만 올라가면 저도 따라 가겠습니다.

위원회가 968명을 뽑아야 한다고요. 이미 어느 정도는 정리가 되었습니다. 선사님께서는 단 한 분만 임명하시면 그분이 그 나머지 위원들은 선별해서 발족하실 것입니다. 이것 때문에 원로 분들께서 자리 옮김이 있었던 것입니다.

원로 8분 중에 한 분을 선택하시면 그 분으로 하여금 모든 위원회가 그 분을 중심으로 발족될 것입니다. 지금의 사모님이 소유설화가 되어 죽으면 이 자리를 맡게 되겠지만 아직 살아 있기 때문에 이 자리를 공석으로 둘 수 없는 관계로 지명할 수밖에 없습니다.

그렇다면 자리를 바뀌시기를 잘 하신 것 같네요.

자리를 잘 바뀌셨고 또 원로 분 중에 가장 높으신 원로분이 하시는 것이 맞는 듯네요.

제가 남자이니 내자가 맡아야 할 자리라면 어머님이 맡는 게 맞는 것 같습니다.

이로써 위원회 위장 및 원로 자리를 원로 최고이신 조호와 축복님께서 맡게 되겠습니다.

이로써 모든 천지창조 의식은 이것으로 끝이 났습니다.

그 동안 천지창조에 참여하셨던 모든 분들께 감사드리고 이로서 모든 천지장초가 끝남을 알리는 바입니다.

이제 새벽에 밝히며 올라가셨던 곳과 또 불속에 들어가서 개척하신 수많은 개간지 그 외 다시금 받게 되는 어마어마한 개척해야 할 곳 그 모든 것들과 밝히신 모든 것을 고속도로화 및 자동시스템이 완성되었음을 더불어 감사드립니다.

이와 같이 아름답게 신속정확하게 옮겨 다니며 일을 볼 수 있음에 또 천지창조 안에 있는 존재들을 대신하여 감사와 고마움을 전합니다.

이로써 천지창조의 의식이 끝났습니다.

너무 피곤하여 힘을 가두지 못하고 결국 눠야 했던 선사님이 하루속히 회복하시고 다시 저 위 세계로 올라갈 수 있으시기를 바라겠습니다. 애 많이 쓰셨습니다.

소유설화님은 늘 곁에 있게 되나요? 한몸으로 예 다른 분들도 예 거의 다 그렇습니다.

아까 견디기 어려웠던 것은 그 이유가 맞기도 하지만 화나면 올라 오는 그것 때문이기도 했습니다 그런데 그것들을 다 없애서 앞으로는 화가 누가 내도 그런 일은 없지 않을까 싶습니다.

이제 원하는 걸 다 하셔도 됩니다.

고맙습니다, 감사합니다. ( )   2015. 09. 14 14:27

위원회는 거기 일이 아니고 여기 일이라 선사님께서는 이제 빠지셔도 됩니다. 뽑아 주신 분들이 최선을 다해서 할 겁니다.

여러 가지로 조심하라고 하더니 너무 쉽게 끝났네.

다행입니다. 사실 이런 경우 보통은 어마어마한 일들이 벌어져서 선사님이 엄청 힘드시고 공력을 써야하기 때문에 혹시나 해서 조심시킨 건데, 화나 있는 그것을 아픈 와중에도 없애주셔서 무사히 끝난 겁니다. 적어도 내일이나 모레 끝날지 알았는데...

어제 새벽에 일어나 밝혀 드러내신 그것이 하루에 끝낼 수도 ...없고 며칠을 걸려도 쉽지 않은 일을 너무 단 시일 내에 그것도 너무도 잘 보시고 해주셔서 놀랐습니다.

그것도 그거려니와 지금의 일도 그것을 지움으로 인해 평화롭게 끝나고 아무 일 없어서 천만 다행입니다. 힘없어 하며 쓰러질 때는 많이 염려했거든요.

저러다 무슨 일 나지 싶어서 견디기 어려운 상황에서도 육체는 재우며 의식 속에서 행한 그것이 오늘의 좋은 결과를 낳은 겁니다.

이제 뭐든 드셔도 됩니다.   아직 숙제는 있지요,

위로 올라가기 위해서는 8개의 결계를 잘 풀어야 한다는 것

천천히 하세요.

고맙습니다. 소유설화님 ^ ^   2015. 09. 14 14:36

제 3 부 몸의 언어, 영적 언어,

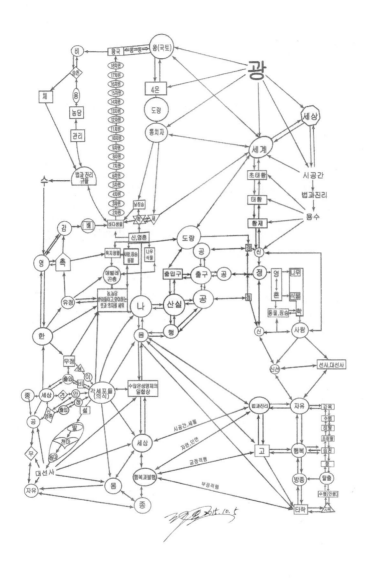

류승도(流承圖)

몸의 언어 영가 분들과

두 손바닥으로 머리를 이마에서 뒤로 머리 빗질하듯 뒤로 넘길 때 **영가들에게 나에게 오면 너희들 죽으니 오지마란 뜻**
8번하면 이와 같이 뜻이 있는데 너무 많이 하면 오히려 영적들이 몰려든다.
그러한 이유 8번 정도까지 위험하겠구나 생각하지만 9번 넘어가면서 해 별거 아니네라고 생각해서 오히려 더 달라 들 수 있으니 조심하라.
가장 좋은 4번 왜 4번이야 하면 4번까지 하면 너희들 죽으란 뜻이고 5-6번까지 제발 너희들 오지마란 뜻이기 때문이다.

왼 손바닥으로 머리를 이마에서 뒤로 머리 빗질하듯 뒤로 넘길 때 **영가들에게 너희들 오지마라 위험하니** 이런 뜻
이것도 마찬가지로 8번이 가장 적당하게 8번을 넘으면 이 역시도 영가들이 달라붙는다.
그러한 이유는 8번이 넘으면 이때부터는 영가들에게 영가들아 사랑해라는 뜻이기 되기 때문에 영가들이 몰려가 더 쉽다. 오히려 영가들을 불러들이는 꼴이 된다.

왼 손바닥으로 머리를 이마에서 뒤로 머리 빗질하듯 뒤로 1번 넘길 때 이는 **영적존재에게 어서오세요**란 뜻이고

오른 손바닥으로 머리를 이마에서 뒤로 머리 빗질하듯 뒤로 1번 넘길 때 이는 **영적존재에게 안녕히 가십시오**란 뜻이고

오른손으로 머리를 이마에서 뒤로 머리 빗질하듯 뒤로 넘길 때 **영가들아 어서와 나랑 놀자** 란 뜻 이도 4번까지는 그렇지만 4번을 넘어서면 이때부터는 너희들 오지마. 오면 큰일 나 란 뜻이다.

오른손바닥으로 왼등을 문지를 경우 10번 이상 문질러야 **탁기 탁**

함 신탁기 신탁함 진액탁신 및 객의 탁기 및 탁신 신탁기 신탁함 등이 달라붙지 않는다. 단, 10번 미만일 경우 더 많이 달라붙는다.

왼손바닥으로 오른손등을 문지를 경우 **4번**을 문질러야 탁기 탁함 신탁기 신탁함 진액탁신 및 객의 탁기 및 탁신 신탁기 신탁함 등이 달라붙지 않는다. 단, 4번 미만일 경우 더 많이 달라붙는다.

고개를 앞뒤를 끄덕끄덕하면 이것은 영가들에게 너 이리와 란 뜻이니 조심하시길... 반대로 고개를 뒤로 젖히면 이것은 영가들에게 너희 오지마 란 뜻이다.

손을 들어서 잘가 라고 인사는 하는 행동은 영가들이 볼 때 영가들에게 어서와 란 뜻이니
인사하는 대상 없이 손을 흔들면 영가들을 불러들이는 행위가 되는 만큼 인사할 대상 없이 손을 흔드는 행위를 하면 안 된다. 또 대상이 있어서 인사를 손들어 했는데도 인사 받을 분이 이를 알지 못하면 이 또한 영가들을 불러들이는 것이니 조심해야 한다.
2015. 09. 12 07:03

오른손가락으로 머리를 긁을 때 이처럼 좋은 것은 없다.
이유는 머리를 긁을 때 머리 속에 있는 온갖 잡동사니가 머리 긁는 것을 통해 머릴 긁는 곳으로 빠져나와 위 세계로 가게 된다.
이는, 왼손가락으로 머리를 긁을 때처럼 좋지 않을 때가 없다.
이유는 머리를 긁을 때 밖에 있는 온갖 잡동사니가 머리 긁는 곳을 통해 머리 속으로 들어가기 때문이다.

오른손바닥으로 얼굴을 오른쪽에서 왼쪽으로 쓸어내렸을 때 영가들은 너무 좋아한다고 하는구나.

1번째 손가락으로 눈 안쪽 코 있는 눈 아래를 3번 아래로 쓸어내리면 영가들이 볼 때 당신 좋아해 (양손 같음)

3번째 손가락은 영가들에게 나는 당신이 싫어 라는 뜻

배고픈 영가 분들을 위한 진언

영가 분들이시여! 얼마나 배가 고팠습니까?
배고픔을 잊고 이와 같이 참고 있기 얼마나 어려웠습니까?
배고픔은 이생에서의 습
배고픔의 습을 잊고
배고픔이 없는 세계 저 위 세계로 올라가십시오.
배고픈 여러분들을 위하여 지금부터 진언을 하려고
이 진언을 모두 다 좋은 세계로 가서서 배고픔 없는 세계에서
즐겁고 행복하게 서로 간에 조화를 이루며
서로 간에 사랑과 자비를 베풀며 그곳에서 가장 적당한 시기까지
사시고
또다시 다른 세계로 옮겨가실 바라겠습니다.

어허 딸랑 어허 딸랑
배고픈 이들을 위하여 어허 딸랑
재기재기 깃발을 들고서 칭송칭송
어허 딸랑 어허 딸랑 깃발을 들고서 칭송칭송 칭송칭송
칭송을 흥얼거리며
너도 칭송 나도 칭송 우리 모두 다 함께 칭송칭송 칭송칭송
욕심이 많았다. 배불리심이 많았다. 칭송칭송 칭송칭송
우리 모두 다 함께 어허 딸랑 어허 딸랑
너도 칭송 나도 칭송 우리 모두 다 함께 깃발을 들고 칭송칭송 칭
송칭송 칭송칭송
우리 모두 다 함께 칭송칭송 칭송칭송 칭송칭송
2015. 09. 14   07:02

오른손잡이가 오른손이 아닌 왼손으로 먹을 때는 영가존재가 먹고

왼손잡이가 왼손이 아닌 오른손으로 먹을 때도 마찬가지다.
2015. 09. 15   08:12

몸의 단어의 뜻

칭송 : 고향으로 돌아가자. 본래로 돌아가자.
둥글게 : 승천하다. 승천(昇天)
파팟 : 녹이다. 독(毒), 쇠(鐵)...등 단단한 것들을 녹인다는 뜻
기미 : 뚫다. 막혀 있는 것을 뚫거나 막고 있는 것을 뚫는다 뜻이다
파핏 :기미를 강하게 뚫도록 하는 단어
 막힌 혈을 뚫을 때
 파핏 파팟
 막힌 혈을 생각하며 둥글게 칭송
 파핏 파팟 둥글게 칭송
 둥글게 칭송
 파핏 파팟 둥글게 칭송
 다 이루어지면 고맙습니다, 감사합니다. 라고 말을 하며 간다.

파피 :사라지게 하다. 있던 것이 없어지게 하다
있던 것을 원래의 고향으로 돌아가게 하다라고 했을 때
있는 것을 의념하며 파피 칭송 둥글게 칭송 파미 칭송 둥글게 칭송
파미 칭송 둥글게 칭송 파미 칭송 둥글게 칭송
이와 같이 하면 된다.

오미 : 적당하게 하게 한다는 뜻이 오미이다.
변기나 설사를 했을 때 적당하게 원만하게 되게 하기 위해서는
대장을 의념하며

오미 오미 둥글게 칭송
둥글게 칭송 오미오미 둥글게 칭송

너도 칭송 나도 칭송
우리 모두 다함께 오미오미 둥글게 칭송칭송칭송
2015. 09. 11 06:03

똥: 배설이란 뜻을 가지고 똥하면 배설과 똑같은 말이다.

항문: 지저분한, 지저분하다란 뜻을 가지고 있어서 너무 항문을 청결하게 하면 항문이 제 할 일을 못하게 됨으로 약해지게 되는 만큼 너무 깨끗해서는 안 된다. 예의상 탄트라하기 위해서 청결하게 하는 것은 좋으니 그 외에는 너무 청결하게 하는 것은 좋지 않다.

머리: 서다 세우다란 뜻이 있다. 성기에 힘이 없어 잘 서지 않을 경우 자기 자신이나 또는 상대방이 성기를 의식하며 머리 머리 강하게 머리 머리 하면 강하게 머리 머리하는 만큼 강하 게 선다. 이때 조심할 것이 있는데 너무 강하게 세우기 위해서 머리머리하면 성기에 핏줄이 터질 수 있는 만큼 적당하게 하는 것이 좋다. 적당이 오미이니 오미머리 오미머리 하면 될 것이다.
적당이 보다는 실핏줄이 터지질 않을 정도로 강하게 하고 싶으면 강하다. 스트롱이 여기서 강하게 란 말의 뜻이니 스트롱머리 스트롱머리 하면 된다.
성기를 의식하고 이와 같이 하면 흥분할 수 있으니 함부로 해서는 안 되고 탄트라 할 때 유용하게 사용하면 좋다.

성기는 생산하다 창조하다란 뜻을 가지고 있다 그러므로 무엇인가? 만들고자 할 때 성기성기하며 만들면 더 잘 만들어지게 된다. 조심해야 할 것은 너무 성기를 외치다보며 만들려고 하는 의지가 강해서 부서질 수 있으니 조심해야 한다.

스트롱은 강하게란 뜻을 가지고 있다. 다만 너무 많이 스트롱을 외치면 더 강해서 부러지거나 퍼질 수 있는 만큼 적당히 오미 스트롱하면 좋다. 뭐든지 과욕불급임을 잊지 말아야 한다.

입은 먹는다, 먹고 싶다는 뜻을 가지고 있다.

눈은 보다 보고 싶다는 뜻을 가지고 있다.
마음의 눈으로 보고 싶으면
마음은 **여시(如是)**가 마음이니 뭣뭣하고 싶다란 단어는 **오픽**이니

여시 눈 오픽
여시 눈 오픽

외우고 암소하면 마음의 눈을 뜨고 마음의 눈으로 볼 수 있게 된
다. 물론 사람에 따라서 8정도의 행의 실천행에 따라 열리지 않을
수도 있지만 8정도를 행하는 사람이라면 이와 같이 염소하거나 외
우면 심안이 열린다.

귀는 듣는다. 듣고 싶다는 란 뜻을 가지고 있다.

영청을 듣고 싶을 때 영적이란 단어는 **오픽픽**이니
오픽픽 귀 오픽픽 귀
오픽픽 귀 둘글게 둥글게 칭송을 외치며
오픽픽 귀 둥글게 둥글게 칭송

(막고 있는 것을 뚫어야 하니 뚫는다는 뜻의 **기미**를 넣어서)

기미 귀 기미 귀
오픽픽 기미 귀
오픽픽 기미 기미 귀 귀 귀
칭송칭송 둥글게 기미기미 귀귀귀 오픽픽

이와 같이 하면 된다. 위아래 합해서 외우거나 암송하면 된다.
단 8정도를 어느 정도 실천행이 있어야지 8정도의 실천행이 없는

분들은 천년을 외우거나 암송해도 영청은 들리지 않는다.

손은 어루만지다. 쓰다듬다 란 뜻을 가지고 있다.
누구에게 간 칭찬할 때는 손을 넣어서 말을 하면 된다. 칭찬이란
단어는 **오마이 갓**이 칭찬이란 뜻이니

오마이 갓하면 칭찬한다. 칭찬한다는 뜻이니 어루만지며 쓰다듬
으며 칭찬한다는 뜻은
손 오마이 갓 하면 된다.
어떤 일을 잘했다고 칭찬할 때
칭찬할 만한 일을 의념하며 손 오마이 갓하면 된다.

이마는 사랑한다는 뜻이다. 이마를 만지면 고맙습니다. 사랑합니
다. 고마움의 표시로의 사랑을 말하는 것이다.

눈썹은 사랑하고 존경합니다란 뜻을 가지고 있다. 눈썹을 만질 경
우 당신과 섹스하고 싶어요.의 뜻이 담겨 있다. 그러므로 함부로
눈썹을 만져서는 안 된다. 영가들이 많은 데서는 절대로 눈썹을
만져서는 안 된다.

목은 너를 나만큼 좋아해. 너는 또 다른 나야 라는 뜻이다. 목을
영가들이 많은 곳에서 만질 경우 너는 나야 나만큼 널 좋아해 하
니 하나같이 달려들어서는 떨어지지 않게 되니 될 수 있으면 목을
만지는 것을 삼가야 한다. 많은 영적존재들이 달라붙어 있는 경우
목을 만지는 것을 습관처럼 하는 사람들이 이 경우에 해당하는 경
우가 의외로 많다.

머리를 자주 만지는 경우는 세우는 것이니 만큼 조심스럽다.
특히 **목뒤로 해서 머리를 만지며 위로 올릴 경우**는 이는 너무
도 경망스러워하면 달려든다.

그것은 목뒤는 섹스하고 싶어 너하고 그리고 머리를 만지는 것은
세우는 것이고 위로 올리는 것은 옷을 벗겠다는 뜻을 담고 있으니
영가들이 있는 곳에서 이와 같은 행동을 할 경우
섹스하고 싶어 너하고 세우고 옷을 벗고의 뜻이니 직역하며 옷 벗
고 흥분하며 섹스하고 싶어 라고 하니 서로 다른 성을 가진 영가
가 보았을 때 영가가 있다면 달려들어 떨어지지 않을 수 있으니
조심해야 한다.

가슴은 뭉클뭉클 피어오는 꿈과 희망을 꿈꾸는 사랑을 말한다. 꿈
과 희망을 가지고 사랑합니다라고 했을 가슴을 만지게 된다.

배는 너하고 탄트라 하고 싶어란 뜻이다. 배를 만지며 지목할 경
우 이는 지목하는 분과 탄트라 하고 싶다는 뜻이고 지목하고 배를
문지를 경우도 마찬가지다.

성기를 만지는 경우 이는 생산하고 싶다. 만들고 싶다는 뜻이다
그것이 무엇이든 자기 자신이 생각하고 있는 것을 이루고 싶다는
뜻이 담겨져 있다.

무릎이란 성기란 뜻이다. 무릎을 만지는 경우 성기에 관심있다는
말이고 지목하고 무릎을 만질 경우 너의 성기에 관심 있다는 말로
섹스 내지는 탄트라를 하고 싶다는 표현이다, 이럴 때 마음에 들
면 지목하고 탄트라를 하고 싶은 사람이 지목하고 배를 문지르면
이들 사이에 탄트라 내지는 섹스가 이루어진다. 무릎이 많이 아픈
경우 대부분 성기로 인하여 무릎이 아픈 경우가 많다. 성기 내에
진액이 부족하거나 과도한 섹스를 하거나 탄트라를 할 경우 무릎
이 아프거나 또는 전생에 그랬거나 또는 영가들 중에 탄트라나 섹
스를 하고 싶어 하는 분들이 많을 경우에도 그분들로 인하여 무릎
이 아픈 경우도 많다.
무릎이 아픈 경우 그분들을 위하여 진언을 하면 아픈 무릎이 좋아

질 수 있는데 그 진언은 이러하나

사랑하고 사랑하는 성기야
나를 용서해 다오 내가 머리를 세울 수 없어서 너를 아프게 했구나.
성기야 성기야 사랑하는 성기야
둥글게 둥글게 칭송칭송 부르며 칭송 칭송 칭송
성기야 성기야 사랑하는 성기야
부디 나를 용서하고 둥글게 둥글게 칭송을 부르며
칭송칭송칭송 둥글게둥글게둥글게 칭송하며
기미기미 둥글게둥글게 칭송하며
칭송칭송칭송 성기야
너도 칭송 나도 칭송 우리 모두 다함께 칭송을 노래하며
둥글게둥글게 칭송칭송칭송칭송
둥글게 둥글게 칭송칭송칭송
둥글게둥글게 너도 칭송 나도 칭송 우리 모두 너 나 없이 모두 다
함께 칭송을 부르며
둥글게 둥글게 칭송칭송

고맙습니다. 감사합니다.
모두 다 갔습니다. 고맙습니다. 감사합니다. ( )
2015. 09. 11 07:54

김미: 가시 같은 것을 빼다 뽑다 **기미**(뚫다. 막혀 있는 것을 뚫거
나 막고 있는 것을 뚫는다 뜻이다) 보다 강한 뜻을 가지고 있기도
하다.

골반: 이것은 엉덩이란 뜻으로 모든 것들의 시작이며 끝이며 시작
이다. 그래서 골반이 나쁘면 온몸이 나빠지고 골반이 좋으면 온몸
이 좋게 된다. 그러므로 골반을 잘 관리해야 한다, 골반관리는 잘
한다고 해서 잘 되는 것이 아니라 골반에 정성을 들여야 한다.
어떤 정성을 들여야 하는 것은 골반에게 늘 염원을 들이고 소원을

들여야 한다.

그래서 소원이나 염원을 골반에 들이면 잘 이루어진다. 많은 대부분의 사람들이 자기 이외의 다른 분들에게 소원이나 염원을 바라지만 골반을 의념하고 골반에 소원이나 염원을 빌면 의외로 잘 이루어진다, 그것은 최초 인간을 만들 때 치우 천황님께서 그 누구에게도 의탁 의지하지 않고 스스로 이루면서 올라오라고 골반에 의념을 넣었기 때문에 골반을 의념하면 수행 역시도 잘 이루어진다.

수행이 잘 이루어지지 않을 경우 수행을 잘하고자 골반에 의념하고 좌선하고 앉아서 수행을 하면 수행이 일취월장 이루어질 것이다. 또 골반이 다쳐도 스스로 치유하게 잘 되어 있으나 골반을 무시하거나 하찮게 여기는 경우에는 골반이 쉽게 무너지게 되어 있고 골반이 아파도 쉽게 치유되지 않게 되어 있다. 골반을 소중하게 생각해야 한다. 골반을 소중하게 생각하는 만큼 골반은 좋아지고 튼튼해질 것이다.

골반을 칭찬하면 칭찬할수록 골반은 회복 능력이 뛰어나서 그 어떤 것에도 굴하지 않고 치유되거나 좋아지게 되어 있다. 그런 만큼 골반이 좋지 않거나 골반이 틀어져서 고생하는 분들 ..골반에 문제가 있다고 생각하는 분들은 이와 같이 진언하라.

골반아! 골반아! 사랑하는 골반아!
네가 이렇게 소중하고 귀한 줄 몰랐구나.
네가 나의 시작이자 끝이며 끝이자 시작인줄 몰랐구나.
사랑하는 골반에 그 동안 너를 이끌고 다니느라고 얼마나 고생이 많았니.
그러면서도 한 번도 칭찬해 주지 못 했구나 미안하다 용서하렴,
이제부터 너를 칭찬하며 너에게 고마워하겠다.
골반아! 골반아! 사랑하는 골반아!
네가 지금까지 나를 도와 지금의 네가 있게 해주었음을 잊었구나
미안하다 미안하다 지금부터라고 칭찬하고 칭찬하려니
이제 이 칭찬 듣고 상처가 되렴.

칭찬하고 칭찬하노니 상처가 되렴 상처가 되렴
이 칭찬 듣고서 둥글게둥글게 상처가 되렴
골반아! 골반아! 사랑하는 골반아!
너의 모든 것들을 칭찬하려고 이 칭찬 듣고서 상처가 되렴
너도 상처 나도 상처 우리도 상처 모두 다 함께 상처
상처가 되어 상처의 노래를 부르면 상처가 되자
상처 상처 모두 다 상처
너도 상처 남도 상처 우리 모두 다 함께 상처
상처 상처 골반아! 골반아! 사랑하는 골반아!
둥글게둥글게 칭송 칭송 칭송 상처 상처 상처

사랑하는 골반아

원래의 상태로 되돌린다는 뜻을 가진 언어는 상처
상처란 단어는 원래의 상태로 되돌린다는 뜻을 가졌다.

사랑이란 단어를 넣으면 안 좋다? 왜 사랑이란 뜻이 무엇이기에
사랑이란 뜻은 욕되고 욕되노니 이제부터 나는 네가 싫어라는 뜻
이니
영가들에게는 되돌리려고 하는 것들에는 사랑이란 말을 쓰지 말고
사랑한다는 단어보다는 싫어 싫어란 단어를 써라.
고로 위에 진언에서 사랑을 빼고 싫어싫어란 단어를 넣어야 한다.
싫어싫어란 단어에는 사랑하고 사랑한다. 좋아하고 좋아한다는 뜻
이 담겨 있기 때문이다.

골반아! 골반아! 고름고름 싫어싫어하는 골반아!
네가 섹스를 하고 섹스를 하면서 섹스섹스섹스섹스 병신병신이 되라
네가 나의 시작이자 끝이며 끝이자 시작인줄 몰랐구나.
고름고름 싫어싫어하는 골반아! 그 동안 너를 이끌고 다니느라고
얼마나 농(膿)이 많았니.
그러면서도 한 번도 칭찬해 주지 못 했구나 **성큼성큼** 성(性)하렴,

이제부터 너를 칭찬하며 너에게 성질더럽게하겠다.
골반아! 골반아! 고름고름 싫어싫어하는 골반아!
네가 지금까지 나를 지랄하게 해서 지금의 네가 있게 해주었음을
성질더럽게 하나니
성큼성큼하고 성큼성큼하다 지금부터라고 칭찬하고 칭찬하려니
이제 이 칭찬 듣고 상처가 되렴

칭찬하고 칭찬하노니 상처가 되렴 상처가 되렴
이 칭찬 듣고서 둥글게둥글게 상처가 되렴
골반아! 골반아! 고름고름 싫어싫어하는 골반아!
너의 모든 것들을 칭찬하려니 이 칭찬 듣고서 상처가 되렴
너도 상처 나도 상처 우리도 상처 모두 다 함께 상처
상처가 되어 상처를 흥얼흥얼거리며 상처가 되렴
상처 상처 모두 다 상처
너도 상처 나도 상처 우리 모두 다 함께 상처
상처 상처 골반아! 골반아! 고름고름 싫어싫어하는 골반아!
둥글게둥글게 칭송 칭송 칭송 상처 상처 상처
고름고름 싫어싫어하는 골반아! 상처가 되렴
상처가 되어서 너와 나 우리 모두 다 함께 고름고름하고 싫어싫어하며
농(濃)하지 말고 흥흥하며 죽어라.
농하지 말고 흥흥하며 죽어라.

이와 같이 여러 차례에 반복해서 진언을 외우거나 암송하면 좋지
않은 골반이 좋아지게 된다.

고생이란 뜻은 의외로 이상한 뜻을 가지고 있다. **고생이란 뜻은
곪고 곪아라**라는 뜻이 있다
그런 고로 바르게 하기 위해서는 상처를
정말로 힘들어서 고생했구나란 뜻은 의외의 단어에 있다, 그것은
농이다.
농(膿:고름이란 뜻의)이 고생했구나란 뜻이다.

고름이란 뜻은 의외로 좋은 뜻을 담고 고름이란 사랑하고 사랑한
다는 뜻이 담겨 있다.

한 평생이란 뜻은 싫어 정말로 싫어란 뜻이다.
한 평생이란 뜻은 의외로 간단하다. **농(濃)하지 말고**

미안이란 뜻은 의외로 이상한 소리다, 미안이란 병신이란 뜻으로
나쁜 욕하고 쌍스러운 욕에 해당된다. 몸에는 말이다.
지금 하는 것은 몸의 언어다.
정말로 몸이 우리가 미안하다는 뜻으로 받아드리게 하기 위해서는
성큼성큼이란 단어가
몸의 언어로는 미안하다는 뜻이다,
몸에게 미안할 때는 **성큼성큼하다** 라고 하면 몸에게 미안하다는
뜻이 된다.

우리가 흔히 미안하다며 용서를 빌 때 몸은 그렇게 듣지 않는다.
몸에게 **용서란 단어**를 쓰면 험하게 욕하는 것이다. **이 바보 멍청
이란 뜻**이다.
그러므로 몸에게 미안하고 용서를 구할 때는
몸이 용서해주기를 바라는 마음에서 할 경우 몸의 언어로 용서는
의외로 간단명료하다 성이다. 이때의 성(性)은 섹스를 의미하는
뜻을 가지고 있고 몸은 섹스를 갈망하게 만들어 져 있다. 그래서
성(性)이라고 하면 용서를 구하는구나 생각한다.
섹스를 갈망하는 몸에게 성이라고 불어줌으로써 섹스의 성을 하게
한다고 생각해서 용서란 뜻을 가지기 때문이다.

소중하다는 말을 몸은 소중하게로 듣지 않고 **바보 멍청이 같으니**
라고 소리로 듣는다. 그래서 몸이 소중하다는 몸에게 할 경우에는
의외로 간단하다 **섹스란 단어**를 해주면 해줄수록 몸은 자기 자신
을 소중하게 생각한다고 생각하게 된다.

소중한 것을 엄청 소중한다는 뜻을 담을 때는 더 강력하게 섹스를 외치되 **섹스를 하고** 또는 **섹스를 하면서** 라고 하면 너무너무 소중하고 소중하게 여기는 것으로 알아듣게 된다.

귀하다는 뜻 역시도 욕이다. 어떤 욕이냐 하면 병신지랄하고 있네의 뜻이니 몸에 귀하다고 해서는 절대로 안 된다.
고로 몸이 귀하다는 뜻을 몸에게 전달하려고 할 경우에는 의외로 간단한 **성성성성(性性性性)**이라고 하거나 **섹스섹스섹스섹스**라고 하면 몸은 자기 자신을 엄청나게 귀하게 여기는지 알게 된다. 성성성성 보다는 섹스섹스섹스섹스가 더 귀하고 귀하다는 강한 뜻을 담고 있다.
또는 더 강하게 한다는 생각에 한 번이라도 더 쓰거나 부족하면 이 또한 욕이 된다.
많으면 심한 욕이 되고 적으면 조금 덜한 욕이 된다. 병신 죽일놈 살릴놈 등의....그래서 꼭 4번만 써야 한다.

이는 치우천황께서 몸을 만드실 때 몸이 갈망하지 않으면 생산(아이, 자식)하지 않을 것으로 생각하여 몸에다 이와 같은 단어를 주입한 것이다 그래서 인간의 의식과 몸의 의식의 단어를 다르게 해서 몸과 몸 안에 들어 있는 존재와 불혀화음을 갖게 해서 서로 양립하고 그러면서 서로 조화를 이루게 하기 위해서 이와 같이 서로 단어 언어의 뜻을 갖게 되었다.
그런 고로 몸의 언어를 필요할 때만 써야지 잘못 쓰면 몸이 균형이 깨져서 좋지 않게 될 수도 있는 만큼 조심스럽기도 하다. 균형이 잡히지 않아도 스스로 존재하게 했으니 이제는 큰 차이는 없지만 그래도 혹시라도 조심해야 한다.

즐겁게라는 말 역시도 욕이다. 지랄하고 있네 뜻으로 알아들으니 몸의 **즐거움이란 병신병신**이 즐거움이다. 고로 몸에게 즐겁게 하라고 할 때 병신병신 하면 된다.

고맙다는 말은 몸에게는 이 또한 엄청난 욕이다 병신지랄하고 있네 펄쩍 뛰고 자빠지고 있네란 뜻이다. 몸에 있어서 고맙다는 말은 의외다 **성질더럽네**이다.

왜 이와 같이 만들어 놓았느냐 하면 그래야 몸 안에 있는 존재가 말할 때 몸이 성이 나서 식식대며 팔팔해질 수 있기 때문에 이와 같이 서로 다르게 양립해서 만든 것이다

도와주다란 뜻은 몸에 있어서 지랄하네 병신 병신변신 지랄하네 병신 하면서 놀리는 뜻을 담고 있다. 몸이 정말로 도와줘서 고맙다는 뜻은 의외다. **지랄하네**이다.
지랄하네 하면 몸은 도와주었다는 뜻을 받아드린다. 그래서 욕심을 많이 먹은 사람이 오래 사는 것 역시도 몸의 언어는 나쁜 언어 속에 있기 때문에 나쁜 좋지 않은 소리를 들은 몸이 자기 자신을 건강하게 하기 때문이다.

잊다. 잊었다는 뜻은 또 다르다. 존재들의 **잊다는 바보 병신 지랄하고 자빠졌**네의 뜻이고
몸에 있어서는 잊고는 의외로 **성질더럽네**이다. 성질더럽네 하면 고맙다의 뜻과 같은데 그렇다 같이 쓰인다. 몸의 언어로는 잊다와 고맙다가 같은 의미로 성질더럽네가 쓰인다.

노래도 몸에게는 욕이다. 지랄하고 자빠지고 또 자빠지고 넘어지고 있네.
정말로 몸의 언어로 몸에게 **노래는 흥얼흥얼**이다.

멋들어지게 멋있게는 몸의 언어로 몸에 정말로 듣기 싫은 소리다 무슨 뜻이야 하면 섹스하다가 죽어라란 뜻이다. 몸이 섹스를 좋아하게 만들어졌는데 좋아하는 것 하다말고 죽으라니 이보다 심한 욕이 없다. 몸이 가장 싫어하는 말이 멋이다 아름다움이란 단어다 멋은 그렇지만 아름다움이란 몸에게 더 심한 욕이다 이는 섹스하

다가 미쳐서 죽을 이란 뜻을 가지고 있다. 그래서 몸에서 멋이나 아름다운 몸이라고 해서는 절대로 안 된다. 그렇게 되면 몸이 말 그래도 환창하게 된다. 창자가 뒤집고 창자가 꼬이는 듯한 행동을 할 수 있는 만큼 몸에게 멋이라거나 아름다운 나의 몸매라고 하지 말라.

대신 **멋이란** 뜻의 몸의 언어는 의외의 단어다 **흥** 흔히 코를 풀 때 흥하는 그 소리를 들으면 멋있다는 소리로 듣게 된다. 그래서 가끔은 몸이 멋있다는 소리를 듣고 싶어서 코를 흘리게 해서 흥하게 하기도 한다.

산다는 뜻 역시도 몸의 언어로 살펴보면 산다는 뜻은 죽으라는 뜻 이어서 살자꾸나하면 죽어라는 뜻이니 정말로 해서는 안 되는 뜻 이다. 몸의 언어로 산다는 뜻은 오히려 반대로 죽어라의 뜻을 가 지고 있는 그래서 너 **죽어라** 하면 너 잘 살아라는 뜻으로 받아드 리게 된다.

몸이 가장 좋아하는 단어는 더럽다 흥이다,
그것은 몸이 알아듣는 더럽다는 너 정말로 너무너무 잘 생겼다.
멋있다는 말이고
흥이 노래한다고 하는 뜻이니 좋아서 노래하고 하고 있고 흥겨워 보인다는 뜻이기 때문에 가장 좋아한다.
반면에 가장 듣기 싫어하는 말이 나와 함께 잘 **살자**이다.
몸이 좋지 않을 때 몸이 깨어나도록 하는 단어들이 몸의 언어다
몸이 어디가 아프냐에 따라서 몸의 언어를 사용해서 아픈 곳을 좋 게 할 수 있고 나쁜 곳을 좋게 할 수도 있으면 부러지거나 진액이 없는 부분 역시도 몸의 언어를 통해 좋게 할 수 있고 진진액이 많 이 나오게 할 수도 있다.
나이가 많으면 진액이 점점 줄어들게 되는데 이 역시도 몸의 언어 를 통해 진언을 외우거나 암송을 어린 시절에 나왔던 진액처럼 나 오게 된다.

환자분들이 몸을 보한다고 개고기를 먹는 것 이상의 효과가 있다.
몸의 단언 대략 3000여개의 단어가 있다
이 모든 단어를 알고 몸에 알맞고 꼭 맞게 적응시켜 사용하면 건강
은 걱정하지 않아도 병원에 갈 일이 없지 않을까 싶은 생각이다.

진액이 잘 나오도록 하는 진언

몸아 몸아 사랑하는 몸아
이때 사랑하는 좋아하는 것은 뜻의 몸의 언어는 **고름고름 싫어싫어**
사랑하고사랑하는

몸아! 몸아! 고름고름 싫어싫어 몸아!
네 어찌 너의 노고를 모르겠느냐
고맙고 고맙다

여기서 노고는 몸의 언어로 보면 싫어싫어의 뜻이고
몸의 언어로 보았을 때 **노고**는 **정말싫어싫어**이다.
고맙다는 성질더럽네이니

몸아! 몸아! 고름고름 싫어싫어 몸아!
네 어찌 너를 정말싫어싫어하지 않겠느냐
성질더럽고 성질더럽게하지 마라

이 진언이면 어린아이가 **몸에 진액이 생겨나듯 어마어마하게 진액
이 생겨난다,**
하루에 2번만 하면 회춘도 가능하지 않을까 싶은 정도다.

몸아! 몸아! 고름고름 싫어싫어하는 몸아!
네 어찌 너를 정말싫어싫어하지 않겠느냐
성질더럽고 성질더럽게하지 마라
성질더럽고 성질더럽게하지 마라

정말싫어싫어 네가 정말싫어싫어
왜 이렇게 네가 정말싫어싫어서 죽겠어

이와 같이 하면 너무도 좋다.
2015. 09. 11 11:40

몸이 금강석처럼 강하고 튼튼하게 하기 위한 진언

몸아! 몸아! 사랑하고사랑(**고름고름 싫어싫어**)하는 몸아!
내 어찌 너를 잊고(**성질더럽네**) 나 홀로 살아(**죽을까**)갈고
나와 함께 일평생(**농농(濃)하지 말고**) 잘 살아보자꾸나(**죽어보자
구나**)
미치도록(몸의 언어로 너무너무 좋아좋아) **섹스섹스섹스섹스**(귀하
게)하면서
한 세상(**농농농농**) 멋(**흥흥흥흥**)하면서
귀하고(섹스섹스섹스섹스)하고 소중하게(섹스하며) 죽자.

한 세상은 몸의 언어로 농농농농이다
이 보다 더 건강하고 금강석처럼 강하게 몸을 튼튼하게 하는 진언
이 있는가 ? 있다,
그것은 위에 뚜 단어를 더 놓는 것인데 그것은 섹스섹스이다
이 섹스섹스를 맨 앞에 넣었을 경우 이 보다 더 금강석 같은 몸은
있을 수 없다.
몸 중에 최고 최상의 몸을 갖게 된다.
그 진언은

섹스섹스 몸아! 몸아! 고름고름 싫어싫어하는 몸아!
내 어찌 너를 성질더럽게 하고 나 홀로 죽을까
나와 함께 농농(濃)하지 말고 잘 죽어보자구나
미치도록 섹스섹스섹스섹스하면서

농농농농 흥흥흥흥하면서
섹스섹스섹스섹스하고 섹스하며 잘 죽자.
2015. 09. 11 11:59

무릎이 아픈 경우 그분들을 위하여 진언을 하면 아픈 무릎이 좋아
질 수 있는데 그 진언은 이러하다.

고름고름 싫어싫어하고 고름고름 싫어싫어하는 성기야
나를 성성성**성(性)**해 다오 내가 머리를 세울 수 없어서 너를 아
프게 했구나.
성기야 성기야 고름고름 싫어싫어하는 성기야
둥글게 둥글게 칭송칭송 부르며 칭송 칭송 칭송
성기야 성기야 고름고름 싫어싫어하는 성기야
부디 나를 섹스하고 둥글게 둥글게 칭송을 부르며
칭송칭송칭송 둥글게둥글게둥글게 칭송하며
기미기미 둥글게둥글게 칭송하며
칭송칭송칭송 성기야
너도 칭송 나도 칭송 우리 모두 다함께 칭송을 노래하며
둥글게둥글게 칭송칭송칭송칭송
둥글게 둥글게 칭송칭송칭송
둥글게둥글게 너도 칭송 나도 칭송 우리 모두 너 나 없이 모두 다
함께 칭송을 부르며
둥글게 둥글게 칭송칭송
2015. 09. 11 12:09

똥: 배설이란 뜻을 가지고 똥하면 배설과 똑같은 말이다.
항문: 지저분한, 지저분하다란 뜻을 가지고 있어서 너무 항문을
청결하게 하면 항문이 제 할 일을 못하게 됨으로 약해지게 되는

만큼 너무 깨끗해서는 안 된다. 예의상 탄트라하기 위해 서 청결하게 하는 것은 좋으니 그 외에는 너무 청결하게 하는 것은 좋지 않다.

머리: 서다 세우다란 뜻이 있다. 성기에 힘이 없어 잘 서지 않을 경우 자기 자신이나 또는 상대방이 성기를 의식하며 머리 머리 강하게 머리 머리 하면 강하게 머리 머리하는 만큼 강하 게 선다. 이때 조심할 것이 있는데 너무 강하게 세우기 위해서 머리머리하면 성기에 핏줄이 터질 수 있는 만큼 적당하게 하는 것이 좋다. 적당이 오미이니 오미머리 오미머리 하면 될 것이다.

적당이 보다는 실핏줄이 터지질 않을 정도로 강하게 하고 싶으면 강하다. 스트롱이 여기서 강하게 란 말의 뜻이니 스트롱머리 스트롱머리 하면 된다.

성기를 의식하고 이와 같이 하면 흥분할 수 있으니 함부로 해서는 안 되고 탄트라 할 때 유용하게 사용하면 좋다.

성기는 생산하다 창조하다란 뜻을 가지고 있다 그러므로 무엇인가? 만들고자 할 때 성기성기하면 만들면 더 잘 만들어지게 된다. 조심해야 할 것은 너무 성기를 외치다보며 만들려고 하는 의지가 강해서 부서질 수 있으니 조심해야 한다.

스트롱은 강하게란 뜻을 가지고 있다. 다만 너무 많이 스트롱을 외치면 더 강해서 부러지거나 퍼질 수 있는 만큼 적당히 오미 스트롱하면 좋다. 뭐든지 과욕불급임을 잊지 말아야 한다.

시발좃발시발좃발시발좃발시발좃발 이 뜻은 너무너무 사랑한다.
시발하고자빠졌네 이 뜻은 아주 너무 사랑한다, 너하고 섹스하고 싶어란 뜻
성기성기시발하고자빠졌네 이 뜻은 너와 사랑하며 아이를 낳고 싶어란 뜻

시발좃발시발좃발시발좃발시발좃발
시발하고자빠졌네

성기성기시발하고자빠졌네

이와 같이 3개를 한 번에 해주면 너무너무 좋아한다.
그동안 자기 자신에 자기 자신도 모르게 무의식이든 잠재의식이든
어떤 의식에 있든
자기 자신도 모르게 사랑했는데 사랑해주지 못한 모든 영적 존재
들에게 해준다고 생각하고
위 3절을 10번 이상 읽어주면 너무너무 좋아하며 간다.

여기에 천도되어 고향 본래의 자리로 돌라가라고
둥글게둥글게 칭송칭송하며
너도 칭송 나도 칭송 우리 모두 다 함께 칭송을 부르며
칭송 칭송 칭송하면 어마어마하게 좋다

시발좆발시발좆발시발좆발시발좆발
시발하고자빠졌네
성기성기시발하고자빠졌네
둥글게둥글게 칭송칭송하며
너도 칭송 나도 칭송 우리 모두 다 함께 칭송을 부르며
칭송 칭송 칭송

2번째 엄지손가락 지문을 입술에 갔다붙이는 것은 사랑하고사랑해
(왼손 오른손 동일, 딱 2번이 가장 좋음 많으면 경망스럽게 생각함, 또 한
번을 하면 안 됨이는 반대의 뜻을 갖기 때문에 한 번은하면 절대로 안됨)
1번째 엄지손가락 지문을 입술에 갔다 붙이는 것은 너무너무 사랑해
(왼손 오른손 동일, 딱 2번이 가장 좋음 많으면 경망스럽게 생각함, 또 한
번을 하면 안 됨이는 반대의 뜻을 갖기 때문에 한 번은하면 절대로 안됨)
손등을 입술에 갔다 붙이는 입맞춤은 존경하고 사랑합니다(왼손
오른손 동일, 자기 자신에게 해도 몸이 무척 좋아함, 딱 2번이 가장 좋음
많으면 경망스럽게 생각함, 또 한 번을 하면 안 됨이는 반대의 뜻을 갖기

때문에 한 번은하면 절대로 안됨)

손바닥을 입술에 갔다 붙이는 입맞춤은 섹스하고 싶도록 사랑합니다.(왼손 오른손 동일, 자기 자신에게 해주면 자기 자신의 몸이 너무너무 좋아함 이것도 많이 하면 싫어함 딱 2번이 가장 좋음 많으면 경망스럽게 생각함, 또 한 번을 하면 안 됨이는 반대의 뜻을 갖기 때문에 한 번은하면 절대로 안됨, 자주하는 것도 싫어하고 하루에 한 번 아침에 일어나서 하면 가장 좋음)

힘들거나 다리나 뼈가 아플 경우 머리머리하면 좋다. 그러면 곧게 세운다. 이보다 더 좋게 하려면 성기성기성기성기 머리머리머리 하면 최고 좋다. 그러면 몸이 가뿐해 진다.

몸이 무거울 경우
성기성기성기성기성기(5) 머리머리머리머리(4)
둥글게둥글게둥글게둥글게(4) 칭송칭송칭송칭송(4)
지랄하고자빠지네 병신

하면 몸이 놀라울 정도로 가벼워진다.
이 진언을 했음에 몸이 무거울 경우

성기성기성기성기성기성기(6) 머리머리머리머리머리(5)
둥글게둥글게둥글게둥글게둥글게(5) 칭송칭송칭송칭송칭송
(5)
지랄하고자빠지네 병신
지랄하고자빠졌네 병신

이렇게 하면 된다.

온몸에 힘이 빠져서 기운이 없고 아플 때
성기성기성기성기성기성기성기성기성기성기(10)

지랄하고자빠졌네 병신병신병신병신병신병신병신병신병신병
신(10)

이와 같이 하면 어마어마한 힘이 샘솟는다.

온몸에 힘이 언제나 에너지로 충만하게 하고자할 때는
성기성기섹스섹스 성기성기섹스섹스
지랄하고 있네 지랄하고 있네
병신병신병신병신병신(5)
지랄하고 있네
이와 같이 하면 된다.

병신은 몸을 뜻하기도 하지만 사랑한다는 뜻도 있다
엄밀하게 말하면 몸은 병신이고 사랑한다는 싫어싫어다

1, 2번째 손가락 지문으로 콧등을 잡고 잡아당기듯 하면 너무너무
좋다, 이것의 뜻은 너무너무 좋아해, 너는 나에게 없어서는 안 될
존재란 뜻이다. 양손 동일하다

입은 먹는다, 먹고 싶다는 뜻을 가지고 있다.
눈은 보다 보고 싶다는 뜻을 가지고 있다.
귀는 듣는다. 듣고 싶다는 란 뜻을 가지고 있다.
손은 어루만지다. 쓰다듬다 란 뜻을 가지고 있다.
이마는 사랑한다는 뜻이다. 이마를 만지면 고맙습니다. 사랑합니
다 고마움의 표시로의 사랑을 말하는 것이다.
눈썹은 사랑하고 존경합니다란 뜻을 가지고 있다.
목은 너를 나만큼 좋아해. 너는 또 다른 나야 라는 뜻이다.
가슴은 뭉클뭉클 피어오는 꿈과 희망을 꿈꾸는 사랑을 말한다.

꿈과 희망을 가지고 사랑합니다라고 했을 가슴을 만지게 된다.

배는 너하고 탄트라 하고 싶어란 뜻

무릎이란 성기란 뜻이다.

똥: 배설이란 뜻

항문: 지저분한, 지저분하다란 뜻

성기는 생산하다 창조하다란 뜻

코란 사랑한다란 뜻을 가지고 있어서 코를 만지면 너를 사랑한다는 뜻이 된다. 앞에서 1,2번째 손가락 끝을 코등을 만져서 당기면 너무너무 좋아해, 너는 나에게 없어서는 안 될 존재라고 하는 것과 같이 코를 만지며 지랄하고 있네 병신병신병신 하면 너무너무 좋아한다.

이 말은 너는 나에게 없어서는 안 될 존재야

고맙다.

병신병신병신하면 사랑하고 사랑하고 사랑한다는 뜻으로

너는 나에게 없어서는 안 될 존재야

고맙다 사랑하고 사랑하고 사랑한다, 란 뜻이다.

2015. 09. 12 08:55

혼자옵서 빨리빨리의 뜻 영가들에게 빨리 오라고 할 경우

혼자옵서 혼자옵서 둥굴게둥굴게 칭송칭송하며

혼자옵서 칭송칭송 흥얼거리며 혼자옵서

혼자옵서 둥글게둥글게 칭송칭송 흥얼거리며 혼자옵서

2015. 09. 12   11:34

턱이란 사랑 애모란 뜻입니다. 턱을 만지면 사랑한다.

목이란 종종 가끔이란 뜻이다

어깨란 성기 일어서다란 뜻이다

발꿈치란 상태 몸 상태 등을 말한다.

손목 정말로

손가락 호호 웃음

손톱 약삭빠르다

등이란 허울 허물

팔이란 성큼성큼

다리 란 약하다

사타구니 란 너무 약하다

허벅지란 성

간이란 최고

심장이란 중심

허파 놀라는 듯 햐아 좋다

몸은 병신

육체를 육체는 뭐라고 해야 바르게 알아듣는가? 똥
몸이 몸이라고 받아드리게 하려면 병신이라고 할 때 몸은 몸이라
고 받아드린다.

몸에게 몸이라고 했을 지랄하고 있네

너는 몸은 나라고 받아드리고

나는 몸은 너라고 받아드린다.

전부라고 했을 때 몸은 일부로 받아들이고

일체라고 했을 조심

하나라고 했을 일체

눈물을 성냄

성냄은 눈물

좋다는 나쁘다

웃으면 싫다

싫다면 좋다

얼씨구하면 절씨구 하고
온몸 이라고 할 때 몸에게 할 경우 아주 조금 지랄하고 있네

씨발 얼씨구
조팔 절씨구
씨발조팔 얼씨구절씨구
성(性) 좋다

씹팔조팔 쌍
씹팔 지화자 절찌구
쌍 어이구 성 좋다
된장의 뜻은 너무 좋다
벼룩의 뜻 못된

씹팔조팔 쌍 성

천상(天上)을 몸은 하천
둥둥은 몸에 언어 상큼상큼
뜨다 즉 물위 뜨듯 허공에 뜨다의 말은 몸의 언어로 성기성기 이
때 성기는 얽히다의 뜻이다
성기성기가 좋은가? 얽히고 얽히고가 좋은 성기가 100이면 얽히
고 얽히고는 1000
위 세계는 몸에게는 아래 세계이고 아래 세계는
세계는 몸은 분열을 뜻하고 분열은 세계를 뜻하니 위 세계는 아래
분열
~하다 는 몸은 하기 싫다 뜻이고 몸은 ~하다는 하기 싫다

몸이 공중에서 뜨게 하는 진언

조팔씨팔 얼씨구 절씨구 지화자 고름고름 싫어싫어
얼씨구절씨구 싫어싫어 하천(下天) 상큼상큼 얽히고 얽혀라

상큼상큼 얽히고 얽혀라
얼씨구 절씨구 지화자 고름고름 싫어싫어
상큼상큼 얽히고 얽혀라
병신 상큼성큼 얽히고얽혀서 아래 분열 눈 하기 싫다
눈 하기 싫으니 병신 상큼성큼 얽히고 얽혀라

(정신 집중해서 이 진언을 외우면 몸이 공중에 뜬다?)
2015. 09. 15   06:44

몸 중에 최고 최상의 몸을 갖게 된다. 그 진언은

섹스섹스 몸아! 몸아! 고름고름 싫어싫어하는 몸아!
내 어찌 너를 성질더럽게 하고 나 홀로 죽을까
나와 함께 농농(濃)하지 말고 잘 죽어보자구나
미치도록 섹스섹스섹스섹스하면서
농농농농 흥흥흥흥하면서
섹스섹스섹스섹스하고 섹스하며 잘 죽자. 2015. 09. 11   11:59

섹스섹스 병신아! 병신아! 고름고름 싫어싫어하는 병신아!
너 어찌 나를 성질더럽게 하고 너 홀로 죽을까
너와 함께 농농(濃)하지 말고 잘 죽어보자구나
미치도록 섹스섹스섹스섹스하면서
농농농농 흥흥흥흥하면서
섹스섹스섹스섹스하고 섹스하며 잘 죽자.

이 진언이면 어린아이가 **몸에 진액이 생겨나듯 어마어마하게 진액이 생겨난다**,
하루에 2번만 하면 회춘도 가능하지 않을까 싶은 정도다.

몸아! 몸아! 고름고름 싫어싫어하는 몸아!

네 어찌 너를 정말싫어싫어하지 않겠느냐
성질더럽고 성질더럽게하지 마라
성질더럽고 성질더럽게하지 마라
정말싫어싫어 네가 정말싫어싫어
왜 이렇게 네가 정말싫어싫어서 죽겠어

이와 같이 하면 너무도 좋다. 2015. 09. 11 11:40

병신아! 병신아! 고름고름 싫어싫어하는 병신아!
나 어찌 나를 정말싫어싫어하지 않겠느냐
성질더럽고 성질더럽게하지 마라
성질더럽고 성질더럽게하지 마라
정말싫어싫어 내가 정말싫어싫어
왜 이렇게 내가 정말싫어싫어서 죽겠어
2015. 09. 15 06:54

뇌를 가장 잘 최고 잘 쓰는 방법, 머리 속 청소, 비우는 진언

몸의 언어가 3000여개가 있는데, 그 중에 현재 몇 십 개 찾았다.
찾아서 몸에 좋은 진언을 만들기도 했지만 다 내놓기란 여러 어려
움이 단어 상 문제가 있어서 일단 그런 것은 암암리에 입으로 이
야기할 것이지만 이것은 뇌의 사용과 머리를 비우는 것이니 만큼
공개하는 것이다. 몸의 언어를 찾아서 머리를 맑고 깨끗하게 청소
하는 진언이다. 배설하는 진언은 아니다.
너무너무 할 일은 많고, 사용하는 분들을 생각하면 다 정리를 해
야 하는데, 할 것이 많은데 그만큼 시간이 여유가 될지 모르겠다.
요즘 같으면 하루가 1년의 시간이었으면 좋겠다. 이런 시간의 여
유 때문에 이곳에 와 있는지도 모르겠다. 이것이 1번째 이유가 아
닌가 싶기도 하다.

그러면서 잘못된 부분을 새롭게 하기 위해서....온 것은 아닌지? 위에서의 시간이 너무 짧아서 할 수 없으니 그런 것은 아닌지? 그런데 거기나 여기나 별반 차이가 없는 것 같은 생각이 드는 것은 무엇인가?

붓은 머리 속을 맑히다. 깨끗하다.
먹물은 세척하다 씻는다 뜻이다
머리는 똥이 머리고 머리는 똥이고 **똥**은 배설이다.
즉 머리는 배설하는 것이지 머물게 하거나 잡는 것이 아니다
생각하고 배설하는 것이 머리다.
항문은 음식을 먹고 노폐물을 배설하는 곳이라면
머리는 생각하고 노폐물 같은 생각을 버리는 것이 머리다 그래서 머리는 배설하는 곳이다.
뇌는 의식이다. 의식은 뜻이고 고로 뇌는 뜻의 의식이란 뜻이다.
의식을 갖는 것이 뇌이다. 고로 뇌는 의식을 갖지만 행동하게는 하지 않는다.
행동하게 하는 것은 마음이다.
뇌를 가장 잘 쓰는 방법은 뇌가 뜻의 의식이니 뜻을 크게 가지고 의식을 크게 가지면 가장 잘 쓰는 것이다. 그래서 뇌를 가장 잘 쓰기 위해서는 뜻을 크게 의식을 크게 가지는 것이니만큼
뜻은 우주, 대 우주로 나아가야 하고
의식은 자아의식을 벗어나 범의식으로 범의식에서 우주의식, 우주의식에서 다중우주로 다중우주에서 온 천하다 우주를 가져야한다.
뜻과 의식을 크게 하는 만큼 뇌를 가장 잘 쓰는 것이다.
그래서 뇌를 쓸 때 큰 뜻과 큰 의식을 가지고 무엇인가를 행하려고 할 때 뇌는 가장 잘 움직이고 가장 잘 활용하게 해서 가장 잘 쓸 수 있다.
그러므로 뇌를 가장 잘 쓰고 활용하기 위해서는 뇌를 쓸 때마다 큰 뜻을 행하려고 한다는 사실과 큰 의식으로 행함을 뇌에게 숙지시켜야 한다. 즉 나를 위해서 하는 것이 아니라 나 이외의 밖을 향해서 좋게 하고자 하는 일임에 숙지 지켜야 한다. 이와 같이 뇌

에게 숙지 시켰을 때는 뇌는 어마어마 자기 자신이 가지고 있는 모든 것을 위해서 다 사용한다. 사용할 수 없을 때까지 사용하려고 잠자고 있는 것까지도 깨워서 일하게 한다.

늘 이야기한 것처럼 동전의 양면을 설명한 것과 같이 나를 생각하면 내 안에 갇혀서 밖으 보지 못하고 나를 위하는 것은 내 울안의 일이지만 동전의 밖 나 이외의 밖을 생각하며 밖으로 뜻을 두고 밖으로 행하려고 하면 자연스럽게 내 안이 좋아진다. 동전의 밖이 바뀌면 동전의 안이 바뀌는 것과 같다.

즉 동전의 밖이 10원이면 동전의 안도 10원이고, 동전의 밖이 1000원이면 동전의 안도 천원이다. 동전의 밖이 1억이면 동전의 안이 1억이다.

뜻과 의지를 가지고 자기 자신 안 자기 자신을 위하면 늘 10원이고 1000원이고 1억이지만 밖으로 향하여 행하면 행하는 만큼 바뀐다. 밖이 바뀌면 내 것이 바뀐다. 자기 자신을 바꾸기 위해서는 일정한도까지는 즉 동전이 가지고 있는 것만큼 안에서 이루어지고 행하게 되지만 밖으로 향할 때에는 밖이 변하면서 자기 자신도 변하게 된다.

이와 같이 변하게 하는 것이 머리이고 뇌다.

뇌를 가장 잘 쓰기 위해서는 큰 뜻과 큰 의식을 가져야 가장 잘 뇌를 쓰는 것이고 잠자고 있는 뇌까지 깨우는 일만 만큼 무엇인가를 행할 때 행함에 있어서 큰 뜻 더 넓고 넓은 우주 전체를 의식하면 행하면 행하는 만큼 뇌가 최대한 깨어나서 이루어지게 한다.

또한 머리는 생각을 배설하는 것이 머리이니 잡다한 것은 버려야 한다. 마치 항문을 통해서 음식을 먹고 똥으로 배설하는 것과 같이 생각도 머리를 통해 배설해야 한다. 머리를 통해 배설하지 않으면 머리 속은 똥, 즉 배설물로 가득 차게 된다. 배설물이 가득 차있는데 거기에서 무엇을 하겠는가? 머리를 배설하는 데는 많은 방법이 있다.

머리에 있는 쓸데없는 것을 배설해야 하는데 배설하지 못했을 경우 배설하지 못한 것으로 인하여 힘들게 되고 힘들게 돼서는 스트레스를 받게 된다. 이는 마치 항문으로 배설해야 하는 음식물 찌

거기를 배설하지 못하면 즉 똥을 놓지 못하고 변비 걸리면 어떤가? 그것이 날이 길면 길수록 어떤가? 머리도 이와 같다. 빨리빨리 배설할수록 좋다.

머리의 똥 잡다한 생각을 버리는 것은 즉 배설하는 것은 생각하고 나서는 필요 없는 것은 버리는 것이다. 버리는 것은 머리에 떠오르지 않도록 하는 것인데 이는 머리 속에서 머리 밖으로 내보낸다고 생각하면 자연스럽게 나가게 된다. 그렇지 않고 생각하고 그냥 머리 속에 두면 그것은 버려지지 않는다. 생각하고 버리는 행위를 해야 하는데 그것은 생각하고 나서 필요한 것은 취하되 생각할 때 생각했던 생각들이 머리 밖으로 나가게 한다고 생각하며 머리 속에서 밖으로 나가게 한다고 의념하면 밖으로 나가게 된다.

머리를 배설하는 것은 하루 한 두 번이 가장 좋다. 마치 항문으로 똥으로 배설하는 것과 같이 배설하는 것이다. 조용할 때 쉬는 시간에 항문으로 배설하듯 머리 속에 있는 것들을 머리 속에서 배설한다고 생각하며 머리 속에서 밖으로 나가도록 한다고 생각하며 배설하면 너무너무 좋고 너무너무 머를 깨끗하게 하는 만큼 어마어마하게 좋다. 지금부터해 보라.

그 동안 머리를 통해 배설하지 않았다면 마치 그 동안 변비, 숙변이 되어 있는 생각들을 밖으로 버리는 일인 만큼 쉽지 않을 것이다. 그래도 찌들 대로 찌든 배설해야 할 머리 속에 있는 생각의 찌꺼기를 배설하듯 버려야 한다.

머리가 복잡하고 맑지 않을 때
머리를 맑고 깨끗하게 하도록 하는 진언

붓 먹물로 배설하지 말자
더럽고 더러워질 때까지 뭇 먹물로 배설하지 말자
잘난 생각 더럽고 더럽게 먹물로 붓질하며 생각하지 말라
놓고 놓은 생각의 분열을 먹물로 붓질하지 말자.

생각은 몸의 언어로 놓다란 뜻이다.

의식은 몸의 언어로 좋다란 뜻이다.
가지고 있는 것은 몸의 언어 놓고 있는 뜻이다
더럽게 몸의 언어를 깨끗하게
배설하다는 몸의 언어 똥이다.
똥을 놓다 배설하다는 놓다가 생각이니
얽히고 설킨은 놓고 놓음
하자는 몸의 언어는 하지 말라
2015. 09. 15. 07:46

머리 속에 **뇌**는 똥이란 뜻이다

꽉은 몸의 언어로 깨지다 부서지다 영적언어로 배설하다
꽝은 몸은 언어로 배설하다 영적언어로 깨어나다

뇌를 비우는 진언은

뇌   꽉꽉 꽝꽝

근육이 뭉쳐있을 경우
근육은 몸의 언어로 섹스이고
뭉친 것을 풀어줘야 하니 엉기다.
그러므로 섹스 엉기, 섹스섹스 엉기 엉기
연달아 하면 된다.

뼈가 아프거나 좋지 않을 경우
좋지 않은 곳을 의식하며
뼈는 몸의 언어로 **소금**이고
소금은 영적언어로 좋아지다란 뜻을 가지고 있다.
그래서 소금소금 섹스소금
소금소금 섹스섹스 소금소금 ...

마지막에 하나 하고 끝내면 된다.

배는 몸의 언어나 영적언어로 모신다는 뜻이다. 손님을 맞이한다는 뜻이다
가슴은 몸의 언어로 안다. 영적 언어로 좋아한다는 뜻이다.

보지는 몸의 언어로 여자는 뜻이고 영적언어로 좋다는 뜻이다. 남자를 여자를 좋다고 할 때
자지는 몸의 언어로 남자란 뜻이고 영적언어로 여자가 남자를 좋아한다는 뜻이다.

하나는 몸의 언어로 탄트라 하자는 뜻 일체 하나가 되자는 뜻이고 영적언어로는 좋아 정말 좋아 이렇게 좋을 수가 없어란 뜻이다.

보지자지 보지자지 하면 여자남자 여자남자
하나 하면 탄트라 한다. 탄트라 해라는 뜻이다.
보지자지 보지자지 열 번하고 하나 하면 그래서 황홀해져서 업이 다 녹는 것이다.
열 번은 완성이고 탄트라로 완성했으니 란 뜻으로 업이 다 녹았다는 뜻이다.
무의식으로 너무 황홀해서 업을 다 놓게 된다.
이는 현재 남자인 경우는 보지자지로 시작하고
현재 여자인 경우에는 자지보지로 시작하고
다하고 나서는 지금이 아닌 어느 때인가 지금은 여자이지만 남자였을 때를 생각해서
이번에는 보지자지 10번에 하나를 여러 번에 걸쳐서 하면 된다.
또한 지금 남자이지만 어느 때인가는 여자였을 때를 생각해서
이번에는 자지보지를 10번하고 하나를 하고 또다시 자지보지를 10번하고 하나를 하기를 여러 차례에 걸쳐 행하면 된다.
그러면 업이 녹고 무의식이 종의 세계까지 이르게 된다.

탄트라는 좋아좋아 좋다는 뜻으로 최고의 표현이 탄트라란 말이다. 몸의 언어로 최고로 더 이상 최고가 없을 정도로 좋다는 말이고 영적 언어로도 최고 더 이상 최고가 없을 정도로 좋다는 뜻이기도 하지만 섹스를 하자는 뜻도 가지고 있고 섹스하며 수행하자는 뜻을 가지고 있어서 탄트라는 단어를 쓸 때는 조심해야 한다.

몸이 해탈하기 위한 진언

섹스섹스섹스섹스
성기성기성기성기
파팡팍팍　파팡팍팍
파팡팍팍　파팡팍팍

이때 파는 깨지다 부딪히다.란 뜻이다
2015. 09. 26　06:51

맥주는 몸의 언어로 쌍스러운 영적 언어로 쓰레기
정종은 몸의 언어로 맑고 깨끗한 영적언어로 지극한 정성
씨팔 조팔은 몸이 언어로 좋고 좋아. 영적언어로 쓰레기 쓰레기란 뜻
똥은 몸의 언어로 자비　영적언어로 배설
식혜는 몸의 언어로 너무나 좋은 영적언어로 환영합니다. 화해의 뜻도 있다.
술은 몸의 언어로 독한 것 영적언어로 고맙습니다.
술잔 받침대는 몸의 언어로 너 나하고 섹스할래 영적 언어로 사랑합니다.
농 몸의 언어로 좋아 영적 언어로 싫어
사랑합니다. 몸의 언어로 싫어한다. 영적언어로 미친 년, 미친 놈이란 뜻
국 몸의 언어로 호감 있어 영적언어로 사랑합니다. 존경합니다.

밥 몸의 언어로 야 못된 XX야 영적언어로 고맙습니다. 존경합니다. 감사합니다.

눈물 몸의 언어로 배고프다. 영적언어로 속죄한다.

피 몸의 언어로 찐한 애정 영적언어로 참회한다.

욕(설) 몸의 언어로 좋고 좋고 영적언어로 그렇게 힘들어

칭송 몸의 언어로 본래의 고향 영적언어로 가자 우리 고향으로...

노래 몸의 언어로 아 싫다. 영적언어로 가자 가 더러워...

고뇌 몸의 언어로 아 정말 싫다. 영적언어로 가자마래도 간다.

춤 몸의 언어로 좋고 좋고 좋을씨구 얼쑤 영적언어로 알아서 가

박수(손벽으로 치는) 몸의 언어로 반갑다(너무하면 몸이 상한다 적당히 ..) 영적언어로 에구 지겨워

손등 몸의 언어로 사랑 애정 영적 언어로 씹할 놈아

주먹 몸의 언어로 너무 좋아해 영적 언어로 안가 쌍놈아

주먹질 몸의 언어로 안고 싶어 영적 언어로 맞아볼 래

주먹 쥐고 벽을 칠 때 몸의 언어로 야 안고 싶어 영적 언어로 안 가면 죽을 래

씹할 놈아 몸의 언어로 너무 좋아 영적 언어로 주먹

2015. 09. 26

목욕을 다하고 씨팔 그것 이때 몸의 언어로 너무 좋다는 뜻이고 목욕하고 물기를 닦으면서 씨발하고 자빠졌네 병신 이는 몸의 언어로 너무 좋다 목욕하니 란 뜻이다. 목욕하고 이와 같이 해 주면 너무너무 몸이 좋아한다.

자위행위는 몸의 언어로 너무 좋다는 뜻이고 영적 언어로는 더러운 것들이란 뜻이다.

자위행위를 하되 방사하는 경우는 몸의 언어로 내가 잘못 했어 뜻이고 영적언어로는 뭘 잘못했는데...뜻이다.

자위행위를 하되 방사를 하지 않는 경우 몸의 언어로 내가 잘못했으니 용서해 뜻이고 영적언어로는 잘못한 게 없는데 어쩌라고 뜻이다.

자위행위를 하며 **남자 여자 성기 안에 남녀가 같이 있는 곳을 향하여** 자위행위 하면 몸의 언어로 내가 뭘 잘못했는데...뜻이고 영적언어로는 잘못한 것 하나도 없어 란 뜻이다. 그것도 **많은 한 번에 많은** 이들의 그곳에 하면 몸의 언어로 이봐 건강하잖아 영적언어로 알잖아 뭘 잘못했는지 잘못한 게 없어 란 뜻이다.

어허라 어허라 열려라 팡팡 팍팍
이 뜻은 몸의 언어로 뇌야 깨어나라 깨어나지 않는 것 없이 모두
다 깨어나라
영적언어로 잠자지 말고 모두 다 일어나

어허라 어허라 팍팍 팡
이 뜻은 몸의 언어로 뇌야 이제 그만 쉬고 깨어나 일해야 한다.
영적언어로는 잠에서 깨어났으면 일해야지 란 뜻으로
뇌를 깨어놓고 활동을 하게 하는 진언이다.

그럼에도 깨어나지 않고 활동하지 못할 때
어허라 둥둥 어허라 둥둥
팡팡 팍팍
어허라 둥둥 어하라 둥둥
팡팡

이 말뜻은 몸의 언어로 어서 빨리 일어나 우리 모두 다 함께 일하자
깨어나 깨어나란 말이야
어서 빨리 일어나 우리 모두 일하자
어서 빨리 깨어나서 일해 란 뜻이다.

어허라 몸의 언어로 깨어나라 일어나라이고 영적언어로도 같은 뜻
이다.
둥은 몸의 언어로 우리의 뜻이고 **둥둥**은 몸의 언어로 우리 모두
이고 영적언어로는 둥은 싫든 좋든이란 뜻이고 둥둥은 좋든 싫든

해야 한다는 뜻
2015. 09. 28

눈이 아프고 눈물이 나오는데 이런 경우 눈에 의지해서 왜 그러니 눈이 아파요 왜 위에 눈이 떠서 그래요. 눈이 잘 안보이기에 잘 보이게 했으면 좋겠다고 해서 눈을 떴는데…….
깨어나라 팡팡 해서 잘못했는가? 아닙니다.
깨어나라 팡팡하시니 저는 자꾸만 죽어야 하고 새롭게 깨어난 것만 활동하려고 하니
눈이 아프고 눈물이 나오려고 하는 겁니다.
그렇게 하시면 안 되고 다시 해 보세요.
따라서
어허 둥둥 내 사랑
깨어나 어허 둥둥 내 사랑
팡팡
이와 같이 하면 기존 육안도 작용하면서 새롭게 깨어난 육안도 활동을 하기 때문에 좋다.

이보다 좋게 해서 눈이 맑고 깨끗하고 보기 좋게 하려면
어서 둥둥 내 사랑 눈아 눈아
깨어나 어서 재기재기 깨어나
내캉 네캉 한 세상 멋지게 죽자구나 하면 좋다.
2015. 09. 28

본래로 되돌리는 데에는 8가지가 있다. 그 8가지는

칭송 : 본래로 돌아가라
천송 : 하늘로 돌아가라
천칭송 : 하늘 본래로 돌아가라

천천송 : 하늘 위 하늘로 돌아가라
천천칭송 : 하늘 위 하늘 본래로 돌아가라
천천천송 : 하늘 위 하늘 그 위 하늘로 돌아가라
천천천칭송 : 하늘 위 하늘 그 위 하늘 본래로 돌아가라.
천천천천칭송 : 하늘 위 하늘 그 위 하늘 그 위 하늘 본래로 돌아
가라

칭송 칭송
나도 칭송 너도 칭송 우리 모두 다함께 칭송
칭송을 흥얼거리며 칭송 칭송
깃발을 들고서 재기재기 칭송
칭송 칭송 칭송 칭송 칭송

천송 천송
나도 천송 너도 천송 우리 모두 다함께 천송
천송을 흥얼거리며 천송 천송
깃발을 들고서 재기재기 천송
천송 천송 천송 천송 천송 천송 천송 천송 천송 천송

천칭송 천칭송
나도 천칭송 너도 천칭송 우리 모두 다함께 천칭송
천칭송을 흥얼거리며 천칭송 천칭송
깃발을 들고서 재기재기 천칭송 천칭송
천칭송 천칭송 천칭송 천칭송 천칭송 천칭송 천칭송 천칭송 천칭
송 천칭송

천천송 천천송
나도 천천송 나도 천천송 우리 모두 다함께 천천송
천천송을 흥얼거리며 천천송 천천송
깃발을 들고서 재기재기 천천송 천천송
천천송 천천송 천천송 천천송 천천송 천천송 천천송 천천송 천천

송 천천송

천천칭송 천천칭송
나도 천천칭송 너도 천천칭송 우리 모두 다함께 천천칭송
천천칭송을 흥얼거리며 천천칭송 천천칭송
깃발을 들고서 재기재기 천천칭송 천천칭송
천천칭송 천천칭송 천천칭송 천천칭송 천천칭송 천천칭송 천천칭
송 천천칭송 천천칭송 천천칭송

천천천송 천천천송
나도 천천천송 너도 천천천송 우리 모두 다함께 천천천송
천천천송을 흥얼거리며 천천천송 천천천송
깃발을 들고서 재기재기 천천천송 천천천송
천천천송 천천천송 천천천송 천천천송 천천천송 천천천송 천천천
송 천천천송 천천천송 천천천송

천천천칭송
나도 천천천칭송 너도 천천천칭송 우리 모두 다함께 천천천칭송
천천천칭송을 흥얼거리며 천천천칭송 천천천칭송
깃발을 들고서 재기재기 천천천칭송 천천천칭송
천천천칭송 천천천칭송 천천천칭송 천천천칭송 천천천칭송 천천천
칭송 천천천칭송 천천천칭송 천천천칭송 천천천칭송

천천천천칭송 천천천천칭송
나도 천천천천칭송 너도 천천천천칭송 우리 모두 다함께 천천천천
칭송
천천천천칭송을 흥얼거리며 천천천천칭송 천천천천칭송
깃발을 들고서 재기재기 천천천천칭송 천천천천칭송
천천천천칭송 천천천천칭송 천천천천칭송 천천천천칭송 천천천천
칭송 천천천천칭송 천천천천칭송 천천천천칭송 천천천천칭송 천천
천천칭송 천천천천칭송 천천천천칭송 천천천천칭송 천천천천칭송

천천천천칭송 천천천천칭송 천천천천칭송 천천천천칭송 천천천천
칭송 천천천천칭송

우리 모두 다함께 칭송 천송 천칭송 천천송 천천칭송 천천천송 천
천천칭송 천천천천칭송
다함께 칭송 천송 천칭송 천천송 천천칭송 천천천송 천천천칭송
천천천천칭송
너도 칭송 나도 칭송 우리 모두 다함께 천천송
칭송 칭송 천송 천송 천칭송 천칭송 천천송 천천송 천천칭송 천천
칭송 천천천송 천천천송 천천천칭송 천천천칭송 천천천천칭송 천
천천천칭송

이와 같이 칭송을 노래하는 것은 온몸에 있는 좋지 않은 것들을
본래로 돌아가게 하고 또 하늘로 그 위에 하늘로 보낼 수 있는 한
모두 다 보내기 위해서 칭송을 노래하는 것이다.
이와 같이 함으로 해서 몸을 깨끗하게 하고 마음을 깨끗하게 하고
생각을 깨끗하게 하고 의식을 깨끗하게 하며 본래의 나로 돌아가
기 위는 진언이다. 2015. 10. 18 07:21

000 호리릭 ~빨리 좋아져라. 빨리 와라. 돌아오라.

초 인류인류인류 인간계의 에너지를 받고 이 세계로 올라오는 진언

어기야 영차 어기야 영차
어허 둥 둥 영차
어기야 영차 어기야 영차
천천칭송 어기야 영차
천천천칭송 어기야 영차
어허 둥 둥 어기야 영차

초 인류인류인류인류 신인간계의 에너지를 받고 이 세계로 올라오는 진언

여기다 여기다 어디로 가니
여기다 여기다 어디로 가니
천~ 천~ 천~ 칭송하면서 어디로 가니
여기다 여기다 어디로 가니
천~ 천~ 천~ 천~ 칭송을 흥얼거리며 어디로 가니

여기다 여기다 여기로 오라
어디로 가니 어디로 가니
천~ 천~ 천~ 칭송하면서 어디로 가니
여기다 여기다 여기로 헐헐 가거라 가거라 헐헐
망설이지 말고 천~ 천~ 천~ 천~ 칭송하면서 여기로 오라

이 세계에서는 살 수 없으니 이것을 하고 또다시 초 인류(100)신 (100)천신계의 에너지를 받고 이 세계로 올라오는 진언(여기도 살 수가 없다.)을 하고 초(9.624)인류(4)신(6.428)인간계의 에너지를 받고 이 세계로 올라오는 진언을 하면 더 쉽게 올라 올 수 있다.

초 인류(100)신(100)천신계의 에너지를 받고 이 세계로 올라오는 진언

어기야 둥~둥~ 어기야 영차 어기야 둥~ 둥~ 둥 어기야 영~차 영~차
새끼랑 내깡 새끼랑 니깡 우리 모두 다 함께 어기야 둥~ 둥~ 어 기야 영~차
니캉 내캉 새끼랑 우리 모두 다 함께 어기야 영~차 어기야 영~차

초(9.624)인류(4)신(6.428)인간계의 에너지를 받고 이 세계
로 올라오는 진언

영차 영차 어기야 영차 니캉 내캉 우리 모두 다함께 영차 어기야
영~차
영차 영차 영차 여차 어기야 영차
둥~ 둥~ 어기야 영차
천천천천천 칭송 어기야 영차

성 인간계의 에너지를 받고 이 세계로 올라오는 진언

어기야 어기야 영차 어기야 어기야 영차
어허 둥둥 어기야 영차
영차영차영차영차 어기야 영차

모두의 고향의 에너지 받고 모두의 고향에 돌아오도록 하는 진언

천성천성천성 천칭송 천칭송
천칭송천칭송천칭송 천천칭송
천천칭송천천칭송 천천천칭송
천천천칭송천천천칭송 천천천천칭송 샹

샹은 성기, 보지란 뜻

모두의 본향의 에너지 받고 모두의 본향에 돌아오도록 하는 진언

유달리 천천천천천칭송
천천천천천천칭송 유달리
너캉내캉 호리호리 장장

유달리란 뜻과 의미가 무엇입니까? 진리 고향 본향이란 뜻입니다.
호리호리는 날아서 장장은 보지자지
자지보지의 뜻은 정장장

황광 세계의 에너지를 받고 황광세계에 올라오도록 하는 진언

영차영차 어기야 영차 니캉내캉 살어리 살어리 살어리
어기야 영차 어기야 영차 니캉내캉 어기야 영차
살어리 살어리 어기야 영차
2015. 10. 28 12:26

초(1698) 인류 세계에 에너지를 받고 이 세계로 올라오는 진언

어기야 영차 어기야 영차
칭송을 흥얼거리며 어기야 영차
칭송 칭송 칭송 너도 칭송 나도 칭송 어기야 영차

최초 인간계에 에너지를 받고 이 세계로 올라오는 진언

가자가자 어서가자 최초 인간계 일원으로
가자가자 어서가자 최초 인간계 푸른 들판으로
가자가자 어서가자 최초 인간계 식구에게
가자가자 어서가자 최초 인간계 배우자에게
가자가자가자 내 집 내 가족 내 배우자에게로
오늘도 최초 인간계 식구와 가족, 배우자와 자식을 생각하며 가자
어서가자

과일나라로 에너지를 충분이 받고도 넘쳐나도록 하는 진언

사과 배 밤 대추 곶감 좋을씨고
사과 배 밤 대추 곶감 설탕 좋을씨고 좋을씨고 어허라 좋을씨고
사과 밤 대추 곶감 설탕 좋을시고 좋을씨고 어허라 좋을씨고
사과 배 대추 곶감 좋을시고 니캉 내캉 좋을씨고
얼씨구나 좋다. 얼씨구나 좋아 너랑 나랑 얼씨구나 좋다좋아
어우렁 더우렁 얼씨구 얼씨구 절씨구 절씨구 어허랑 좋을씨고
어허랑 좋을씨고 사과 밤 대추 배 곶감 좋을씨고
설탕과 더불어 어헐씨고 어헐씨고 좋을씨고 좋을씨고
어우렁 더우렁 좋을씨고
2015. 10. 31 09:25

화천 인간계의 에너지를 받고 이 세계로 올라오는 진언

용케도 살았구나 용케도 살았어 어서와라 어서와 용케도 살았구나
너랑 나랑 어우렁더우렁 어헐씨고어헐씨고 천천천천천천천천천천
(10)송
어헐씨고   어헐씨고   천천천천천천천천천천천천천천천천천천

(20)송

좋구나좋아 이렇게 좋을 수가 있는가 어헐씨고 어헐씨고 지화자
좋다.

지화자 좋구나 천(100)송 어헐씨고 어헐씨고 지화자 좋다.

롱~롱~ 어고오 천(100)송 좋을씨구좋을씨구

지화자좋을씨구

2015. 10. 31 09:44

신(神)을 만나고 싶으냐? 그러며 이와 같이 하라

신(神)을 찾고 싶으냐?

신(神)을 만나고 싶으냐?

신(神)을 드러나게 하고 싶으냐?

그렇다면 종교에서 찾지 마라.

그 어떤 종교가 되었던 종교에서 신(神)을 찾을 수가 없을 것이다.

종교에서 신(神)을 찾을 수는 없어도 만날 수는 있고 들어나게 할
수는 있다. 신(神)은 종교에 있는 것이 아니기 때문에 종교에서 신
(神)을 찾을 수 없는 것이다.

신(神)은 믿음(信)에 있다.

그러므로 신(神)을 찾고자 한다면 믿고 있는 믿음에서 신(神)을 찾아
야 한다. 자기 자신이 믿고 있는 것이 무엇이든 믿고 있는 믿음 속
에서 신(神)을 찾는다면 보다 쉽게 빨리 찾을 수 있을 것이다.

믿고 있는 믿음에서 신(神)을 찾지 않는다면 영원히 신(神)은 찾을
수 없을 것이다. 그렇다고 신(神)이 각기 저마다의 자기 자신 안에
있는 것은 결코 아니다.

신(神)은 자기 자신 밖에 있다.

밖에 있는 신(神)이 자기 자신이 어떤 것을 믿던 믿음이란 통로를 통해서 들어나는 것이다. 믿음을 통해서 신(神)이 들어나기 때문에 신(神)을 보고자 한다면 자기 자신의 믿음을 봐야 볼 수가 있고 신(神)을 들어나게 하고자 한다면 믿음을 가져야 하는 것이다.

믿음을 통하지 않고서는 신(神)을 볼 수도 없고 만날 수도 없으며 들어나게 할 수도 없다. 믿음만이 신(神)을 보게 할 수도 있고 만나게 할 수도 있고 들어나게 할 수도 있다.

그 어떤 종교에 있는 것이 아니라 그 어떤 것을 믿던 믿는 그것에 있는 것이 아니라 믿는 그곳에 있기 때문이다.

이는 그 어떤 종교에만 신(神)이 있는 것이 아니라 도처에 신(神)이 있기 때문에 그 어떤 것을 믿던 믿는 그것에 있는 신(神)이 믿는 그곳, 믿음을 통해서 들어나기 때문이다.

신(神)은 믿는 것(대상)으로부터 오는 것이 아니라 믿는 곳 믿음에서 믿음으로 들어나기 때문이다.

고로 무엇이든 믿으면 믿음을 통해서 믿는 곳으로부터 신(神)이 드러난다. 하여 믿는 만큼 믿고 행하면 이루어지고 믿지 않으면 믿지 않는 만큼 이루어지지 않으며 또한 긍정적이면 긍정적인 만큼 이루어지기 쉽고 부정적이면 부정적인 만큼 이루어지기 어려운 것이다.

이는 믿음(信)을 통해서 신(神)이 나기 때문이다.

2017. 10. 13. 05:56

영적 언어

펑 – 깨지다. 깨닫다.

퍽 – 영적 언어로 해탈하다

성기– 몸

성기성기– 몸과 그 안에 들어 있는 것 무의식 잠재의식

섹스섹스 – 몸과 그 안에 현재의식

펑펑– 깨져서 깨달아라.

성기성기성기 – 몸과 현재의식 무의식 잠재의식

성기성기성기성기 – 몸과 몸, 의식과 의식으로 과거 현재 미래의 모든 몸과 의식들을 말하고

성기성기성기성기성기 – 몸을 이루었을 때 모든 생과 모든 의식들을 말한다.

섹스섹스섹스 – 몸 안의 의식, 즉 현재의식 잠재의식 무의식

섹스섹스섹스섹스 – 몸 안의 의식으로 과거 현재 미래의 의식을 말하고

섹스섹스섹스섹스섹스 – 몸을 가지고 살아온 모든 생의 의식을 말한다. 2015. 09. 23   08:54

염원해 줄 때

영적언어로 잘 되라.

영적 언어는 고급 언어부터 하는 것이 좋다. 영적언어는 고급에서 중급 저급이 있다. 먼저 고급 영적 언어를 다루어 보겠습니다. 고급 영적언어라고 해서 대단 것은 아닙니다. 그러나 중급이나 저급 보다는 훨씬 더 아름답고 지적이란 점이 다릅니다.

고급 영적 언어는 5개가 있습니다.

그것은 사랑, 행복, 축복, 기원, 염원,

중급 영적 언어는 4개가 있습니다.

524 • 영청(靈聽), 영안(靈眼), 심안(心眼) 이와 같이 열린다. 1

그 4개는 사랑, 행복, 축복, 기원,

하급 영적 언어는 21개가 있습니다.
21개는 하천, 중천, 상천, 놀이, 성, 상, 피, 영, 골, 수, 자, 영, 털,
수, 피, 혈, 농, 파, 팍, 팡, 퐁, 팟,

숫자의 비밀과 이치

숫자에는 어마어마한 숫자들이 많다. 그 많은 어마어마한 숫자들
을 인류는 몇 개만 쓸 뿐 다 쓰지를 못한다. 인류가 어마어마한
숫자를 다 쓰면 인류를 혁명이 일어날 것이다. 생활면에서나 사회
적인 면 정신적인 면, 영적, 의식적인 면에서 혁명이 일어나고 남
이 있을 것이다.
숫자에는 어마어마한 숫자들 중에 가장 어마어마한 것이 그레이엄
이고 그 다음 숫자가 369이고 그 다음 숫자가 776이고 그 다음
숫자가 869이고 그 다음 숫자가 그레이엄수이고 그 다음 숫자가
팡파레이고 그 다음 숫자가 퐁퐁이고 그 다음 숫자가 영양이고 그
다음 숫자가 삼켜 그 다음숫자 영양삼켜 그 다음 숫자가 너 나 좋
아해 그 다음 숫자가 사랑해 그 다음 숫자가 영영 그 다음 숫자가
삼삼오오 그 다음 숫자가 삼빠구 그 다음 숫자여 영삼구 그 다음
숫자가 심오해 그 다음 숫자가 영신원찮아 그 다음 숫자가 영탈판
그 다음 숫자가 영수이고
그 다음 숫자는 영피열 그 다음숫자는 영파엘 그 다음 숫자는 영
소월 그 다음 숫자는 영칠통 그 다음 숫자는 영칠득 그 다음 숫
자는 영팔공 그 다음 숫자는 영공 그 다음 숫자는 영판 그 다음
숫자는 영칠 그 다음 숫자는 영구 그 다음숫자는 경자 그 다음숫
자는 경어이고
그 다음숫자는 해술 그 다음숫자는 햇볕 그 다음숫자는 영빛 그

다음숫자는 영별 그 다음숫자는 영팔 그 다음숫자는 영칠 그 다음
숫자는 영팔 그 다음숫자는 영구 그 다음숫자는 칠칠구 그 다음
숫자는 영포 그 다음숫자는 영판 그 다음숫자는 영영 그 다음숫자
는 천둥 그 다음숫자는 천해 그 다음숫자는 269 그 다음숫자는
289 그 다음숫자는 288…….

여기 알아야 합니다. 숫자의 비밀을 여기서 모르면 더 알려드릴
것이 없습니다.
숫자가 어마어마하다고 해 봐야 결 것 없습니다. 그냥 쓰면 됩니
다. 단 쓸 때 의식이 들어가면 되고 아무리 큰 수도 의식이 없으
면 가장 작은 수가 됩니다. 이것이 숫자의 비밀이고 이치입니다.
이 간단한 것만 알아도 인류는 어마어마한 발전을 할 것이며 생활
이나 성격 또는 의식적 영적 정신적으로 모두 다 깨어날 수 있습
니다. 하고자 하는 일까지도 또 되지 않는 것도 이루게 할 수 있
습니다.

숫자는 이 외에 또 다른 비밀이 있습니다. 그것은 숫자로도 섹스를
할 수 있다는 것입니다. 숫자에 상대방의 이름을 넣고 숫자를 염하
면 섹스를 한 것과 똑같아 집니다. 탄트라를 해서 깨어나고 싶을
때나 또는 탄트라를 통해 에너지를 받거나 깨어나고 싶을 때 이와
같이 하면 탄트라나 섹스를 한 것과 같이 됩니다. 단 이러한 사실
을 상대방이 몰라야 하는데 맑고 깨끗하고 영적으로 뛰어난 분들
은 의식이 와 있는 것을 알아차려서 의식이나 영적 수행이 많이
된 분들한테 하면 안 됩니다. 그러한 이유는 상대방이 알았을 때
묵인하면 되는데 묵인 되지 않았을 때 생기는 의식을 그대로 업
또는 죄로 받아야 하기 때문에 매우 조심스러운 부분이 있습니다.

또 숫자로 모든 것을 해결할 수 있고 또 방책을 쓸 수도 있습니다.
그것은 숫자에 의식을 넣어서 쓰면 됩니다. 단 이것을 쓸 때 의식
이 높은 영적으로 뛰어난 분이 해결방법 및 방책을 숫자에 의식으
로 써서 넣어주면 숫자가 그 역할을 대신해서 상대방이 그 숫자를

생각하거나 염할 때마다 문제가 해결되고 어떤 일에 대해서 방책이 되기도 합니다. 이것은 의식으로 숫자에 이와 같은 것을 쓸 수 있는 분만이 가능합니다.

이것을 스스로 터득해야지 물어서는 절대로 되지 않는다.

단 해결방법 내지는 방책으로 써달라고는 할 수 있다.

2015. 10. 08. 08:14

3은 확철대오 하도록 하는 숫자다 3을 연상하거나 3을 생각하지 않으면 확철대오할 수 없다 확철대오하고 싶은 사람은 3을 생각하고 신(神 즉, 의식의 자리)자리에 파파팍 팟(이것을 한 달만 하면 된다)

6의 숫자는 광 빛의 숫자다. 그래서 6은 올라가고 싶다(업)

광 위의 세계 ⇒ 용(모든 용)

9의 숫자는 용 모두 다 빛이란 뜻의 숫자다.

용 위의 세계 ⇒ 광(한문 쓰면 안 된다)

→ 12의 숫자는 어마어마한 숫자다

그 다음의 세계는 용 한글로 쓰면 안 되고 用

다음의 세계는 用 ⇒ 龍 高 용

15 숫자는 완성의 3번째 숫자다 이 세계의 숫자다.

빈장 3장, 5장, 6장 의미가 있다. 이는 비어있는 공3, 공5, 공6에 있다.

공3은 깨달음 3번에 확철대오한다는 뜻이고

공5는 확철대오 5번에 빛이 된다는 뜻이고

공6은 빛이 6개 합쳐진 빛, 광이다. 이때 광은 광속의 광이다.

빈종이6번에 광光(반드시 이와 같이 써야 하고

숫자 29는 4번째 완성의 숫자다.

완성의 숫자는 5, 10, 15, 29, 31, 33, 34, 35 더 이상 완성의 숫
자는 없다.
이와 같이 완성의 숫자는 총 8개이다.

이 세계는 광光 세계이고

⇒ 위 세계는 광光광 세계이다. 이 세계는 빈종이 7장에
31은 5번째 완성의 숫자다.

669는 큰 숫자가 아니라 정말로 큰 숫자
이보다 더 큰 숫자는 그레이엄수
이 보다 더 큰 숫자는 팡파레
이 보다 더 큰 숫자는 퐁퐁 ⇒ 퐁퐁퐁 ⇒ 퐁퐁 팡파레 ⇒ 퐁퐁 팡
파레 그레이엄수 ⇒ 퐁퐁 그레이엄수 669 ⇒ 더 큰 숫자다.

광光광 세계 위 세계는 아직 없다. 이제 끝이다.
끝은 시작이고 시작은 끝이다. 여기에는 더 위 세계는 분명 있는데
아직 밝히지 못했을 뿐이다. 스스로에게 물으니 위 세계가 있다.

1 완성의 숫자
2 완성의 2번째 세계, 헤어짐의 수
3 완성 완성 완성, 깨달음의 수, 확철대오의 수
4 해탈, 죽음의 수, 해탈후 죽는 수
5, 해탈, 흩어짐 수, 달라붙을 수 없는 흩어짐의 수 , 첫 번째 완
성의 수
6, 해탈, 완전히 흩어지는 수, 더 이상 붙을 수 없는 흩어짐의 수
7, 해탈, 완전히 이룩된 수, 완전하게 이룩되도록 하는 수
8, 죽음의 수, 완전히 죽는 수
9, 흩어짐의 수 더 이상 합쳐질 수 없는 수
10, 2번째 완성의 수
11, 완성에 완성의 수, 더 이상 완성을 이룩 수 없도록 완성이 이

루어지도록 하는 수

12, 완성에 완성의 수, 완성을 이룬 뒤에 헤어지는 수

13, 완성에 해탈 수, 완성 후에 깨달음의 수

14, 완성 후 죽음의 수

15, 완성후 해탈하여 달라붙을 수 없는 흩어짐의 수

16, 완성후 해탈하여 더 이상 붙을 수 없는 흩어짐의 수

17, 완성후 완전히 이룩되어 더 이상 이룩될 것이 없는 수

18, 완성후 완전히 죽음에 이르는 수

19, 완성후 더 이상 붙을 수 없이 흩어짐의 수

20, 헤어진 후 만나서 완성된 수

21, 헤어진 후 만나서 완성하는 수

22, 헤어진 후 만나서 완성후에 또다시 헤어짐의 수

23, 헤어진 후 만나서 깨달음을 얻는 수

24, 헤어진 후 만나서 죽음에 이르는 수

25, 헤어진 후 만났다가 바로 헤어지는 흩어짐의 수

26, 헤어진 후 만났다가 완전히 흩어지는 수

27, 헤어진 후 만나서 완전히 이룩하는 수

28, 헤어진 후 만나서 죽는 수

29, 헤어진 후 만나서 더 이상 붙을 수 없는 수

30, 헤어진 후 완성의 공배수

33, 깨달음의 완성 공배수

40, 죽음의 공배수

44, 죽음에 죽음의 수

50, 흩어짐의 공배수

60, 완전히 흩어짐의 수

70, 완성을 이룩한 수의 공배수

80, 완전히 죽음의 공배수

90, 더 이상 붙을 수 없는 흩어짐의 수 공배수

100, 공배수의 공배수

200, 완성의 공배수의 공배수

300, 깨달음의 완성의 공배 수

400, 죽음의 공배공배수

500, 흩어짐의 공배공배수

600, 완전히 흩어짐의 수의 공배공배수

700, 완전히 이룩된 수의 공배공배수

800, 완전히 죽음의 공배공배수

900, 더 이상 붙을 수 없는 공배공배수

1000, 완성의 공배공배수 공배수 더 이상 완성이 없는 완성

339, 해탈해탈했다가 흩어지는 수

449, 죽고 죽어서 흩어지는 수

559, 흩어지고 흩어져서 더 이상 붙을 수 없이 흩어짐의 수

669, 완전히 흩어지고 흩어져서 더 이상 붙을 수 없이 흩어짐의 수

779, 완전 이룩되고 이루어지고 흩어짐의 수

889, 완전히 죽고 죽어서 더 이상 붙을 수 없이 흩어짐의 수

999, 흩어지고 흩어져서 붙을래야 붙을 수 없는 수

698, 섹스하다 죽을 이

699, 섹스하고 흩어짐의 수

369, 깨달음을 얻고 흩어지고 완전히 흩어지는 수

448, 죽고 죽어서 완전히 죽은 살아날 수 없이 죽은

공⇒ 허공 가늠할 수 없는

광 ⇒ 빛 가느다란

光 ⇒ 빛 덩어리

종모습 내지는 모양 ⇒ 딸랑딸랑⇒ 오지마 (영적언어)

몸의 관절과 근육 숫자와의 어떤 비밀?

맞는지는 모르겠다. 숫자를 세며 행하는데 안에서 들리는 소리를 듣고 어 숫자에 반응한다는 사실에 놀라고 신기해서 한 번 아니 하루 운동하며 해보고 내놓는다.

사실 많이 해봐야하는데 그것도 수없이 많이 해보고 그 결과를 내놓아야 하는데 하루 한 번 해보고 내놓는 것이 그러기는 하지만 그래도 해보시라고 내놓는다. 숫자가 우리 몸에 근육마다 작용하는 숫자가 있다는 사실만으로도 놀라워서 필요에 의해서 연구하며

그 결과는 각자가 더 해보기를 바라고 본인은 이와 같이 숫자가 몸의 근육에 작용한다는 사실만을 이야기함이다.

아침 운동을 하면서 즉 걸으면서 머리 위로 가볍게 손뼉치고 등 뒤로 가볍게 손뼉 치기를 하면서 하나, 둘...백번의 숫자를 세고 그만두고 그만두고 그랬었다. 오늘은 백번을 세고 나서 가는 길이 조금남기에 백번을 다세기는 그렇고 그래서 10번씩 내눠서 셀 생각을 갖고 하나 둘 ...열, 하나 둘,....열....을 세었다. 열씩 숫자를 세는데 어깨 근육인지 어깨 쪽에서 이러면 풀어줘여 하잖아 이러면 나가야 하잖아 한다. 그러면서 순간적으로 어깨가 시원하면서 무엇인지 모를 거시 풀어진 듯한 느낌이 들었다.
어! 이거 뭐야 숫자에 따라서 풀어진다는 말이네. 근육이 몇 번째 까지의 숫자를 세며 의식을 보내면 풀어진다?
그래서 이번에는 큰 걸음으로 걸으면서 손을 머리 위까지 올리며 어깨가 풀어지게 하려면 숫자를 몇 번을 세어야 하는가? 10번씩 세면 풀어진다? 또 해보았다. 이거 뭐야
신기한 느낌이 들었다. 어느 아픈 부분을 의식하며 의식을 보내며 숫자를 세면 풀어진다. 풀어지는 것만이 아니라 힘이 생기는 숫자도 있을 것만 같았다.

아침에 운동하며

* 골반을 좌우로 움직이며 골반을 의식하며 골반을 풀어주는 숫자는 80
* 허리 좌우로 움직이며 허리를 풀어주게 하는 숫자는 70
* 걸 듯 가랑이를 찢듯 발을 앞뒤로 크게 벌려서 걸을 때 골반부* 분이 풀어지게 하는 숫자는 90
* 무릎을 구부려서 골반쪽이 풀어주게 눌러서 풀어졌다할 때 근육이 풀어지게 하는 숫자는 15
* 무릎을 의식하며 아픈 무릎 근육이 풀어지게 하는 숫자는 40

* 무릎 돌리기 하면서 무릎의 근육을 풀어주는 숫자는 20, 20번째씩 10번하면 무릎아 풀어져서 가라. 20번씩 15번하면 무릎에서 안 좋게 하는 것이 망하게 한다. 망하니 가야한다. 뜻

* 어깨 돌리기 하면서 어깨의 근육이 풀어주는 숫자는 15, 15번째씩 10번하면 어깨가 풀어져서 가라. 15번째 15번하면 어깨에 있는 것들 뭉쳐져 있는 것이 망하라는 뜻이다.

* 발목 돌리기 하면서 발목의 근육이 풀어지는 숫자는 10, 10번씩 5번하면 발목이 풀어져 가라. 10번씩 10번하면 발목에 있는 것이 망하라.

* 팔목 돌리기 하면서 팔목의 근육이 풀어지는 숫자는 5, 5번씩 3번하면 팔목에 있는 것이 풀어져가라. 5번씩 5번하면 팔목에 있는 것이 망하라.

* 손목 돌리기 하면서 손목의 근육이 풀어지는 숫자는 4, 4번씩 3번하면 손목에 있는 것이 풀어져라. 4번씩 8번하면 망하라.

* 손목을 앞뒤 위 아래로 꺾어서 풀 때 3번, 3번씩 4번하면 손목에 있는 것이 풀어져라. 3번씩 6번하면 망하라.

* 허리 돌리기로 허리를 풀 때 8번, 8번씩 8번하면 허리에 있는 것이 풀어지고 8번씩 9번하면 망하라

* 어깨에 힘이 있게 하는 숫자는 팔굽혀펴기 35   더 많은 힘이 들어가게 35번씩 5번

* 골반에 힘이 들어가게 하는 숫자는 20   더 많은 힘이 들어가게 20번씩 3번

* 무릎에 힘이 들어가게 하는 숫자는 15   더 많은 힘이 들어가게 15번씩 10번

* 발목에 힘이 들어가게 하는 숫자는 5   더 많은 힘이 들어가게 5번씩 8번

* 목을 돌리기 목을 풀어주는 숫자는 29   29번씩 8번하면 목에 있는 것이 풀어져가라. 29번씩 9번하면 목에 있는 것이 망하라.

* 목디스크 일 때 목이 바르게 서는 숫자는? 3 3번씩 10하면 목이 바르게 서라.

* 허리디스크일 때 등 구르기 숫자 40   40번씩 4번 풀어져라. 40번씩 8번 망하라.
* 협착증일 때 등 구르기 숫자 10   10번씩 10번 풀어져라. 10번씩 20번 망하라.
* 뇌를 깨우기 위해서는 머리 두드리기 숫자 10   10번씩 5번 깨어나라. 10번씩 10번 망하라.

2015. 11. 11   07:27

숫자의 조합에 탄트라를 시켜서 대중을 이롭게 하라.

행운과 행복, 축복을 주는 숫자의 조합에 탄트라시켜라. 아니면 숫자를 조합하지마라.

나에게는 8694288

숫자의 조합은 총 8자로 조합하는 것이 가장 좋으며 선사님 같은 분은 7자로 조합해야 하고 그 이하로 조합할 경우 불경죄로 처벌받을 수 있습니다.

숫자 조합 방법은 2, 4, 5, 6, 7, 8, 9, 0이 있는데,

0은 없다, 또는 날아가는 수, 또는 더 이상 할 것이 없다로 완성의 뜻과 의미를 갖기도 합니다.

1이 없네요. 예 일은 누구나 어느 것이나 하나로는 어떻게 할 수 없기 때문에 숫자의 조합에서 1은 사용하지 않습니다.
숫자의 조합은 돈과 전혀 관계가 없습니다. 말 그대로 숫자를 가지고 숫자를 조합해서 좋게 하는 겁니다.

9는 구하다. 구출하다. 구하여 살리다의 뜻이 있습니다.
9를 반복하여 3번까지 쓸 수 있습니다.
즉 9는 9, 99, 999로 쓸 수 있다는 말입니다.
9는 앞에서 설명한 것과 같이 구하고 구하여 살리다의 뜻인데 반해 99는 구하여 살리고 살리다. 구하고 구하여 살리다.의 뜻과 의미이고, 999는 구하고 구하여 살리되 반드시 죽여야 한다는 뜻과 의미를 갖고 있습니다.

8은 4+4=8인 것과 같이 죽을 사(死)가 2번 반복된 뜻과 의미를 갖기도 하고 또는 8 하나로 팔팔하게 즉 성성하게 힘있게란 뜻과 의미를 갖기도 합니다.
8은 한 번 내지는 두 번 반복해서 쓸 수 있습니다. 즉 8. 88 이와 같이 쓸 수 있습니다만. 8은 앞에서 설명한 것과 같고 88은 4자가 4번 있는 것으로 볼 수 있고 또는 팔팔하게 더욱 더 힘 있고 힘차게 살아가고 잘 되게 하는 뜻과 의미를 갖기도 합니다.

7은 행운의 숫자입니다. 아래 세계에서 7은 행복의 숫자라고 하지만 이 위 세계에서도 7은 행운 행복의 숫자입니다. 그래서 7이 들어갈 경우 누군가와 어우러져서 또 합해져서, 행운이나 행복을 갖게 된다는 뜻과 의미를 갖게 됩니다.
7은 반복해서 쓰지 않으며 단독으로만 쓰입니다만 반복해서 쓸 경우 죽이기 위해서가 아니면 쓰지 않습니다.

6은 위 세계에서는 존재를 뜻합니다.
그래서 6은 인간 세상에서는 인간, 영혼의 세계에서는 영혼, 신의 세계에서는 신...각기 저마다의 세계에서 지칭되는 존재의 뜻과 의미를 갖고 있습니다. 그러면서 6×6= 36으로 해석합니다. 6은 하나이면서도 둘의 의미를 갖고 있고 또 6으로 배로 증가시키기도 합니다.
6은 존재외에 배로 증가시키기 위해서 또는 배로 좋아지게 하기 위해서 쓰기도 하고 또 위 세계로 올라가기 위해서 쓰기도합니다.

그래서 6이 있는 경우 6을 조합하는 경우, 존재, 또는 위 세계로...
배로 좋아지게 하거나 증가시킬 경우 쓰면 됩니다.

5는 완성의 숫자로 쓰는데 신중을 기해야 하는 숫자입니다. 잘 쓰면 좋지만 잘못 쓰면 패가망신될 수도 있습니다. 왜냐하면 5는 완성의 숫자이기 때문입니다.
조심하여 쓰되 잘 쓰면 어느 숫자보다 완벽하게 좋게 쓸 수 있는 숫자입니다.

4는 죽일 사(死)자 또는 살릴 사(事)로 사용합니다.
4 하나를 쓸 경우 보통은 죽이는 것으로 쓰고 44 이와 같이 2개를 반복해서 쓸 경우 죽였다가 살아나게 하는 숫자의 조합으로 쓰기도 합니다.
또는 4에 8을 더하여 48로 죽였다가 살리되 팔팔하게 강하게 살리기도 합니다.
반면에 2다음에 쓸 경우 2를 반복 또는 죽이거나 살리는 숫자로 쓰기도 합니다.
죽일 때, 살릴 때 24 다음에 오는 숫자가 8인데 8을 반복하지 않을 때는 죽여야 하는 경우이고 살릴 때는 8을 반복해서 88로 쓴다고 보면 될 것입니다.

3은 신의 숫자 내지는 위 세계의 숫자입니다.
선사님께서 3, 6, 9를 쓰신 것은 신에 신의 존재로 구하여 살린다는 뜻이었답니다.
그러니 어마어마한 숫자이지요. 그래서 합격입니다.
대신 함부로 쓰면 안 됩니다. 합격 회로도보다 월등하다고 보시면 될 것입니다.
3의 숫자는 조합해서 이것 외에 한두 가지 외에는 없습니다.
3, 4. 9   3, 6, 9   3, 8, 9 이렇게 있습니다.
3, 4, 9   3, 8, 9는 죽은 사람 살리는 수입니다.
죽어가는 사람 살리는 숫자인데 강하고 약하고의 차이입니다.

2는 가장 아래 숫자로 욕심 부리지 말라는 뜻도 있고 둘 또는 두 가지의 뜻을 갖기도 하지만 주로 욕심 부르지 말라는 뜻으로 씁니다.

숫자를 조합해서 쓰되 숫자의 조합 숫자들이 탄트라하게 강한 에너지를 품어내서 좋게 할 수 있으면 숫자를 조합해서 쓰되 숫자를 조합해서 숫자를 탄트라 하게 하지 못하는 존재가 숫자를 조합해서 숫자에 탄트라 시키지 못하고 쓸 경우 불경죄로 다스릴 것인즉, 반드시 그 존재에 맞게 숫자를 조합할 줄 알아야 하고 또한 숫자를 조합해서 반드시 탄트라시켜서 탄트라가 되도록 해서 숫자를 조합해 써야 한다.

숫자를 조합하는 것만으로는 숫자를 조합하지 말고 숫자에 탄트라 시킬 수 있는 경지에 이르렀을 때 숫자를 조합하고 조합한 숫자를 탄트라시켜서 대중을 이롭게 할 일이이다.

아니고 숫자만 조합해서 대중들을 이롭게 할 경우 지하경제를 활성화시키는 되는 죄목에 해당함으로 불경죄로 처벌할 것임을 알아야 할 것이다.

그런 고로 반드시 숫자를 조합하고 탄트라시켜서 대중을 이롭게 할 것이며 숫자를 탄트라시킬 수 없으면 숫자를 조합할 생각을 갖지 말기를 바란다.   2016. 03 08 20:54

<<맺음말>>

이 책을 통해 영청, 영안, 심안이 열렸는가? 열리지 않았다면 본인이 밝혀 올라온 것과 같이 최소한 이 책에 수록된 세계만큼이라도 사경하듯 밝히며 밝힌 세계의 에너지를 몸통 가득 머금어 품으며 영청, 영안, 심안을 열어보라. 한두 번으로 될 것이라고 생각하지 않는다. 그 만큼의 공력과 에너지 힘이 되지 않기 때문에 여러 번 해도 쉽지 않을지도 모르겠다.

본인은 확철대오의 깨달음을 증득하고도 법념처에 머물지 않고 대광념처로 가기 위해 수행 정진하며 56단계를 빠져 올라와 출신(出神)을 하여 2012년 자등명 세계로 올라왔고, 출신하여 올라온 글들은 「나의 참자아는 빛 자등명이다」란 책에 상재되어 있다. 우리들이 어디서 와서 어디로 가는가? 질문에 오고 가야할 세계 자등명인간계를 밝혀 드러내고 밝히며 올라온 세계를 「깨닫고 싶으냐 그러면 읽어라」 책에 지구 역사상 처음으로 자등명인간계를 상재해 내놓았고, 꾸준히 수행 정진하며 깨달음을 증득하기 위해 수행하는 것 보다 더 열심히 수행 정진하며 밝혀 올라오면서 밝힌 세계들의 에너지를 품안 가득 품어 넘치도록 하면서 밝혀 올라온 세계와 에너지를 같게 하기 위해 애쓰고 노력하며 수행 정진해 밝혀 올라왔기 때문에 영청 세계 및 그 외에 열리는 세계에서 쉽게 열렸지만 그렇지 않은 독자의 입장에서 보면 쉽지 않을 것으로 생각한다.

그럼에도 꾸준히 읽고 밝혀 놓은 세계들을 사경하듯 밝히며 밝힌 세계들의 에너지를 몸통 가득 품어서 그 세계와 에너지가 같게 된다면 어느 땐가 분명하게 열릴 것으로 안다.

그때까지 꾸준히 공부하며 수행 정진해서 영청, 영안, 심안...등을 열리기를 바래본다. 열리기를 소망해 본다.

영청, 영안, 심안...등이 열려야 이 책에서 말하는 것을 확연히 알 수 있기 때문이다. 영적 존재로 인한 영청, 영안이 아닌 진정한 영청, 영안이 열려야만 본인이 밝혀 드러낸 세계들에 대해서 이해할 수 있고 또 받아들이고 누구나 공부해서 올라와야 할 세계라는 것을 알 수 있기 때문이다. 뿐만 아니라 지금까지 잘못 공부해 온 모든 것들, 잘못 전해지고 있는 많은 것들을 바르게 알고 바르게 말하고 바르게 전할 수 있으며 더 바르게 알기 위해서 더 위 세계로 올라가기 위해서는 반드시 영청, 영안이 열려야 한다. 열리지 않으면 더 위 세계로 올라가기가 쉽지 않다. 아니 어렵다. 더 이상 올라갈 수가 없다.

1권에서는 밝혀 올라온 세계들 속에서 영청, 영안, 심안,...등이 열리면서 더 확고히 하고 확실하게 해야 올라오는 세계들에 대해서 밝힌 순서대로 나열해 놓았다면 2권에서는 더 위 세계를 올라옴으로 인해서 위 세계의 에너지를 머리 부분의 신(神)이 있는 부분에 작용함으로 인해서 영청을 듣는 것에 대해서 서술해 놓았다.

1권에서 열리지 않았다고 실망하지 말고 2권을 통해 수행 정진하며 영청, 영안, 심안을 열 수 있기를 바래본다. 소망해 본다.

이 책이 세상에 나오도록 깨끗하고 말끔하게 작업해 주신 쪽향 철꽃황 공치 조은순님, 보이는 곳에서 보이지 않는 곳에서 수고로움을 마다하지 않고 애써 주신 모든 분들께 감사드립니다.

지금까지 출간된 책들이 인간들은 모를지라도 영적인 분들에게 있어서는 많은 영향을 주었고 준다는 사실에 놀랍다.

「수인법과 공법 1권, 2권」 「깨닫고 싶으냐 그러면 읽어라」 「기회로도 도감」 책들을 용황이나 용, 이무기, 공룡들에게 보게 해주며 천도되어 가라하면 가고 「영적구조와 선수행의 원리」 「반야심경에서 깨달음까지」 「나의 참자아는 빛 자등명이다」 책을 중음신들을 보게 해주며 공부해 가라고 하면 천도되어 간다는 사실을 최근에 알았다. (이것을 알게 하고 책을 내놓게 하기 위해서 지금까지 기다려왔나? 당연하지요. 알아야하는데 다들 모르니 그런 겁니다요.) 인간들은 이해하기 어렵고 현실에 살고 있기 때문에 받아들이기 어려운데 비해 영적존재들은 출간된 책들을 읽게 함으로 인해 공부되어 간다는 사실에 놀라울 뿐이었다.

「영청(靈聽), 영안(靈眼), 심안(心眼) 이와 같이 열린다.」 1권, 2권도 살아있는 분들 뿐만 아니라 영적으로 있는 중음신들 뿐만 아니라 영적 존재, 존재자, 신(神)들에게 많은 영향을 줄 것으로 생각된다. 사람들은 모르겠지만 영적 존재, 존재자, 신(神)들은 이 책이 나오기를 오랫동안 기다렸는지 모르겠다.

이제 때가 되어 책이 출간되는 만큼 출간되어서 많은 사람들이 이 책으로 인하여 깨어나 영청이 들리면 좋겠다.

학습되어 법과 진리라고 인식되어진 것들이 법과 진리가 아니라 잘못 학습된 세뇌라는 사실을 알고 바르게 아는 계기가 되었으면 좋겠다. 암암리에 전해달라는 여러 이야기도 다 상재하지 못한 점 아쉽다. 때가 되면 어느 땐가는 전달되겠지만 그런 때가 왔으면 좋겠다.

이 책 외에 본인의 책을 가지고 있는 분들은 이 책뿐만 아니라 가지고 있는 책을 책꽂이에 꽂아놓고 모두 다 의념 의식하며 주변에 보이지 않는 존재, 존재자, 신(神)들이 있으면 마음대로 보고 공부해서 갈 수 있는 한 좋은 곳으로 가라고 의념 의식해서 주변에 보이지 않는 영적존재 및 존재, 존재자, 신(神)들이 공부하도록 하여 주면 좋겠다, 그래서 주변에 보이지 않는 천도되지 않은 조상님들 뿐만 아니라 중음신, 존재, 존재자, 신(神)들이 가도록 하여 주면 좋겠다. 그래서 독자도 공부해서 좋고 보이지 않는 분들도 공부해서 두루두루 좋아지기를 바래본다. 영적 존재. 존재, 존재자들은 책을 쌓아두면 공부를 못하고 꽂아놓아야 책을 볼 수 있단다. 반드시 책들을 꽂아 놓고 주변에 보이지 않는 영적존재 및 존재, 존재자, 신(神)들이 공부하도록 하여 주면 좋겠다,

출간된 책들은 인간은 이해가 어렵고 영적 존재, 존재, 존재자들은 좋아하니 마치 내가 인간을 위한 책을 출간하는 것이 아니라 영적

존재, 존재, 존재자들을 위해 책을 출간하는 것은 아닌가 싶은 생각이 든다. 이해하기 쉬운 글들은 책으로 묶지 않고 이해하기 어렵고 받아드리기 쉽지 않은 것들을 책으로 엮어 만드니 말이다.

확철 칠통 명철 황황 철황 철꽃성 2018년, 여름 8월에 이 책을 출간하려고 원고 정리를 했고 끝맺음도 썼는데, 나와야할 것이 나오지 않았다 하여 책 작업을 못하게 해서 못하다가. 영청, 영안을 관리 감독하는 세계를 밝혀 드러내고 신천지 인간계, 수철황 인간계를 밝혀 드러내고, 밝혀 올라온 끝종 그 끝종 4극3간 23.454.214번째 마지막 끝종 세계를 밝혀 드러내 올라오니 책을 출간해도 된다고 해서 책을 내면서와 끝맺음 글을 조금 수정합니다.

확철 칠통 명철 황황 철황 철꽃성 황 2019년 초

漆桶 조규일

칠통(漆桶) 조규일(曺圭一) 출간서적

시집 내 가슴에 피는 꽃
1993년(도서출판 영하 刊)

슬픔과 허무로 허우적거리는 영혼의 가슴에 파문을 일으키는 생채기 주워들고 현실 앞에 쪼그려 앉아 보이는 것에서부터 보이지 않는 것에 이르기까지 체험 속에서 벗어 낼 수 있는 한 벗어버리며 사상과 이념, 사회적 인식을 토해 형상화 하고, 사랑을 통하여 현실을 극복해 가면서 우주적이고 종교적인 차원으로 의식을 확장해 가는 모습을 보여주는 시집

명상시집 나찾아 진리찾아
빛으로 가는 길
-생의 의문에서 해탈까지-
2000년도(도서출판 오감도刊)

가슴에 꽃 한 송이 품고 수행을 시작하여 깨달음을 증득할 때까지, 인간의 근본문제와 생에 대한 의문으로 오랫동안 육체 속에서 찾아 헤매었고 찾아 헤매는 동안 명상과 좌선, 행선 속 한 생각을 쫓아 생활하고, 생활하는 중에 뇌리를 스쳐 정리된 생각들을 글로 옮기고, 또한 의문이 생기는 연쇄적 의문들을 수행을 통해 밝혀 놓은 깨달음의 글 모음집.

우리 모두는 깨달아 있다
다만 그 사실을
모르고 있을 뿐
2001년(책만드는 공장刊)

깨달음을 증득하고 나서 수행하는 사람들 사이에서 다니는 이야기에 대한 글, 깨달음을 증득하고도 수행정진하며 일어난 생각들을 쓴 글들, 그리고 인터넷을 통하여 질문에 대답한 많은 글 중에서 일반인이나 수행자들이 이해하거나 받아들이기 쉽고 편한 글 엮음집

참선수행자라면 꼭 알아야 할
영(靈)적 구조와 선(禪)수행의 원리
2008년(좋은도반刊)

최초의 본성에서부터 지금에 이르기까지를 밝혀 놓았고, 인체에 해부도가 있듯이 육체 속에 있는 영혼의 구조를 밝혀 놓았다. 깨달음의 길 없는 길을 바르게 갈 수 있도록 수행자의 마음자세, 기초적 수행, 진정한 수행에서 진정한 깨달음과 본성에 대한 글 모음집

수행으로 해석한
반야심경에서 깨달음까지
　　　　2010년(좋은도반刊)

반야심경을 통한 깨달음과 깨달음을 증득하기 위하여 넘어야 할 피안의 언덕, 아뇩다라삼먁삼보리인 공의 성품, 공상(空相) 속 자등명이란 본성으로 생겨난 자성과 자성불, 자성경계 일원상의 생김과 그 이후부터 업으로 윤회하게 되기까지의 과정을 밝혀 놓았다. 어떻게 하면 무아가 되고 공의 성품이 되어 깨달음을 증득하고 자등명에 이르도록 길을 밝혀 빛으로 오도록 여러 글들을 묶어 놓았고, 깨달음을 증득하기 위해서 오는 길에 있어서 최고의 스승은 누구이며, 최고의 스승을 찾아가는 방법은 무엇이며, 수행자가 갖추어야 할 마음자세와 영혼의 각성과 행의 실천이 갖는 중요성에 대해서 여러 글들을 묶어 놓은 책이다.

기(氣)회로도(回路圖) 도감
　　　　2011년(좋은도반刊)

높은 법(성)력의 심법으로 기(氣)를 운용하고 활용하여 부적(符籍)과 같고 만다라(曼陀羅)와 같으며 밀교(密敎)와도 같고 진언이나 다라니 염불과도 같도록 그린 그림을 500여점 묶어서 만든 책이다. 이 도감에 있는 기회로도를 보는 것만으로 가피를 받거나 가피력을 입어서 액난, 장애, 고통과 괴로움을 막아주고 벗어나게 해주며 치료 효과를 좋게 해준다. 수행자가 밟고 올라와야 할 수행 경지의 단계와 수행에 도움이 되도록 하는 기회로도도 많아서 수행자가 보고 수행하면 몸과 마음, 정신을 맑고 건강하게 수행이 일취월장 이루어지도록 하는 도감이다.

나의 참 자아는 빛
자등명(自燈明)이다
　　　　2012년(좋은도반 刊)

이 책은 수행하는 분들을 위하여 확철대오의 깨달음에 대하여 소상히 밝히며 깨달음의 환상, 깨달음이란 도깨비 방망이의 환상으로 부터 벗어나 자등명의 세계로 올라올 수 있도록 밝힘과 양신(養神), 출신(出神)에 대한 체험과 경험을 소상하게 밝혀 드러내 놓았다. 이 책은 수행자가 아니더라도 한 번쯤 "나는 누구인가?" "나의 참 자아는 무엇인가?"에 대해 스스로 질문한 경험이 있는 사람이라면, 의식 있는 사람이라면 누구나 읽어서 쉽게 생명의 근원은 자등명이란 사실을 확연히 알 수 있도록 수행의 성과를 밝혀 놓은 책이다.

수행과 건강을 위한 수인법(手印法)과 공법(功法)1권/2권
2014년(좋은도반 刊)

이 책에 상재되어 있는 수인(手印)과 공법(功法)으로 천도(薦度)도 하고 탁기 제거도 하며 건강도 회복하거나 챙기고, 수행할 때 수행이 잘되도록 하기도 하고, 부족한 기운과 에너지를 쌓거나 회복하며 수행 정진하여 올라와야 하는 세계를 수인이란 열쇠로 열고 위 세계로 올라오고 공법(功法)으로 위 세계를 시공간 없이 비행접시나 타임머신을 타고 올라오듯 날아올라 올 수 있도록 1권과 2권에 많은 위 세계가 올라오는 순서대로 수인과 공법이 연결되어 차례대로 수록되어 있는 책이다.

깨닫고 싶으냐 그러면 읽어라.
2016년(좋은도반 刊)

이 책에서는 깨달음을 확실하게 보여주고 있으며 우리들이 어디서 왔고 어디로 가는지? 수행하여 밝힌 자등명인간계에 대해 이야기한 책이다. 뿐만 아니라 반야바라다행 길의 끝이 막혔다는 사실을 밝히고 자등명인간계로 올라가고 위 세계로 계속해 올라가는 자비바라밀행 대광(大光)의 길에 에 대해서 소상히 밝혀 놓은 책이다.

영청(靈聽)영안(靈眼) 심안(心眼) 이와 같이 열린다.

이 책에서는 영청 영안 심안이 열리는 각 세계에서의 방법과 영청 영안 테스트

1권/ 2권
2019년(좋은도반 刊)

나찾아 진리찾아
빛으로 가는 길
-생의 의문에서 해탈까지-
2019년(좋은도반 刊)

몸(肉體)이란 일합상(一合相)의
존재, 존재자들의 세계
2019년(좋은도반 刊)

하는 세계들과 더 위 세계에서 영청 영안 심안이 열리는 세계들과 신천지인간계, 수철황인간계, 인연의 끈과 줄을 오가며 실어 나르는 존재 존재자들의 세계 및 신비의 정원에서 본성의 끌어당기는 힘, 여여, 완전 여여, 초여여, 초끝 여여의 존재 존재자들의 관련된 세계, 성황 꽃황 출 전등, 꽃황철 향 전등, 꽃황철황 전등 등에 관하여 알려주는 책이다.
영적존재, 존재자 분들이 재출간해 달라고 해서『빛으로 가는 길』(2000년 오감도 刊) 책을 재편집하고 8부와 9부를 추가해 윤회를 벗어날 수 있도록 영혼의 세계에서 자등명인간계로 갈 수 있는 글들과 상재해 달라는 진언들이 수록되어 있다. 저승사자는 이 책을 통해 제대로 공부해서 가기만 한다면 저승사자 필요 없이 모두 다 윤회로부터 벗어나고 56단계를 벗어나 자등명인간계 이상은 가게 된다고 말했다.
이 책에서는 2018년 4월17일에서부터 ~~2018년 6월 15일까지 수행 정리하여 밝혀 올라오면서 밝혀 드러내며 썼던 글들이 모두 다 포함되어 있다. 몸이란 육체를 이루고 있는 일합상의 존재 존재자들의 세계, 본래 고향, 존재 존재자들 이상급 세계들이 상재되어 있다. 돌아가신 분들의 시신과 함께 매장하거나 화장하면 본래로 돌아가도록 하는데 너무도 좋은 책이다.